Hrsg.: Dr. Margarete Blank-Mathieu

Steffen Brockmann
Waltraud Gebhardt
Ursula Kocs
Dr. Adalbert Metzinger
Dr. Annette Rümmele
Dagmar von Stockert-Haus
Dr. Margot Weßbecher-Wenz

Erziehungswissenschaft

Band 1

4. Auflage

Bestellnummer 1101A

Bildungsverlag EINS

Haben Sie Anregungen oder Kritikpunkte zu diesem Buch?
Dann senden Sie eine E-Mail an 1101A_004@bv-1.de
Autoren und Verlag freuen sich auf Ihre Rückmeldung.

www.bildungsverlag1.de

Bildungsverlag EINS
Sieglarer Straße 2, 53842 Troisdorf

ISBN 978-3-8242-**1101**-2

Inhaltsverzeichnis

Margot Weßbecher-Wenz

Vorwort

Alle pädagogisch Handelnden, Eltern, Lehrerinnen und Lehrer, Dozentinnen und Dozenten an Hochschulen, in der Jugendhilfe Tätige oder Erzieherinnen und Erzieher in Kindertageseinrichtungen haben eines gemeinsam: Sie versuchen aus ihrem Alltagswissen und sonstigen erworbenen Wissensinhalten durch Fachliteratur oder Studium auf Menschen, in der Regel Kinder und Jugendliche, pädagogisch einzuwirken oder junge Menschen dafür vorzubereiten, in Erziehungsberufen professionell zu arbeiten.

So will der vorliegende Band Theoriewissen aus Pädagogik, Psychologie, Soziologie, Rechtliche Grundlagen und Methodenkenntnisse mit Beispielen aus der Praxis verbinden, um daraus für Studierende ein Handlungswissen, das viele Anteile selbst erworbenen und selbst reflektierten Lernens beinhaltet, erwerben zu können.

Die in den meisten Bundesländern inzwischen umgesetzte Lernfelddidaktik, die Theoriewissen mit Praxisanteilen verbindet und auf dem Hintergrund von Praxis reflektiert, geht von unterschiedlichen Handlungs- oder Lernfeldern aus.

Um für die unterschiedlichen Modelle der Lernfeldumsetzung in den Bundesländern nicht jeweils spezielle Literatur zur Verfügung haben zu müssen, versuchen diese beiden Bände, die positiven Ansätze der Handlungs- und Lernfelddidaktik, auch im Hinblick auf die Modularisierung in den Hochschulen, in Themengebiete zusammenzufassen, die von allen gleichermaßen als Ausbildungsinhalte verstanden werden können.

Dieses zweibändige Werk soll deshalb themenbezogen die Handlungs- und Lernfelddidaktik und die Module der Hochschulen unterstützen, indem es eine Übersicht über Grundlegendes in theoretischer Hinsicht und Handlungswissen anbietet.

Durch theoretisches Wissen, das mit Praxiserfahrungen verknüpft wird, wird vernetztes Denken zum Nutzen der pädagogischen Handlungskompetenz der Studierenden gefördert. Wie auch bereits Erziehungswissenschaft Band 1 und Band 2 in der Vorgängerfassung von Praxisbeispielen ausgehend theoretisches Wissen vermittelt haben, so soll diese Neuauflage noch besser auf die Verzahnung von Theorie und Praxis eingehen und neue Themen berücksichtigen, so zum Beispiel Erkenntnisse der Hirnforschung, Bindungstheorien und Resilienzforschung. Der Sprachförderung wird mehr Raum gegeben, neue Erkenntnisse über besondere Probleme von Kindern sind eingearbeitet. Die in den Bundesländern unterschiedlichen Bildungspläne für den Bereich der Tageseinrichtungen fordern ebenfalls Beachtung. Dies ist als Querschnittsaufgabe in den einzelnen Kapiteln immer wieder thematisiert.

Außerdem wird den Beobachtungen, die in jedem Bildungsplan vorgeschrieben sind, mehr Beachtung geschenkt als in der vorangegangenen Auflage.

Hinweise auf entsprechende Fachliteratur werden in jedem Text integriert, da die selbstständige Vertiefung der Themen auch in der Ausbildung eine wesentliche Rolle spielt.

Unter einem bestimmten Themenschwerpunkt werden immer wieder Praxisbeispiele angeboten, die zum Einstieg in das Thema oder zur Reflexion bestimmter Inhalte anregen. Dazu wird theoretisches Wissen durch vielfältige Arbeitsaufträge ergänzt, um den Lernstoff vertiefen und reflektieren zu können.

Projektvorschläge können das Wissen dann in der Praxis erproben helfen. So steht am Ende jedes Themenbereiches ein Projektvorschlag. Tabellen, Fotos, Grafiken vermitteln die notwendige Anschaulichkeit. Wiederholungsaufgaben bereiten auf Leistungsnachweise vor und fassen den Lernstoff zusammen.

Die in den meisten Bundesländern neu entstandenen Studiengänge für „Pädagoginnen" unterschiedlicher Ausrichtung sollen von dieser Veröffentlichung für ihre Studierenden ebenfalls profitieren. Neben Lehrenden an Fachschulen für Sozialpädagogik oder Berufsfachschulen für Kinderpflege können auch interessierte Eltern, Lehrerinnen oder in anderen pädagogischen und sozialpädagogischen Arbeitsfeldern Tätige in diesen Bänden handlungsorientiertes Wissen erwerben oder erweitern.

Da sich diese Bände vor allem an Studierende oder Erzieherinnen wenden, die (noch) in der Überzahl weiblich sind, so wird im Text neben dem geschlechtsneutralen Begriff „Studierende" meistens die weibliche Anrede „Erzieherinnen" verwendet. Selbstverständlich gelten die Ausführungen auch für Erzieher.

Margarete Blank-Mathieu (Hrsg.), Januar 2010

Kurzbiografien der Autoren

Dr. Margarete Blank-Mathieu

Geb. 1945, vier Kinder. Ausbildung als Kindergärtnerin und Hortnerin und berufliche Tätigkeit in Kindergarten, Kita, Hort und in der Außenwohngruppe eines Kinderheimes.

1992–1995 Studium Sozialwesen an der Evang. Fachhochschule für Sozialwesen in Reutlingen, anschließend Tätigkeit als Dozentin. Studium am Institut für Erziehungswissenschaften in Tübingen, Lehrbeauftragte an der Fachhochschule für Sozialwesen in Reutlingen und Esslingen, freiberufliche Tätigkeit als Autorin, in der Fortbildung von Erzieherinnen, in der Elternbildung.

Promotion 2002 mit dem Thema: „Sozialisation, Selbstkonzept und Entwicklung der Geschlechtsidentität bei Jungen im Vorschulalter". Schwerpunkt im Bereich der Sozialisation von Jungen im Kindergartenalter. Seit 2002 Dozentin an der evangelischen Fachschule für Sozialpädagogik in Stuttgart-Botnang. Zahlreiche Buch- und Fachzeitschriften-Veröffentlichungen.

Steffen Brockmann

Geb. 1975 ist Erzieher und Diplom-Pädagoge. Studiert hat er Pädagogik mit interkulturellem Schwerpunkt in Oldenburg. Steffen Brockmann hat mehrere Jahre in Deutschland und im Ausland als Pädagoge gearbeitet. Zurzeit arbeitet er als Dozent an der Evangelischen Fachschule für Sozialpädagogik in Stuttgart. Er ist Vater von zwei mehrsprachig aufwachsenden Töchtern.

Waltraud Gebhardt

Geb. 1957, Dipl. Sozpäd., M.A., nach der Ausbildung zur Erzieherin und dem Studium der Sozialpädagogik, Masters in international education in GB, Doktorandin der Erziehungswissenschaft. Arbeitsschwerpunkt Ausbildung von ErzieherInnen.

Forschungsarbeiten zum Dilemma der sozialen Wahrnehmung und deren Reflexion im Erziehungsbereich und zum Einfluss von Vorgesetzten auf die berufliche Leistung von ErzieherInnen/LehrerInnen.

Ursula Kocs

Geb. 1965, Diplom-Psychologin, Studium der Psychologie und Erziehungswissenschaft in Würzburg und Mannheim. Studienschwerpunkt: Alternative Erziehungsmethoden und Erwachsenenbildung. Seit 1996 Dozentin in der Aus- und Weiterbildung an unterschiedlichen Berufsfachschulen. Praxisbegleitung von Studenten der Pflegepädagogik der FH Bielefeld. Freiberuflich tätig als Autorin in unterschiedlichen Lehrbüchern.

Dr. Adalbert Metzinger

Geb. 1950, nach dem Besuch der Volksschule und einer Berufsfachschule Abitur am Wirtschaftsgymnasium, 1970 bis 1975 Studium der Erziehungswissenschaft, Psychologie und Soziologie, Magister Artium, 1992 Promotion, Lehrer an einer Fachschule für Sozialpädagogik, nebenberufliche Tätigkeiten in einer Jugendberatungsstelle, in einer Frauenvollzugsanstalt und Lehrbeauftragter an einer Fachhochschule.

Dr. Annette Rümmele

Geb. 1957, verheiratet, Mutter von zwei Söhnen. Sie studierte an der Universität Würzburg mit den Schwerpunkten Klinische Psychologie und Entwicklungspsychologie. Im Anschluss an das Psychologiestudium lehrte und forschte sie zu Themen der Kognitiven Entwicklungspsychologie, Klinischer und Pädagogischer Psychologie an verschiedenen Universitäten (TH Darmstadt, Universität Tübingen). Die langjährige Tätigkeit als wissenschaftliche Mitarbeiterin an der Universität Würzburg endete in 2005. Seither arbeitet sie freiberuflich als Fachautorin und Dozentin im Raum Osnabrück.

Dagmar von Stockert-Haus

Geb. 1960, verheiratet, Mutter von vier Kindern. Studium der Diplompädagogik an der Pädagogischen Fakultät der Universität Bonn mit Schwerpunkt Medien- und Museumspädagogik, Tätigkeit im Rheinischen Landesmuseum Bonn. Mitaufbau eines Waldorf-Kindergartens, Vorstandstätigkeit und Weiterbildung zur Waldorf-Erzieherin. Langjährige Leitung von Frauengruppen, seit 2001 tätig für verschiedene Landratsämter in der sozialpädagogischen Familienhilfe, 2007 Gründung eines freien Trägers für Jugendhilfe. Fortbildung in systemischer Beratung und Therapie.

Dr. Margot Weßbecher-Wenz

Geb. 1956, Mutter von zwei Töchtern. Ausbildung zur Erzieherin, Studium der Sozialpädagogik, Berufstätigkeit in der Gerichts- und Bewährungshilfe, Studium der Erziehungswissenschaft an der Universität Frankfurt und Promotion an der Universität Heidelberg. Seit 1996 Tätigkeit als Dozentin an einer Fachschule für Sozialpädagogik. 2003 Arbeit in der Lehrplankommission, Landesinstitut für Erziehung und Unterricht, Stuttgart. Neben der Lehre tätig als Multiplikatorin im Auftrag des Kultusministeriums Baden-Württemberg zur Umsetzung der neuen Lehrpläne für die Fachschulen für Sozialpädagogik sowie der Implementierung des Orientierungsplanes des Landes Baden-Württemberg im Unterricht. Tätigkeit in der regionalen Lehrerfortbildung des Regierungspräsidiums Karlsruhe.

A Die Erzieherin am Anfang der Ausbildung

1 Entwicklung des Berufes

Die Entwicklung des Berufes der Erzieherin blickt auf eine etwa 200-jährige Geschichte zurück. Verwirrend gestalteten sich die ersten Bezeichnungen der Vorformen dieses Berufes zwischen dem 18. und 19. Jahrhundert: Führerin des zarten Kindesalters, Kinderwärterin, Kindermagd, Kinderfrau, Wartefrau und Kleinkinderlehrerin. Auf **Friedrich Fröbel (1782–1852)** geht der Name Kindergärtnerin zurück, der sich seit ca. Mitte des 19. Jahrhunderts nach und nach durchsetzte und lange Zeit als offizielle Berufsbezeichnung galt. Seit der Rahmenvereinbarung über die sozialpädagogischen Ausbildungsstätten, die von der Kultusministerkonferenz im Jahre 1967 beschlossen wurde, lautet die offizielle Berufsbezeichnung Erzieherin, die sich aber im Sprachgebrauch noch nicht überall durchgesetzt hat. Die Entwicklung des Berufes der Erzieherin hängt historisch eng zusammen mit den Entstehungsbedingungen und Entwicklungsprozessen von Industriegesellschaften. Durch die **„industrielle Revolution"** und deren soziale Noterscheinungen (Massenarmut, Kinderarbeit, Verwahrlosung vieler Kinder), erwuchs der neu erwachten Kleinkindpädagogik eine bis dahin unbekannte Bedeutung. Teils aus christlich-humanitären Motiven, teils um die Mütter dieser Kinder als Arbeiterinnen beschäftigen zu können, wurden zunehmend Einrichtungen für die Aufbewahrung und Erziehung der Kinder geschaffen.

Die in dieser Zeit errichteten Kleinkindeinrichtungen bemühten sich in erster Linie um die bloße Bewahrung und Betreuung besonders gefährdeter Kinder und nicht um die Entwicklung der kindlichen Persönlichkeit. Dementsprechend wurden zur Betreuung Laienkräfte, eventuell unter Aufsicht und nach kurzer Anleitung, eingesetzt. Die zunehmende Veränderung der gesellschaftlichen Verhältnisse erforderte verstärkt eine fundiertere und eine spezifischere Berufsausbildung, „da die Erfahrungen des eigenen **Sozialisationsprozesses**[1] der betreuenden Frauen kaum mehr ausreichten, um die Kinder den gewandelten Erfordernissen hinlänglich anzupassen" (v. Derschau, 1976, S. 155). Unter Berücksichtigung dieses Aspektes wurden die ersten gezielteren und systematisch auf die Berufstätigkeit vorbereitenden Ausbildungskurse für angehende Erzieherinnen von Fliedner (1836 in Kaiserswerth), Fröbel (1839 in Blankenburg) und Fölsing (1844 in Darmstadt) durchgeführt.

„Kleinkinderschule" von Claus Meyer, 1888.

Es folgten weitere Ausbildungskurse und es kam im Verlauf des 19. Jahrhunderts allmählich zur Bildung von Kindergärtnerinnenseminaren, in denen in einem zweijährigen Kurs Kindergärtnerinnen ausgebildet wurden.

Ähnlich wie die Kindergärten wurden diese Einrichtungen auf Initiative von einzelnen Personen und Gruppen gegründet. Aus diesem Grund ist bis heute der Anteil der Ausbildungsstätten mit pri-

[1] *Sozialisation = Prozess der Eingliederung des Individuums in die Gesellschaft*

vaten Trägern (ca. 50%) und der privaten Kindergärten (ca. 75%) sehr hoch geblieben. Da der Kindergarten und seine Vorgänger nicht wie in vielen anderen Ländern als erste Stufe eines einheitlichen Bildungssystems galt, wurde die Kindergärtnerin folgerichtig auch nicht zusammen mit Lehrern ausgebildet, sondern an Ausbildungsstätten, die oft an hauswirtschaftlich-pflegerische Schulen angeschlossen waren. Entsprechend entwickelte sich der Beruf der Erzieherin und deren Ausbildung relativ isoliert von anderen pädagogischen Ausbildungsgängen.

Aufgabe

1. *Befragen Sie ältere Erzieherinnen, um etwas über die Vergangenheit dieses Berufes zu erfahren.*

2 Motive für die Wahl des Erzieherinnenberufes

„Was wollen Sie werden?"

„Erzieherin!"

„Warum?"

„Weil …

… ich Kinder mag und mit ihnen gerne spielen möchte; denn ich habe mit Kindern bisher positive Erfahrungen gemacht."

… ich glaube, dass Erzieherin ein idealer Beruf für Frauen ist. Ich kann dann besser die eigenen Kinder erziehen."

… ich nicht weiß, was ich sonst tun soll. Es ist eine Ausweichmöglichkeit. Ich sehe sonst keine Alternativen."

… ich politische Motive habe. Ich möchte durch die Tätigkeit als Erzieherin gesellschaftsverändernd wirken; die Arbeit an der Basis bietet mir die beste Möglichkeit, Kinder zu demokratischen Verhaltensweisen zu erziehen."

Aufgaben

1. *Welche Motive haben für Sie bei der Wahl des Erzieherinnenberufes eine wesentliche Rolle gespielt? Versuchen Sie Ihre Berufswahlmotive mit Ihrer Biografie in Verbindung zu bringen.*

2. *Meine Berufsvorstellungen: Welche Aspekte halten Sie bei Ihrer Berufswahl für wichtig? Wählen Sie die für Sie wichtigsten aus. Siehe nächste Seite.*

- sicherer Arbeitsplatz
- abwechslungsreiche Tätigkeit
- gute Bezahlung
- wohnortnahe Arbeitsstelle
- selbstständiges Arbeiten
- Aufstiegsmöglichkeiten
- hohes Ansehen
- Einfluss und Macht
- angenehme Arbeitsatmosphäre
- Führungsaufgaben

- günstige Arbeitszeit
- interessante Leute
- kreative Beschäftigung
- Auslandsaufenthalte
- Teilzeitarbeit möglich
- Vereinbarkeit mit Familie
- neue Lernprozesse
- Umgang mit Menschen
- Forschungsaufgaben
- Wiedereinstiegsmöglichkeiten

3. Werten Sie die Ergebnisse nach Möglichkeit auch gemeinsam in der Klasse aus.

Innerhalb nur weniger Untersuchungen wurde bislang der Frage nachgegangen, welches die Motive sind, die jemanden den Erzieherinnenberuf ergreifen lassen. Die folgende Tabelle gibt die Gründe für die Wahl des Erzieherinnenberufes von 204 Schulanfängern an der Fachschule für Sozialpädagogik Bühl (Zeitraum zwischen 1978 und 1985) wieder.

Häufigkeit der Motive bei der Berufswahl zur Erzieherin

Genannte Gründe	Metzinger Nennungen (absolut)	%
Liebe zu Kindern	177	86
Arbeit an Menschen	160	78
Vielseitigkeit	155	75
Soziale Motive	154	75
Pädagogische Motive	107	52
Freude am Basteln und Werken	89	43
Gesellschaftskritisches Interesse	88	33
Streben nach Erfülltheit	68	33
Freude an der Musik	41	20
Vorbereitung auf eigene Familie	36	17
Aufstiegsmöglichkeiten	20	9

Die Häufigkeitsverteilung der Motive deutet darauf hin, dass der Erzieherinnenberuf in ganz überwältigendem Maße gewählt wird, um mit Kindern arbeiten zu können. Der relativ hohe Anteil von Ausbildungsanfängerinnen, die sich aus ideellen, karitativen Gründen für diesen Beruf entschließen, lässt sich u. a. damit erklären, dass sie den Berufsalltag noch nicht kennengelernt haben. Andererseits kann die starke Orientierung an **altruistischen**[1] **Motivationen** bedeuten, dass die Entscheidung für diesen sozialpädagogischen Beruf eher persönliche Bedürfnisse nach sozialem Engagement widerspiegelt als etwa den Wunsch, Karriere zu machen oder Vermögen zu erwerben. Dass das Motiv „Aufstiegsmöglichkeiten" nur bei sehr wenigen Fachschülerinnen auftaucht, deutet möglicherweise auf eine realistische Einschätzung des Status[2] dieses Berufes seitens der Auszubildenden hin.

Die Gründe für die auffallende Tendenz zu sozial gebilligten, moralisch ehrbaren Motiven können z. B. in den Arbeitsinhalten pädagogischer Arbeit und in dem Bedürfnis nach einer helfenden Tätigkeit liegen. Das Motiv der Helfertätigkeit wird besonders anhand der Motive „Arbeit am Menschen" (78 %) und „Soziale Motive" (75 %) deutlich. Die „Vielseitigkeit" (75 %) bzw. das abwechslungsreiche sozialpädagogische Arbeitsfeld dieses Berufes stellen eine weitere Hauptmotivation für die Wahl des Erzieherinnenberufes dar. Im Gegensatz dazu treten Motive der Selbstentfaltung wie „Streben nach Erfülltheit" (33 %) und „Vorbereitung auf eigene Familie" (17 %) nicht als wesentlich auf. Junge Frauen werden nicht Erzieherin, um sich mit diesem Beruf auf die Familienphase vorzubereiten, sondern sie sind primär an der Arbeit, am Beruf interessiert.

Motive, die aus bestimmten Interessen erwachsen, wie „Freude am Basteln und Werken" (43 %) und „Freude an der Musik" (20 %) spielen ebenfalls eine eher untergeordnete Rolle. Dem Faktor „Gesellschaftskritisches Interesse" (43 %) wird zwar bei der Berufswahl eine gewisse Bedeutung beigemessen, aber in der Praxis der Ausbildung und des Berufes erweist sich diese Motivation zur Gesellschaftsveränderung eher als letztlich geringes Interesse an politischen und gesellschaftlichen Problembereichen.

Weitere Befragungen zur Berufsmotivation von Erzieherinnen von Netz (1997), Seitz (1998) und Krenz (2004/05) ergaben folgende Ergebnisse:

- Wunsch, z. B. keine Bürotätigkeit oder einen technischen Beruf auszuüben
- Vorstellung, sich im Beruf in starkem Maße selbst verwirklichen zu können, vielfältige Möglichkeiten, auch eigenen Interessen nachzugehen und selbst entsprechende Arbeitsschwerpunkte zu setzen
- Überzeugung, persönlich als auch beruflich Freiräume zu erleben, zu nutzen und zu gestalten, täglich neue Herausforderungen verlangen Flexibilität und Kreativität
- Überzeugung, etwas für Kinder zu machen und etwas Entscheidendes/Sinnvolles zu tun
- persönliche Sinngebung der Tätigkeit als Erzieherin
- Glaube, auch selbst als Person bei der beruflichen Tätigkeit emotional nicht zu kurz zu kommen

(vgl. Krenz, 2007, S. 16 f.)

---

1 *altruistisch = selbstlos, uneigennützig*
2 *Status = Stellung in der Gesellschaft*

1. Das Aufdecken und die Reflexion der Motive für die Wahl des Erzieherinnenberufes sind wichtig. Zeigen Sie auf, wie sich Berufswahlmotive auf das erzieherische Verhalten auswirken können.

2. Überprüfen Sie Ihre eigenen Berufswahlmotive nochmals.
   Wo sehen Sie eine Veranlassung, Ihre Motive kritisch zu reflektieren?

3   Anforderungen an die Erzieherinnen

Ein Blick in Ausbildungsordnungen, Richtlinien, Lehrpläne und Arbeitsverträge aus dem 19. Jahrhundert zeigt, mit welchen **Anforderungen** und **Erwartungen** sich die Erzieherinnen konfrontiert sahen, als die öffentliche Kleinkinderziehung in Deutschland begann. Die Träger der Kleinkindereinrichtungen und die Ausbildungsstätten verlangten von den jungen Frauen:

- christliche Gesinnung

- Kenntnis der heiligen Schrift

- sittlicher Lebenswandel

- eine für diesen Beruf erforderliche Gesundheit und Heiterkeit

- notwendige Fähigkeiten wie Singen, Erzählen, Turnen, Flechten, Falten, Stricken, häusliches Arbeiten, wie z. B. Gartenarbeit

- Wissen über das Wesen des Kindes, seinen Entwicklungsgang und die daraus hervorgehende Kinderpflege und Erziehung

- Durchführung von Beschäftigungen wie Bewegungs-, Finger-, Marschier-, Kugel- und Ballspiele, Bauen, Glieder- und Sinnesübungen

- religiöse Unterweisung

Volkskindergarten in Simmern im Hunsrück, 1919

- alleinige Betreuung von 60 bis zu 80 Kindern: „Und was kann schon von pädagogischen Absichten übrig bleiben, wenn einer Schwester unter dem Druck der Verhältnisse die Sorge und Verantwortung für hundert und mehr Kinder übergeben wurde, die sie im Sommer oft über zehn Stunden lang in einem einzigen Raum zu hüten hatte!" (Haury, o. J., S. 11).

Aufgaben

1. *Vergleichen Sie diese Anforderungen mit den Aufgaben einer heutigen Erzieherin. Welche Erwartungen und Anforderungen sind noch zeitgemäß?*

   Welche wesentlichen Aufgaben und Tätigkeiten stellen sich heute für die Erzieherin im Kindergarten?

2. *Welche Fähigkeiten und Persönlichkeitsmerkmale erwarten Sie von einer Erzieherin?*

3. *In welchen Arbeitsfeldern bzw. Einrichtungen sind Erzieherinnen beschäftigt?*

Seit damals haben gesellschaftliche Veränderungen, bildungspolitische Reformen und neue pädagogische Strömungen die sozialpädagogische Funktion und die **Tätigkeitsfelder** des Erzieherinnenberufes kontinuierlich weiterentwickelt. Dies führte zu einem veränderten Verständnis darüber, welche Aufgaben und Anforderungen sozialpädagogische Ausbildung sowie Praxis erfüllen sollen. Besonders die gesellschaftliche und fachwissenschaftliche Entwicklung in den letzten zehn Jahren hat die Anforderungen an die Erzieherinnen erhöht (z. B. gesteigerte Erwartungen der Eltern, Erwartungen der Öffentlichkeit, veränderte Kindheit, Ganztagesbetreuung, Migrantenkinder, Kinder mit besonderem Förderbedarf, Kinder unter drei Jahren, PISA-Studie, Bildungspläne, Projektarbeit usw.). Damit werden an die menschlichen und fachlichen Fähigkeiten der Erzieherin hohe Ansprüche gestellt.

Im Folgenden wird versucht, den umfassenden Aufgabenkatalog der Erzieherin so weit wie möglich darzustellen.

1. Beobachtung und Analyse von Bedingungen des sozial-pädagogischen Handelns
   - Beobachten und Erkennen des Entwicklungsstandes von Kindern und Jugendlichen sowie Anfertigung von entsprechenden Aufzeichnungen

Ein Kind mit Behinderung in einem Regelkindergarten. Die integrierte Erziehung von behinderten Kindern ist neben der Integration der ausländischen Kinder eine Aufgabe, an der sich der Kindergarten bewähren muss.

- Kompetenzen, Entwicklungsmöglichkeiten und Bedürfnisse der Kinder und Jugendlichen in den verschiedenen Altersgruppen erkennen
- Erkennen und Analysieren von Gruppenstrukturen und Gruppenprozessen und Verstehen ihrer Wirkung auf den Einzelnen und die Gruppe
- Überprüfen der bewusst oder unbewusst angestrebten Erziehungsziele und angewandten Erziehungsmethoden
- Ständige Vertiefung und Erweiterung der pädagogischen, psychologischen, sozialpolitischen und methodischen Kenntnisse und Erfahrungen

2. Planung der Erziehungsarbeit
   - Festlegung der Ziele und Auswahl der Inhalte
   - aufgrund didaktisch-methodischer Fähigkeiten die Chancen von ganzheitlichem und an den Lebensrealitäten der Kinder und Jugendlichen orientiertem Lernen erkennen und nutzen können
   - Auswahl und Bereitstellung geeigneter Beschäftigungs- und Lernmaterialien
   - Anwendung situativ angemessener Methoden oder Maßnahmen
   - Planung von individuellen pädagogischen Hilfen und Planung von Bildungsaktivitäten
   - Vor- und Nachbereitung der täglichen erzieherischen Arbeit
   - kritische Reflexion des eigenen Tuns und Erkennen der eigenen Möglichkeiten und Grenzen

3. Gestaltung der Erziehungspraxis
   - Leitung oder Mitarbeit in einer Gruppe
   - planmäßige und situative Anwendung jeweils angemessener sozialpädagogischer Methoden
   - pädagogische Angebote durchführen, dokumentieren und auswerten
   - Hilfe beim Abbau von Entwicklungsdefiziten und Verhaltensauffälligkeiten
   - Stärkung kindlicher Entwicklung und kindlicher Kompetenzen
   - Einteilung und abwechslungsreiche Gestaltung des Tagesablaufes
   - Sorge für Gesundheit und Pflege und richtige Ernährung, für Bewegung und ggf. Pflege der Kinder

4. Zusammenarbeit mit Gruppen und Institutionen
   - Fähigkeit zur Teamarbeit mit in der Einrichtung tätigen Mitarbeitern
   - Fähigkeit zur Kooperation mit den an der Erziehung Mitverantwortlichen und zu interessierenden Personen (Eltern, Träger, Behörden, Beratungsstellen, Schulen, Ausbildungsstätten)
   - Kooperationsstrukturen mit anderen Einrichtungen im Gemeinwesen entwickeln und aufrechterhalten
   - gezielte Elternarbeit
   - Artikulation und Darstellung des pädagogischen Anliegens in der Öffentlichkeit
   - Entwicklung von pädagogischen Konzeptionen und konstruktiven Beiträgen zur sozial- und bildungspolitischen Auseinandersetzung

– gesellschaftliches Engagement und berufspolitische Interessenvertretung im Interesse der Kinder und Jugendlichen für eine Verbesserung der sozialpädagogischen Praxis

– Bereitschaft zur Fortbildung

(vgl. Metzinger, 1993, S. 256 ff. und Kultusministerkonferenz, 2000, S. 3 f.)

Dieses anspruchsvolle Profil beinhaltet die Feststellung, dass Erzieherinnen heute weit mehr wissen und können müssen als früher. Zwischen dem Profil einer Kindergärtnerin vor 50 Jahren und einer Erzieherin am Anfang des 21. Jahrhunderts finden sich nur noch minimale Gemeinsamkeiten. Die beruflichen Anforderungen reichen heute von

„situationsorientierten Angeboten bis hin zu Umfeldanalysen, von strategischer Nutzung der Ressourcen bis zur projektorientierten Vermittlungstätigkeit in Ausdrucks- und Gestaltungsprozessen von Kindern und Jugendlichen. Gefragt sind aber auch politische Einmischung, Parteinahme für Kinder und Jugendliche unterschiedlichster Muttersprache, organisatorische Flexibilität sowie Besonnenheit in der Bewertung von kindlichem und jugendlichem Verhalten. Nicht zuletzt beinhalten sie auch Gründlichkeit in Vielseitigkeit bei der fachlichen Meinungsbildung sowie kulturelle Vielfalt und praktisches Know-how".

(Kazemi-Veisari, 1997, S. 7)

Erzieherinnen werden bis heute in einem breiten Arbeitsfeld eingesetzt, das sich hauptsächlich auf die vorschulische Erziehung, die außerschulische Kinder- und Jugendarbeit und die Heimerziehung erstreckt. In den folgenden **sozialpädagogischen Einrichtungen** bzw. **Tätigkeitsfeldern** sind Erzieherinnen beschäftigt:

1. **Vorschulische Erziehungsarbeit** (Kindergrippen, Kindergarten, Kindertagesstätte, Kinderhaus, Schulkindergarten/Grundschulförderklasse)

2. **Außerschulische Kinder- und Jugendarbeit/Freizeitpädagogik** (Hort, Erholungs- und Ferieneinrichtungen, offene Kinder- und Jugendarbeit, Jugendverband, Spielplatzbetreuung, Spielmobil)

3. **Heimerziehung** (Kinderheim, Kinderdorf, Sozialpädagogische Wohngemeinschaft, Lehrlings- und Jugendwohnheim, Schulinternat)

4. **Heilerziehung/Sondererziehung**

   a) Einrichtungen für kranke Kinder, Jugendliche und Erwachsene (Kinderstation im Krankenhaus, Kinderklinik, Kindersanatorium, Kinder- und Jugendpsychiatrische Klinik, Rehabilitationszentren und Fachkliniken für psychisch Kranke und Drogenabhängige)

   b) Sondereinrichtungen (Sonderkindergarten, Sonderschule, Wohnheime, Rehabilitationszentren und Fachkliniken, Tagesstätte, Werkstätte) für behinderte Kinder, Jugendliche und Erwachsene (körperliche, sprachliche, geistige Behinderungen, Behinderungen der Sinnesorgane).

Die berufliche Arbeit als Erzieherin setzt psychische Stabilität und eine gefestigte Persönlichkeit voraus, um den aufgezeigten Erwartungen und Ansprüchen gerecht zu werden. Als weitere Qualifikationen werden zunehmend von der Erzieherin verlangt:

● als Person über ein hohes pädagogisches Ethos, menschliche Integrität sowie gute soziale und persönliche Kompetenzen und Handlungsstrategien zur Gestaltung der Gruppensituation verfügen

- in der Lage sein, sich im Kontakt mit Kindern und Jugendlichen wie auch mit Erwachsenen einzufühlen, sich selbst zu behaupten und Vermittlungs- und Aushandlungsprozesse zu organisieren
- als Rüstzeug für die Erfüllung der familienergänzenden und -unterstützenden Funktion über entsprechende Kommunikationsfähigkeit verfügen
- aufgrund ihrer Kenntnisse von sozialen und gesellschaftlichen Zusammenhängen die Lage von Kindern, Jugendlichen und ihren Eltern erfassen und Unterstützung in Konfliktsituationen leisten können
- in der Lage sein, betriebswirtschaftliche Zusammenhänge zu erkennen sowie den Anforderungen einer zunehmenden Wettbewerbssituation der Einrichtungen und Dienste und einer stärkeren Dienstleistungsorientierung zu entsprechen

(vgl. Kultusministerkonferenz, 2000, S. 3 f.).

Das Berufsbild von Erzieherinnen ist heute davon bestimmt, dass sie in wichtigen Situationen handeln müssen, dass sie mit unvorhersehbaren Ereignissen, den Alltagskrisen und unplanbaren Entwicklungen konfrontiert sind: „Erzieherinnen sind Organisatorinnen, Kleinkindexpertinnen, Bildungsfachkräfte, Sozialmanagerinnen, Freizeitpädagoginnen, Fachfrauen, Fachkräfte für interkulturelle Arbeit und für integrative Erziehung, Gesundheitsexpertinnen, Suchtpräventionsexpertinnen, Medienpädagoginnen, Emotionsarbeiterinnen, Gemeinwesen- und Öffentlichkeitsarbeiterinnen und so weiter" (Metzinger, 2007, S. 149).

Aufgaben

1. *Führen Sie selbst Befragungen/Interviews in Ihren Praxisstellen durch:*
   Wie beurteilen Erzieherinnen ihren Beruf, welche Anforderungen, Erwartungen, Belastungen und Zukunftsaussichten sehen Sie?

2. *Prüfen Sie für sich die Anforderungen, die an Erzieherinnen gestellt werden.*
   Wo sehen Sie bei sich Schwächen, was sollten Sie üben?

---

4 Selbsteinschätzung von Erzieherinnen

Wie weit Erzieherinnen die an sie gestellten Ansprüche erfüllen können, versuchte die Fachzeitschrift „Kindergarten heute" in einer Umfrage (1990) herauszufinden. Auf die Frage „Sind die Anforderungen im Beruf auf Dauer zu verkraften?" antworteten 66 % der Erzieherinnen, dass sie durch Probleme der Familien ihrer Kindergartenkinder in zunehmendem Maße belastet sind. 89 % der Erzieherinnen gaben an, dass ihre Arbeit durch verhaltensauffällige bzw. erziehungsschwierige Kinder schwerer geworden ist.

Erzieherinnen verdienen wenig, fühlen sich von der Bevölkerung zu wenig geschätzt – und sind dennoch überraschend zufrieden mit ihrem Beruf. Das sind die wesentlichen Ergebnisse einer von der Gewerkschaft Erziehung und Wissenschaft (GEW) 2007 in Auftrag gegebenen Kindertagesstätten-Studie. Die Befragung von 2000 Erzieherinnen und einiger weniger Erzieher ergab, dass sich die Mehrheit – ganz anders als ihre Kolleginnen an den Schulen – an ihrem Arbeitsplatz ausgesprochen wohl fühlt. Die Zusammenarbeit mit den Kolleginnen und das Verhältnis zur Leitung werden überwiegend positiv eingeschätzt. Erzieherinnen sehen sich in der Lage, ihr Wissen und ihre Fähigkeiten am Arbeitsplatz gut einzubringen. Sie schätzen es außerdem, dass sie die Möglichkeit haben, ihre Arbeit selbstständig zu planen und einzuteilen.

Fast alle Erzieherinnen (97 % kennen den Bildungsplan ihres Bundeslandes. 84 % geben an, dass in den Kindertagesstätten an der Umsetzung der Bildungspläne bereits gearbeitet wurde bzw. wird. Vor allem das Dokumentieren von Bildungsprozessen, beispielsweise in Form von Lerntagebüchern, setzt sich offenbar immer mehr durch. Die Fort- und Weiterbildungsbereitschaft der Erzieherinnen ist hoch. Fast alle berichten davon, in den letzten zwölf Monaten eine berufliche Weiterbildung besucht zu haben.

Rahmenbedingungen

Vorbereitungszeit

Einen Schatten wirft die Studie auf Arbeitsbedingungen und Bezahlung. Problematisch ist, dass Erzieherinnen trotz hoher Anforderungen an eine intensive Bildungsförderung der Kinder im Durchschnitt nur zwei Stunden pro Woche Vorbereitungszeit haben. 21 % gaben an, für die Vorbereitung überhaupt kein Zeitbudget zu haben. Sie machen das nach der Arbeit, meist zu Hause.

Arbeitsbelastungen

Die hohe Zufriedenheit mit dem Beruf ist erstaunlich, da die Belastungen durch die Rahmenbedingungen hoch sind. Zwei Faktoren fallen dabei besonders auf: Durch den hohen Geräuschpegel bei der Arbeit und den ständigen Personal- und Zeitmangel fühlen sich die Erzieherinnen überdurchschnittlich belastet. In der Arbeit von Erzieherinnen treten nach einer Untersuchung von Bernd Rudow (vgl. 2004, S. 6) im Vergleich zu vielen anderen Berufen überdurchschnittlich hohe psychische Belastungen auf. Die am häufigsten vorkommenden Belastungen sind Folgende:

- 92 % der Befragten 947 Erzieherinnen aus Kindertagesstätten in Baden-Württemberg meinen, dass zu viele Arbeitsaufgaben (Betreuungs-, Bildungs-, Erziehungs- und Verwaltungsaufgaben) übernommen werden müssen. Dabei tritt Zeitdruck auf und es mangelt an Möglichkeiten zur Entspannung während des Arbeitstages.

- Über 50 % der Erzieherinnen bewerten den Lärm als ziemlich bis sehr stark belastend. In einer Untersuchung an der Gesamthochschule Kassel wurde in Kindergärten ein durchschnittlicher Schallpegel von 80 Dezibel gemessen, wobei der Spitzenwert sogar bei 113 Dezibel lag. Das ist mehr als der Lärm von Lastwagen oder Autobussen und so laut, dass das Risiko für Gehörschäden gegeben ist.

- Auf der „Hitliste" der gesundheitlichen Probleme stehen bei Erzieherinnen nach der Studie von B. Rudow Rückenschmerzen, Stimmprobleme, Erkältungen und Magen-Darm-Infektionen.

- Etwa zehn % der Erzieherinnen sind so emotional erschöpft und gestresst, dass bei ihnen Burn-out-Symptome auftreten.

- Psychosomatische Beschwerden sind bei Erzieherinnen sehr ausgeprägt, denn z. B. klagen 52,3 % über Kopfschmerzen während der Arbeit und auch zu Hause.

Kostendruck

Viele der engagierten Erzieherinnen bekommen heute zum Teil rigorose Sparmaßnahmen zu spüren und „der Widerspruch zwischen gesellschaftlichem Auftrag und der tatsächlichen Praxissituation wird deshalb immer krasser" (Metzinger, 2007, S. 150). Viele Kommunen und kirchliche Träger von Kindergärten setzen immer weniger finanzielle Mittel ein, um zusätzliche Erzieherinnen einzustellen. Statt Gruppengrößen zu senken, werden Gruppen geschlossen, statt die Qualität der Kindergärten zu verbessern, werden Stellen für Erzieherinnen gestrichen bzw. Vollzeitstellen in Teilzeitstellen umgewandelt. Weit unter dem Durchschnitt der OECD-Länder gibt die öffentliche Hand nur 0,42 % des Bruttoinlandprodukts für Kindergärten aus, im Jahr 3 448 EUR pro Kind. Zum Vergleich betragen die öffentlichen Ausgaben pro Kind im Elementarbereich in Großbritannien 8115 EUR, in Italien 6 468 EUR und in Frankreich 4 629 EUR. Viele Erzieherinnen vollbringen angesichts dieser Situation einen fortwährenden Spagat zwischen gekürztem Etat einerseits und erhöhten Anforderungen andererseits.

Bezahlung und gesellschaftliches Ansehen

Völlig unzufrieden sind die Erzieherinnen nach der GEW-Studie von 2007 mit dem gesellschaftlichen Ansehen ihres Berufs, mit der Höhe des Einkommens und den Aufstiegsmöglichkeiten. Nur 12 % der Befragten sind der Auffassung, dass die Gesellschaft ihre Arbeit wertschätzt. Die mangelnde Wertschätzung drückt sich auch in der Bezahlung aus, mit der mehr als die Hälfte (54 %) unzufrieden ist: „Zudem sei ihre Arbeit mit einem durchschnittlichen Vollzeit-Verdienst von 2 100 EUR brutto auch im Vergleich mit anderen typischen Frauenberufen unterbewertet" (Goddar, 2007, S. 6). 57 % der Befragten kritisieren außerdem, dass es in Kindertagesstätten keine Aufstiegsmöglichkeiten gibt.

Arbeitsrechtliche Bedingungen

Die GEW-Studie zeigt einen für Berufsanfängerinnen neuen Trend: Fast 50 % der Erzieherinnen, die jünger als 30 Jahre sind, haben eine befristete Stelle – oft in Teilzeit. In 37 % der Fälle lautet der Befristungsgrund „Elternzeitvertretung". Für die jüngere Erzieherinnen-Generation ist der Zugang zum Arbeitsfeld Kindergarten damit erheblich erschwert: „Die Ausweitung dieser Zeitverträge führt dazu, dass viele junge Erzieherinnen nicht mehr längerfristig planen können. So wird der Auszug aus dem Elternhaus oder der Wunsch nach einem Kind häufig aufgrund des unsicheren Arbeitsverhältnisses verschoben" (Metzinger, 2007, S. 151). Eine weitere Konsequenz für die Bezahlung des Erzieherinnen-Nachwuchses lautet: Ohne Festanstellung kommen die jungen Erzieherinnen nicht über die Anfangsvergütung hinaus, denn bei einem Arbeitgeberwechsel wird, so will es der neue Tarifvertrag (TVöD), die bisher gesammelte Berufserfahrung für eine mögliche Höhergruppierung nicht anerkannt. Die Erzieherinnen werden jedes Mal wieder als Berufsanfängerinnen in die niedrigere Gehaltsstufe eingruppiert.

Die Erzieherinnen erfahren heutzutage verstärkt gesellschaftliche Veränderungen und wachsende Anforderungen in ihrer Arbeit im Kindergarten. Dies macht es dringend erforderlich, dass diese Berufsgruppe stärker wahr- und ernst genommen werden muss. Gegenüber der Öffentlichkeit wäre zu vermitteln, dass dieser Beruf in zunehmendem Maße vielfältige Herausforderungen und erhebliche Überlastungsmomente bereithält. Um dieses Ziel zu erreichen, sollten sich auch die Erzieherinnen selbst mehr einmischen.

5 Gesichtspunkte der Professionalisierung von Erzieherinnen

Definition
Unter Professionalisierung wird der Prozess verstanden, in dessen Verlauf ein Beruf jene Kriterien erwirbt, die ihn von anderen Berufen unterscheiden und ihn als Profession mit einem bestimmten beruflichen Ansehen ausweisen.

Der Beruf der Erzieherin ist aus anfänglicher praktischer **Laientätigkeit** hervorgegangen. Die Entwicklung zur ausgebildeten und hauptberuflichen Erzieherin steht im Zusammenhang mit gesellschaftlichen Veränderungen (Industrialisierung). Dies erforderte bestimmte Erziehungs- und Bildungsaufgaben, die für die Gesellschaft so bedeutsam waren, dass sich eine Notwendigkeit zur Professionalisierung von Erziehung ergab. Parallel zur Dynamik einer industriellen Gesellschaft vollzog sich damit eine Entwicklung fortschreitender gesellschaftlicher **„Pädagogisierung"**: Erziehung wird zunehmend institutionell organisiert und vermehrt wissenschaftlich rationalisiert.

Die Geschichte der letzten zwei Jahrhunderte macht deutlich, wie die erzieherischen Tätigkeiten sich zunehmend spezialisieren, wie sich aus nebenberuflichen pädagogischen Aktivitäten verschiedene erzieherische Berufe herausbilden und wie nach und nach der Staat und gesellschaftliche Gruppen (z.B. Kirchen) den Eintritt in diese Berufe von bestimmten Voraussetzungen (Schulbildung, Praxis, Studium usw.) abhängig machen und die Ausbildung künftiger Erzieherinnen selbst in die Hand nehmen.

Professionalisierung zeigt sich besonders in den beiden Bereichen berufliche Autonomie und berufliche Kompetenz. **Berufliche Autonomie** wird u. a. durch den Organisationsgrad des Berufes demonstriert. Auf dieser Ebene ist die berufliche Autonomie der Erzieherin relativ gering, denn die Entwicklung berufstypischer Organisationen, die die Interessen des Berufes in der Öffentlichkeit vertreten und über die Einhaltung der „Standesethik" wachen, ist beim Erzieherinnenberuf wenig ausgeprägt. So sind z.B. in verschiedenen Berufsverbänden (z.B. Katholische Erziehergemeinschaft Deutschlands, Bundesverband Evangelischer Erzieher und Sozialpädagogen, Pestalozzi-Fröbel-Verband usw.) und in den beiden Gewerkschaften „Erziehung und Wissenschaft" (GEW) und „ver.di" (Vereinte Dienstleistungsgewerkschaft) gegenwärtig nur eine geringe Zahl von Erzieherinnen organisiert. Diese Tatsache behindert eine wirkungsvolle, kontinuierliche Einflussnahme auf berufspolitische Diskussionen und die Einlösung von Reformen.

Der Bereich **berufliche Kompetenzen** des Erzieherinnenberufes ist nicht ausreichend entwickelt, da dieser Beruf im Vergleich zu anderen, professionalisierten Berufen nicht über eine ähnlich explizite[1] und systematisierte Wissensbasis verfügt. Dieser Umstand bedingt folgende Auswirkungen:

---

1 explizit = ausdrücklich, im Einzelnen erläutert

- Globale, relativ wenige Ausdifferenzierungsmöglichkeiten der beruflichen Funktionen schaffen Abgrenzungsprobleme gegenüber ähnlichen erzieherischen bzw. sozialpädagogischen Funktionen.

- Geringe Mobilitätschancen durch eine überwiegende Begrenzung auf den Kindergarten schaffen ein soziales Prestigedefizit. Die Aufstiegsmöglichkeiten für Erzieherinnen sind ohne weiterführende Ausbildung begrenzt.

- Neue Anforderungen und Wissenselemente finden in die Ausbildung nur schleppend Eingang. Die Entwicklungsgeschichte der Ausbildung zeigt, dass die Ausbildungssituation über Jahre hinweg gleich geblieben ist.

Die fehlende gesellschaftliche Anerkennung des Erzieherinnenberufes drückt sich nicht nur durch die Einordnung auf einem tiefen Platz der Prestigeskala aus, sondern vielmehr auch durch gewisse Vorurteile gegenüber diesem Beruf.

Zwar besteht ein öffentliches Interesse an Erziehung und Bildung, jedoch über die Erzieherinnen, über ihre täglichen Berufsnöte, über ihre Arbeitsbedingungen und die Interpretation ihrer Berufsrolle ist in der Öffentlichkeit sehr viel weniger bekannt. Eine Gesellschaft, die weitgehend auf dem individuellen Leistungsprinzip aufbaut, sieht die berufliche Beschäftigung mit Kindern als wenig produktiv an. Sparmaßnahmen auf dem sozialen Sektor und geringe Entlohnung der Erzieherinnen verdeutlichen diesen Zustand.

6 Erzieherin – Frauenberuf?

Innerhalb der sozialpädagogischen Fachkräfte stellen die Erzieherinnen die größte Gruppe dar, sind aber im Vergleich zu den meisten EU-Mitgliedsländern auf einem relativ niedrigen Niveau ausgebildet und mit einem Frauenanteil von ca. 93 % nahezu unter sich. Laut dem Statistischen Bundesamt sind unter den 136 000 Fachkräften, die mit der Erziehung von Kleinkindern beruflich beschäftigt sind, nur 2000 Männer. Als weitgehend reiner Frauenberuf wird der Beruf der Erzieherin nicht als gesellschaftlich bedeutungsvoll gewertet. Dem Erzieherinnenberuf hängt seine historische Ausgangslage immer noch an: „die Herkunft aus einem Beruf der ‚Armenpflege' und der ‚Fürsorge', des ‚Dienens' und der ‚tätigen Nächstenliebe', und aus einem Frauenberuf" (Pfaffenberger, 1967, S. 20). Öffentliche Kleinkinderziehung war schon seit ihren Anfängen immer eine Aufgabe von Frauen. Ihre weiblichen Eigenschaften (verstehen, dulden, helfen, sich aufopfern und auf Selbstdarstellung verzichten) waren geradezu für die Übernahme von Erziehungsaufgaben geschaffen. Das klassische Frauenbild sieht die Frau immer noch als „natürliche" Erzieherin, der eine „naturgegebene" Fähigkeit im Umgang mit Kleinkindern zugeschrieben wird:

„Die Berufsrolle entspricht so der Rolle der Frau und Mutter in der Familie: Sie leistet Beziehungsarbeit, funktioniert, füllt gleichzeitig mehrere Rollen aus, ist zwangsläufig überfordert, versucht, es allen recht zu machen, ist geduldig auch gegenüber den Arbeitsbedingungen, unter denen bzw. trotz derer sie versucht, Arbeitsbeziehungen als persönliche Beziehungen aufzubauen. Es fehlt an Distanz und Souveränität, sie verhält sich nicht professionell. Dies genau spiegelt auch den gesellschaftlichen Stellenwert öffentlicher Erziehung und damit den Status von Erzieherinnen wider. Erziehung wird nicht als gesellschaftlich notwendige, als wirkliche Arbeit anerkannt, sondern sie ist angeblich, genau wie in der Familie, ‚natürlicher' Bestandteil eines Frauenlebens. Folge davon ist ein Selbstbild der Erzieherinnen, das geprägt ist von Unsicherheit, Orientierungslosigkeit, Konzeptlosigkeit und einem geringen beruflichen Selbstwertgefühl".

(Sauerborn, 1988, S. 148)

Die **Berufswahl** vieler junger Frauen ist immer noch auf typische Frauenberufe ausgerichtet. So nannten bei der Berufsberatung der Arbeitsämter im Jahre 1995 junge Frauen den Beruf der Erzieherin als den begehrtesten Ausbildungsberuf. Die Gründe sind nicht nur in einer noch immer geschlechtsspezifischen Erziehung von Mädchen zu suchen, sondern auch in einer realistischen Einschätzung der Ausbildungs- und Weiterbeschäftigungsmöglichkeiten in den einzelnen Berufen durch die Mädchen selbst, denn gewisse Abschottungsmechanismen auf dem Arbeits- und Ausbildungsmarkt schließen sie häufig von anderen möglichen Berufen aus.

Häufig wird der Beruf nur wenige Jahre ausgeübt. Die Berufszufriedenheit bei vielen Erzieherinnen scheint so gering, dass sie es meist im Durchschnitt nicht länger als sieben Jahre in diesem Beruf aushalten. Laut einer Umfrage der Fachzeitschrift „Welt des Kindes" (6/1993) planen nur etwa 10 % der Erzieherinnen, bis zur Rente in ihrem Beruf zu bleiben. Diese Tendenzen hindern viele Erzieherinnen an einem größeren fachlichen und berufspolitischen Engagement: „Außerdem fällt es Frauen in unserer Gesellschaft auf Grund von Tradition und Erziehung nach wie vor sehr schwer, ihre Interessen zu sehen, zu äußern und wenn nötig auch gegen andere Interessen durchzusetzen" (Colberg-Schrader, 1988, S. 302).

Aufgaben

1. *An welchen wesentlichen Punkten kann der relativ niedrige Professionalisierungsgrad des Erzieherinnenberufes festgemacht werden?*

2. *Welche Schritte zur Lösung des Professionalisierungsproblems schlagen Sie vor?*

---

7 Rollenerwartungen und Rollenkonflikte im sozialpädagogischen Berufsfeld

Wer ist Erika Neumann?

Erika Neumann ist (1) eine Frau, und zwar (2) eine erwachsene Frau von 32 Jahren. Sie trägt einen Ehering, ist daher (3) verheiratet. Näheres erfahren wir von ihr selbst: Erika Neumann ist (4) Deutsche und (5) Einwohnerin der Kleinstadt A. Von gemeinsamen Bekannten hören wir, dass Frau Neumann (6) von Beruf Erzieherin ist, (7) zwei Kinder hat, also Mutter ist, (8) sich zum römisch-katholischen Glauben bekennt, (9) sich als Gewerkschaftsmitglied in einer GEW-Fachgruppe engagiert und (10) als 2. Vorsitzende des örtlichen Tischtennisvereins fungiert. Frau Neumann, so erfahren wir noch, ist (11) begeistertes Mitglied einer Percussion-Gruppe und (12) eine leidenschaftliche Fahrradfahrerin.

Aufgaben

1. Überlegen Sie, welche Erwartungen an die einzelnen Rollen von Frau Neumann geknüpft sind.

2. Welche Rollenkonflikte sind bei Frau Neumann angesichts der verschiedenen Rollenerwartungen denkbar?

Eine **Rolle** bezieht sich auf die Summe der Verhaltenserwartungen, die an eine Person in einer Gruppe gestellt werden. In den Gruppen Familie und Schulklasse werden an die Rolle des Sohnes oder der Tochter bzw. an die Rolle des Schülers bestimmte Erwartungen geknüpft. An jede dieser Rollen sind Erwartungen gekoppelt, die ihre besondere Bedeutung für den Rollenträger und für die Gruppe festlegen. Jeder Mensch nimmt eine Vielzahl von Rollen ein, wobei zu unterscheiden ist zwischen zentralen Rollen (z. B. Familie, Geschlecht) und peripheren[1] Rollen (z. B. alle wandelbaren Rollen und Funktionen, z. B. in einer Gruppe).

Aufgabe

3. Stellen Sie zusammen, welchen Gruppen Sie selbst angehören. Wie können die Rollen bezeichnet werden, die Sie in diesen Gruppen übernommen haben?

Auch an die Erzieherin im Kindergarten oder in einer anderen sozial-pädagogischen Einrichtung werden eine Reihe von Verhaltenserwartungen herangetragen. Ihre Rolle wird nicht nur durch die Bezugspersonen der Institution bestimmt, sondern in hohem Maße auch durch Gruppen und Personen außerhalb der Einrichtung.

Aufgaben

4. Stellen Sie zusammen, welche Erwartungen an das Verhalten der Erzieherinnen in einem Kindergarten von Seiten der Kinder, der Eltern, der Kolleginnen, der Grundschullehrer und des Trägers der Einrichtung gestellt werden.

5. Welche Widersprüche bzw. Konflikte sind in den verschiedenen Rollenerwartungen enthalten?

6. Wie könnten diese Widersprüche bzw. Konflikte gelöst werden?

Da der Einzelne immer mehreren **Gruppen** gleichzeitig angehört, richten viele Personen und Gruppen Erwartungen an ihn. Die Zahl der Gruppen, denen ein Mensch angehört, oder die Zahl der Rollen, die er hat, ist u. a. abhängig von seinem Alter, seinem Beruf und seiner Bildung. Unsere Frau Neumann beispielsweise hat 12 verschiedene Rollen. Das heißt, dass 12 verschiedene Gruppen Erwartungen an sie richten. Niemand kann jedoch alle Rollenerwartungen gleichzeitig erfüllen. Treffen zwei oder mehrere Rollenerwartungen gleichzeitig aufeinander, befindet sich der Einzelne im Widerstreit zwischen Verhaltenserwartungen mehrerer Bezugsgruppen oder Personen. Er befindet sich in einem

---

1 peripher = am Rande befindlich

Rollenkonflikt, weil sich mehrere Erwartungen überschneiden und es stellt sich die Frage, welche Rollenerwartungen er nun erfüllen soll. Am Beispiel der Frau Neumann lassen sich verschiedene Möglichkeiten von Rollenkonflikten aufzeigen:

- Der 1. Vorsitzende des Tischtennisvereins ist Vater eines ihrer Kindergartenkinder.
- Der Kindergarten-Träger verlangt etwas, was den Auffassungen ihrer Gewerkschaft entgegensteht.
- Die Eltern erwarten eine religiöse Erziehung im Kindergarten nach ihren individuellen Vorstellungen; der Träger erwartet eine religiöse Erziehung für alle Kinder nach seinen Vorstellungen.

Kommt es zu einem Konflikt innerhalb einer einzigen Rolle, spricht man vom **Intrarollenkonflikt** (intra = innerhalb). An die Rolle der Erzieherin werden z. B. unterschiedliche Erwartungen von Seiten ihrer Kolleginnen, von Seiten der Kinder, von Seiten der Eltern und von Seiten des Trägers gerichtet. Aus dieser Situation können sich für die einzelne Erzieherin innerhalb der Bezugsgruppe Kindergarten schwerwiegende Konflikte ergeben.

Der **Interrollenkonflikt** (inter = zwischen) wird hervorgerufen, wenn eine Person zwei oder mehrere Rollen erfüllen soll, an die unterschiedliche Verhaltenserwartungen geknüpft sind. So stellen z. B. an eine als Erzieherin berufstätige Ehefrau mit zwei Kindern und kranker Mutter der Arbeitgeber, der Ehemann, die beiden Kinder und die eigene Mutter Anforderungen. Die jeweilige Entscheidung des Einzelnen wird durch die Bedeutung der jeweiligen Rolle oder Erwartung mitbestimmt. Darüber hinaus muss er, um überhaupt seine Rolle erfüllen zu können, die an ihn gestellten Erwartungen genau kennen. Wichtig ist, dass jeder sich seine verschiedenen Rollen immer wieder bewusst macht und sich jeweils fragt, ob es richtig ist, die an ihn gestellten Erwartungen zu erfüllen. Im Konfliktfall muss er sich für eine Rolle, für die Erfüllung einer Erwartung entscheiden, Abstriche an den unterschiedlichen Erwartungen machen, so dass nur die Erwartungen übrig bleiben, die miteinander vereinbar sind (Kompromiss) oder er muss eine der widersprüchlichen Rollen aufgeben.

Aufgaben

1. *Welche Intra- und Interrollenkonflikte treten in Ihren Rollen auf?*
   Wie versuchen Sie diese Konflikte zu lösen?

2. *Erkundigen Sie sich in den Praxisstellen bei Erzieherinnen, welche Intra- und Interrollenkonflikte sich bei ihnen zeigen.*
   Welche Lösungsmöglichkeiten werden genannt?

---

8 Einführung in die Erziehungspraxis: Was heißt „erziehen"?

Max hat in der Bauecke des Kindergartens mit allen Bausteinen einen hohen Turm errichtet. Er benötigte dazu viel Zeit. Nun kommt Florian dazu. Er schaut sich den Turm an und will nun auch einen bauen. Er sagt deshalb zu Max: „Gib mir sofort Steine her!" Max weigert sich, denn er müsste ja seinen Turm abbauen. Darauf tritt Florian den Turm mit dem Fuß um. Die Erzieherin hat den Vorgang beobachtet.

1. Wie könnte die Erzieherin auf das Verhalten der Kinder in erzieherischer Hinsicht reagieren? Welche Mittel könnte sie dabei anwenden?

2. An welchen Erziehungszielen sollte sich die Erzieherin bei ihrem Vorgehen orientieren?

Was Erziehung bzw. erziehen ist, lässt sich gar nicht so leicht beantworten, denn die Tätigkeit des Erziehens ist, im Gegensatz z. B. zu der Arbeit eines Arztes oder Maurers, nicht so deutlich sichtbar und deshalb auch schwerer darzustellen. Eine Erzieherin kann am Abend nicht unbedingt „vorzeigen", was sie in 7–8 Stunden geschafft hat. Die Definition des Begriffs „Erziehung" ist innerhalb der Erziehungswissenschaft nicht einheitlich, sondern von der Vielfalt verschiedener Denkansätze bestimmt. Auch der vorwissenschaftliche, umgangssprachliche Gebrauch ist bereits außerordentlich schillernd.

Aufgabe

3. Suchen Sie Verben zum Wortfeld „erziehen" (Sie können dazu auch Wörterbücher und/oder Lexika verwenden).

Die Begriffsbestimmung des Wortes „erziehen" erweist sich als schwierige Aufgabe, weil
- es einen umgangssprachlichen Gebrauch gibt mit unterschiedlichen Auslegungen,
- eine praktische Verwendung hinsichtlich verschiedenster Tätigkeiten, Situationen und Institutionen besteht,
- eine Vielzahl von Bestimmungen in zahlreichen und verschiedensten pädagogischen Theorien vorliegt.

Definition
Unter Erziehung bzw. erziehen sind alle bewussten, gezielten und auch ungewollten Handlungen (z. B. Vorbildfunktion) der Erzieherin zu verstehen, die die Zu-Erziehenden (Kinder, Jugendliche) zu einer selbstbestimmten Lebensführung hinführen sollen.

Für den **Erziehungsbegriff** sind drei Bereiche grundlegend:
- normative **Dimension** (Erziehungsziele): In jedem Erziehungsvorgang spielen Normen (Verhaltensvorschriften, -regeln), die dann als Leitziele das erzieherische Handeln bestimmen, eine Rolle (Mündigkeit, Selbstbestimmung usw.).
- **instrumentelle Dimension**: Die Erziehung bedarf immer methodischer und instrumenteller Mittel, um die entsprechenden Erziehungsziele zu erreichen.
- **historische Dimension**: Jede Erziehung findet in einem bestimmten historisch-gesellschaftlichen Kontext[1] statt, der mitentscheidet, was ihre Ziele, Methoden und ihr Ergebnis sind.

---

1 Kontext = Sinnzusammenhang

1. Tragen Sie in Arbeitsgruppen selbsterlebte Erziehungssituationen zusammen. Einigen Sie sich anschließend auf ein Erziehungsbeispiel und stellen Sie es im Rollenspiel vor.

2. „Erziehung ist das Schwerste, was dem Menschen kann aufgegeben werden" (Immanuel Kant). Nehmen Sie zu diesem Zitat Stellung.

3. „Zehn Gebote für den Umgang mit Kindern

   1. Du sollst Kinder achten wie dich selbst.

   2. Du sollst einem Kind nicht vorenthalten, was dir wichtig ist: Nützliche Arbeit, Verantwortung, Verfügung über ein Eigentum, über die Einteilung der Zeit, über die Wahl der Freunde.

   3. Du sollst ein Kind nichts lehren, woran dir selber nicht liegt; du sollst es nicht langweilen.

   4. Du sollst nichts für ein Kind tun, ohne es zu fragen; auch wenn es weder deine Fürsorge noch deine Frage versteht – es ist gut, wenn du diese Gewohnheit hast.

   5. Du sollst nicht wegsehen, es soll dir nicht gleichgültig sein, wenn ein Kind etwas Falsches tut, Unwahrheiten, Torheiten, Grausamkeiten begeht.

   6. Du sollst eines Kindes Liebe und Vertrauen nicht zurückweisen – so wenig wie seine Trauer, seine Angst, seine Neugier, seine Fantasie.

   7. Du sollst ein Kind nicht anders „machen" wollen, als es ist – aber du sollst ihm helfen, anders zu werden, wenn es das will. Du sollst vor allem nicht machen, dass es will.

   8. Du sollst, wie du einen Zehnten für die Kirche gibst, in dieser Welt einen zweiten Zehnten für die Kinder geben – die fernen wie die nahen, die dies brauchen.

   9. Du sollst an der Welt arbeiten, so dass du sie ohne Scham den Kindern übergeben kannst.

   10. Du sollst nicht Kinder haben, wenn du dir nicht vorzustellen vermagst, dass sie ein würdiges Leben in ihrer Zeit führen können."

Hartmut von Hentig (aus „Der glimmende Docht", in: Neue Sammlung, Heft 4/1987)

Lesen Sie die „Zehn Gebote". Nehmen Sie sie zum Anlass, um über Ihr eigenes Selbstverständnis als angehende Erzieherin einmal grundsätzlich nachzudenken. Welche Gebote können Sie persönlich mittragen?

Fühlen Sie sich von einigen überfordert? Möchten Sie etwas ergänzen oder abwandeln?

9   Kommunikationsprozesse

Wenn es um Erziehung geht, haben Themen wie **Beziehung** und **Kommunikation** eine zentrale Bedeutung. In einer Kindergartengruppe mit ca. 25 Kindern wird die Erzieherin innerhalb kürzester Zeit z. B. mit Äußerungen wie folgt konfrontiert:

- „Der Peter hat mein Gebautes kaputt gemacht!"

- „Der nimmt mir alle Klötze weg!"

- „Ich war zuerst in der Puppenecke!"

- „Die Julia hat mein Malblatt zerrissen!"

- „Darf ich aufschließen?"

- „Ich darf zuerst dran, ja?"

Viele Erzieherinnen fühlen sich durch die Kinder und den Kindergartenalltag veranlasst, bei Streitigkeiten, die nicht mehr nachkonstruierbar sind, „Richter" zu spielen und Urteile zu fällen. Gleichzeitig werden dann gehäuft !-Sätze gebraucht, die wahrlich nicht mehr partnerschaftlichen Prinzipien entsprechen. Allzu leicht können sich Missverständnisse und Fehlinterpretationen in Kommunikationsprozesse einschleichen. Um diese mögliche Fehlerquelle zu verringern, gilt es die **Gesprächskompetenz** zu vertiefen, um die eigene Kommunikation in der pädagogischen Praxis wahrhaftiger, klarer und effektiver zu gestalten.

> *Definition*
> *Unter Kommunikation werden die Vorgänge der Informationsübermittlung und des Informationsaustausches zwischen Menschen verstanden.*

Immer wenn sich Menschen wahrnehmen und aufeinander beziehen können, kommunizieren sie miteinander, denn auch Schweigen und Abwenden sind **Kommunikationsformen**. Nach Schulz von Thun (1990) setzt sich die Mitteilung, Nachricht oder Botschaft im Rahmen der Kommunikation aus den folgenden Aspekten zusammen:

- inhaltliche Sachebene: was mitgeteilt wird,

- Beziehungsebene: Der Beziehungsaspekt verdeutlicht, wie ich meinen Partner durch die Art meiner Kommunikation behandele.

- Appell: Was will der Sender bewirken? Wozu möchte er den Angesprochenen veranlassen?

- Selbstoffenbarung: Sie enthält Informationen über den Sender: Wie fühlt sich der Sender? Was sagt er mit seiner Aussage über sich und seine Gefühle?

(vgl. Schulz von Thun, 1990)

Das **Beziehungsgeflecht** zwischen Lehrer und Schüler soll als exemplarisches Beispiel dienen, um diese vier Dimensionen einer Nachricht zu veranschaulichen:

Lehrer zum Schüler:	*„Du, die Stunde fängt aber um 10:15 Uhr an!"*
Sachinhalt:	*Die Stunde beginnt um 10:15 Uhr.*
Beziehung:	*Du musst dich nach mir richten.*
Appell:	*Sei in Zukunft pünktlich.*
Selbstoffenbarung:	*Dein Zuspätkommen ärgert mich.*
Hierauf reagiert der angesprochene Schüler:	*„Stimmt, die Stunde hat schon begonnen."*
Sachinhalt:	*Die Stunde hat begonnen.*
Beziehung:	*Seine Mahnung stinkt mir.*
Appell:	*Ich sollte nicht unpünktlich sein.*
Selbstoffenbarung:	*Es ist mir unangenehm, dass er sich über mich ärgert.*

Eine gewisse Fähigkeit zur Kommunikation besitzt mehr oder weniger jeder Mensch. Für die Erzieherin reicht dies allein nicht aus, denn für ihre erzieherische Arbeit ist es notwendig, dass Kommunikation gelernt und geübt wird. Hierbei gibt es eine Vielzahl von Methoden, wie z. B.

- das helfende oder personenorientierte Gespräch nach Carl Rogers
- die themenzentrierte Interaktion (TZI) nach Ruth Cohn.

Für Rogers ist besonders die Haltung und Einstellung gegenüber dem Gesprächspartner wichtig. Dabei nennt er folgende Kriterien:

- Zuwendung = positive Wertschätzung (Respekt)
- Wohlwollen = empathisches Verstehen (Einfühlen)
- Echtheit = Kongruenz[1] im Verhalten gegenüber dem anderen Menschen.

Für die Einübung der Kommunikation bedarf es der grundlegenden Technik des Zuhörens: „Die Erziehenden müssen lernen, mit dem Reden aufzuhören und mit dem Zuhören anzufangen" (Gordon, 1985, S. 38). Das **Zuhören** ist untrennbar mit dem **Sprechen** verbunden. Ein Gespräch bleibt ohne Zuhören unweigerlich beim beidseitigen Monolog. Eine besonders intensive Form mittels Zuhören auf ein Kind einzugehen, nennt Gordon (1985) das „aktive Zuhören". Es unterscheidet sich vom passiven Zuhören insofern, als der Empfänger durch die Rückmeldung des Gehörten aktiv zeigt, dass er den Sender sowohl akustisch als auch sinngemäß verstanden hat. Der Gesprächspartner wird dadurch zum Weitersprechen ermutigt und erhält die Möglichkeit, noch einmal genauer zu erklären oder eventuell auch etwas richtigzustellen.

Eine Erzieherin teilt die Kindergartengruppe für eine Aktivität in der Turnhalle auf.	
Kind:	*„Ich will nicht mit in die Turnhalle."*
Erzieherin:	*„Du hast heute keine Lust zum Turnen."*
Kind:	*„Doch, aber ich möchte jetzt mit Melanie in der Puppenecke spielen und nachher turnen."*
Erzieherin:	*„Aha, ich soll dich bei der zweiten Gruppe mitnehmen!"*

1 Kongruenz = Übereinstimmung

Dem Kind wird hier Gelegenheit gegeben, weiter zu sprechen und zu erklären. Somit wird sein Anliegen verstanden. Die Erzieherin erfährt die wirklichen Beweggründe, was durch eine Antwort, wie z. B. „Manchmal muss man auch Dinge tun, zu denen man keine Lust hat!" nicht möglich gewesen wäre.

Ruth Cohn (1992) begründet ihre Theorie der **„Themenzentrierten Interaktion" (TZI)** mit der Erfahrung, dass Beziehung ebenso wie Lernen in Interaktion geschieht. Die Interaktionen spielen sich zwischen dem Einzelnen (Ich), der Gruppe (Wir), der Sache (Aufgabe, Thema) und der Umgebung (Zeit, soziale, historische usw. Gegebenheiten) ab. Keines dieser Elemente darf über- oder unterbewertet werden, wenn sie zueinander im Gleichgewicht stehen sollen. Als Elemente der TZI gelten also:

- Ich – die einzelne Person in ihrer Individualität und Eigenständigkeit (Eigenwelt);
- Wir/Du – die Gruppe oder der andere Mensch, der mir gegenübersteht (Mitwelt);
- Es – die Sache, um die es geht, Gesprächsgegenstand, Informations- oder Lernthema (Sachwelt);
- Umgebung – die Gesamtheit der äußeren Einflüsse der an der Interaktion beteiligten Personen, z. B. familiäre und soziale Verhältnisse und Entwicklungen, kulturelle, religiöse und philosophische Einflüsse (Umwelt – Überwelt).

Die von Cohn vertretene Auffassung, dass beim Lernen die Persönlichkeits-, die Beziehungs- und die Sachebene zusammenwirken müssen, damit eigene Kräfte entwickelt werden können, kann problemlos in die erzieherische Arbeit, die als Beziehungsprozess ihrem Wesen gemäß in allen diesen Ebenen verwurzelt ist, umgesetzt werden. Es gilt, ihnen allen die gleiche notwendige Aufmerksamkeit zu widmen, denn alle Lebensprozesse spielen sich entweder im Menschen selbst (Ich) oder zwischen mehreren Menschen (Ich-Du-Wir) in einem umgebenden Umfeld (Umwelt) ab.

Als hilfreiche Anregungen für das Gelingen der Kommunikation hat Cohn (vgl. Cohn, 1992, S. 124 ff.) folgende Regeln aufgestellt:

- Vertritt dich selbst in deinen Aussagen; sprich per „Ich" und nicht per „Wir" oder per „Man".
- Wenn du eine Frage stellst, sage, warum du fragst und was eine Frage für dich bedeutet. Sage dich selbst aus und vermeide das Interview.
- Sei authentisch[1] und selektiv in deinen Kommunikationen. Mache dir bewusst, was du denkst und fühlst, und wähle, was du sagst und tust.
- Halte dich mit Interpretationen von anderen so lange wie möglich zurück. Sprich statt dessen deine persönlichen Reaktionen aus.
- Sei zurückhaltend mit Verallgemeinerungen.
- Wenn du etwas über das Benehmen oder die Charakteristik eines anderen Teilnehmers aussagst, sage auch, was es dir bedeutet, dass er so ist, wie er ist (d.h. wie du ihn siehst).
- Es kann jeweils nur einer reden. Wenn mehr als einer gleichzeitig sprechen will, verständigt euch in Stichworten, über was ihr zu sprechen beabsichtigt.
- Vermeide nach Möglichkeit Seiten- oder Einzelgespräche.

---

1 *authentisch = echt, wahr*

1. *Kontrollierter Dialog (präzises Sprechen und genaues Zuhören): Die Bedingung der Übung ist, dass jeder eine den anderen jeweils befriedigende Zusammenfassung des Gehörten gibt, bevor er antwortet. Zuerst müssen Dreier-Gruppen (Rollen A, B, C) gebildet werden. Je zwei dieser drei Teilnehmer wählen sich ein Thema und versuchen, darüber ein Gespräch zu führen und zwar mit folgenden Spielregeln:*

   A beginnt mit einem Satz. B muss zuerst den Satz von A präzise und sinngemäß wiederholen. Wenn A daraufhin mit „stimmt" oder „richtig" bestätigt, darf B auf die Aussage von A antworten. Sollte A die Wiederholung von B verneinen („falsch" bzw. „nein"), muss B die Aussage von A nochmals wiederholen. C fungiert als Beobachter und schaltet sich ein, wenn die Regeln nicht eingehalten werden.

   Die Rollen werden so lange gewechselt, bis jeder Teilnehmer in der Beobachterrolle war. Die Übung sollte jeweils ca. 15 Minuten dauern. Anschließend sollte eine gemeinsame Diskussion und Auswertung stattfinden.

2. *Turmbau: Verschiedene Kleingruppen (4–8 Teilnehmer) errichten aus vorgegebenem Material (Papier, Kartons, Wellpappe usw.) in 30 oder 45 Min. einen Turm. Die Gruppen erhalten alternativ folgende Auflagen:*

   Verbale und nicht-verbale Verständigung sind erlaubt.

   Nur nicht-verbale Verständigung ist erlaubt.

   Jede Gruppe bestimmt einen Beobachter, der den Verlauf verfolgt und seine Beobachtungen in der anschließenden Diskussion mitteilt.

Projekt

Thema: „Die Erzieherin von heute" (Anforderungen, Arbeitsbedingungen, Status, Zufriedenheit, Probleme usw.)

Holen Sie sich in Kleingruppen Auskünfte

- *bei Erzieherinnen in der Praxis*
- *bei Trägern von sozialpädagogischen Einrichtungen*
- *bei Berufsverbänden und Gewerkschaften*
- *beim Arbeitsamt.*

Werten Sie diese Informationen in Ihren Arbeitsgruppen aus und halten Sie die Ergebnisse fest. Für die Präsentation sollten Sie sich verschiedene Möglichkeiten überlegen: Zeitungsartikel, Wandzeitung, Videofilm, Karikaturen, Liedtexte, Szenen, Theater usw.

B Familiäre Bezugssysteme

Es ist heute unbestritten, dass die Familie für das Aufwachsen und die Zukunft der Kinder von entscheidender Bedeutung ist. Für die Bildungschancen von Kindern scheint dies ebenso zuzutreffen wie für eine gelingende Einbindung in die Gesellschaft.

Die Schulbildung der Mutter (als die am häufigsten vorhandene Bezugsperson) scheint dabei ausschlaggebender zu sein als die finanzielle und berufliche Situation, in der die Familie lebt.

Familien leben heute in einer Gesellschaft, in der diese Bedeutung noch zu wenig wahrgenommen wird. Häufig werden Institutionen von der Krippe bis zur Hochschule in Bezug auf die Bildungschancen von Kindern in den Blick genommen und Rahmenbedingungen dort diskutiert.

Die Familienpolitik hat erkannt, dass Kinder das wichtigste Gut der Gesellschaft sind. Dass deshalb Familien unterstützt werden müssen und ihnen Rahmenbedingungen zur Verfügung gestellt werden sollen, die sie dazu ermuntern mehr Kinder zu bekommen, (derzeit liegt die durchschnittliche Kinderzahl in Deutschland bei 1,3 Kindern pro Familie) ist ein Dauerthema.

Wie dies durch finanzielle Zuwendungen, durch Arbeitszeitregelungen, durch mehr Plätze für Kleinkinder in Tageseinrichtungen unterstützt werden kann, wird unter unterschiedlichen Gesichtspunkten (bis hin zu Wachstumsprognosen für die Wirtschaft) immer wieder diskutiert und in unterschiedlichen Zusammenhängen angemahnt.[1]

Die Babyflaute geht zu Ende
In Deutschland wurden wieder mehr Kinder geboren

WIESBADEN (dpa) – Nach jahrelanger Babyflaute werden in Deutschland wieder mehr Kinder geboren.

Die Gesamtzahl der Geburten hat sich 2007 – dem ersten Jahr des Elterngeldes – ebenso erhöht wie die durchschnittliche Zahl der Kinder pro Frau. Insgesamt gab es im letzten Jahr 685 000 Geburten, die durchschnittliche Kinderzahl der erwachsenen Frauen wuchs nach Angaben des Statistischen Bundesamtes auf 1,37. Höher war diese Rate zuletzt im Jahr 2000, als auf jede Frau im Schnitt 1,38 Kinder kamen.

Insgesamt kamen in Deutschland 2007 etwa 12 000 Kinder mehr als 2006 zur Welt. Besonders stark nahmen die Geburten bei Frauen im Alter von 33 bis 37 Jahren zu. Die durchschnittliche Zahl der Geburten bei jüngeren Frauen ging aber weiter zurück.

Ministerin zufrieden

Bundesfamilienministerin Ursula von der Leyen sieht in dem Anstieg der Geburten einen „Vertrauensvorschuss" auf die Familienpolitik. Sie plädierte für den Ausbau der Kinderbetreuung, die Erhöhung von Eltern- oder Kindergeld und verbesserte Rähmenbedingungen.

(Schwabacher Tagblatt vom 21.08.2008)

---

1 Aktuelle Informationen unter „Bundesforum Familie" oder „Bundesministerium für Familie, Senioren, Frauen und Jugend" (www.bmfsfj.de)

Gewünschte Maßnahmen zur Erhöhung der Geburtenzahl
(repräsentative Meinungsumfrage)

Wesentliche Erhöhung der Familienbeihilfen (Kindergeld, Familiendarlehen, etc.)	46%
Erhebliche Ermäßigung der Steuer (Einkommenssteuer, Lohnsteuer etc.)	31%
Bereitstellung von Wohnungen in ausreichender Größer	29%
Sicherung der früheren Arbeitsplätze für Mütter	27%
Vermehrte Möglichkeiten der Teilzeitbeschäftigung	25%
Verbesserung des Gehalts von alleinerziehenden Elternteilen	22%
Stärkere Förderung kinderreicher Familien	22%
Anrechnung von Erziehungszeiten in der Rentenversicherung	20%
Verlängerung des Mutterschutzes	19%
Sicherung von Arbeitsplätzen für Mütter	11%
Bessere Verhältnisse im Wohnumfeld	10%
Erziehungsgeld	10%
Mehr Kindergärten, Kinderkrippen	9%
Vermehrung der Ausbildungsbeihilfen	7%
Anspruch auf mindestens dreieinhalb Zimmer bei Heirat	4%

(Familienwissenschaftliche Forschungsstelle im Statistischen Landesamt Baden-Württemberg: Lengsfeld, 1987, S. 39)

1 Funktionen der Familie

In Kindergärten und Tagesstätten können Kinder selten im Kreis ihrer Familie beobachtet werden.[1] Wir können uns nur im Rahmen von Elternabenden, bei Festen oder beim Umgang einzelner Familienmitglieder mit dem Kind, wenn die Kinder in den Kindergarten gebracht werden, ein Bild von familiären Zusammenhängen und Vorstellungen machen. An einem Beispiel soll gezeigt werden, wie Erzieherinnen daraus die Funktionen, die eine Familie in der Regel als ihre Aufgaben ansieht, ableiten können.

---

1 In anderen Einrichtungen, z. B. Heimen oder Horten, erleben wir „Familie" i.d.R. in noch größerem Maße sporadisch. Jugendliche haben eine eigene Sicht von Familie und oft eine sehr ambivalente Haltung gegenüber ihren Eltern.

Die Erzieherin steht im Garderobenraum des Kindergartens. Ein ständiges Kommen und Gehen von Eltern, überwiegend Müttern, die ihre Kinder in den Kindergarten bringen, ist im Gange. Frau G. teilt im Vorübergehen mit, dass sie Markus heute schon um 11:00 Uhr abholen muss, da sie einen Arzttermin zur Vorsorgeuntersuchung vereinbart hat. Frau Z. gibt der Erzieherin den Geldbetrag für die Bilder vom Sommerfest, die sie bestellt hat. Herr X. entlässt seinen Sohn Max mit einem zärtlichen Klaps auf den Po. Frau D. tröstet ihr weinendes Töchterchen mit den Worten: „Du brauchst nicht weinen, ich komme bestimmt bald wieder, ich gehe nur rasch einkaufen." Als die Erzieherin sich einem Kind zuwendet, das ihr seine neuen Halbschuhe zeigen will, kommt Herr U. und reicht der Erzieherin die Kindergartentasche mit dem Vesper seiner Tochter, die diese zu Hause liegengelassen hat.

Aufgaben

1. *Welche Aufgaben der Familie können Sie diesem Praxisbeispiel entnehmen?*
2. *Finden Sie zu den einzelnen Aufgabengruppen weitere Beispiele.*

1.1 Aufgaben der Familie

1.1.1 Materielle Versorgung

Eine Familie hat die Aufgabe, ihren Familienmitgliedern die materiell notwendigen Ressourcen zur Verfügung zu stellen. Diese werden in der Regel durch die **Berufstätigkeit des Vaters oder der Mutter** oder beider Elternteile erworben. Die wirtschaftliche Situation, in der ein Kind aufwächst, ist von großer Bedeutung. Sie wirkt sich auf viele Bereiche aus. So ist es nicht unwichtig, wie die Versorgung mit Nahrung und Kleidung aussieht, in welcher Wohnsituation ein Kind aufwächst, an welchen Freizeitangeboten es teilnehmen kann, ja, welche Bildungschancen es schließlich hat.

Aufgabe

Finden Sie heraus, welche Ausgaben nötig sind, um für ein Kind zu sorgen. Welche Mittel werden dafür vom Staat zur Verfügung gestellt?

Oft sind dem Kind diese Umstände zunächst nicht bewusst. Dass Geld eine wichtige Rolle spielt, erfährt es jedoch schon sehr früh. Wenn es mit der Mutter oder dem Vater zum Einkaufen geht und eigene Wünsche äußert, so erlebt es, dass ihm diese erfüllt oder mit dem Hinweis, dies sei zu teuer, abgewehrt werden.

Kinder erfahren z.B., dass der Vater oder die Mutter ihren Arbeitsplatz verlieren und in welcher Weise dies auf ihre finanzielle Situation Einfluss hat. Tiefe Einschnitte in das Lebensumfeld eines Kindes können damit verbunden sein. Das eigene Haus kann nicht mehr gehalten werden, ein Umzug in eine Mietwohnung erfolgt. Damit verbunden kann der **Verlust von sozialen Beziehungen** sein. Das **Ansehen der Familie** sinkt, Kinder fühlen sich schuldig, weil sie oft meinen, ihre geäußerten Spielzeugwünsche hätten die Familie in Schwierigkeiten gebracht. Sie können diese Ängste nicht ausdrücken und ihr Selbstbewusstsein leidet. In jedem Fall hat eine Verschlechterung der finanziellen Situation in der Familie auch direkte oder indirekte Auswirkungen auf das **Selbstverständnis von Kindern**

und Jugendlichen. Mit den finanziellen Möglichkeiten steigt oder fällt das **soziale Ansehen** innerhalb der Gleichaltrigengruppe, mit der Teilhabe oder dem Verzicht auf Konsummöglichkeiten oder Freizeitangeboten wird das Selbstbewusstsein von Kindern und Jugendlichen gestärkt oder geschwächt.

Eine Gesellschaft wie die unsere, die den materiellen Wohlstand relativ hoch einstuft, wird auch die darin lebenden Kinder nach ihren materiellen Ressourcen (Möglichkeiten) beurteilen. Da Kinder und Jugendliche ihr Selbstverständnis noch nicht über eigene Leistungen und finanzielle Abhängigkeit definieren können, greift die finanzielle Situation der Familie in viele Bereiche des kindlichen Lebens ein.

1.1.2 Körperliche Versorgung – Emotionale Ressourcen

Bereits im ersten Lebensjahr erfährt ein Kind, ob es von den Eltern akzeptiert und angenommen ist. Daraus kann es dann das sogenannte „**Urvertrauen**" entwickeln und sich der Welt draußen zuwenden. Ist ein Kind in dieser Zeit unsicher, ob die Eltern es akzeptieren und ihm positiv gegenüberstehen, so wird es mit ständigen Ängsten und Unsicherheiten leben müssen.

Das Urvertrauen entwickelt sich zunächst über körperliche Lustgefühle und die Abwehr von Unlustgefühlen. Ein Säugling, der gestreichelt und in den Arm genommen wird, der an der Brust der Mutter Geborgenheitsgefühle erlebt, der durch vielfältige Berührungen angenehme körperliche Nähe spürt, fühlt sich in „seiner Haut" wohl. Unlustgefühle, wie Hunger oder Durst, Kälte oder Hitze werden von den **Bezugspersonen** abgewehrt. Er erfährt, dass er sich auf die Zuwendung und emotionale Nähe der Bezugspersonen verlassen kann. Dies ist nicht an die leibliche Mutter gebunden. Auch der Vater oder andere zur Verfügung stehende Personen können dieses Gefühl von Geborgenheit und Zuverlässigkeit vermitteln. In den meisten Fällen wird es jedoch die Mutter sein, die das Kind im ersten Lebensjahr hauptsächlich versorgt. Wenn sich zwei Personen diese Aufgabe teilen – eine Vater- und eine Mutterperson wären ideal – so erlebt das Kind schon früh, dass es sich auch auf andere Menschen verlassen kann, wenn eine Bezugsperson einmal ausfällt. Gerade in jungen Familien wird die Versorgung des Säuglings und Kleinkindes heute schon vielfach von Vater und Mutter gemeinsam übernommen.

Aufgaben

1. *Welche Aussagen macht darüber die Gesundheitserziehung?*

2. *Wo finden Sie in der Literatur (siehe Deutsch, Medienpädagogik/Kinder- und Jugendliteratur) Hinweise auf die emotionalen Familienbezüge?*

Dorothy Dinnerstein beschreibt aus der Sicht des Säuglings die Bedeutung der Bezugsperson:

„In die Arme und an die Brust einer Frau schmiegt sich der zarthäutige Säugling zuerst, der zuvor bei der Geburt durch plötzliches Licht, trockene Luft, Geräusche, Luftzug, Losgelöstheit und Stöße erschreckt worden ist. In der Berührung mit ihrem Fleisch fühlt er zuerst die Lust des Saugens, die Erlösung vom Hungergefühl und vom Schrecken der Isolierung. Ihre Hände säubern, cremen und streicheln sein empfindliches kleines Hinterteil. Sie verändert als Erste ihren Gesichtsausdruck als Reaktion auf den seinen. Ihre Stimme führt ihn in die Sprache ein: Es ist die erste Stimme, die der Stimme des Kindes antwortet, die Hilfe ankündigt, deren Rhythmus und Tonhöhe mit vom Kind wahrgenommenen Vorgängen oder Körperempfindungen übereinstimmen. Sie ist diejenige, die es wiegt und schaukelt, wenn es sich unbehaglich fühlt, sie gibt ihm einen Stumper, wenn es aufstoßen muss. Sie kommt, wenn es Angst hat oder sich langweilt, sie vermittelt das Gefühl, umhegt zu werden; sie stellt die interessanten Dinge zur Verfügung, die man anschauen, berühren, riechen und hören kann, sowie die Möglichkeit, die

wachsenden Kräfte der wechselseitigen Kommunikation zu entfalten, ohne die sich die menschliche Persönlichkeit und ihre Intelligenz ebenso wenig entwickeln können wie der Körper."

(Dinnerstein, 1979, 52)

> **Merksatz**
> Was Dorothy Dinnerstein hier in Bezug auf die Mutter aussagt, ist nicht zwangsläufig an diese gebunden. Auch wenn die ersten Körpergefühle in der Regel über die Mutterperson vermittelt werden, ist es möglich, dass auch andere Personen im Umfeld des Kindes, vornehmlich auch der Vater, die Grundbedürfnisse des Kindes wahrnehmen und darauf angemessen reagieren.

Das **emotionale Wohlbefinden** hängt in den ersten Lebensjahren ganz entscheidend mit körperlichem Wohlbefinden zusammen. Kinder können krank werden, wenn das emotionale Gleichgewicht gestört ist und Kinder, die krank sind, sind auch sogleich in ihrem Gefühlsleben getroffen. **Körperliche** und **psychische Gesundheit** hängen eng miteinander zusammen. Die Familie ist für die körperliche Versorgung, für Nahrung und Kleidung, für eine gesunde Ernährung, für die Versorgung in Krankheitszeiten bis weit über die ersten Lebensjahre hinaus die wichtigste Instanz.

Je mehr Kinder eine Familie hat, desto besser werden in der Regel die Bedürfnisse von Kindern wahrgenommen und befriedigt, während in Ein-Kind-Familien die Bedürfnisse der Erwachsenen oft dominieren oder das Kind überversorgt und verhätschelt wird. Allerdings sind die finanziellen Möglichkeiten von Familien mit mehreren Kindern auch entsprechend eingeschränkt.

> **Aufgaben**
> 1. Stellen Sie die Möglichkeiten von Familien mit mehreren Kindern denen der Ein-Kind-Familie gegenüber. Welche Vor- und Nachteile können sich daraus für die emotionale und körperliche Versorgung von Kindern ergeben?
> 2. Welche emotionalen Bedürfnisse können in den Tageseinrichtungen für Kinder berücksichtigt werden?
> 3. Was sagt Ihnen das Bild auf der nächsten Seite über die emotionalen Bedürfnisse von Kindern in unterschiedlichen Altersstufen und deren Befriedigung aus?

1.1.3 Rückzugsmöglichkeiten

Über viele Jahre hinweg, bis ins Erwachsenenleben hinein, ist die Familie auch ein **Rückzugsort**. Wenn das Kind vom Spielplatz kommt, auf dem es sich mit einem anderen Kind gestritten hat, so erlebt es, dass die Mutter oder der Vater sich ihm daheim zuwenden und es sich nicht mehr gegen Angriffe wehren muss.

Familie sollte der Ort sein, an dem man sich ausruhen kann, an dem keine unangemessenen Forderungen an einen gestellt werden, wo man sich angenommen und akzeptiert fühlt, wo keine Angriffe auf die eigene Person stattfinden. „Hier bin ich Mensch, hier darf ich's sein", dies sollte für alle Familienmitglieder gleichermaßen gelten. Dass sich dies nicht immer verwirklichen lässt, ist klar.

Viele Kinder haben ein **eigenes Zimmer,** in das sie sich zurückziehen können, wenn sie allein sein möchten. Sie können dort mit dem Teddy kuscheln, sich alles „von der Seele malen", sich mit einem Puzzle oder einem Konstruktionsspielzeug Erfolgserlebnisse verschaffen. Je älter die Kinder werden, desto wichtiger werden die Rückzugsmöglichkeiten innerhalb der Familie. Das eigene Zimmer, die eigene Musik, die eigenen Bilder und die eigenen Interessen können dann auch gegen die Vorstellung der Eltern jederzeit zum Rückzug zur Verfügung stehen.

> Jochen, 13 Jahre alt, kommt von der Schule nach Hause. Er geht in sein Zimmer, sperrt die Türe hinter sich zu und hört laute Musik. Obwohl die Mutter darauf wartet, dass er zum Essen erscheint und ihr erzählt, wie die Klassenarbeit bewertet wurde, weiß sie, dass er jetzt erst selbst einen Raum benötigt, in dem er mit sich und seiner Situation zurechtkommt. Sie lässt ihn gewähren und erinnert ihn nach 15 Minuten daran, dass das Essen auf dem Tisch steht. Jetzt ist auch Jochen bereit sich mitzuteilen und dankbar dafür, dass die Mutter ihn verstanden hat.

1.1.4 Wegbegleiter in kritischen Lebensphasen

Merksatz
Übergänge von einer Lebensphase zur anderen sind bedeutsame Ereignisse, die zu kritischen Phasen werden können.

Kritische Lebensphasen können sehr verschieden aussehen. Der erste **Spielplatzbesuch** kann für ein Kind schon eine Belastung sein, in der es die Zuwendung von Familienangehörigen nötig hat. Wenn es sich um Ereignisse handelt, die mit körperlichen oder seelischen Schmerzen verbunden sind, so benötigt jeder Mensch die Begleitung von Familienangehörigen und Freunden. Ob es sich um einen Arztbesuch oder Kinderstreit handelt, ist dabei gleichgültig. Oft sind es Belastungen über einen längeren Zeitraum hinweg, die die Begleitung von Familienangehörigen „Not"-wendig machen.

Es gibt ganz verschiedene kritische Lebensphasen.

- Umzug in eine andere Stadt oder Wohngegend
- Krankheit oder Tod von Großeltern
- Verlust von Freunden durch Wegzug oder Trennung (Liebeskummer)
- Erste Wochen im Kindergarten
- Einschulung
- Krankheitszeiten
- Trennung/Scheidung der Eltern
- Geburt eines Geschwisterkindes

   und anderes mehr

1.1.5 Gesellschaftliche Aufgaben

Die Familie ist **die kleinste Zelle des Staates**. Sie ist Teil der sie umgebenden Gesellschaft. So werden ganze Stadtviertel durch unterschiedliche Familienstrukturen (z. B. Migrationsfamilien) geprägt. Die gesellschaftlichen Rahmenbedingungen, die vom Staat zur Verfügung gestellt werden (Tageseinrichtungen, Begegnungsstätten, Familienzentren) wirken auf das Leben der Familien ein. Aber auch Familienstrukturen, die in einer Wohngegend vorherrschen, bestimmen das gesellschaftliche Leben mit. Wo es viele berufstätige Paare gibt, werden Tageseinrichtungen mit unterschiedlichen Öffnungszeiten benötigt und häufig auf Druck von Eltern eingerichtet.

Der Staat unterstützt Familien durch eine Gesetzgebung, die den Familien viele Rechte, aber auch Pflichten einräumt.

Im **Grundgesetz Art. 6** heißt es:

§
1. Ehe und Familie stehen unter dem besonderen Schutz der staatlichen Ordnung.
2. Pflege und Erziehung der Kinder sind das natürliche Recht der Eltern und die zuvörderst ihnen obliegende Pflicht. Über ihre Betätigung wacht die staatliche Gemeinschaft.
3. Gegen den Willen der Erziehungsbedürftigen dürfen Kinder nur aufgrund eines Gesetzes von der Familie getrennt werden, wenn die Erziehungsberechtigten versagen oder wenn die Kinder aus anderen Gründen zu verwahrlosen drohen.

Im Bürgerlichen Gesetzbuch – BGB (Viertes Buch, Familienrecht) werden diese Rechte und Pflichten von Eltern (auch Alleinerziehenden und anderen Personen, die mit den Kindern in Beziehung stehen) differenziert erklärt.

Die Herausnahme von Kindern aus der Familie wird im § 1666 geregelt. Dieses ist das wichtigste Gesetz, das ein Eingreifen des Staates in die Rechte der Familie rechtfertigt.

Im Sozialgesetzbuch SGB VIII (Kinder- und Jugendhilfegesetz KJHG) gibt es detaillierte Angaben zu den Unterstützungsmöglichkeiten von Kindern und ihren Familien von der Tageseinrichtung für Kinder (§ 22) bis zur Vollzeitpflege (§ 33).

Literaturtipp

Bohle, Arnold/Themel, Jobst: Jugendhilfe – Jugendrecht, Bildungsverlag EINS Troisdorf, 7. Auflage, 2009.

Mithilfe eines Stichwortverzeichnisses kann hier rasch ein bestimmtes Thema mit der entsprechenden gesetzlichen Vorgabe gefunden werden. Viele Beispiele erläutern die gesetzlichen Rahmenbedingungen. Eine CD mit Arbeitsmaterialien erleichtert Wiederholungsaufgaben und Prüfungsvorbereitungen.

Die Aufgaben der Familie werden in den gesetzlichen Grundlagen genannt.

Entwicklungsaufgaben[1]

Kinder entwickeln sich in körperlicher, seelischer und kognitiver (geistiger) Hinsicht. Je nach Lebensalter überwiegen die einen oder anderen Entwicklungsschritte. Dies bedeutet für die Eltern, dass sie diese Schritte kennen müssen, um ihren Kindern Unterstützung zuteil werden zu lassen.

Sie müssen sich also zunächst über die **„normale" Entwicklung** eines Kindes im Klaren sein. Dazu können sie sich aus Fachbüchern oder Zeitschriften informieren, die Vorsorgeuntersuchungen beim Arzt in Anspruch nehmen und die vielfältigen Informationen, die es auf dem Markt gibt, aufnehmen. Eine durchgehende Beratung oder Elternschulung gibt es nicht. Angebote in Volkshochschulen, „Elternschulen" und „Mütterzentren" sind freiwillig und werden vor allem von Mittelschichtseltern in Anspruch genommen. Leider ist noch immer die Meinung weit verbreitet, dass man nichts lernen muss, um Vater- und Mutteraufgaben zu übernehmen. Jugendliche erfahren heute im Rahmen ihrer Schulausbildung manchmal, welche Aufgaben Eltern erwartet. Dies geschieht allerdings zu einem Zeitpunkt, an dem das Interesse an Elternschaft und Verantwortung für ein Kind noch nicht besteht.

Eltern sind zunächst also auf die Informationen, die sie von ihren eigenen Eltern, von Bekannten, aus der Verwandtschaft erhalten, angewiesen und werden, solange alles gut geht, von der staatlichen Gemeinschaft so gut wie nicht unterstützt. So greifen sie auf die Erfahrungen ihrer eigenen Kindheit zurück. Sie versuchen mit allen Informationen, die sie besitzen, ihren Kindern die besten Startchancen für ein gelingendes Leben zu ermöglichen. Dass die meisten Eltern für ihre Kinder nur das Beste wollen und auch zu Opfern bereit sind, ist nicht infrage zu stellen.

Erziehung zu einer eigenverantwortlichen und gemeinschaftsfähigen Persönlichkeit

Was das für die Erziehung von Kleinkindern bedeutet, ist für die meisten Eltern undurchsichtig, ja sie haben meist auch keine Kenntnis von diesen gesetzlichen Vorschriften. Der Rechtsanspruch für Dreijährige auf einen Kindergartenplatz ist für unsichere Eltern eine Möglichkeit, sich in den Kindergärten über den Entwicklungsstand ihres Kindes zu informieren, Hilfen bei Erziehungsproblemen zu erhalten, Anregungen für die Verselbstständigung ihrer Kinder und soziale Kontakte zu bekommen.

Die Unterstützung von Eltern durch staatlich geförderte Einrichtungen ist in Anbetracht der heutigen unüberschaubaren Situation, in der sich viele Eltern befinden, unzureichend und deshalb dringend geboten.

Aufgaben

1. *Wie können Eltern ihre Bedürfnisse in unseren Einrichtungen zum Ausdruck bringen, welche öffentlichen Hilfen stehen ihnen zur Verfügung?*

2. *Diskutieren Sie im Klassenverband, weshalb die Situation für Familien heute schwieriger und unüberschaubarer als in früheren Zeiten ist.*

---

1 *Siehe auch Kapitel „Entwicklung von Kindern bis zum Schuleintritt"*

3. Lesen Sie dazu auch Auszüge aus:

 – Ariés, Philippe: Geschichte der Kindheit, 15. Auflage München: dtr, 2003

 – DeMause, Lloyd (Hrsg): Hört ihr die Kinder weinen, 8. Auflage Frankfurt: Suhrkamp, 1994

 – Honig, Michael-Sebastian (Hrsg): Kinder und Kindheit, Weinheim: Jurenta, 1996

4. Erarbeiten Sie die Texte als Referate und tragen Sie diese in der Klasse vor.

Zusammenfassung

Wir können die Aufgaben, die eine Familie innerhalb unserer Gesellschaft überneh-men soll, also folgendermaßen zusammenfassen:

- Materielle Versorgung der Familienmitglieder
- Körperliche Versorgung, emotionaler Rückhalt
- Rückzugsmöglichkeit in einen geschützten Bereich
- Wegbegleitung in kritischen Lebensphasen
- Gesellschaftliche Aufgaben

Aufgaben

1. Nehmen Sie sich das Beispiel von S. 39 noch einmal vor und überlegen Sie, wie Sie die Einordnung jetzt vornehmen würden.

2. Wenn Sie sich in Einrichtungen, in denen Sie gearbeitet haben, umsehen, können Sie feststellen, dass viele Familien diesen Aufgaben nur teilweise nachkommen können oder massive Unterstützungsmaßnahmen benötigen. Was bedeutet dies für Ihre Arbeit in den unterschiedlichsten Praxisfeldern?

   a) in Kindertageseinrichtungen

   b) in Schulkindeinrichtungen

   c) im Heim

   d) bei der Zusammenarbeit mit den Erziehungsberechtigten

1.1.6 Sozialisationsaufgaben von Familien

Einbindung in das gesellschaftliche Leben

Die Familie ist das **Abbild der Gesellschaft.** Vor allem in früheren Zeiten, in der die Groß-familie zusammen in einem Haus lebte, also Großeltern, Eltern und Kinder, oft sogar bis zu vier Generationen unter einem Dach, konnten Kinder vielerlei Kontakte knüpfen, Erfah-rungen mit unterschiedlichen Lebenssituationen und Altersstufen machen und sich über ihre zukünftige Lebensgestaltung klar werden. Heute lebt zumeist nur noch die Kernfamilie (Eltern und Kinder) zusammen. Und auch diese Kernfamilie besteht häufig nur noch aus zwei Personen, nämlich einem Elternteil und einem Kind. Was dies für Auswirkungen auf die Aufgaben dieser kleinsten Einheit der Gesellschaft hat, kann man sich denken. Dennoch werden die Grundlagen für die wichtigsten Erfahrungen der Kinder in dieser Kernfamilie gemacht.

Welche **Regeln** und **Normen** in unserer Gesellschaft herrschen, können sie in der Familie erfahren. Was „man" tut oder nicht tun darf, wie man sich kleidet und benimmt, wie man isst und was man sagen darf oder lieber für sich behält, das lernen Kinder innerhalb der Familie. Sie erwerben die **Muttersprache**, erlernen Laufen und Körperpflege, Essgewohnheiten und Freizeitbeschäftigungen, werden mit der sie umgebenden Welt vertraut gemacht. Und das geschieht immer in einer bestimmten Weise, jede Familie hat ein eigenes Verständnis und eigene Regeln neben den allgemein üblichen Umgangsformen innerhalb der Gesellschaft. Familie ist also eine kleine eigene Welt innerhalb der Gemeinschaft, die sie umgibt. In Kindertageseinrichtungen wird die Vielfalt von Familienleben als Bereicherung, aber auch als Problem gesehen.

Identitätsfindung

Die ersten Schritte zu einer eigenen Persönlichkeit, zur eigenen Identität werden in der Familie getan. Was heißt es aber, eine Identität zu erwerben?

Helga Bilden (Bilden, 1991, S. 279) beschreibt die Identitätsfindung als einen Prozess, ausgerichtet auf „eine stabile Persönlichkeitsstruktur, ein mit sich selbst identisches Individuum, in dem aus einem Neugeborenen ein in seiner Gesellschaft handlungsfähiges Subjekt wird (und bleibt)."

Viele Fähigkeiten müssen von einem Säugling erlernt werden bis er stehen, laufen und seinen Körper beherrschen kann. Er wird dabei immer wieder von denEltern unterstützt und ermutigt. Viel Übung ist notwendig, um sich außerhalb der Familie bewegen und ausdrücken zu können. Die kognitive Entwicklung bildet sich in der Sprachentwicklung ab.

Dies alles kann nur geschehen, wenn das Kind sich angenommen fühlt, aus der Sicherheit innerhalb der Familie Mut und Selbstvertrauen für eigene Schritte erhält. Erfahrungen über die eigenen Möglichkeiten und die Begrenzung derselben werden zunächst innerhalb der Familie gemacht.

Aufgaben

1. *Suchen Sie nach weiteren Definitionen von „Identität" in Lexika, Fremdwörterbüchern und Fachbüchern. Versuchen Sie diese Definitionen in Ihre Alltagssprache zu übersetzen und erklären Sie sie mit eigenen Worten Ihren Mitschülerinnen*

2. *Schlagen Sie dazu auch Begriffe nach wie: Individuum, Persönlichkeit, Subjekt.*

Geschlechtsidentität

Innerhalb der Identitätsfindung macht das Kind aber auch immer die Erfahrung, dass es dem einen oder dem anderem Geschlecht angehört. Es muss lernen, sich als Junge oder Mädchen zu definieren, erlebt Männer und Frauen in seiner Umgebung und orientiert sich an diesen Vorbildern. Dies geschieht zunächst noch völlig unbewusst, wird aber mit zunehmenden Alter immer bewusster erlebt. An Vater und Mutter hat es zunächst männliche und weibliche Verhaltensmuster, die es nachahmt (vgl. Kap. „Sexualität im Leben von Kindern und Jugendlichen" in Band 2).

Rollenübernahme innerhalb der Gesellschaft

So wie ein Kind erfährt, dass es als Person, als Junge oder Mädchen, innerhalb eines Systems lebt (dieses System ist zunächst die Familie), so erfährt es sehr bald, dass von ihm erwartet wird, eine bestimmte Rolle zu übernehmen. Dies kann die Rolle des kleinen Bruders, die Rolle eines Kindergartenkindes, die Rolle des Beschützers oder des Anführers sein. Es erlebt, wie es bedeutsame oder unbedeutende Aufgaben übernehmen kann oder muss, und entwickelt daraus seine Vorstellungen von künftigen Aufgaben. Vom Kleinkind zum Schulkind, vom Jugendlichen bis zum Erwachsenen, immer wieder „übt" es seine Möglichkeiten, die ihm im Leben die notwendige Befriedigung seines Selbst geben können oder diese verwehren.

Aufgaben

1. *Wie werden Eltern auf ihre Aufgaben vorbereitet?*

2. *Wie greift der Staat in das Familienleben ein?*

3. *Wie können Eltern die Entwicklung ihrer Kinder in körperlicher, psychischer, sozialer und geistiger Hinsicht fördern?*

4. *Welche Ressourcen kann die Familie für Säuglinge, Kleinkinder, Schulkinder und Jugendliche zur Verfügung stellen? Nennen Sie Beispiele aus Ihrem Umkreis.*

Wie schon mehrfach angeklungen, ist die Familie keine „heile Welt". Viele Krisen können diese treffen, viele Erziehungsfragen sind täglich zu beantworten, immer wieder ergeben sich neue Fragen, mit denen Väter und Mütter konfrontiert sind.

Zu fast all diesen Familienproblemen gibt es Literatur, die für Laien verständlich formuliert ist und erste Hilfen anbietet. Einige der alltäglichen Herausforderungen seien hier stellvertretend genannt:

- Unser Kind kann nicht einschlafen.
- Unser Kind bekommt ein Geschwisterchen.
- Unser Kind muss ins Krankenhaus.
- Unser Kind stiehlt.
- Unser Kind ist schüchtern.
- Unser Kind ist hyperaktiv.
- Unser Kind kann nicht richtig sprechen.

Viele dieser Themen kommen auf die meisten Eltern im Laufe der Zeit zu und verunsichern sie.

Aufgabe

Suchen Sie nach solchen Themen in Büchereien und Bibliotheken und überlegen Sie, ob diese Bücher für Eltern hilfreich sein können.

Themen, die vorliegende Ausführungen ergänzen und die zum Beispiel als Referat (auf der Grundlage von Literaturstudien/Interviews etc.) der Klasse vorgetragen werden können:

- *Bedeutung der Wohnsituation von Kindern, des Wohnumfeldes.*
- *Chancengleichheit von Kindern? Voraussetzungen in verschiedenen Familienzusammenhängen, auch schichtspezifisch.*
- *Die Bedeutung der Familie in verschiedenen Lebensphasen.*
  (Interviews mit Kindern verschiedener Altersstufen)

Zusammenfassung

Wünschenswert im Hinblick auf ein Ideal der Familienerziehung wären:

- *In der Familie sollte das Vertrauen zur eigenen Person angelegt werden. Ohne dieses Urvertrauen leben zu müssen, kann krank machen.*
- *Die Familie ist die kleinste Zelle der Gesellschaft, in ihr sollten Kinder die Normen und Regeln der sie umgebenden Welt kennenlernen können.*
- *Die Familie sollte Kindern alle zum Leben notwendigen Ressourcen zur Verfügung stellen können: Kleidung, Nahrung, Versorgung, Verständnis, Rückzugsmöglichkeit, Krisenintervention.*
- *In der Familie sollte ein Kind erfahren, was von ihm als Junge oder Mädchen erwartet wird, es kann die Übernahme von verschiedenen Rollen lernen.*

1.2 Eigene Familienerfahrungen reflektieren

Wenn wir von Wunsch- und Zielvorstellungen der Familienerziehung reden, hat dies immer auch mit unseren Erfahrungen zu tun. Wir übertragen die selbst erlebte Familiensituation auf unsere Vorstellungen, was Familien leisten können oder sollen. Hatten wir eine glückliche und harmonische Kindheit, so wünschen wir diese auch den uns anvertrauten Kindern und Jugendlichen. Waren wir mit unserer Familiensituation unzufrieden oder sind es noch, werden wir uns eher kritisch mit den verschiedenen Familiensituationen auseinandersetzen. In jedem Fall werden unsere Handlungen von eigenen Erfahrungen begleitet.

> *Die Transaktionsanalyse und andere Kommunikationsmodelle bieten Ansätze, unsere Familienerfahrungen zu hinterfragen und aufzuarbeiten.*

1.2.1 Fragestellungen für Reflexionen der eigenen Familienerfahrung

Es geht hier um die eigenen Erfahrungen in der Herkunftsfamilie. Wenn bereits eine eigene Familie besteht, muss diese zunächst außer Acht gelassen werden. Die eigene Sozialisation hat sich ja vorwiegend in der Herkunftsfamilie abgespielt.

1. Wer bot mir emotionalen Rückhalt? Konnte ich das Gefühl der Geborgenheit erfahren?
2. Wer zeigte mir die Welt um mich herum, führte mich in verschiedene Kulturtechniken ein, begleitete mich während der Schulzeit bei Lernprozessen?

3. Mit welchem Familienmitglied verband (oder verbindet) mich eine besondere Vertrautheit, wem konnte (kann) ich mich mit allen meinen Sorgen und Geheimnissen anvertrauen?
4. Welche Regeln und Normen galten (gelten) in meiner Familie?
5. Verfügte meine Familie über notwendige finanzielle Mittel?

1.2.2 Ein Familiendiagramm anfertigen

Fertigen Sie ein Diagramm, das Sie und Ihre Familienmitglieder, auch entferntere, die für Sie wichtig sind, als Kreise darstellt. Wer Ihnen besonders wichtig war oder ist, wird als größerer Kreis gezeichnet. Die Beziehungen untereinander werden durch die Nähe und Größe der Kreise und durch Pfeile gekennzeichnet. Familienmitglieder, die für Sie nicht wichtig sind, können weggelassen oder besser an den Rand gezeichnet werden.

Versuchen Sie nun, diese Beziehungen mit Eigenschaften oder Tätigkeiten zu kennzeichnen. Sie können auch die Familienmitglieder durch Zahlen in ihrer Bedeutung für Sie benennen.

1. Welche Familienmitglieder sind außerhalb und weshalb?
2. Welche Familienmitglieder bilden innerhalb der Familie eine eigene Gruppe aus zwei oder mehreren Personen?
3. Wen würden Sie auf eine einsame Insel mitnehmen?
4. Welches Familienmitglied ist für Sie am unwichtigsten?
5. Wem würden Sie sich in einer Krisensituation anvertrauen?
6. Welche Personen außerhalb ihrer Familie sind Ihnen so wichtig, dass sie eigentlich zur Familie gehören? Könnten diese Familienmitglieder ersetzen?

Sie können sich anschließend innerhalb von Kleingruppen über Ihre Familiengeschichten unterhalten.

1.2.3 Die gesellschaftliche Einbindung der eigenen Familie

Auch die Einbindung Ihrer Familie innerhalb der Gemeinde, des Stadtteils, der gesellschaftlichen Norm- und Wertvorstellungen ist nicht unwichtig für Ihre Entwicklung und Ihr heutiges Selbstverständnis (z. B. die Zugehörigkeit der Familie zu einer ideologisch geprägten Gemeinschaft, Kirche etc., Einbindung in das Vereinsleben am Wohnort, Teilnahme an regelmäßigen kulturellen Veranstaltungen etc.). Ihre Vorstellungen, was richtig und was falsch ist, welche Werte hoch eingeschätzt werden und was im Leben nicht so wichtig erscheint, wurden und werden durch diese Erfahrungen geprägt und bestimmen wahrscheinlich Ihre pädagogischen Ziele im Berufsleben entscheidend mit.

Einige Fragen, die Sie sich dazu stellen können sind:

1. Welche Werte und Normvorstellungen herrschen in der gesellschaftlichen Schicht, in der Sie aufgewachsen sind, vor? (Beruf von Vater und Mutter, Schulbildung der Eltern, eigene Schullaufbahn, Wohnumfeld)
2. Kommen Sie aus einer religiös geprägten Familie oder sind Sie eher liberal erzogen worden? Kommen Sie aus einer Kultur, die bestimmte Werte und Normen vorgibt?

3. Welche Freundschaften pflegte Ihre Familie, sind diese auch für Sie wichtig geworden und weshalb?

4. Welche politischen Einstellungen herrschen in Ihrer Familie vor, sind dies auch Ihre eigenen Überzeugungen?

5. Würden Sie sagen, dass die in Ihrer Familie herrschenden Normen und Werte gesamtgesellschaftlichen Normvorstellungen entsprechen oder gibt es daneben familieneigene Vorstellungen vom Zusammenleben und von dem, was „man" tun darf oder was „tabu" ist.

6. Welcher gesellschaftlichen Gruppe ordnen Sie Ihre Familie zu? Welchen Gruppen außerhalb der Familie gehören verschiedene Familienmitglieder an? (Siehe auch Kapitel **„Arbeit mit Gruppen"** in Band 2)

7. Wie würden Sie Ihre Familie in ein gesamtgesellschaftliches Diagramm einzeichnen? Denken Sie, dass Ihre Herkunftsfamilie eher im Mittelpunkt der Gesellschaft oder am Rande lebt? Was sagen Statistiken dazu aus?

Aufgaben

Eine Erzieherin rät einer muslimischen türkischen Mutter, ihr Mädchen im örtlichen Sportverein anzumelden.

Diskutieren Sie in Gruppen das Verhalten dieser Erzieherin.

1. Von welchen Erfahrungen ist die Erzieherin ausgegangen?

2. Was hat sie bei dieser Empfehlung nicht berücksichtigt?

1.3 Familie und Kommunikation

Menschliches Verhalten ist immer auch in **kommunikativen Prozessen** zu beobachten. Man kann nicht Nichtkommunizieren. Selbst wenn einer schweigt, löst dies Prozesse beim anderen aus. Dies ist besonders in der Familie so. Viel wird ohne Worte gesagt oder einander „durch die Blume" mitgeteilt. Um unser eigenes Verhalten und das unserer Familienangehörigen besser zu verstehen, ist es gut, sich mit den unterschiedlichen **Modellen von Kommunikationsstrukturen** zu beschäftigen (siehe Kap. „Kommunikation und Gesprächsführung" in Band 2).

An dieser Stelle kann auf die einzelnen Erklärungsmuster für Kommunikationsprozesse in der Familie nicht eingegangen werden. Dies könnte aber exemplarisch an einem Kommunikationsmodell dargestellt oder als Referat in den Unterricht eingebracht werden. Unterschiedliche Familienstrukturen sind oft nur mit unterschiedlichen Kommunikationsgewohnheiten zu erklären.Überlegen Sie, welche Kommunikation in Ihrer Familie vorherrscht, und reflektieren Sie anhand des ausgewählten Ansatzes Ihr Kommunikationsverhalten. Welches bringen Sie in Ihren pädagogischen Alltag mit ein und was bedeutet dies für Ihre „erworbenen" Beziehungsmuster?

1.4 Psychologische Erklärungsmuster

Unterschiedliche psychologische Ansätze stellen Modelle dar, anhand derer wir die Bedeutung von familiären Bezugssystemen erklären können. Wir können diese auch zur Reflexion unserer eigenen Familienerfahrungen heranziehen. Die wesentlichsten Unterscheidungen zeigen uns die vier klassischen Modelle.

- **Psychoanalyse** (basierend auf Sigmund Freud, 1856–1939, Alfred Adler, C. G. Jung u. a.)
    - Eicke, Dieter (Hrsg): Tiefenpsychologie Band 1–4, Weinheim 1982
    - Kutter, Peter: Moderne Psychoanalyse, München 1989

- **Behaviorismus** (basierend auf John B. Watson, 1878–1958, und Burrhus F. Skinner, 1904–1990)
    - Bandura, Albert: Sozial-kognitive Lerntheorie, Stuttgart 1979
    - Zeier, Hans (Hrsg.): Pawlow und die Folgen, Zürich 1977

- **Kognitivismus** (basierend auf Wilhelm Wundt, 1832–1920)
    - Anderson, John Robert: Kognitive Psychologie, Heidelberg 1988
    - Neisser, Ulrich: Kognition und Wirklichkeit, Stuttgart 1979

- **Humanistische Psychologie** (basierend auf Gordon W. Allport, Charlotte Bühler, Abraham Maslow, Carl R. Rogers u. a.)
    - Kollbrunner, Jürg: Das Buch der humanistischen Psychologie, Eschborn 1987
    - Quitmann, Helmut: Humanistische Psychologie, Göttingen 1985

Aufgaben

1. *In welcher Zeit sind diese psychologischen Erklärungsmuster entstanden? Welche gesellschaftlichen Bedingungen haben sie mitgeprägt?*

2. *Betrachten Sie die Lebensläufe einzelner Vertreter und deren Werke*

Alle Theorien haben sich weiterentwickelt und teilweise aufeinander zubewegt. So hat die **systemische Sichtweise**, die quer zu den theoretischen Grundströmungen entstanden ist, inzwischen eine große Bedeutung erlangt. Sie beschäftigt sich vor allem auch mit dem „System Familie".

Literaturtipps

Dörner, Dietrich: Kybernetische Modelle in der Psychologie. In: Hermann, Th. u. a. (Hrsg): Handbuch psychologischer Grundbegriffe. München 1977, S. 253–259

Schlippe, Arist v.: Familientherapie im Überblick, Paderborn 1987

Kognitionspsychologische Entwicklungstheorien (die wichtigsten Vertreter sind Jean Piaget und Lawrence Kohlberg) sind für die Entwicklung innerhalb der familiären Bezugssysteme ebenfalls bedeutsam.

1. In der Entwicklungspsychologie werden Entwicklungsverläufe der frühen Kindheit aufgezeigt. Vergleichen Sie diese mit den verschiedenen psychologischen Erklärungsansätzen und überlegen Sie, welche Bedeutung innerhalb der Entwicklung eines Kindes die Familie besitzt.

Die anschließende Tabelle soll aufzeigen, welche Bedeutung die unterschiedlichen Ansätze der frühkindlichen Entwicklung geben und wie sie das daraus resultierende Verhalten erklären.

Die Wichtigkeit der Familie und der ersten Lebensjahre wird von den unterschiedlichen Richtungen in verschiedenem Maße betont.

	Psychoanalyse	Behaviorismus	Kognitivismus	Humanismus
Was ist entscheidend?	**unbewusste Konflikte** aus der frühkindlichen Phase bestimmen das Verhalten	**Äußeres Verhalten** ist sichtbar und kann beobachtet werden	**Denken** beeinflusst das Verhalten	**Ganzheitlich** kognitive-emotionale Prozesse bestimmen das Verhalten
Was steht im Mittelpunkt?	die **Person** steht im Mittelpunkt Es – Ich – Über-Ich	Die **Situation** nimmt Einfluss auf das Verhalten der Person	**Kognitive Strukturen** der Person beeinflussen ihr Verhalten (Planung)	*Selbstkonzepte* und Werthaltungen der Person sind bedeutsam
Was löst Handlungen aus?	**unbewusste subjektive Impulse** geben der Situation ihre Bedeutung	Auslöser sind **Reize** aus der Umwelt in objektiven Situationen	**Wechselwirkung** von Person und Situation. Subjektive Situationsbedeutung	Die **subjektive Bedeutung** der Welt führt zum Handeln
Welche Lernprozesse sind möglich?	angeborene Triebe, prägender Einfluss früher Lebenserfahrung verschiedene Reifungsstadien sind Entwicklungsbedingungen – Orale Phase (1. Lebensjahr) – Anale Phase (2. Lebensjahr) – Phallische oder genitale Phase (3. Lebensjahr) – Latenzphase (5. Lebensjahr)	Verhalten kann über die ganze Lebensspanne hinweg gelernt und verlernt werden (Konditionierung) Reiz-Reaktionsmuster: Verstärkung durch Belohnung oder Auslösung positiver Gefühle Abschwächung durch Bestrafung oder Auslösung negativer Gefühle	Lernprozesse, die vom Individuum mitgestaltet werden, vor allem kognitive, sind an der Entwicklung und den Reifungsprozessen mitbeteiligt.	Durch kognitives Lernen und Selbstgestaltung der subjektiven Welt wird die Selbstverwirklichungstendenz sichtbar

2. Betrachten Sie die einzelnen Ansätze vor dem Hintergrund Ihrer eigenen Familienerfahrungen. Welcher Ansatz ist zur Erklärung Ihrer Erfahrungen am besten geeignet?

3. Welchen Ansatz halten Sie für Ihr pädagogisches Handeln für wichtig?

Anhand der systemischen Sichtweise können wir Familienerfahrungen noch einmal näher betrachten.

Jeder Mensch lebt in einer Vielzahl von Systemen, die sich aufeinander beziehen oder aufeinander einwirken. Auf eine Familie und das darin lebende Individuum wirken vielerlei Systeme ein und die Familie reagiert und agiert innerhalb dieser Systeme.

- **Makrosysteme:** Soziokulturelle Bedingungen, Arbeitsbedingungen, Umweltbelastung, politische Lage etc.
- **Exosysteme:** konkrete Arbeitsbedingungen der Familienangehörigen, Struktur der Gemeinden, politisch-moralische Ausrichtung der Lehrer/ Erzieherinnen etc.
- **Mesosysteme:** Lebens- und Arbeitsbedingungen der Betroffenen selbst, soziales Netzwerk, Kindergruppe, Nachbarschaft etc.
- **Subsysteme:** Kommunikationsmuster innerhalb der Familie, Geschwisterkonflikte etc.
- **Individuum:** persönliche Geschichte, Selbstkonzept, Lebensereignisse, Selbstwertgefühl
- **Organsystem:** organische Disposition, spezifische Reaktionsformen bei Belastungen etc. körperliche Gebrechen
- **Zellsystem:** Stressreaktionen auf zellularer Ebene

Wie sehr Familienerfahrungen auch abhängig von Umweltfaktoren sind, können wir an der Darstellung der einzelnen Systemgruppen sehen. Die systemische Sichtweise der Familie ist zunächst vor allem in der Klinischen Psychologie aufgegriffen worden. Eine Vielzahl von Familientherapien hat sich daraus entwickelt.

Für die Arbeit in Kindertagesstätten und mit Jugendlichen ist es wichtig, dass die Einbindung in die Familie reflektiert und in unsere pädagogische Arbeit einbezogen wird.[1]

Aufgaben

1. Was sagen psychologische Theorien über die Familie aus?
2. Welche Theorie misst der Familienerziehung die größte Bedeutung bei?
3. Welche Erfahrungen aus Ihrem eigenen Leben treffen mit unterschiedlichen psychologischen Sichtweisen zusammen?
4. Welche Bedeutung hat die Kommunikation innerhalb der unterschiedlichen Systeme?
5. Welche Bedeutung hat die eigene Familiengeschichte für das pädagogische Handeln?

---

1   Schlagen Sie die Ihnen unbekannten Begriffe nach z. B.: Disposition, Individuum, System, Stress.

2 Vielfalt und Formen familiären Zusammenlebens

2.1 Familie im Wandel

Familienfoto von 1910

Betrachtet man alte Illustrationen oder Fotoalben aus der eigenen Familie, kann man feststellen, dass sich die Zahl der Familienmitglieder, der Umgang untereinander und die Regeln für das Zusammenleben innerhalb einer Familie ständig ändern. Auch in der Kinder- und Jugendliteratur kann man anhand von Geschichten und Bildern Familien aus früheren Zeiten mit der heutigen vergleichen. Man muss nicht bis ins Mittelalter zurückgehen, um die deutlichen Veränderungen zu bemerken. Gerade in den letzten fünfzig Jahren hat sich die Familie so sehr verändert wie in keinem Jahrhundert vorher. Das hat verschiedene Ursachen.

Eine wesentliche Veränderung hat die **Industrialisierung** im letzten Jahrhundert gebracht. Die **bäuerliche Familie** war als Produktionsgemeinschaft auf viele Hilfskräfte angewiesen. Die Kinderzahl war deshalb hoch und die Alten wurden bis zum Tod mit der Mithilfe bei der Kinderbetreuung und kleineren Arbeiten beauftragt. Allerdings wurden sie auch bis zu ihrem Lebensende von der Familie selbstverständlich mitversorgt. Auch in **Handwerkerfamilien** war die Mithilfe jedes Familienmitgliedes nötig, um den Lebensunterhalt der Familie zu sichern. Kinder wurden schon frühzeitig als Hilfskräfte herangezogen und konnten, wenn überhaupt, nur sporadisch die Schule besuchen. In **Tagelöhnerfamilien** musste jeder, der eine Möglichkeit des Geldverdienens hatte, mit zur Versorgung herangezogen werden. Die Geschichte „Das kleine Mädchen mit den Schwefelhölzern" von Hans Christian Andersen, aber auch Erzählungen und Märchen aus früherer Zeit, machen dies deutlich. Lediglich in den wenigen **Familien der herrschenden Schicht** bestand die

Junge Frauen wollen alles

Sozialstudie – Der Lebensentwurf der 17- bis 29-Jährigen enthält Beruf, Familie und gesellschaftliche Verantwortung

BERLIN. Angela Merkel ist schuld – ein bisschen wenigstens. Denn dass die jungen Frauen von heute es für selbstverständlich halten, auf eigenen Beinen zu stehen, hat auch mit den Vorbildern zu tun, meint die Soziologin Jutta Allmendinger. Mehr noch als die Kanzlerin haben aber ihre Mütter den jungen Frauen vorgelebt, dass es möglich ist, sich auch im Beruf zu profilieren. Die 17- bis 30-Jährigen wollen nun ganz selbstverständlich alles: Beruf, Partner, Kinder und gesellschaftliche Verantwortung.

Auf einen »ganz neuen Typ Frau« muss sich die Gesellschaft einstellen: Das ergab die gestern veröffentlichte »Brigitte«-Studie »Frauen auf dem Sprung« unter der wissenschaftlichen Leitung von Allmendinger. Die Frauenzeitschrift hatte in Zusammenarbeit mit dem Wissenschaftszentrum Berlin und dem Institut für angewandte Sozialwissenschaft (infas) über 1000 Frauen im Alter von 17 bis 19 und von 27 bis 29 Jahren nach ihren Hoffnungen und Plänen befragt. Zentrales Ergebnis: »Die Frauen von sind selbstbewusst, stark und lassen sich nicht mehr manipulieren. »Ich weiß, dass ich gut bin«, sagen 99 Prozent der Befragten laut Studie.

»Die Wirtschaft kommt ohne diese Frauen nicht aus«

»Wir haben einen Effekt von Angela Merkel«, sagt Allmendinger. Die jungen Frauen von heute wachsen mit anderen Vorbildern auf als die Generation davor. Sie sehen an ihren berufstätigen Müttern, dass es geht, Familie und Beruf zu vereinbaren – wenn auch mangels Krippenplätzen und Ganztagsschulen unter Schwierigkeiten. Abhängigkeit vom Partner oder von Vater Staat lehnen die jungen Frauen ab. Dass sie zu über 90 Prozent »auf eigenen Beinen stehen« wollen, entspringt allerdings nicht nur dem eigenen Willen. Die Studie ermittelt auch, dass den Frauen unter den gegebenen demografischen Umständen nichts anderes übrig bleibt. Denn dem Arbeitsmarkt fehlen sonst qualifizierte Fachkräfte -und qualifizierter denn je sind die Frauen. Es gibt einen »enormen Druck auf die Frauen, erwerbstätig zu sein«, sagt Allmendinger.

Eine Wahl zwischen Beruf und Familie, wie sie für die meisten. Frauen laut der letzten »Brigitte«-Studie von 1982 noch selbstverständlich war, akzeptiert die neue Generation nicht mehr. »Die Zeit des Entweder-Oder ist vorbei. Jetzt zählt das Und«, sagt Allmendinger. »Im Dreiklang von Beruf, Partnerschaft und Kindern ist ihnen alles gleichermaßen wichtig: eine feste Beziehung für 77 Prozent, der Beruf für 74 Prozent, eine Familie mit Kindern für 68 Prozent der Frauen«, heißt es in der Studie.

Allerdings sind nur 64 Prozent mit ihrem Beruf zufrieden. Das liegt zum einen am zu niedrigen Gehalt, zum anderen ah der mangelnden Vereinbarkeit von Beruf und Kindern. »Die Wirtschaft kommt ohne diese Frauen nicht aus. Sie muss sich darauf einstellen, indem sie andere Lebensentwürfe lebbar macht«, fordert Allmendinger und nennt als Beispiel Unterbrechungen für die Erziehung von Kindern und die Pflege der Eltern. Dass sich Frauen nicht in jedes Arbeitsverhältnis fügen, zeigt ihre hohe Bereitschaft zum Umzug, auch ins Ausland. Frauen wollen in ihrem Beruf auch Verantwortung übernehmen, ergab die Befragung. Mehr als ein Drittel der Frauen sieht sich später im Chefsessel statt im Vorzimmer. Aber auch um die Gesellschaft wollen sich die Frauen kümmern, wollen etwas bewegen. »Es ist kein Haufen kleiner und großer Egoistinnen, die hier nachwachsen und die Gesellschaft prägen, sondern es sind Generationen selbstbewusster junger Frauen, die bereit sind, Verantwortung für das Ganze zu tragen«, heißt es in der Studie. Dabei streben sie auch nach Macht und Einfluss. Angela Merkel lässt grüßen. (AP)

(Claudia Kemmer, in: Reutlinger Generalanzeiger, 26.03.2008)

Notwendigkeit einer großen Familie nicht. Dennoch wurden auch da, wenn keine eigenen Kinder vorhanden waren, die Neffen und Nichten, die Geschwister und Verwandten benötigt, um das Erbe für die Familie zu sichern.

Es herrschten traditionelle Familienformen, die sich aus der Geburt in eine bestimmte Schicht herleiteten. Der Sohn des Handwerkers übernahm die berufliche Tätigkeit des Vaters, den Bauernhof erbte der älteste Sohn, die übrigen Kinder mussten als Knechte und Mägde dort arbeiten, wenn sie nicht in einen anderen Hof einheiraten konnten. Auch bei den sogenannten Akademikern war es noch in unserem Jahrhundert selbstverständlich, dass der Sohn dasselbe wie sein Vater studierte. Ganze Pfarrergenerationen oder Richterclans entstanden daraus.

Mit der Industrialisierung wurden die Familien unabhängiger von den ökonomischen Voraussetzungen des Landbesitzes oder eines Handwerksbetriebes. Sie opferten ihre Selbstständigkeit für ein abhängiges, aber oft regelmäßiges Einkommen, das aber noch sehr gering und von der Gesundheit des Einkommensbeziehers abhängig war. Kinderarbeit wurde gesetzlich verboten, die Schulpflicht eingeführt. Kinder kosteten zunehmend Geld und brachten der Familie nichts ein. Ein Rentensystem wurde gesetzlich eingeführt, sodass die nachfolgende Generation die Versorgung der alten Familienmitglieder nicht mehr übernehmen musste. Die **Sozialgesetzgebung** wurde mehr und mehr ausgebaut.

So wurde die Kinderzahl zunehmend geringer. Mit der Entdeckung und Einführung von sicheren **Verhütungsmaßnahmen** (erst in den 1970er-Jahren!) konnte man die Kinderzahl auf das gewünschte und wirtschaftlich vertretbare Maß reduzieren. Der **„Pillenknick"** wurde zum geflügelten Wort. Seither nimmt die Kinderzahl weiter ab. Es gibt eine ganze Reihe von Familien ohne Kinder und die **„normale" Familienkonstellation** (Vater, Mutter und mindestens zwei Kinder) ist innerhalb der Bevölkerung nicht mehr die Regel, sondern die Ausnahme.

Dazu kommt, dass sich die Altersstruktur durch die demografische Entwicklung verschiebt. Immer mehr Alleinstehende, vor allem auch alte Menschen, stehen einer kleinen Minderheit von Familien mit einem oder mehreren Kindern gegenüber. Die individualistische Lebenseinstellung vieler Menschen: Selbstverwirklichung, Genießen, Konsumieren steht den Werten der Kindererziehung und der sozialen Bezüge gegenüber. Ein Grund ist die unsichere Zukunft, die man einer neuen Generation nicht zumuten will, ein zweiter ist ein neues Familienverständnis. Es gibt viele Faktoren, die Menschen dazu bewegen, sich gegen eine eigene Familie mit Kindern zu entscheiden.

Von Francois de Singly (1994, S. 113) wird die Bedeutung familiärer Veränderungsprozesse seit den 1960er-Jahren folgendermaßen zusammengefasst:

„Dank der aufmerksamen Kontrolle durch die Demographen des nationalen Instituts für Statistik und Wirtschaftsforschung (INSEE) wissen wir über die Veränderungsprozesse, die die Familie betreffen, gut Bescheid. Man kann sie in sechs Punkten zusammenfassen:

1. Eine Verringerung der Zahl von Eheschließungen und Wiederverheiratungen und eine Zunahme der Ehen ohne Trauschein (oder Personen, die unverheiratet zusammenleben).

2. Ein Anstieg von Scheidungen und Trennungen.

3. Ein Anstieg von Eineltenfamilien (Haushalte mit einem Elternteil und einem oder mehreren Kindern), Sukzessivfamilien (Haushalte, die aus einem Paar bestehen, in dem mindestens

einer der Partner eine Paarbeziehung hinter sich hat und die Fürsorgepflicht für eines seiner Kinder ausübt).

4. Eine Abnahme der Geburtenzahl.

5. Eine Zunahme von Geburten aus nichtehelichen Lebensgemeinschaften.

6. Eine Zunahme der Berufstätigkeit der Frauen, besonders der Mütter, und damit verbunden der Anstieg der Zahl von Paaren, in denen beide Partner einen Beruf ausüben."

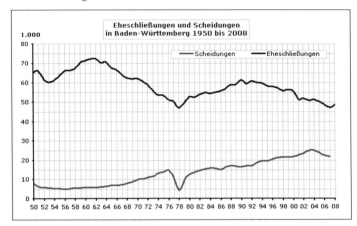

(Statistisches Landesamt Baden-Württemberg, 2009)

Aufgaben

1. Welche ökonomischen Aspekte haben dazu geführt, dass heute weniger Kinder als vor hundert Jahren geboren werden?

2. Welche Gesetze haben zur Abnahme der Kinderzahl beigetragen?

3. Wie könnte man die Norm- und Werteverschiebung im Familienverständnis erklären?

4. Stellen Sie Familienbilder aus verschiedenen Zeiten einander gegenüber und diskutieren Sie darüber.

2.2 Chancen und Probleme der postmodernen Familienformen

Familien mit Kindern sind also eine Minderheit geworden. Ihre Bedürfnisse decken sich nicht mehr mit den Bedürfnissen der Mehrheit in der Bevölkerung. Der Begriff der Familie muss mit vielen Hilfskonstruktionen umschrieben und differenziert werden. Wenn man heute von „Familie" spricht, so kann dabei das Ehepaar ohne Kinder charakterisiert werden, es ist aber auch möglich, dass von einer Alleinerziehenden mit ein oder zwei Kindern die Rede ist, es kann sich auch um ein Paar handeln, das ohne Trauschein mit eigenen oder nur mit einem der Partner verwandten Kindern zusammenlebt. Es kommt auch zunehmend vor, dass eine Mutter eine lesbische Beziehung eingeht und die Kinder mitnimmt oder die Kinder mit dem Vater und seinem neuen Partner zusammenwohnen.

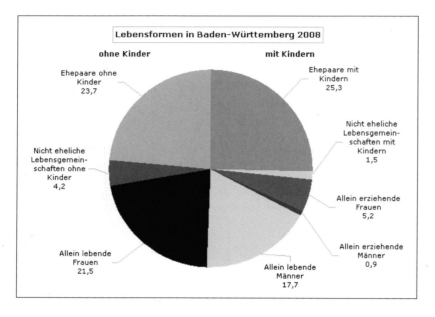

Lebensformen in Baden-Württemberg 2008

ohne Kinder   mit Kindern

Ehepaare ohne Kinder 23,7
Ehepaare mit Kindern 25,3
Nicht eheliche Lebensgemeinschaften mit Kindern 1,5
Nicht eheliche Lebensgemeinschaften ohne Kinder 4,2
Allein erziehende Frauen 5,2
Allein lebende Frauen 21,5
Allein erziehende Männer 0,9
Allein lebende Männer 17,7

(Statistisches Landesamt Baden-Württemberg, 2009)

2.2.1 Die Wertschätzung von „Familie" hat abgenommen

Eine, wie auch immer geartete Familie zu haben, ist zur Privatsache von Einzelnen geworden. Es ist jedem selbst überlassen, mit welchem Partner er zusammenlebt, ob er oder sie Kinder haben wollen oder nicht, wie sie diesen Alltag leben. Die Gesellschaft fühlt sich für die Belange von Familien mit Kindern nur noch im **Rahmen der gesetzlichen Vorgaben** zuständig. Obwohl Väter inzwischen auch gegenüber ihren nichtehelichen Kindern mehr Rechte besitzen, sind es doch meist noch die Mütter, denen das Sorgerecht zugesprochen wird. Dies bedeutet für die Väter, dass sie häufig um einen regelmäßigen Kontakt zu ihren Kindern kämpfen müssen.

Was einer Gesellschaft die Familie mit Kindern bedeutet, wird daran deutlich, wie viel sie an Mitteln für diese bereitstellt.

Es kann nicht im Sinne unserer Gesellschaft sein, die zu überaltern droht, dass immer weniger Frauen und Männer sich für Kinder entscheiden, weil damit ein Stück ihrer persönlichen und finanziellen Möglichkeiten eingeschränkt wird.[1]

Familien zu unterstützen und ihnen die nötigen „Rahmenbedingungen" zu geben, ist Aufgabe der staatlichen Gemeinschaft. Nicht nur Bund und Länder sollten dafür Mittel und Bedingungen für Familien verbessern, sondern auch die Wirtschaft ist gefordert, es Müttern und Vätern zu ermöglichen, die Aufgaben innerhalb der Familie besser verteilen zu können. Immer mehr Männer und Frauen wollen Beruf und Familie miteinander vereinbaren. Ein Problem ist noch immer der meist höhere Verdienst von Männern und die Beschäftigung von Frauen in Teilzeitberufsverhältnissen. In Baden-Württemberg sind

---

1   *Die Indikatoren für eine nachhaltige Familienpolitik werden vorgestellt in: Nachhaltige Familienpolitik im Interesse einer aktiven Bevölkerungsentwicklung, Stand November 2003, Bundesministerium für Familie, Senioren, Frauen und Jugend. Bezugsstelle: broschuerenstelle@bmfsfj.bund.de (kostenlos)*

63 Prozent aller Mütter erwerbstätig.[2] Für Alleinerziehende ist die Berufstätigkeit eine schlichte finanzielle Notwendigkeit.

Langfristig werden Gemeinden, die gute Kinderbetreuungsmöglichkeiten bieten, für junge Familien attraktiver sein als Gemeinden, bei denen nur der Mindeststandard an Betreuung geboten wird. Da sind auch staatliche Vorgaben wie das Recht auf einen Kindergartenplatz für 3-Jährige nicht ausreichend.[3] Aber auch familienfreundliche Betriebe können von der Arbeitskraft von Müttern und Vätern profitieren, wenn sie diesen die nötigen Rahmenbedingungen zur Vereinbarkeit von beruflichen und familiären Aufgaben ermöglichen. Das Gütesiegel „Familien-Audit" ist ein Schritt in diese Richtung.

Die Bundesregierung hat inzwischen einige Vorgaben so geändert, dass dies auch möglich ist.

- Der Rechtsanspruch auf Teilzeitarbeit in Betrieben ab 15 Beschäftigten gibt jungen Vätern erstmals eine reale Chance, sich an der Erziehung zu beteiligen.

- Mit dem Gesetz zur Elternteilzeit können jetzt beide Eltern den Erziehungsurlaub zur gleichen Zeit antreten und bis zu 30 Stunden in der Woche einer Erwerbstätigkeit nachgehen.

- Außerdem können die Eltern nach der Kleinkindphase bis zu 12 Monate des insgesamt dreijährigen Erziehungsurlaubs bis zum 8. Lebensjahr des Kindes in Anspruch nehmen. Diese Zeit kann zudem auf verschiedene Zeitabschnitte verteilt werden.

Aufgaben

1. *Welche Möglichkeiten gibt es an Ihrem Wohnort für eine ganztägige Kinderbetreuung der unter 3-Jährigen?*

2. *Welche Betriebe an Ihrem Wohnort ermöglichen es Männern und Frauen in Teilzeit zu arbeiten?*

2.2.2 Chancen des neuen Miteinanders in den Familien

Junge Familien probieren unterschiedliche Modelle der privaten und beruflichen Zufriedenheit aus. Sie orientieren sich meist nicht mehr an den traditionellen Rollenvorstellungen, sondern versuchen, ihre eigenen Bedürfnisse und Vorstellungen auch unter „Familienbedingungen" zu verwirklichen. Das Verhältnis von Kindern und Eltern ist in der Regel eher demokratischen Spielregeln unterworfen, in denen jeweils die Positionen geklärt und verhandelt werden. Eine Ausnahme bilden hier noch immer Familien nichtdeutscher Herkunft. Aber auch hier wird durch gesetzliche Rahmenbedingungen der Status, vor allem der Mädchen, verbessert (Zwangsheirat oder Zwangsbeschneidung sind gesetzlich verboten!). Kinder verbleiben wegen einer längeren Ausbildungszeit häufig auch bis zu einem festen Partnerverhältnis in der elterlichen Wohnung.

---

2   aus: *Familie und Beruf für Mütter und Väter, Bündnis 90/Die Grünen (Flyer), Stuttgart (2004)*

3   *Bundesministerium für Familie, Senioren, Frauen und Jugend: Potenziale erschließen, Familienatlas 2005, Bestellung über publikationen@bundesregierung.de oder im Internet: www.bmfsfj.de downloaden*

So bieten die neuen Familienformen für alle Mitglieder erweiterte Möglichkeiten

1. die eigene Rolle ständig neu zu überdenken und neu zu definieren
2. in Aushandlungsprozessen zu erfahren, was die anderen Familienmitglieder denken, fühlen und benötigen
3. eigene Familienregeln zu definieren und immer wieder zu verändern
4. im ständigen Anpassungsprozess an Veränderungen innerhalb der Familie flexible Erfahrungen von Familienbeziehungen zu machen.

Aufgaben

1. *Beschreiben Sie die Probleme der neuen „postmodernen" Familienformen.*

   Erläutern Sie an Praxisbeispielen die Stellung der Familie innerhalb der Gesellschaft, ihre Verunsicherungen, ihre finanziellen Probleme, ihre Beziehungsproblematik.

2. *Zeigen Sie an Beispielen aus der sozialpädagogischen Praxis, wie durch die postmodernen Familienformen Probleme der Kinder und Jugendlichen in den Einrichtungen sichtbar werden.*

3. *Welche Chancen räumen Sie den postmodernen Familienformen ein?*

   Nennen Sie Beispiele der modernen Aushandlungsfamilie in Bezug auf das Selbstbild der einzelnen Familienmitglieder.

4. *Welche Auswirkungen hat das auf die pädagogische Arbeit?*

2.3   Verschiedene Familienformen

Was bereits im vorangegangenen Kapitel angesprochen wurde, soll hier noch einmal an verschiedenen Beispielen konkretisiert werden.

Beispiel aus dem Aufsatz einer 12-Jährigen:

> *„Zu meiner Familie gehören: Meine Mutter, mein Vater und ich. Mein Vater lebt leider nicht mehr bei uns. Denn er hat jetzt eine andere Frau und auch eine kleine Tochter, meine Halbschwester Anna. Aber er gehört für mich trotzdem zur Familie. Ich besuche ihn auch oft. Ich brauche meine Eltern, sie brauchen mich. Denn wenn ich meine Eltern nicht hätte, dann würde ich gar keine Liebe bekommen und würde vielleicht in einem Heim sein. Und wenn meine Eltern mich nicht hätten, dann wären sie vielleicht sehr unglücklich und meine Mutter würde jetzt auch keine Liebe mehr bekommen. Oft ist es sehr schön, mit meiner Mutter und mit meinem Vater zusammmen zu sein. Aber manchmal würde ich am liebsten meine Koffer packen und gehen. Denn ich denke oft, dass mich keiner mag."*

1994 lebte in der Bundesrepublik Deutschland jedes fünfte Kind in einer **Fortsetzungs-'familie**, zu 85 Prozent hatte die Mutter das Sorgerecht. Diese Entwicklung hat sich fortgesetzt, wenn auch ab 1997 das gemeinsame Sorgerecht die Regel und nur auf Antrag das Sorgerecht einem Elternteil zugesprochen wird. Welche Probleme, aber auch Chancen, damit verbunden sind, sei hier nicht weiter diskutiert.

Die historisch überholte Vorstellung von Familie zerfällt heute mehr und mehr, nicht aber die Familie selbst. Noch immer leben die meisten Menschen in einem wie auch immer gearteten Familienverband und Kinder wachsen in der Mehrzahl in Familien auf. Es ist dringend notwendig, diese neuen Familienformen nicht an der äußeren Normalität der Kern- und Erstfamilie zu messen, wie es in Worten wie „unvollständige Familie", „Stieffamilie", „broken homes" etc. zum Ausdruck kommt, sondern allein am Entfaltungsanspruch aller Mitglieder der sozialen Struktur „Familie". Die Verhaltensauffälligkeiten, die Kinder aus solchen neuen Familienverbänden zeigen, werden oft ungerechterweise auf die angeblich nicht gelingende Sozialisation in diesen zurückgeführt. Auch dieses Vorurteil muss überdacht werden.

Wenden wir uns daher einmal einigen neuen Formen des familiären Zusammenlebens zu. In einer grafischen Übersicht wird dies am deutlichsten.

Aufgaben

1. *Sehen Sie sich zunächst die unterschiedlichen Familienformen genau an. Welche kommen häufig vor, welche sind eher selten?*

2. *Welche Familienformen sind Ihnen aus Ihrem persönlichen Umfeld vertraut?*

3. *Wo entdecken Sie Lücken, welche Konstellationen gibt es noch? Zeichnen Sie diese auf ein gesondertes Blatt.*

4. *Stellen Sie Ihre Familiensituation dar. Beachten Sie dabei auch die unterschiedlichen Geschlechterkonstellationen.*

5. *Erarbeiten Sie in Kleingruppen die besonderen Möglichkeiten und Problemstellungen der einzelnen Familienformen*
   a) *unter dem Gesichtspunkt der Kommunikationsmöglichkeiten*
   b) *unter dem Gesichtspunkt von Frauen und Männern*
   c) *unter dem Gesichtspunkt von Jungen und Mädchen*
   d) *Welche möglichen Störanfälligkeiten sind in den unterschiedlichen Familienformen enthalten?*
   e) *Welche speziellen Fragen tauchen bei Ihnen bei der Betrachtung der unterschiedlichen Strukturen auf?*

6. *Beschreiben Sie in einem Bericht/Aufsatz/Gespräch den Familienalltag*
   a) *aus Sicht eines Kindes*
   b) *aus Sicht eines Erwachsenen*
   c) *aus Sicht eines Pädagogen/einer Pädagogin*
   d) *aus der Sicht eines Politikers/einer Politikerin*

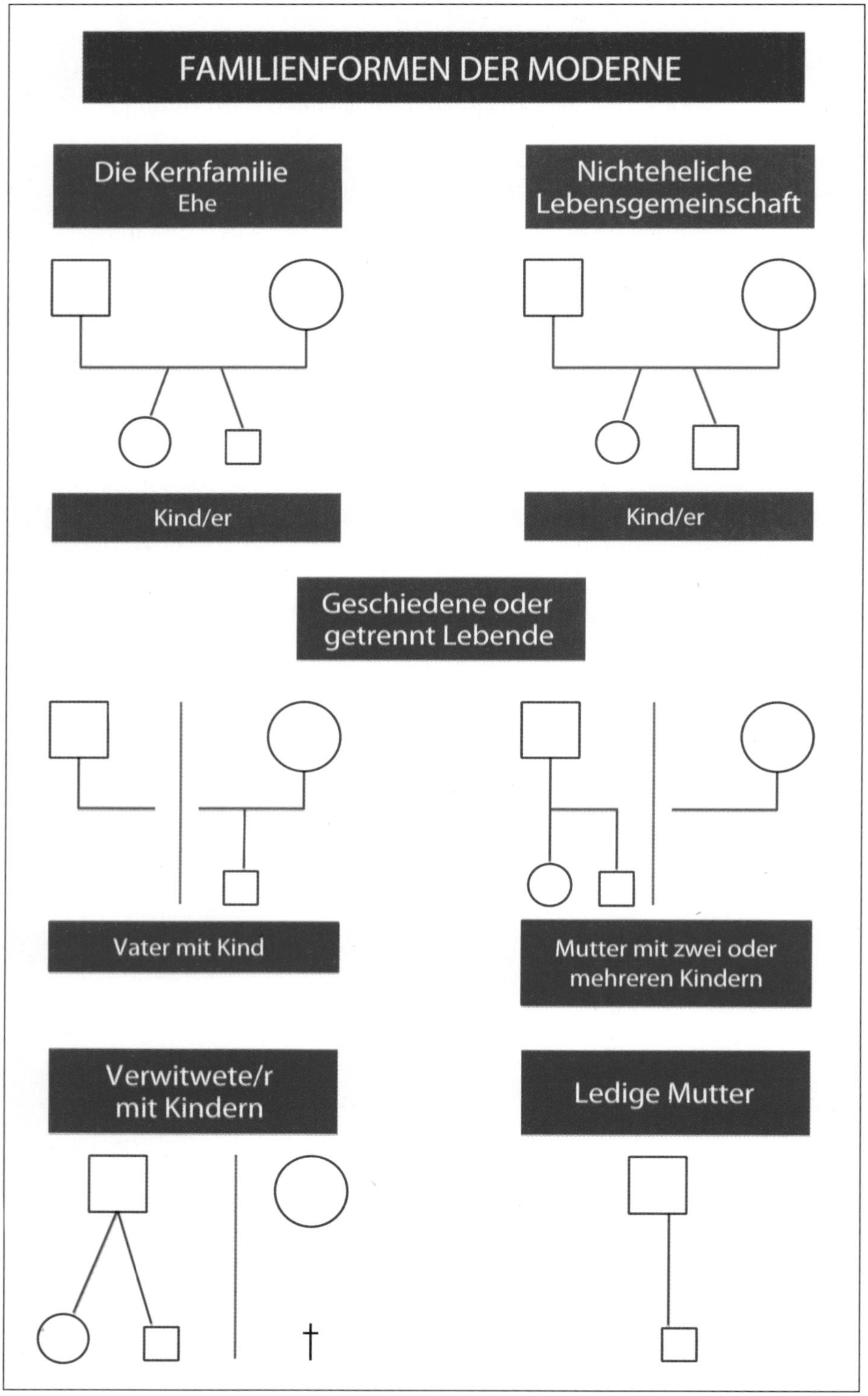

FAMILIENFORMEN DER MODERNE

Die Kernfamilie
Ehe

Kind/er

Nichteheliche Lebensgemeinschaft

Kind/er

Geschiedene oder getrennt Lebende

Vater mit Kind

Mutter mit zwei oder mehreren Kindern

Verwitwete/r mit Kindern

†

Ledige Mutter

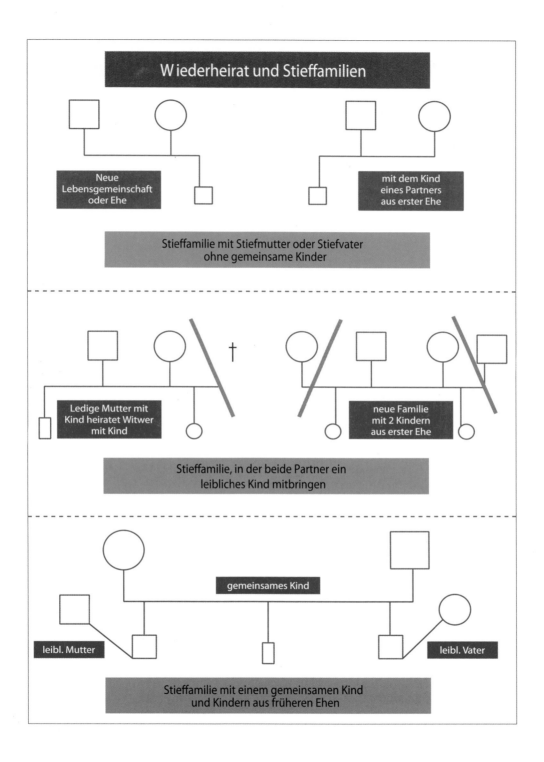

Wiederheirat und Stieffamilien

Neue Lebensgemeinschaft oder Ehe

mit dem Kind eines Partners aus erster Ehe

Stieffamilie mit Stiefmutter oder Stiefvater ohne gemeinsame Kinder

Ledige Mutter mit Kind heiratet Witwer mit Kind

neue Familie mit 2 Kindern aus erster Ehe

Stieffamilie, in der beide Partner ein leibliches Kind mitbringen

gemeinsames Kind

leibl. Mutter

leibl. Vater

Stieffamilie mit einem gemeinsamen Kind und Kindern aus früheren Ehen

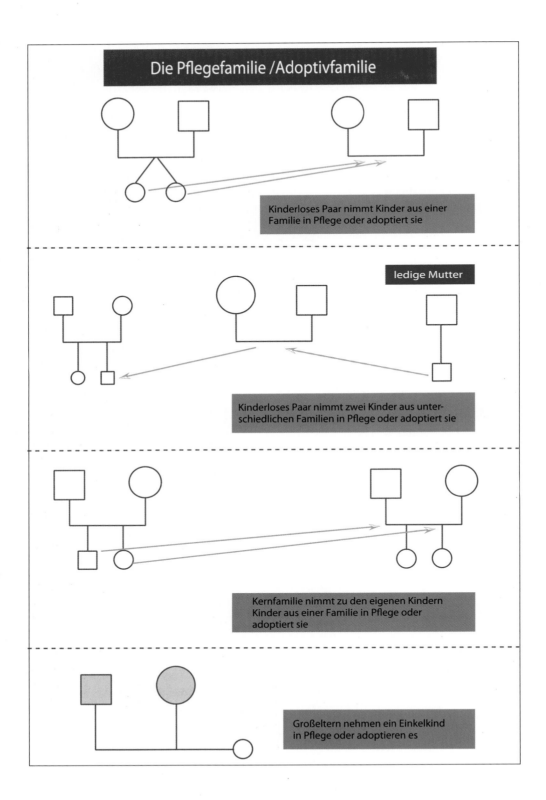

Die Pflegefamilie / Adoptivfamilie

Kinderloses Paar nimmt Kinder aus einer Familie in Pflege oder adoptiert sie

ledige Mutter

Kinderloses Paar nimmt zwei Kinder aus unterschiedlichen Familien in Pflege oder adoptiert sie

Kernfamilie nimmt zu den eigenen Kindern Kinder aus einer Familie in Pflege oder adoptiert sie

Großeltern nehmen ein Einkelkind in Pflege oder adoptieren es

2.3.1 Die Kernfamilie

Wenn junge Menschen sich entschließen zusammenzuziehen und eine Familie zu gründen, so ist dies heute nicht zwangsläufig mit dem Wunsch nach einem offiziellen Akt durch **Heirat** verbunden. Die private Entscheidung für ein Zusammenleben wird zunächst als Probezeit angesehen, die über die Dauer der Verbindung entscheidet.

Der **Kinderwunsch** dient, wie in einer Ehe auch, der Verfestigung der Beziehung oder ist das Ergebnis dieser (vgl. Singly, 1994)[1].

In unserer Gesellschaft, in der der Familie vor dem Gesetz durch den Vollzug der **standesamtlichen Trauung** eine besondere Stellung innerhalb der Gesellschaft zugestanden wird und steuerliche und sonstige Vergünstigungen dazu führen sollen, dass möglichst viele Paare wenigstens standesamtlich heiraten, ist der Zeitpunkt, zu dem ein Kind geboren wird, oft auch mit der offiziellen Heirat verbunden. Das Kind soll einen legitimen Vater bekommen, den Familiennamen führen können usw. Viele Überlegungen spielen eine Rolle. Es gibt aber auch Paare, die mehrere Kinder haben und weiterhin unverheiratet zusammenleben.

Das **neue Namensrecht** lässt nicht mehr erkennen, ob ein Trauschein vorliegt oder nicht. Es gibt kaum mehr Benachteiligungen für unverheiratete Paare bei der Wohnungssuche, am Arbeitsplatz etc. Zwar ist die Kern- oder Erstfamilie weiterhin repräsentiert durch Vater, Mutter und ein Kind bzw. mehrere Kinder, die Eltern können, müssen aber nicht verheiratet sein. Die meisten Kinder werden bei der Geburt eine Kernfamilie haben.

Die Familie spielt allerdings neben den sie begleitenden Institutionen (vom Kindergarten über die Schule bis zu zahlreichen Vereinen, Bildungsmöglichkeiten, Freizeitaktivitäten etc.) eine immer geringere Rolle in der kindlichen Sozialisation. Ihr verbleibt im Wesentlichen die Aufgabe der **Persönlichkeitsbildung der Kinder** und die **Stabilisierung der Erwachsenenpersönlichkeit**.

Außerdem muss sie die finanzielle Existenzsicherung aller Familienmitglieder leisten, solange sie dazu in der Lage ist. Selbst bei volljährigen Familienmitgliedern (und das ist immer häufiger der Fall durch die Verlängerung der Ausbildungszeiten) ist die finanzielle Kraft der Familie die Grundlage für Möglichkeiten der Aus-, Fort- und Weiterbildung von Kindern und Jugendlichen.

Das **Familieneinkommen** entscheidet somit in großem Maße über die Sozialisationsbedingungen von Kindern aller Altersstufen. Familien mit mehreren Kindern haben deshalb eine große finanzielle Belastung zu tragen und nicht selten zerbrechen sie dann, wenn diese Belastungen durch Arbeitslosigkeit oder nicht erfüllbare Ansprüche von einzelnen

---

1   Singly, Francois de: Die Familie der Moderne, Konstanz 1994. In diesem Buch wird die Familie der Moderne in Bezug auf die gesellschaftliche Wirklichkeit beschrieben. Für eine nähere und umfassendere Beschäftigung mit dieser Thematik ist es bestens zu empfehlen.

Familienmitgliedern nicht mehr ausreichend abgefedert werden können. Da auch die Anforderungen in der Schule, am Arbeitsplatz und im Haushalt steigen, sehen sich die einzelnen Familienmitglieder vielen Ansprüchen gegenüber, die sie alleine nicht zu bewältigen glauben. Die Familie muss den seelischen Rückhalt bieten, Rückzugsmöglichkeiten anbieten und zur Regenerierung geeignet sein. Auch diese Ansprüche können von vielen Familien nicht mehr erfüllt werden. Ursprünglich waren für die Regenerierungsleistungen die Mütter zuständig und sind es auch heute noch vielfältig. Aber auch diese sind in Arbeitsprozesse eingegliedert, benötigen selbst Unterstützung und leiden unter der Nichtanerkennung der für die Familie geleisteten (unbezahlten) Arbeit.

Die Familie muss die Zuständigkeiten neu verteilen und jede Familie muss dies auf die eigene Art und Weise tun. Wer ist für den Haushalt zuständig, wer für die Finanzen, wer für die Betreuung der Kinder? Ein demokratisches Verständnis vom Zusammenleben in einer Familie erfordert die Offenheit aller Familienmitglieder und die Bereitschaft, sich immer wieder neuen Aushandlungsprozessen zu stellen. Wenn dies nicht gelingt, so wird die Familie ihre Aufgaben nicht mehr wahrnehmen können oder irgendwann auseinanderbrechen. Jede dritte Ehe wird irgendwann geschieden. Dies zeigt doch, dass die Überforderung der Familie durch wachsende Ansprüche von der Gesellschaft nicht genügend aufgefangen werden kann und dadurch die schmerzhaften Trennungsprozesse, die mit dem Auseinanderbrechen der Familie zusammenhängen, vielen nicht erspart bleiben.

Es gibt immer mehr „uneheliche" Kinder
Neues Kindschaftsrecht tritt ab Juli in Kraft

Reutlingen. (ban) Immer mehr Paare entscheiden sich für ein Baby, aber gegen die Ehe: Betrug der Anteil der nichtehelich geborenen Kinder 1984 im Kreis Reutlingen 6,5 Prozent, waren es zwölf Jahre später schon 10,1 Prozent – was einer Steigerung von 97 Prozent entspricht. Dies mag auch damit zusammenhängen, dass dem Begriff „nichtehelich" für viele längst kein Makel mehr anhängt.

Der Gesetzgeber hat sich in seinem neuen Kindschaftsrecht, das am 1. Juli 1998 in Kraft tritt, auf diese Entwicklung eingestellt: Künftig können auch nicht miteinander verheiratete Eltern ein gemeinsames Sorgerecht für ihr gemeinsames Kind erhalten, wenn sie es beide wollen. Das war bisher nicht möglich. Und noch etwas ist neu: Das Jugendamt übernimmt nicht mehr automatisch die Amtspflegschaft für ein nichteheliches Kind. Bisher kümmerte sich

das Jugendamt automatisch um die Vaterschaftsfeststellung, die Unterhalts- und die Erbschaftsansprüche eines nichtehelichen Kindes. Als eine Bevormundung der Mutter durch den Staat werteten dies die Kritiker. Das Jugendamt tritt nur noch auf Antrag der Mutter in Aktion. Zu seinen Aufgaben gehören dann wieder die Vaterschaftsfeststellung und das Geltendmachen von Unterhaltsansprüchen. „Die von unverheirateten Frauen als entwürdigend empfundene zwingende Amtspflegschaft für ihr Kind entfällt", so das Bundesministerium für Familie, Senioren, Frauen und Jugend. Wie viel Eltern von dem gemeinsamen Sorgerecht Gebrauch machen werden, kann die Statistik nicht voraussagen. Fest steht nur, dass innerhalb von zwölf Jahren der Anteil der nichtehelich geborenen Babys in Baden-Württemberg von 7,5 Prozent auf 11,5 Prozent gestiegen ist.

(Reutlinger Generalanzeiger, 02.03.1998)

2.3.2 Geschiedene oder getrennt Lebende (Alleinerziehende mit Kind/ern)

Jedem **Trennungs- und Scheidungsprozess** gehen unliebsame Auseinandersetzungen voraus. Kinder erleben, wie die Eltern zunehmend aggressiver gegeneinander vorgehen, wie sie sich anschreien oder anstarren, sich aus dem Weg gehen oder sich mit Vorwürfen überschütten. Dies ist eine große Belastung für Kinder, die ja Vater und Mutter beide lieben und diese Liebe ja auch von beiden erfahren (vgl. Kuntzag, 1995).

Vater und Mutter versuchen dem Kind das eigene Verhalten und das des Partners zu erklären und bringen das Kind dadurch in die verzwickte Lage, sich auf die Seite des einen oder anderen schlagen zu sollen. Ein Kind kann darauf nur mit Verhaltensauffälligkeiten oder Rückzug reagieren.

So kommt es neben der unhaltbaren Familiensituation noch zu Schwierigkeiten, die das Kind im Kindergarten oder in der Schule macht. Vater und Mutter geben sich gegenseitig Schuld daran und das Kind denkt, dass es der Auslöser oder Mitverursacher des elterlichen Streits ist. „Wenn ich nicht lieb bin, kommt Papa nicht zurück" oder „Ich muss Mama jetzt trösten, weil sie so traurig ist", diese Gedanken überfordern selbst ältere Kinder.

Die **vollzogene Trennung** macht alles nicht leichter. Der mit dem Kind zusammenlebende Elternteil, in den meisten Fällen die Mutter, versucht „Normalität" zu spielen. Alles ist organisiert, der Tagesablauf, die Besuchsregelung und die Finanzen. Unterschwellig herrschen aber Verlustgefühle, Angst, Verzweiflung, Wut, die von Kindern und  Eltern bewältigt werden müssen und immer wieder an die Oberfläche drängen. Der Vater versucht dem Kind seine weiterhin bestehende Liebe zu beweisen, macht ihm Geschenke, zeigt sich als der bessere Elternteil. Die Mutter arbeitet nach der gleichen Taktik, die im Alltag aber nicht so gut gelingt, weil es da auch um Zurechtweisungen und alltäglichen Kleinkram geht. Das Kind fühlt sich hin- und hergerissen und spielt im besten Fall den einen gegen den anderen aus, um seine Ruhe zu haben.

Kinder werden in **Scheidungsfamilien** leicht überfordert, sollen als **Ersatzpartner** herhalten, müssen Entscheidungen mittreffen, die sie nicht überblicken und leiden unter Einsamkeit und Nichtbeachtung der eigenen schwierigen Situation. Dennoch ist die Scheidung oft auch für das Kind die bessere Lösung als der ewige Streit und die nicht enden wollenden Auseinandersetzungen. Es wäre ungerecht, geschiedene oder getrennt lebende Paare als die schlechteren Eltern hinzustellen. Erstaunlich gut gelingt es oft, eine neue Normalität herzustellen und die Qualität der Beziehungen wieder zu verbessern. Viele Paare können sich auch über den Umgang mit den Kindern einig werden und ziehen die Kinder nicht in die eigenen Auseinandersetzungen mit hinein.[1]

---

1   *Viele Bilderbücher befassen sich mit der Trennungs- und Scheidungsproblematik und können im Kindergarten eingesetzt werden um Kindern bei der Bewältigung ihrer damit verbundenen Ängste und Probleme zu helfen.*

Das **gemeinsame Sorgerecht** soll Eltern eine Chance bieten, weiterhin gemeinsam für ihre Kinder da sein zu können und geht davon aus, dass in vielen Fällen das Wohl des Kindes beiden gleichermaßen am Herzen liegt, dass es sich dafür lohnt, die eigenen Befindlichkeiten hintanzustellen.

Allein erziehende Väter bekommen in der Regel Unterstützung bei der Haushaltsführung und Kinderbetreuung durch wohlmeinende Verwandte, die Großeltern oder Institutionen. Dennoch können sie sich beruflich nicht mehr so einsetzen wie dies vorher der Fall war, als die Ehefrau sich hauptsächlich um Kinder und Haushalt kümmerte.

Dies ist für das männliche Selbstverständnis problematisch. Karriere oder Kinder, was ist wichtiger? Dies ist auch mit finanziellen Abschlägen verbunden und auch Männer geraten dann in eine Abhängigkeit von Sozialhilfe und staatlichen Unterstützungsmöglichkeiten, wie das bei den meisten allein erziehenden Müttern die Regel ist.

Die Unterstützung durch Freunde, Verwandte und Großeltern bietet oft mehr als die Eltern gemeinsam leisten konnten. So kann ein Alleinleben unter Umständen recht gute Voraussetzungen für ein gesundes Aufwachsen des Kindes bedeuten. Wenn sich der alleinlebende Elternteil nicht abkapselt und neue Beziehungen aufbaut, so ist auch diese „Familienform" in der Lage, den Bedürfnissen der Familienmitglieder gerecht zu werden.

2.3.3 Verwitwete mit Kind/ern

Diese Gruppe wird oft gar nicht als problematische Familienkonstellation gesehen. Ja, vielleicht ist der Tod durch Unfall oder Krankheit ein Anlass, dass sich Freunde, Verwandte und Angehörige um den allein gebliebenen Elternteil und die Kinder Sorgen machen und sich um sie kümmern. Aber wenn erst die Rente ausbezahlt wird, alles sich anscheinend normalisiert hat, so werden die Witwen und Witwer mit den Kindern meist sich selbst überlassen.

Dabei müssen sie nun wichtige Entscheidungen alleine treffen. Die ganze Verantwortung für die Kinder liegt in ihrer Hand, die finanziellen Möglichkeiten sind in der Regel bescheiden und die Außenkontakte lassen auch zu wünschen übrig. Verwitwete leiden unter Einsamkeit und fühlen sich oft auch aus den vorherigen Freundschaftsbeziehungen ausgeschlossen. Es ist eine schwierige Aufgabe, den Kindern bei der Bewältigung ihrer Trauer beizustehen, für sie neue Kontakte zu knüpfen, neue Familientraditionen zu schaffen oder die alten aufrechtzuerhalten.

2.3.4 Ledige Mütter mit Kind

Auch für ledige Mütter ist der Aufbau von Beziehungen wichtig. Sie benötigen dringend Unterstützung bei der Erziehung und Betreuung des Kindes. Oft haben sie bereits den Entschluss gefasst, alleine mit dem Kind zu leben, als das Kind noch gar nicht geboren war. Sie haben sich bewusst auf das Leben mit dem Kind gemeinsam ohne Partner eingestellt, gewollt oder ungewollt. Trotzdem verlangt dies immer wieder neue unvorhergesehene Opfer und Anstrengungen.

Für ihren finanziellen Unterhalt müssen sie in der Regel selbst sorgen oder sie sind von der seit dem 1. Januar 2005 reformierten **Sozialhilfe** abhängig. Die Kinderbetreuung kann in der Regel durch Institutionen oder **gesetzliche Hilfsmaßnahmen** abgedeckt werden.

Kinder vermissen den Vater selten, weil sie nie mit ihm zusammengelebt haben. Dennoch fragen sie spätestens in der Pubertät nach ihm und die Mutter muss Auskunft geben. Sie brauchen eine männliche Bezugsperson, um Orientierung in gleichgeschlechtlicher und gegengeschlechtlicher Form zu bekommen. Es kann dies ein Großvater, ein Onkel, ein guter Freund sein. Kinder von ledigen Müttern haben gute Chancen, gesund und glücklich aufzuwachsen, weil sie meist gewollte Kinder sind und sich die Frauen auch auf Schwierigkeiten eingestellt haben. Aber sie benötigen genauso Unterstützung wie geschiedene Alleinstehende oder verwitwete Alleinstehende mit Kind/ern.

2.3.5 Stieffamilien – Patchworkfamilien[1]

Stiefväter sind oft die besseren Väter, so las ich neulich. Und dies wurde auch begründet. Ein Vater, der nicht per Geburt Vater ist, muss sein Vatersein erst noch beweisen. Er muss dem Kind zeigen, dass er es mag, muss sich anstrengen, sich Gedanken machen, was das Kind von ihm wünscht. Auch leibliche Väter tun dies, aber Stiefväter (und Stiefmütter!) halten es für ihre Aufgabe.

Es gibt viele Konstellationen der Patchworkfamilie. Das reicht von einer Wiederheirat mit einem noch nicht verheirateten Partner/einer Partnerin bis zur Wiederheirat mit einer/einem Geschiedenen und dem Zusammenleben mit eigenen und angeheirateten Kindern. Viele Variationen sind denkbar und vielerlei Möglichkeiten, aber auch Probleme sind damit verbunden.

Zunächst muss festgehalten werden, dass Kinder durch die Wiederheirat des Vaters/der Mutter eine neue „vollständige" Familie erhalten, eine bessere finanzielle Absicherung ist in der Regel damit verbunden. Es sind mehr soziale Beziehungen möglich, Geschwister kommen dazu, eine neue Verwandtschaft, neue Perspektiven in der Alltags- und Freizeitgestaltung.

Aber auch die negativen Seiten dürfen nicht geleugnet werden. Der Elternteil, der einem ganz alleine gehörte, muss nun wieder „geteilt" werden, die Zuwendung zu den neuen Geschwistern löst Eifersüchteleien und Kränkungen aus, die Fremdheit der neuen Umgebung muss erst überwunden werden. „Wer darf in die Erziehung eingreifen, wer hat dreinzureden, wenn es um meine Zukunft geht?", das fragen sich vor allem ältere Kinder und verweigern sich dem neuen Partner. Sie sehen in ihm/ihr nicht einen neuen Vater oder eine neue Mutter, sondern sprechen ihn/sie oft mit dem Vornamen an. Dies kann hilfreich sein, aber auch Abgrenzung bedeuten. Eine Wiederheirat ist in der Regel von allen Beteiligten gut überlegt. So ist sie auch auf Probleme vorbereitet, die jedoch oft von ganz anderer Seite kommen als erwartet. Und ein neues Scheitern, das will man auf gar keinen Fall zulassen!

1   vgl. Keyserlingk, 1994

2.3.6 Die Pflegefamilie/Adoptivfamilie

Paare, die auf eigene Kinder verzichten müssen oder wegen in der Familie vorhandenen Erbkrankheiten bewusst keine eigenen Kinder zeugen, wünschen sich dennoch oft die Vollständigkeit einer Familienbeziehung durch die Annahme von Kindern als Pflegekinder oder entschließen sich zu einer **Adoption**.

Einer Adoption gehen lange Vorgespräche voraus und Adoptivfamilien – das gilt in eingeschränktem Maße auch für Pflegefamilien – sind in der Regel besser auf ihre Erziehungsaufgabe vorbereitet als „normale" Paare. Sie sind in der Regel älter als Paare, die eigene Kinder haben, und der Kinderwunsch ist so groß, dass über viele Bedenken auch hinweggegangen wird.[1]

In Pflegefamilien und Adoptivfamilien stellen sich die gleichen Probleme und Schwierigkeiten ein wie in der Kernfamilie. Dazu kommt aber noch das Vorhandensein der leiblichen Eltern, das die Pflegefamilie in der Wahrnehmung der Erziehungsaufgabe unterstützen oder massiv hemmen kann. Wenn bei adoptierten Kindern Probleme auftauchen, so werden diese oft den leiblichen Eltern zugeschoben (die man ja nicht kennt), und eine sachliche Bearbeitung der Schwierigkeiten oder Verhaltensauffälligkeiten bis hin zur Akzeptanz einer Krankheit ist nicht immer gegeben.

Pflegeeltern sind Eltern auf Zeit und werden, je nachdem wie gut das Pflegeverhältnis läuft, für kürzere oder längere Zeit den Lebensweg eines Kindes begleiten. Diese Voraussetzung ist entlastend, weil die Dauer des Pflegeverhältnisses von den Pflegeeltern und den Kindern bestimmt werden kann, aber auch belastend, weil die leiblichen Eltern das Pflegeverhältnis beenden können.

Eine nicht gelungene Adoption kann zum Alptraum für beide, die Adoptiveltern und das adoptierte Kind, werden. Für die meisten Kinder bedeutet die Adoption jedoch, dass sich ihre Lebensmöglichkeiten entscheidend verbessern. Kinder, die zur Adoption freigegeben werden, haben meist sehr schlechte finanzielle und psychische Startchancen, die durch eine Adoption in der Regel nur verbessert werden können. So sind die Pflege- und Adoptivfamilien für das Aufwachsen von Kindern eine gute Alternative zum Aufwachsen in zerbrochenen Verhältnissen, unter schwierigen Bedingungen, mit kranken Eltern oder im Heim. Das gilt auch für die Adoption innerhalb der eigenen Familie z.B. durch Großeltern oder Verwandte.

2.4 Beziehungsmuster in den einzelnen Familienformen

So vielfältig wie die Familienformen und so wandelbar, so unterschiedlich sind auch die Beziehungsmuster. Auch die hier ablaufenden **Kommunikationsprozesse** sind diesem Wandel unterworfen.

In **Einkindfamilien** sind innerhalb der Familie keine Kontakte mit anderen Kindern möglich. Auch geschlechtsbezogene Erfahrungen können nicht gemacht werden. Die Auseinandersetzung mit (gleich- und gegengeschlechtlichen) Kindern fehlt. Bei **Alleinerziehenden** steht außerdem nur ein Elternteil als Partner zur Verfügung, der nur das eigene Geschlecht repräsentiert. Im Familienalltag können so wichtige Erfahrungen für den Um-

---

[1] *Weitere Informationsschriften zu diesen Themenbereichen können vom Bundesministerium für Familie, Senioren, Frauen und Jugend, Alexanderplatz 6, 10178 Berlin angefordert werden.*

gang mit Gleichaltrigen oder Andersgeschlechtlichen nicht gemacht werden. Generell gilt, dass Kinder heute weniger Erfahrungen mit Menschen verschiedener Altersstufen und verschiedener Geschlechtszugehörigkeit machen als dies früher der Fall war.

In den sogenannten Patchworkfamilien finden anscheinend dieselben Kontakte innerhalb der Familie statt wie in der Herkunftsfamilie alten Stils. Es ist dennoch ein Unterschied, ob der Mann in der Familie auch der leibliche Vater ist oder es einen leiblichen und einen Stiefvater gibt. Dasselbe gilt für die Frauenrolle in der Familie, die entweder durch die leibliche Mutter oder die Stiefmutter repräsentiert wird. Sind Konflikte und Eifersüchteleien zwischen Geschwistern schon an der Tagesordnung, so können sich diese in einer Stieffamilie noch ausweiten. Dennoch sind in einer Stieffamilie vielerlei Kommunikationserfahrungen möglich und es werden auch unterschiedliche Rollenvorstellungen sichtbar.

Merksatz
Das Leben von Kindern und Jugendlichen spielt sich immer mehr außerhalb der Familienbezüge ab. Die Beziehungsmuster innerhalb der Familie scheinen deshalb nicht mehr so entscheidend für die Sozialisation von Kindern zu sein.

Gerd, 17 Jahre alt, ist mit seinem Stiefvater beim Segeln. Er versteht sich ausgezeichnet mit dem neuen Mann seiner Mutter und verbringt jedes Wochenende mit ihm am Starnberger See. Die Mutter bleibt mit seiner 15-jährigen Schwester und den beiden Stiefbrüdern, vier und sechs Jahre alt, zu Hause.

Sein leiblicher Vater holt die Schwester alle zwei Wochen zu seiner neuen Familie nach Hause. Sie geht auch in diesem Jahr mit der jetzigen Familie des Vaters in den Urlaub, um als Kindermädchen auf das neu geborene Baby aufzupassen.

Aufgaben

1. *Überlegen Sie, welche Beziehungsmuster in dieser Familie für die einzelnen Familienmitglieder bestehen und welche bedeutsam sind.*
2. *Wie beurteilen Sie die Situation dieser Familie und ihrer Kinder?*

2.5 Einfluss auf die Erziehung des Kindes und Jugendlichen

Das vorliegende Beispiel zeigt, dass die Beziehungsmuster in den unterschiedlichen Familienformen auch unterschiedliche Bedeutung für Kinder und Jugendliche erlangen. Es ist wichtig, dass Kinder und Jugendliche mit Gleichaltrigen und Kindern unterschiedlichen Alters zusammenkommen. Sie können dann Erfahrungen machen, die sie für ihr Aufwachsen benötigen. So erleben sie sich bei kleineren Kindern als diejenigen, die mehr wissen, kräftiger und größer sind und schon mehr Erfahrungen mitbringen. Sie lernen aber auch, zurückzustehen und Rücksicht zu nehmen. **Einzelkinder** werden von den Erwachsenen oft entweder verhätschelt oder müssen den **„Kinderstandpunkt"** ständig alleine verteidigen. Sie genießen ihre Situation, benötigen aber auch die Unterstützung durch Gleichaltrige.

Die Familiensituation gibt so viele Erziehungsziele vor, die nicht mehr durch die Familiensozialisation allein geleistet werden können. Eltern müssen sich Gedanken darüber machen, welche Bedürfnisse von Kindern und Jugendlichen in ihrer Familienkonstellation nicht abgedeckt sind und welche Grenzen Kinder und Jugendliche benötigen, um in der Gesellschaft nicht anzuecken.

Kinder und Jugendliche benötigen Frauen und Männer in ihrem Umfeld, um die **eigene Geschlechtsidentität** zu erlangen. Vielfältige Frauen- und Männerbilder können eher in **„Wiederverheiratungsfamilien"** erlebt werden als in der **„Normalfamilie"**. Ein verändertes Rollenverständnis ist in manchen Familien sichtbar, in anderen Familien wird alleine durch die Familienform ein konservatives Rollenbild verfestigt.

Jede Familienform wird so Erziehungsprozesse in Gang setzen oder verhindern. Dessen muss sich eine Familie bewusst sein und für ihre Erziehungsziele entsprechende Unterstützungsmaßnahmen etablieren.[1]

2.6 Erschwerende Lebensbedingungen

Zu den unterschiedlichen Familienformen kommen heute noch Lebensbedingungen hinzu, die für die Erziehungsprozesse innerhalb der Familie problematisch werden können:

> *Merksatz*
> *Arbeitslosigkeit ist nicht nur ein finanzielles, sondern auch ein psychisches Problem, dem sich Familien ausgesetzt fühlen.*

Durch Umzug und Wegzug werden mühsam aufgebaute Kommunikationsstrukturen zerstört oder unterbrochen. Ausländerfamilien finden sich in der sie umgebenden Kultur nicht zurecht und können ihre Kinder nicht genügend unterstützen, um nur einige Problemlagen von Familien zu benennen.

2.6.1 Mobilität

Viele Familien sind durch den immer engeren Arbeitsmarkt gezwungen, mobil zu sein. Sie ziehen mehrmals um und müssen sich immer wieder auf ein neues **Wohnumfeld** einstellen. Für Kinder bedeutet dies, dass sie Freundschaften nicht aufrechterhalten können, dass sie sich immer wieder in eine neue Umgebung, in eine neue Schule eingewöhnen müssen. Sie erleben sich immer wieder als die Hinzugekommenen, die erst noch einen Status in der vorhandenen gewachsenen Gruppe erlangen müssen. Da die Eltern/der Elternteil selbst mit diesen Problemen konfrontiert sind, ist die Familie doppelt belastet und kann dem Kind/den Kindern nicht genügend Unterstützung geben.

Ebenso ist es, wenn eine **Scheidung** den Umzug in eine andere Stadt oder ein neues Wohnumfeld erfordert. Kinder müssen jetzt nicht nur um den Verlust des Elternteils trauern, sondern sich auch in der neuen Umgebung zurechtfinden und die neue Familienstruktur akzeptieren lernen. Sie werden (vielleicht sogar auf Dauer beim Besuch in der alten Umgebung) mit diesen Problemen immer wieder von Neuem konfrontiert.

---

1   *etablieren = einrichten*

2.6.2 Armut

Kinderarmut ist ein lange Zeit verdrängtes Thema. Wenn Familien durch Scheidung, Tod eines Ehepartners, Verlust des Arbeitsplatzes etc. in finanzielle Not geraten, sind davon zwangsläufig auch deren Kinder betroffen. Erwachsene können unter Umständen ganz gut mit ihrer **Mangelsituation** zurechtkommen. Schwieriger wird dies für die betroffenen Kinder. Plötzlich dürfen sie nicht mehr zum Schulausflug mit, bekommen keine „Markenklamotten" mehr, die für sie die Zugehörigkeit zur Gruppe bedeuten, können sich die neuen Computerspiele nicht mehr leisten, dürfen nicht mehr in die Disco oder können am Tanzkurs nicht mehr teilnehmen.

Um Kindern und Jugendlichen dennoch so gut wie möglich die Teilhabe am Leben der Gleichaltrigen zu ermöglichen, sparen Eltern an ihren eigenen Bedürfnissen und erleben sich selbst immer mehr im Abseits. Die Armut von Familien geht inzwischen so weit, dass den Kindern in die Kindertageseinrichtungen kein Pausenbrot mehr mitgegeben werden kann. Selbst das Aufbringen der Kindergartengebühr wird für solche Familien fast unmöglich. So melden manche Familien ihre Kinder von dort ab. Viele Eltern schämen sich ihrer Armut, sprechen nicht darüber und finden dann auch nicht die für ihre Kinder notwendige Unterstützung.

2.6.3 Kulturelle Vielfalt – Ausländerfamilien

Das Wort von der **kulturellen Vielfalt** signalisiert, dass Kinder mehr und vielfältigere Erfahrungen machen können, wenn viele Kulturen aufeinander treffen. Sicher ist dies eine Chance, Vorurteile abzubauen, neue Kulturen kennenzulernen, neue Lebensformen auszuprobieren.

Aber für Kinder aus Ausländerfamilien ist der Aufenthalt in einem Land, in dem eine völlig andere Kultur herrscht, zunächst verwirrend (vgl. Holler, Teuter, 1992). Schon das Erlernen der Landessprache ist mühsam. Die Eltern können den Kindern oft nur wenig helfen, im Gegenteil: Sie versuchen meist, an ihrer Kultur festzuhalten und verweigern sich oft sogar der neuen Sprache. Schon Kindergartenkinder müssen den Eltern als Dolmetscher dienen und versuchen, sich in dem ständigen Wechsel von einer Kultur und Sprache zur anderen zurechtzufinden. Die meisten Kinder sind damit überfordert. Entweder kehren sie ihrer eigenen Kultur eines Tages den Rücken oder sie kapseln sich innerhalb der eigenen Gruppe ab. Banden von ausländischen, arbeits- und perspektivlosen Jugendlichen, die durch eine deutsche Minderheit Kränkungen erfahren haben, sind dann wieder ein Grund für Deutsche, sich den integrativen Bemühungen zu verweigern. So kommen viele dieser Jugendlichen oft nicht mehr aus dem Teufelskreis heraus, der sich allein durch ihre **Abstammung** ergibt.

Für Kinder aus den europäischen Nachbarstaaten oder anderen christlich geprägten Ländern wie den USA oder Südamerika stellt das Sprachproblem das größte Hindernis dar. Die Unterschiedlichkeiten in den Familien werden nicht problematisch, sondern eher als bereichernd erlebt. Eine Ausnahme bilden Kinder und Jugendliche aus der ehemaligen UdSSR, die zwar durch die Herkunft der Eltern einen deutschen Hintergrund haben, auch eine christliche Sozialisation kennen, aber sich aufgrund ihrer Sprache und Kultur eher als Russen fühlen. So sagte eine Frau aus Kasachstan einmal: „In Russland waren wir die Deutschen und dadurch geächtet, hier sind wir die Russen und werden wieder nicht anerkannt."

Notfall Kinder-Armut
von Ulrike Glage

REUTLINGEN. Löcher in den Turnschuhen. Kein Lineal. Bei Klassenausflügen sind sie nie. dabei, noch nicht einmal beim kostenpflichtigen Kasperltheater -Zeichen von Armut, die nur bei genauem Hinsehen deutlich werden. Doch es kommt in Reutlinger Schulen immer häufiger vor, dass Kinder aus bedürftigen Familien außen vor bleiben müssen: Vieles ist für sie schlicht unerschwinglich. Sogar das Schulessen.

Das darf und kann nicht sein, meint das aus dem Sozialforum hervorgegangene »Netzwerk Schulfonds Reutlingen«. Die Mitglieder fordern schnelles Handeln. Im Herbst, nennen sie den Grund, werden in Reutlingen sieben neue Ganztagesschulen eröffnet, sechs gibt es schon. Eine gute Sache. Mit einem kleinen Schönheitsfehler: Das dort angebotene Mittagessen können sich Familien, die mit 345 Euro im Monat auskommen müssen, nicht leisten. Also melden sie ihre Kinder gar nicht erst an. »Das ist ein Notfall«, meint Jürgen Heller vom Netzwerk, »da muss man prompt reagieren.« Die Lösung sehen er und seine Mitstreiter in der Einrichtung eines Fonds für bedürftige Kinder – möglichst noch vor Beginn des nächsten Schuljahres. Gefordert seien die politischen Entscheidungsträger, sprich: die Gemeinderäte.

»Die Familien sparen es sich dann vom Mund ab«

Das Thema ist nicht neu, aufgegriffen haben es schon andere. Beispielsweise die SPD-Fraktion, die vor einem Jahr be-antragt hat, die Stadt solle ein Konzept zur Förderung des Schulmittagessens für Kinder aus armen Familien erarbeiten. Passiert ist seither nichts. Deshalb, so Alfons Eckmann, will das Netzwerk jetzt Dampf machen. Im Unterschied zu anderen Initiativen geht es den Mitgliedern nicht ums Essen allein, sondern auch um anderen Schulbedarf. Sei es das Lineal, Füller, Hefte oder der teure Malkasten – Einiges kommt zusammen im Laufe eines Schuljahres. »Das ist ein ganz schöner Batzen«, sagt Marie Benz-Nübling, Lehrerin an der Reutlinger Erich-Kästner-Schule und Mitglied der Gewerkschaft Erziehung und Wissenschaft (GEW).

Die Netzwerk-Mitglieder machen eine einfache Rechnung auf, warum Kinder aus bedürftigen Familien da nicht mithalten können. Bei Hartz IV sind pro Tag und Kind 2,50 Euro für Essen und Trinken vorgesehen, macht etwa 1 Euro pro Mittagessen – eine Schulmahlzeit kostet in Reutlingen aber zwischen 2,40 und 3,80 Euro. Schulbedarf, bemängeln die Netzwerk-Mitglieder, sei im Regelsatz überhaupt nicht einkalkuliert, obwohl er monatlich bei etwa 10 Euro, zu Schuljahresbeginn bei 70 Euro liegt.

»Die Lehrer geben ihre Listen ab, die dann bedient werden müssen – die Eltern können sich da nicht entziehen«, sagt Alfons Eckmann, »die Familien sparen es sich dann vom Mund ab.« Denn die Scheu Bedürftiger, sich als solche zu »outen«, sei enorm hoch, so die Beobachtung von Jürgen Heller – zumal Armut längst auch in Mittelschicht-Familien angekommen sei. Allgemeine Regelungen seien notwendig, um den betroffenen Kindern eine »unauffällige« Teilnahme am Schulleben zu ermöglichen.

Deshalb die Forderung nach einem Fonds, über den sowohl das Schulessen als auch der Schulbedarf für Kinder aus Familien mit geringem Einkommen finanziert werden soll. »Kostenfreie Schule für Bedürftige«, heißt die Kampagne, bei der es den Netzwerk-Aktivisten letztlich um Chancengleichheit geht. »Bildungschancen und Armut sind eng verknüpft«, betont Marie Benz-Nübling. Wenn ausgerechnet die Kinder, die eine Nachmittagsbetreuung am nötigsten hätten, aus finanziellen Gründen nicht an die Ganztagsschule geschickt würden, sei das fatal. »Das ist eine Herausforderung«, meint Jürgen Heller, »Stadt und Kreis müssen dafür sorgen, dass auch arme Kinder eine Chance bekommen.«

Das Netzwerk hat mittlerweile eine Unterschriften-Aktion für einen Schulbedarfsfonds gestartet. »Die Bereitschaft, zu unterschreiben, ist sehr, sehr hoch«, sagt Eckmann. Mehr als 1 000 Unterschriften hat das Netzwerk schon. Bei fast allen Gemeinderatsfraktionen und auch dem städtischen Schul- und Sozialamt seien sie auf Verständnis gestoßen, ansonsten sei die Rückmeldung von offiziellen Stellen »eher zaghaft«.

Dass Kreis und Kommunen handeln müssen, steht für das »Netzwerk Schulfonds« fest. »Bei Lösungen halten wir uns aber zurück«, sagt Jürgen Heller, »das könnte beispielsweise über das Gutscheinheft oder Fördervereine gehen.« Dass es funktioniert, hätten schon einige andere Städte bewiesen – auch in unmittelbarer Nachbarschaft, wie etwa in Tübingen, wo Gutscheine für die Schul-Grundausstattung geplant sind. (GEA)

(Ulrike Glage, in: Reutlinger General Anzeiger, 17.05.2008)

Familien mit einem anderen religiösen Hintergrund, vor allem Familien aus muslimischen Gesellschaften haben es in Deutschland besonders schwer. Deren Kinder entwickeln von Anfang an andere Vorstellungen davon, was richtig und falsch ist. Die Regeln für das Zusammenleben zwischen Männern, Frauen und Kindern, zwischen Jungen und Mädchen unterscheiden sich von denen in deutschen Familien. Dadurch, dass Kinder dann im Kindergarten mit einer Kultur zusammentreffen, die die in ihrer Familie herrschenden Regeln nicht kennt, ja diese weitgehend ablehnt, werden sie zunächst verunsichert.

Das Sprachproblem ist dabei nicht das Entscheidende. In allen Bildungsplänen für Kindertageseinrichtungen wird auf das Erlernen der deutschen Sprache großen Wert gelegt. Das ist auch richtig so. Dennoch kann man mit der Sprachkompetenz nicht automatisch auch die kulturellen Wertvorstellungen mitvermitteln.

Kinder haben zunächst wenig Probleme, unterschiedliche Wertvorstellungen nebeneinander zu akzeptieren. So ist es für sie kein Problem, wenn es in der Familie ihres Freunde anderes zu essen gibt, eine andere Religion gelebt wird, wie das in ihrer Familie der Fall ist. Die eigene Identität wird aber in erster Linie von der Herkunftsfamilie geprägt. Dass sich Mütter dem Erlernen der deutschen Sprache verweigern, dass Eltern Angst haben, ihre Kinder könnten an religiösen Ritualen teilnehmen, die ihre Religion verbietet, dass von Kindern erwartet wird, die kulturellen Vorstellungen in ihrem Leben beizubehalten und an ihre Kinder weiterzugeben, das alles ist für die Identitätsentwicklung der Kinder eine große Herausforderung.

Kleine Kinder kommen damit zunächst besser zurecht. Sie übernehmen die Dolmetscherfunktion für Mütter und andere Kinder, passen sich der jeweiligen Kultur an und wechseln auch problemlos zwischen den Kulturen hin und her. In der Pubertät jedoch wird die Auseinandersetzung mit der eigenen Kultur häufig dramatisch. Welche Vorstellungen übernehme ich für mein eigenes Leben, welche Vorstellungen sind richtig, welche falsch? Ist es besser, jeweils das auszuwählen, was mir angenehmer erscheint?

Es gibt dann Jugendliche, die sich mit anderen Jugendlichen aus demselben Kulturkreis zusammentun. Dies beobachtet man vor allem bei Jugendlichen aus Osteuropa und aus der Türkei. Sie schließen sich manchmal in „Banden" zusammen, um sich stark und mächtig fühlen zu können. Dass dann aus Mutproben kriminelle Handlungen entstehen können, ist problematisch.

Mädchen werden in muslimischen Gesellschaften unter die Herrschaft von Vätern und Brüdern gestellt und können sich nicht so frei bewegen wie Mädchen deutscher Herkunft. Entweder akzeptieren sie das oder sie verweigern sich diesem Anspruch, was nicht nur das Ausstoßen aus dem Familienverband, sondern in einigen Fällen sogar ihr Todesurteil bedeutet. Wer aber soll ihr die Familie ersetzen, wenn sie auf ihr Recht nach der deutschen Rechtsprechung pocht, um nicht zwangsverheiratet zu werden?

Für diese Kinder und Jugendlichen wird in der deutschen Gesellschaft noch viel zu wenig getan, ihre Probleme werden nicht erkannt oder schlichtweg heruntergespielt.

Ein besonderes Problem ergibt sich aus der unterschiedlichen Wahrnehmung von Kindern aus Migrantenfamilien. Da sie selbst in Deutschland geboren sind, oft sogar ihre Eltern bereits hier aufgewachsen und in die Schule gegangen sind, fühlen sie sich als Deutsche. Von ihrer Umgebung, sei es in der Nachbarschaft, in Kindertageseinrichtungen oder in der Schule, werden sie aber immer noch als „nichtdeutsch" wahrgenommen.

Dies hat zur Folge, dass sie sich ihrer eigenen Identität unsicher sind, da diese von außen nicht akzeptiert wird.

Programme zur Integration werden ihnen dann „übergestülpt" und sie dadurch zusätzlich verunsichert.

Man muss also sehr sorgsam mit dem Begriff der Migrationskinder umgehen, um sie in ihrer Selbstwahrnehmung nicht zu verunsichern und sie, ebenso wie Kinder aus deutschen Familien, nur bei besonderen Problemlagen zu unterstützen.

Aufgaben

1. *Welche Prägungen haben Sie durch das Aufwachsen in Ihrer Familie/Verwandtschaft erhalten?*

2. *Kennen Sie Jugendliche aus anderen Kulturkreisen/Ländern? Welche Unterschiede zu Ihren Vorstellungen können Sie beschreiben?*

3. *Welche Probleme haben diese Jugendlichen? Wie können diese überwunden werden?*

4. *Welche Möglichkeiten gibt es im Kindergarten, Kinder und ihre Familien mit Migrationshintergrund besser zu integrieren?*

5. *Welche Haltung muss eine Erzieherin, ein Erzieher einnehmen, um Eltern mit Migrationshintergrund zu verstehen und zu akzeptieren?*

2.6.4 Schichtzugehörigkeit

Existenzsicherung ist ein Begriff, der im Augenblick Furore macht. Jede Gruppe und jede Schicht versucht ihre Existenz abzusichern und sie gegen die anderen zu verteidigen. Aus dem Arbeitsprozess werden immer die Schwächeren zuerst ausgegliedert. Wer eine schlechtere Schulbildung hat, eine weniger qualifizierte Ausbildung, wird zuerst vom Arbeitsmarkt verdrängt oder hat gar nicht erst die Chance, sich dort einen Platz zu erobern.

Randgruppen wie Behinderte, Ausländer, Schulabbrecher usw. (bezeichnenderweise werden Frauen auch immer noch häufig zur Randgruppe gezählt) haben weniger Chancen auf Bildung und eine entsprechende Arbeitsstelle. Schon in den Kleinkindeinrichtungen werden Barrieren aufgebaut, die verhindern, dass Kinder aus bestimmten Schichten sich profilieren[1] können. Oft werden die Begriffe **Oberschicht**, **Mittelschicht** und **Unterschicht** als Abgrenzung und Wertung gebraucht. Dies soll hier nicht geschehen. Die Zugehörigkeit zu einer bestimmten Bildungs-, Einkommens- und Berufsgruppe ist an und für sich nicht positiv oder negativ zu bewerten. Es muss jedoch festgestellt werden, dass sich in bestimmten „Kreisen" unterschiedliche **Wertsysteme** ausprägen und sich zum Beispiel konservative Erziehungsvorstellungen länger erhalten. Die Mittelschicht (mittlere Bildungsabschlüsse, Angestellte und mittleres Management, mittleres Einkommen) ist dabei die Gruppe, die sich sowohl an der Unterschicht (Bildungsabschlüsse unterhalb oder innerhalb des Hauptschulbereichs, abhängige, zum Teil angelernte Berufe, wenig Einkommen, zum Teil auch von Sozialhilfe lebend) als auch an der Oberschicht (Gymnasialabschluss, selbstständige

---

1 *profilieren = seine Fähigkeiten entwickeln und dabei Anerkennung finden*

Unternehmer, höheres Management, Universitätsabschluss) orientiert, je nachdem, welchen Bekanntenkreis oder welches Wohnumfeld sie besitzt. Erzieherinnen gehören meist Mittelschichtsfamilien an und können dadurch sowohl Probleme der „Unterschichtskinder" als auch der „Akademikerkinder" nicht gut nachvollziehen.

Aufgaben

1. *Welcher Gruppe fühlen Sie sich zugehörig und weshalb?*

2. *Ist diese Einteilung Ihrer Meinung nach heute noch gültig? Was kritisieren Sie an der oben vorgenommenen Definition?*

3. *Diskutieren Sie in Kleingruppen, wie Sie die klassische Gruppeneinteilung in Oberschicht, Mittel- und Unterschicht bewerten und welche fließenden Übergänge eine Einordnung schwer machen.*

4. *Welche bestimmten Merkmale können auch heute noch diesen Gruppen zugeordnet werden und wie könnte man eine neue Gruppeneinteilung ohne eine damit verbundene Wertung nennen?*

2.7 Ersatzfamilien

Wie schwierig die Bedingungen für viele Familien heute sind, ist ersichtlich. Familien zerbrechen unter der Last der Verhältnisse oder können die Erziehung der Kinder nicht mehr ohne Unterstützung leisten. Kinder geraten ins Abseits, schwänzen die Schule, begehen kleine Diebstähle oder Einbrüche und kommen zur weiteren Erziehung in ein Heim. Dort werden die **„verwahrlosten" Kinder** in familienähnlichen Gruppen betreut und erzogen. Da alle diese Kinder mit massiven Problemen behaftet sind, ist es keine leichte Aufgabe für die dortigen Erzieherinnen. Die Kinder sind zudem oft nicht freiwillig im Heim und auch die Eltern sind vielfach über diese Lösung nicht glücklich.

Auch wenn die heutige **Heimerziehung** längst **keine „Besserungsanstalt"** mehr ist, so kann doch davon ausgegangen werden, dass den Kindern erst über einen längeren Zeitraum geholfen werden kann, dort ein familienähnliches Leben zu führen. Trotzdem ist es oft im Vergleich zu den in den Familien herrschenden Zuständen die bessere Alternative.

Aufgaben

1. *Suchen Sie nach Veröffentlichungen zum Thema Heimerziehung und machen Sie sich kundig, wie sich die Heimerziehung entwickelt. Besuchen Sie ein Kinderheim in ihrer Nähe.*

2. *Welche Gründe führen zu einer Heimeinweisung? Fragen Sie die dort arbeitenden Erzieherinnen.*

3. *Welches sind die gesetzlichen Grundlagen für eine Heimeinweisung? Diskutieren Sie das im Gemeinschafts- und Politikunterricht.*

2.8 Statistiken zum Thema „Familie"

Zunächst einige Anmerkungen, wie Statistiken entstehen und was man ihnen entnehmen kann. Es werden in unserer Informationsgesellschaft vielfältige Daten erhoben und uns in Form von Statistiken präsentiert. So lesen wir täglich, wie hoch die Arbeitslosenzahlen sind, wie die Aktienkurse stehen, wie sich die Lebenshaltungskosten entwickeln. Meist sind diese Daten in Statistiken dargestellt, sodass eine rasche Übersicht möglich ist. Alle Daten, die über Menschen und Dinge erhoben werden, können auch in Form von Tabellen und Grafiken anschaulich dargestellt werden.

Jedes Land stellt so die von ihm erhobenen Einwohnerdaten einmal jährlich in dem sogenannten **„Statistischen Jahrbuch"** dar. Es gibt sowohl ein Statistisches Bundes- als auch ein Statistisches Landesamt, das für diese Jahrbücher Daten sammelt und sie zusammenstellt. Daneben werden aber auch Daten aus unterschiedlichen Gründen erhoben. Wirtschaftsverbände und soziale Einrichtungen „erfassen" die ihnen zugänglichen Daten, um ihre Arbeit übersichtlich darzustellen oder damit bestimmte Zwecke zu erreichen. In Zeitschriften und Fachbüchern begegnen uns vielerlei Statistiken, die bei näherem Hinsehen viele Informationen bereithalten, andere nur indirekt vermitteln und manch Wichtiges außen vor lassen.

Pädagogische und psychologische Daten werden ebenfalls gesammelt. Aus den offiziellen statistischen Daten muss man die für die pädagogische Arbeit bedeutsamen Elemente oft mühsam zwischen den Zeilen lesen oder bemerkt gar, dass die uns angebotenen Daten uns irreführen, weil sie entweder die falschen Bezugspunkte angeben oder bewusst Daten so zueinander in Beziehung setzen, dass eine damit verbundene politische Absicht sichtbar wird.

Wenn zum Beispiel die Ausgaben für den Sozialhaushalt bekanntgegeben werden und die jährliche Steigerungsrate ungemein zunimmt, so muss man wohl als Außenstehender annehmen, dass die Gemeinden mehr für die Betroffenen tun. Wenn aber durch Arbeitslosigkeit und andere negative Einflüsse die Zahl der Betroffenen ständig zunimmt, so kann die Zunahme der sozialen Ausgaben sogar mit der Verringerung der Leistungen für den Einzelnen verbunden sein.

> *Merksatz*
> *Statistiken müssen deshalb immer auch mit einer persönlichen Fragestellung verbunden, betrachtet werden.*

Die nachfolgenden Statistiken sind Richtwerte, die teilweise nicht aktualisiert wurden.

Viele der Angaben stimmen auch heute noch, andere haben sich verändert.

Aufgabe

a) *Überprüfen Sie die nachfolgenden Statistiken auf ihre Aktualität. Suchen Sie in den Angaben der statistischen Landesämtern, des statistischen Bundesamtes und den Angaben des Familienministeriums nach neuen Angaben.*

b) *Vergleichen Sie diese mit den hier angezeigten Statistiken.*

c) *Welche Schlüsse ziehen Sie daraus, wenn einzelne Angaben unter anderen Vorzeichen veröffentlicht werden?*

d) *Was bedeutet es, wenn Sie Angaben nicht wieder auffinden können oder bestimmte Themen häufiger in den Statistiken auftauchen?*

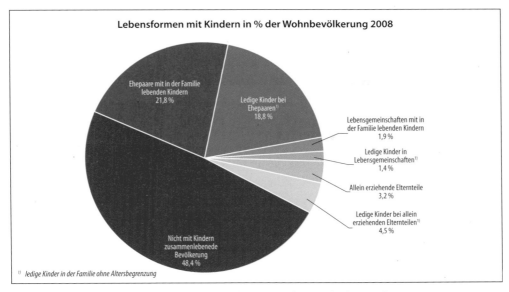

Lebensformen mit Kindern in % der Wohnbevölkerung 2008

- Ehepaare mit in der Familie lebenden Kindern **21,8 %**
- Ledige Kinder bei Ehepaaren[1] **18,8 %**
- Lebensgemeinschaften mit in der Familie lebenden Kindern **1,9 %**
- Ledige Kinder in Lebensgemeinschaften[1] **1,4 %**
- Allein erziehende Elternteile **3,2 %**
- Ledige Kinder bei allein erziehenden Elternteilen[1] **4,5 %**
- Nicht mit Kindern zusammenlebenede Bevölkerung **48,4 %**

[1] ledige Kinder in der Familie ohne Altersbegrenzung

(Statistisches Bundesamt, Fachserie 1 Reihe 3, Haushalte und Familien, Wiesbaden, 2008)

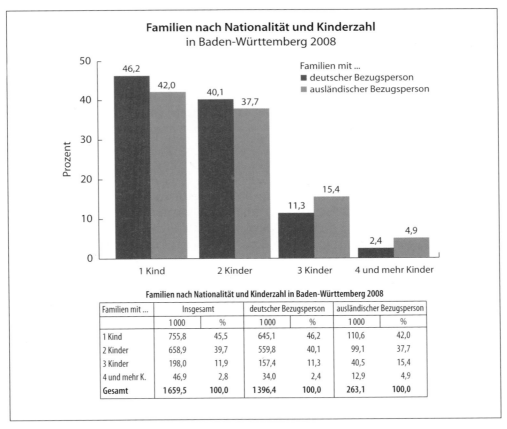

Familien nach Nationalität und Kinderzahl
in Baden-Württemberg 2008

Familien mit ...
- deutscher Bezugsperson
- ausländischer Bezugsperson

1 Kind	2 Kinder	3 Kinder	4 und mehr Kinder
46,2 / 42,0	40,1 / 37,7	11,3 / 15,4	2,4 / 4,9

Familien nach Nationalität und Kinderzahl in Baden-Württemberg 2008

Familien mit ...	Insgesamt		deutscher Bezugsperson		ausländischer Bezugsperson	
	1 000	%	1 000	%	1 000	%
1 Kind	755,8	45,5	645,1	46,2	110,6	42,0
2 Kinder	658,9	39,7	559,8	40,1	99,1	37,7
3 Kinder	198,0	11,9	157,4	11,3	40,5	15,4
4 und mehr K.	46,9	2,8	34,0	2,4	12,9	4,9
Gesamt	**1 659,5**	**100,0**	**1 396,4**	**100,0**	**263,1**	**100,0**

(Statistisches Landesamt Baden-Württemberg, Stuttgart, 2009)

Bezugspersonen in Mehrpersonenhaushalten in Baden-Württemberg 1961 und 1987 nach Alter der Bezugspersonen und Haushalte- und Familientyp

Haushalts- und Familientyp	Bezugspersonen 1987 insgesamt	Davon im Alter von ... bis unter ... Jahren			Dagegen Bezugspersonen am 6.6.1961 insgesamt	
		bis 30	30–60	60 und mehr		
	in 1000	in %			in %	
Bezugspersonen zusammen	**2.637,2**	**100**	**100**	**100**	**100**	**2.075,9**	**100**
Ehepaar ohne Kinder[2]	807,2	31	26	19	65	469,4	23
Ehepaar mit ledigen Kindern[2]	1.337,8	51	40	65	17	1.224,7[3]	59[3]
davon mit 1 Kind	577,8	22	24	25	12	579,2[4]	28[4]
2 Kindern	538,5	20	13	28	4	389,5	19
3 und mehr Kindern	221,5	8	3	12	1	256,2	12
Elterngeneration[5] mit verheirateten, verwitweten oder geschiedenen Kindern[2]	37,0	1	/	1	2	49,1	2
Elternteil mit ledigen Kindern	223,3	8	8	8	9	.	.
darunter Mutter mit ledigen Kindern	189,3	7	8	7	7	.	.
Elterngeneration[5] mit Kindern und weiteren verwandten[6] oder familienfremden Personen	42,8	2	(2)	2	(1)	114,7	6
darunter Elternteil mit ledigen Kindern und einer oder mehreren familienfremden Personen	13,7	1	/	1	/	.	.
Drei- oder Mehrgenerationenhaushalt[2]	48,1	2	/	2	3	164,0	8
Haushalt mit nicht-gradig Verwandten[7]	26,9	1	2	/	2	36,0	2
Haushalt mit nur familienfremden Personen darunter Haushalt mit mindestens einer weiblichen und einer männlichen Person[8]	114,1	4	22	3	2	17,9	1
	101,6	4	20	2	(1)	.	.

1) Aus statistischen Gründen können für 1961 nicht alle Haushaltstypen ausgewiesen werden.
2) Ohne weitere Verwandte oder familienfremde Personen im Haushalt.
3) Elterngeneration mit ledigen Kindern.
4) Elterngeneration mit einem Kind bzw. zwei oder drei und mehr Kindern.
5) Sowohl Ehepaare als auch Elternteile.
6) Verwandte innerhalb (geradlinig) und / oder außerhalb (nicht-geradlinig) der Generationenfolge.
7) Verwandte außerhalb der Generationenfolge und evtl. familienfremde Personen.
8) Altersabstand weniger als 18 Jahre.

(Familienwissenschaftliche Forschungsstelle im Statistischen Landesamt Baden-Württemberg,
Familie heute – Situation der Familien in Baden-Württemberg
Ministerium für Familie, Stuttgart 1994)

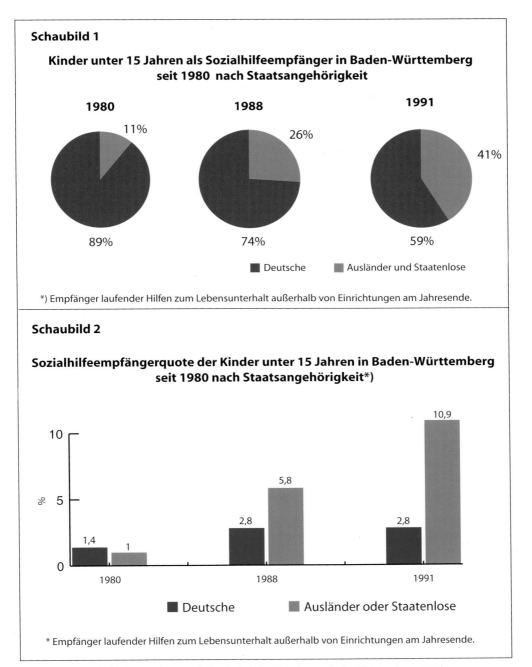

Schaubild 1

Kinder unter 15 Jahren als Sozialhilfeempfänger in Baden-Württemberg seit 1980 nach Staatsangehörigkeit

1980

11%

89%

1988

26%

74%

1991

41%

59%

■ Deutsche   ■ Ausländer und Staatenlose

*) Empfänger laufender Hilfen zum Lebensunterhalt außerhalb von Einrichtungen am Jahresende.

Schaubild 2

Sozialhilfeempfängerquote der Kinder unter 15 Jahren in Baden-Württemberg seit 1980 nach Staatsangehörigkeit*)

10

% 5

0

1,4   1   1980

2,8   5,8   1988

2,8   10,9   1991

■ Deutsche   ■ Ausländer oder Staatenlose

* Empfänger laufender Hilfen zum Lebensunterhalt außerhalb von Einrichtungen am Jahresende.

(Familienwissenschaftliche Forschungsstelle im Statistischen Landesamt Baden-Württemberg, 1994)

Gewünschte Maßnahmen zur Erhöhung der Geburtenzahl (repräsentative Meinungsumfrage)

Wesentliche Erhöhung der Familienbeihilfen (Kindergeld, Familiendarlehen, etc.)	46%
Erhebliche Ermäßigung der Steuer (Einkommenssteuer, Lohnsteuer etc.)	31%
Bereitstellung von Wohnungen in ausreichender Größe	29%
Sicherung der früheren Arbeitsplätze für Mütter	27%
Vermehrte Möglichkeiten der Teilzeitbeschäftigung	25%
Verbesserung des Gehalts von alleinerziehenden Elternteilen	22%
Stärkere Förderung kinderreicher Familien	22%
Anrechnung von Erziehungszeiten in der Rentenversicherung	20%
Verlängerung des Mutterschutzes	19%
Sicherung von Arbeitsplätzen für Mütter	11%
Bessere Verhältnisse im Wohnumfeld	10%
Erziehungsgeld	10%
Mehr Kindergärten, Kinderkrippen	9%
Vermehrung der Ausbildungsbeihilfen	7%
Anspruch auf mindestens dreieinhalb Zimmer bei Heirat	4%

(vgl. Familienwissenschaftliche Forschungsstelle im Statistischen Landesamt Baden-Württemberg: Lengsfeld, 1987, S. 39)

Neunter Jugendbericht 1994

Geburtenentwicklung in den neuen Bundesländern und Berlin Ost

Jahr	Bundesland					
	Brandenburg[1]	Mecklenburg Vorpommern	Sachsen[3]	Sachsen Anhalt[4]	Thüringen[5]	Berlin-Ost[6]
1987	37567	–	63358	–	–	–
1988	35872	28495	60156	38462	43869	17880
1989	32997	26401	55857	35128	31600	16937
1990	29238	23503	49672	31837	28780	15446
1991	17215	13635	31278	19459	17470	8712
1992	13235	10876[8]	25138	16447[7]	14500	7779

Quellen:
1   Angaben des Ministeriums für Bildung, Jugend und Sport des Landes Brandenburg
2   Angaben des Kultusministeriums Mecklenburg-Vorpommern
3   Angaben des Sächsischen Staatsministeriums für Soziales, Gesundheit und Familie
4   Angaben des Statistischen Landesamts Sachsen-Anhalt
5   Angaben des Ministeriums für Soziales und Gesundheit des Landes Thüringen
6   Angaben des Statistischen Landesamts Berlin
7   Eigene Hochrechnung auf der Basis der Daten des Statistischen Landesamts Sachsen-Anhalt bis einschließlich September 1992
8   Vorläufige Zahlen, Gebietsänderung noch nicht berücksichtigt

Anteil der Jugendlichen, die ein Problem benennen

(Jugendliche in den alten und neuen Bundesländern, aufgeteilt nach Altersgruppen)

	gesamte Stichprobe 14–27 J.	Jugendliche, aufgegliedert nach Alter			
		14–17 J.	18–20 J.	21–24 J.	25–27 J.
West	70% (n = 1015)	59% (n = 190)	72% (n = 192)	73% (n = 350)	71% (n = 283)
Ost	96% (n = 1190)	94% (n = 257)	96% (n = 245)	96% (n = 367)	97% (n = 321)

(Daten: Ipos 1993)

Problemkategorien

(Jugendliche in den alten und neuen Bundesländern)

Problemkategorien	West			Ost		
	gesamt (n = 1015)	männlich (n = 513)	weiblich (n = 500)	gesamt (n = 1190)	männlich (n = 608)	weiblich (n = 582)
Schule/Studium und Ausbildung	12%	14%	10%	14%	14%	14%
Finanzen (finanzielle Probleme, Lebenshaltungskosten, Steuererhöhung, Wohnen/Miete)	11%	12%	11%	17%	16%	19%
Emotional/Sozial (Familie, Partner, Freunde)	4%	4%	5%	4%	3%	5%
Arbeitslosigkeit	6%	7%	6%	18%	18%	18%
Politik/Gewalt (Kriminalität, Rechtsextremismus, Ausländerfeindlichkeit)	9%	8%	11%	16%	17%	15%
Umweltschutz	4%	3%	4%	4%	5%	4%
Wirtschaft	1%	1%	1%	3%	5%	2%

(Daten: Ipos 1993)

Ehescheidungen von 1950 bis 1988 nach der Zahl der minderjährigen Kinder in der Ehe und die Gesamtzahl der betroffenen Kinder

Jahr	Gesamtzahl der Schei- dungen[2]	Geschiedene Ehen				Gesamtzahl der betrof- fenen Kinder[3]
		ohne Kind	mit 1 Kind	mit 2 Kindern	mit 3 und mehr Kindern	
			Anzahl			
1950	84 740	36 062	27 443	13 256	7913	83 296
1960	48 878	20 635	16 975	7550	3713	45 067
1970	76 520	27 764	25 819	14 551	8386	86 057
1980	96 222	45 344	30 011	15 641	5226	78 972
1984	130 744	61 767	44 010	20 138	4829	110 113
1986	122 443	61 206	39 384	17 877	3976	87 986
1988	128 729	64 741	40 581	19 091	4316	92 785
			Prozent			
1950	100	42,6	32,4	15,7	9,3	
1960	100	42,2	34,7	15,5	7,6	
1970	100	36,3	33,7	19,0	11,0	
1980	100	47,1	31,2	16,3	5,4	
1984	100	47,2	33,7	15,4	3,7	
1986	100	50,0	32,2	14,6	3,2	
1988	100	50,3	31,5	14,8	3,4	

1   einschließlich der legitimierten Kinder.
2   Einschließlich der Fälle mit unbekannter Kinderzahl.
3   Bei Ehen mit 9 Kindern und mehr wird bei der Berechnung der Kinderzahl von 9 Kindern ausgegangen.

(vgl. Statistisches Bundesamt, insbesondere Fachserie 1, Reihe 1, Gebiet und Bevölkerung: versch. Jahrgänge; eigene Berechnungen)

Ehescheidungen nach Ehedauer und Anzahl der Kinder 1962, 1976 und 1985 (Scheidungen pro 1000 Ehen)

Ehe- dauer in Jahren	Insgesamt			Anzahl der Kinder											
				0			1			2			3 und mehr		
	1962	1976	1985	1962	1976	1985	1962	1976	1985	1962	1976	1985	1962	1976	1985
0 bis 3	6	16	16	6	17	21	6	17	22	–	–	–	–	–	–
4 bis 7	8	21	35	15	33	63	9	20	33	4	11	12	4	9	10
8 bis 11	5	13	27	9	22	51	6	16	32	3	9	14	3	9	11
12 bis 15	4	9	20	7	12	30	4	10	25	3	8	14	2	7	11
16 bis 19	3	6	15	5	7	17	4	7	18	3	6	13	2	6	11
insgesamt	5	13	23	8	19	34	6	15	24	3	8	13	3	7	11

(vgl. Höhn, 1980, S. 362 und Schwarz, 1971, S. 18)

„Wie wichtig sind die folgenden Personen bzw. Personengruppen für dein Leben?"
(Jugendliche in den alten und neuen Bundesländern, aufgegliedert nach Altersgruppen
und Geschlecht)

		männliche Jugendliche (West = 1251, Ost = 692)					Weibliche Jugendliche (West = 1287, Ost = 700)			
	n	13–17 Jahre	18–20 Jahre	21–24 Jahre	25–29 Jahre	n	13–17 Jahre	18–20 Jahre	21–24 Jahre	25–29 Jahre
Vater (West)	1204	87%	79%	76%	73%	1262	83%	74%	77%	75%
Vater (Ost)	666	86%	82%	84%	78%	672	80%	80%	83%	76%
Mutter (West)	1243	94%	88%	84%	83%	1280	95%	88%	90%	87%
Mutter (Ost)	684	97%	92%	92%	89%	691	96%	90%	96%	88%
Partner (West)	954	31%	55%	70%	81%	1068	39%	78%	85%	93%
Partner (Ost)	439	31%	68%	71%	85%	523	50%	75%	83%	92%
Freund (West)	1237	88%	90%	88%	85%	1224	75%	86%	77%	79%
Freund (Ost)	681	88%	82%	88%	81%	625	79%	81%	74%	78%
Freundin (West)	1162	64%	75%	74%	71%	1272	96%	94%	88%	89%
Freundin (Ost)	603	71%	78%	77%	53%	692	94%	88%	84%	88%
Freunde (West)	1233	84%	87%	78%	73%	1274	81%	85%	77%	72%
Freunde (Ost)	674	78%	73%	72%	58%	667	78%	70%	69%	70%

(Prozentuale Häufigkeiten der Kategorien „wichtig" und „sehr wichtig": eigene Berechnungen, Daten: Shell-Studie 1992)

Mitgliedschaft in Vereinen
(Jugendliche in den alten und neuen Bundesländern, aufgegliedert nach Altersgruppen)

	Jugendliche West				Jugendliche Ost			
	bis 17 Jahre	18–20 Jahre	21–24 Jahre	über 25 Jahre	bis 17 Jahre	18–20 Jahre	21–24 Jahre	über 25 Jahre
Shell	59%	48%	39%	39%	31%	25%	23%	27%
Ipos 1993	57%	45%	32%	25%	25%	19%	19%	15%

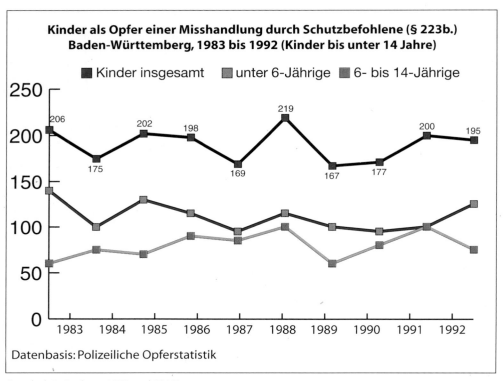

**Kinder als Opfer einer Misshandlung durch Schutzbefohlene (§ 223b.)
Baden-Württemberg, 1983 bis 1992 (Kinder bis unter 14 Jahre)**

■ Kinder insgesamt   ■ unter 6-Jährige   ■ 6- bis 14-Jährige

Datenbasis: Polizeiliche Opferstatistik

(Landeskriminalamt 1993 und 1995)

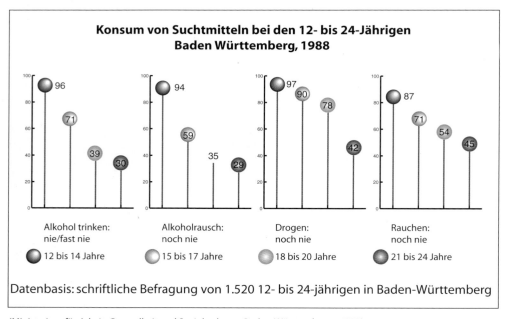

**Konsum von Suchtmitteln bei den 12- bis 24-Jährigen
Baden Württemberg, 1988**

Alkohol trinken:
nie/fast nie

Alkoholrausch:
noch nie

Drogen:
noch nie

Rauchen:
noch nie

● 12 bis 14 Jahre   ● 15 bis 17 Jahre   ● 18 bis 20 Jahre   ● 21 bis 24 Jahre

Datenbasis: schriftliche Befragung von 1.520 12- bis 24-jährigen in Baden-Württemberg

(Ministerium für Arbeit, Gesundheit und Sozialordnung Baden-Württembergs, 1989)

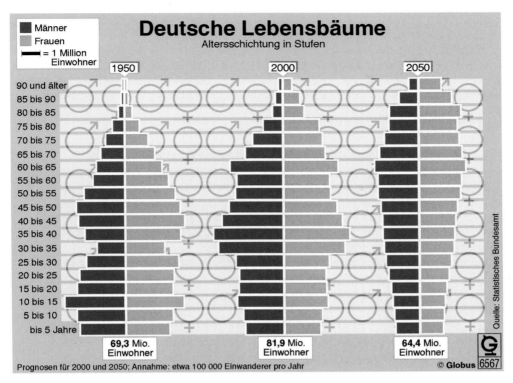

Deutsche Lebensbäume
Altersschichtung in Stufen

Legende:
- Männer
- Frauen
- ▬ = 1 Million Einwohner

1950 | **2000** | **2050**

Altersgruppen:
- 90 und älter
- 85 bis 90
- 80 bis 85
- 75 bis 80
- 70 bis 75
- 65 bis 70
- 60 bis 65
- 55 bis 60
- 50 bis 55
- 45 bis 50
- 40 bis 45
- 35 bis 40
- 30 bis 35
- 25 bis 30
- 20 bis 25
- 15 bis 20
- 10 bis 15
- 5 bis 10
- bis 5 Jahre

69,3 Mio. Einwohner | **81,9 Mio. Einwohner** | **64,4 Mio. Einwohner**

Prognosen für 2000 und 2050; Annahme: etwa 100 000 Einwanderer pro Jahr

Quelle: Statistisches Bundesamt

© Globus 6567

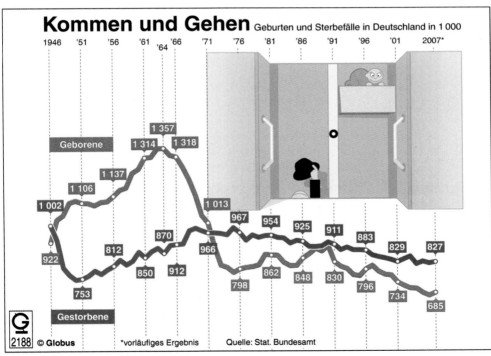

Kommen und Gehen
Geburten und Sterbefälle in Deutschland in 1 000

1946 · '51 · '56 · '61 · '64 · '66 · '71 · '76 · '81 · '86 · '91 · '96 · '01 · 2007*

Geborene: 1 002 · 1 106 · 1 137 · 1 314 · 1 357 · 1 318 · 1 013 · 967 · 954 · 925 · 911 · 883 · 829 · 827

Gestorbene: 922 · 753 · 812 · 850 · 870 · 912 · 966 · 798 · 862 · 848 · 830 · 796 · 734 · 685

© Globus 2188

*vorläufiges Ergebnis   Quelle: Stat. Bundesamt

1. *Betrachten Sie die Statistiken auf den vorhergehenden Seiten und überlegen Sie, welche Aussagen damit über Familienzusammenhänge gemacht werden.*

2. *Finden Sie heraus, welche unterschiedlichen Quellenangaben gemacht werden und wer diese Statistiken aufgrund welcher Daten/welcher Interessen erhoben und zusammengestellt hat.*

3. *Nehmen Sie sich eine Statistik Ihrer Wahl vor.*

   a) *Welche Fragen, meinen Sie, kann diese Statistik Ihnen beantworten?*

   b) *Welche Aussagen über bestimmte Familienzusammenhänge sind darin enthalten oder fehlen?*

   c) *Welche Personengruppe wird darin genannt, welche fehlt?*

   d) *Vergleichen Sie in den Tabellen (Grafiken) verschiedene Gruppen miteinander, was fällt Ihnen dabei auf?*

   e) *Welche Fragen hätten Sie, die die Statistik Ihnen nicht beantworten kann?*

   f) *Auf welche Weise könnten Sie an diese Daten herankommen?*

4. *Erklären Sie anhand einer Statistik der Klasse, was Sie dort über Familienzusammenhänge oder -probleme herausgefunden haben.*

5. *Suchen Sie in Zeitungen, Zeitschriften und Büchern nach Statistiken und stellen Sie daraus eine Wandzeitung zusammen.*

   a) *Welche Aussagen werden gemacht?*

   b) *Können Sie diese Aussagen mit Fragestellungen aus dem Bereich Ihres sozialpädagogischen Berufsinteresses verbinden?*

   c) *Versuchen Sie sich an einer eigenen Statistik, indem Sie Daten aus der Klasse erheben (Alter, Geschlecht, Zahl der Mitglieder der Herkunftsfamilie).*

6. *Besorgen Sie sich die neuesten Daten aus Ihrer Gemeinde/Ihrem Bundesland/der Bundesrepublik Deutschland (z. B. Internet).*

3 Pädagogische Konsequenzen aus den unterschiedlichen Familienkonstellationen

Frau G. lebt seit ihrer Scheidung mit ihren beiden Kindern (Steffen, 10 Jahre und Monika, 2 Jahre alt) in einer Zweizimmerwohnung. Steffen macht große Probleme, da er nicht mehr mit seiner kleinen Schwester in einem Zimmer zusammenwohnen möchte. Auch Frau G., die im Wohnzimmer auf dem Sofa schläft, ist mit den Wohnverhältnissen unzufrieden. Immer öfter kommt es zu Auseinandersetzungen. Sie möchte gerne wieder arbeiten, muss jedoch die meisten Stellen ablehnen, da sie keine zuverlässige Betreuung für die 2-jährige Monika hat.

Aufgaben

1. Wer könnte Frau G. in ihrer finanziellen Situation unterstützen?

2. Welche Möglichkeiten der Unterbringung für Ihre Kinder während einer Berufstätigkeit von Frau G. gäbe es?

3. Welche psychologischen Hilfen könnte Frau G. in Anspruch nehmen?

3.1 Institutionelle Erziehungseinrichtungen

Es gibt vielerlei Beratungsmöglichkeiten für Familien. Allerdings sind die meisten überlastet und es gibt lange Wartezeiten, sodass als Reaktion auf aktuelle Probleme kaum eine spontane Hilfe geleistet werden kann. Die Situation der Beratungsstellen ist auch immer mehr davon anhängig, ob und wie sie finanziell unterstützt werden. Häufig sind sie von der Schließung bedroht.

Familien, vor allem aber auch Alleinerziehende müssen sich diese Hilfsmöglichkeiten mühsam selbst zusammensuchen. So wenden sich Menschen mit besonderen familiären Herausforderungen zunächst an Bekannte, die ähnliche Probleme zu bewältigen haben oder hatten. Eine Anlaufstelle wäre zunächst das Jugendamt, das Hilfen für unterschiedliche Problemlagen von Familien kennt und weitervermitteln kann. Viele Familien scheuen sich jedoch, sich an das örtliche Jugendamt zu wenden, da sie sich selbst nicht als hilfsbedürftig definieren wollen und vor allen fürchten, dass ihre Daten dabei öffentlich werden.

Eine praktische Hilfe könnten Kindertageseinrichtungen für alle Eltern sein. Diese gibt es inzwischen für viele Altersstufen. So können auch Zweijährige einen Krippen- bzw. Kindergartenplatz bekommen, wenn eine Notlage dies erfordert. Leider gibt es dafür aber viel zu wenig Plätze. Dasselbe gilt für Schulkinder.

Ein zusätzlicher Aspekt ist der Kostenfaktor. Die Kosten für Tageseinrichtungen für zwei Kinder sind für eine allein erziehende Mutter häufig zu hoch. Wenn sie eine Arbeit aufnimmt, wird ihr Verdienst durch diese Ausgabe sofort wesentlich geschmälert.

Im Familienatlas 2005[1], den die Bundesregierung in Auftrag gab, werden Gemeinden vorgestellt, die besonders familienfreundliche und damit kinderfreundliche Angebote zur Verfügung stellen, sodass eine Berufstätigkeit mit der Betreuung der Kinder in Einklang gebracht werden kann.

Kinder werden hier nicht mehr als Armutsrisiko beschrieben, sondern als Notwendigkeit für unsere Gesellschaft. Das auch das wirtschaft-

1 Potenziale erschließen – Familienatlas 2005, Bestellungen über: publikationen@bundesregierung.de

liche Wachstum mit einer hohen Zahl von potenziellen arbeitsfähigen und gut ausgebildeten Erwachsenen beiderlei Geschlechts zusammenhängt, ist kein Geheimnis mehr.

So sind Krippen- bzw. Hortplätze mit Ganztagsbetreuung ein Indikator für die Lebensqualität von Familien. Das Recht auf einen Kindergartenplatz für Dreijährige ist ein Schritt in diese Richtung. Wenn man sich allerdings die Angebote für Dreijährige ansieht, so gehen diese von einer stundenweisen Betreuung bis zum Ganztagsangebot. Nicht immer sind diese Angebote auch hilfreich für Familien in denen Vater/Mutter arbeiten will oder muss.

Arbeitslosigkeit eines Elternteils oder das Auseinanderbrechen einer Beziehung können durch das Recht auf einen Kindergartenplatz in keiner Weise aufgefangen werden. Für Kinder aller Altersstufen und Familienformen wäre die Möglichkeit, eine bezahlbare Ganztagsbetreuung zu besuchen, heute notwendiger denn je. Dort können gleiche Entwicklungschancen für Kinder aus unterschiedlichen Familienkonstellationen geschaffen werden. Jüngere Kinder würden „ältere Geschwister" bekommen, Männer (leider ist der Männeranteil in den Kindertageseinrichtungen noch sehr niedrig) und Frauen würden Bildungsprozesse von Kindern unterstützen und gemeinsam mit Eltern herausfinden, was für die Erziehung und Betreuung der Kinder an Zeit und Möglichkeiten geschaffen werden muss. Den Bildungsauftrag in Kindertageseinrichtungen umzusetzen ist vor dem Hintergrund der Hirnforschung und der Auswertung von Studien, z. B. der OECD-Studie[1] in allen Bildungsplänen der Länder verankert worden. Dass dazu mehr nötig ist als ein „geduldiges Papier", ist den Verantwortlichen hoffentlich bewusst. So muss die Ausbildung der Erzieherinnen auf Hochschulniveau angehoben werden, Männer müssen für diese Arbeit gewonnen werden, die Zusammenarbeit mit den Eltern muss verbessert werden.

Es dürfen anstelle der pädagogischen Konzepte keine Qualitätsmanagementangebote treten, die auch die pädagogische Arbeit nur unter Kostenaspekten bewerten. Eine nachhaltige und moderne Familienpolitik muss die Bedingungen von Familien so verbessern, dass Familien ihren Kinderwunsch realisieren können, ohne eine Einbuße an Lebensqualität zu befürchten. Dass dies auch in Zeiten knapper Kassen möglich ist, dafür sprechen inzwischen eine Reihe von „ausgezeichneten" Regionen.

3.2 Zusammenarbeit mit den Familien

Familienergänzend zu arbeiten, wie es das Kinder- und Jugendhilfegesetz (KJHG) aussagt, bedeutet, dass in Kindertageseinrichtungen gemeinsam mit den Eltern der Betreuungs-, Erziehungs- und Bildungsauftrag definiert und auf alle Schultern verteilt wird.

Sowohl von den Eltern als auch von Erzieherinnen und Erziehern gibt esÄngste und Vorbehalte gegenüber einer Zusammenarbeit. Viele Eltern aus Akademikerkreisen und Eltern mit muslimischem Hintergrund möchten ihre Erziehungsarbeit nicht gerne an andere abgeben. Sie erachten häufig die Sozialkontakte zwischen den Kindern als wichtigste Aufgabe der Kindertageseinrichtung. Für Eltern nichtdeutscher Herkunft ist das Erlernen der deutschen Sprache ebenfalls ein Aspekt der Arbeit in der Kindertageseinrichtung. Er-

1   *vgl. die OECD-Studie zur frühkindlichen Bildung in Deutschland, Broschüre des Bundesministeriums für Familie, Senioren, Frauen und Jugend, Stand Sommer 2004. Deutsches Jugendinstitut 2004. Zu beziehen bei broschuerenstelle@bmfsfj.bund.de*

zieherinnen und Erzieher wiederum denken, dass sie die in ihrer Ausbildung erworbenen Kompetenzen an die Kinder und ihre Eltern weitergeben möchten. So ist ein gegenseitiges Vertrauen und Verstehen auf beiden Seiten für eine gelingende Zusammenarbeit notwendig.

3.2.1 Bedarfsermittlung

Die unterschiedlichen Bedürfnisse von Eltern[1] abzufragen, ist eine Aufgabe, um für die Kinder die jeweils günstigste Form der Unterbringung in einer Einrichtung herauszufinden. Um eine Konzeption zu erstellen, eine Qualitätsentwicklung zu starten, müssen jeweils die Rahmenbedingungen von Kindern und Eltern in einer Einrichtung „abgefragt" werden. Wenn Gemeinden für ihre Einrichtungen eine gemeinsame Konzeption erstellen, so kann dies höchstens als Rahmen für die Angebote des Trägers verstanden werden. Dennoch ist die Zusammensetzung der Elternschaft und der Kinder in jeder Einrichtung und in jedem Kindergartenjahr unterschiedlich. Dies muss bei der Bedarfsermittlung berücksichtigt werden. Dass Eltern bei dieser mit einbezogen werden, ist wohl eine Selbstverständlichkeit.

> *Merksatz*
> *Jede Zusammenarbeit der Eltern mit der Kindertageseinrichtung muss auch im Interesse der Elternschaft stattfinden und von gemeinsamen Interessenslagen oder gemeinsamen Problemen bestimmt sein.*

3.2.2 Strukturelle Zusammenarbeit

Eltern werden zu Elternabenden eingeladen, arbeiten bei Festen und Feiern mit, sind bei der Spielplatzgestaltung oder bei Ausflügen mit dabei. Die Wahl des Elternbeirats ist selbstverständlich. Dieser übernimmt häufig auch Planungsaufgaben und setzt sich für die Belange der Elternschaft in der Einrichtung ein.

In den meisten Einrichtungen arbeiten Erzieherinnen mit dem Elternbeirat oder einzelnen Eltern ab und zu oder regelmäßig zusammen, indem die Eltern Zeit und finanzielle Mittel zur Verfügung stellen, um die Erzieherinnen in ihrer Arbeit zu unterstützen. Eltern organisieren Elterntreffs, Elterncafés oder Elternaktivitäten wie z. B. die Umgestaltung des Außenspielbereichs.

In die pädagogische Arbeit werden sie in der Regel nicht mit einbezogen. Dennoch ist es notwendig, sie bei der Bedarfsermittlung und der pädagogischen Konzeptionsgestaltung mit einzubeziehen, um familienergänzend arbeiten zu können. Dass der Elternbeirat einen Querschnitt der Herkunft der Kinder repräsentieren sollte, ist dabei eine besondere Herausforderung, da Eltern nichtdeutscher Herkunft oft bei Elternabenden nicht anwesend sind oder sich aufgrund ihrer schlechten Deutschkenntnisse nicht zu Wort melden können. Um Strukturen für die Elternarbeit zu schaffen, müssen aber alle Eltern ein Mitspracherecht bekommen.

---

1   Mit „Eltern" werden hier stets alle für die Erziehung eines Kindes Verantwortlichen bezeichnet, so allein erziehende Väter oder Mütter, Großeltern, leibliche Eltern oder andere Erwachsene, die das Sorgerecht für ein Kind übernommen haben.

3.2.3 Pädagogische Zusammenarbeit

Die pädagogische Arbeit hängt eng mit den Strukturen der Einrichtung zusammen. Offene Gruppen müssen ein anderes pädagogisches Konzept haben als geschlossene Gruppen. In einem eingruppigen Kindergarten sind die Erzieherinnen eventuell häufiger auf die Mitwirkung der Eltern angewiesen als in einem Kinderhaus mit „Schichtarbeit" der Erzieherinnen. Eltern informieren sich manchmal schon vor dem Eintritt ihres Kindes in die Kindertageseinrichtung über das dort umgesetzte pädagogische Konzept. Sie fragen nach den Möglichkeiten in der Einrichtung, was Turn- oder Schwimmangebote anlangt, fragen nach der Vorbereitung auf die Schule oder nach einer Sprachförderung. Dies alles muss in einer Konzeption auch für die Eltern deutlich werden.

3.3 Konzeption kontra Qualitätsentwicklung

Dass eine Konzeption für unsere Arbeit auf dem Hintergrund der besonderen Bedürfnislage von Eltern notwendig ist, steht außer Frage. Dass diese Konzeption ständig fortgeschrieben werden muss, wenn sich die Situation der Eltern oder die Zusammensetzung der Kindergruppe verändert hat, ist unumstritten. Wenigstens der Elternbeirat sollte bei der Entstehung oder Neukonzeption mit einbezogen werden. Manchmal ist eine Veränderung der Konzeption schon dann notwendig, wenn z.B. ein einziges neues Kind aufgenommen wird, z.B. ein unter dreijähriges oder ein Kind mit Behinderung.

Viele Gemeinden bieten den Kindertageseinrichtungen einen Qualitätsentwicklungsprozess an oder verlangen einen solchen. Dabei wird in der Regel auch an die pädagogische Arbeit gedacht. Dennoch muss davon ausgegangen werden, dass eine Qualitätsentwicklung häufig eher auf Kosteneinsparungen als auf gute pädagogische Arbeit ausgerichtet ist. Eine Qualitätsentwicklung ist so gut wie die Unterstützung der pädagogischen Arbeit, die dort verankert wird. Eine Qualitätssicherung geschieht dadurch, dass man die pädagogische Arbeit kostenunabhängig in eine Konzeption einschreibt oder indem man z.B. mit einem pädagogischen Instrumentarium für die Qualitätssicherung in Kindertagesstätten eine Überprüfung vornimmt. Es gibt inzwischen viele Veröffentlichungen zur Überprüfung der pädagogischen Arbeit unter Qualitätsaspekten (vgl. Krenz, 2001; Strätz, 2003; Qualität im Situationsansatz, Teilprojekt IV der Nationalen Qualitätsinitiative im System der Tageseinrichtungen für Kinder, Freie Universität Berlin, Juni 2001).

3.4 Altersmischung

Inzwischen gibt es vielfältige Altersmischungen. Zu den in den meisten Kindergärten vorzufindenden Altersmischungen von 3–6-Jährigen kommen in Kindertageseinrichtungen Altersmischungen von 0–12 Jahre alten Kindern, die dort in unterschiedlichen Gruppenzusammensetzungen zu finden sind. So werden Kleinstkindergruppen mit den unter 3-Jährigen gebildet, es gibt aber auch Familiengruppen mit einer großen Altersmischung, die von 0–14 Jahre gehen.

Hortgruppen existieren neben „normalen" Kindergartengruppen. Hier haben die Eltern die Auswahl zwischen mehreren Möglichkeiten. Kinder, die als Einzelkinder aufwachsen, können in einer „Geschwisterkonstellation" aufwachsen, Schulkinder werden am Nachmittag mit anderen Schulkindern betreut, für die Kleinsten gibt es geschützte Räume in kleinen Gruppen mit mehreren Bezugspersonen. Für Erzieherinnen bedeuten diese neuen Alterszusammensetzungen oft eine große Herausforderung. Die Kinder in ihrem jeweiligen Entwicklungsstand zu unterstützen, ist nicht mehr so einfach. Jede Altersstufe benötigt besondere Angebote. Kleinere Gruppen, mehr Personal, ein größeres Raumangebot wären notig, um die vielfältigen Aufgaben, die sich vor allem in Kinderhäusern mit einer breiten Angebotspalette für die Eltern ergeben, meistern zu können.

3.5 Öffnungszeiten

Bei der Bedarfsermittlung stellt man fest, dass viele berufstätige Frauen einelängere Öffnungszeit benötigen. Die bis 13:00 oder 14:00 Uhr erweiterten Öffnungszeiten sind in vielen Einrichtungen bereits umgesetzt. Dafür werden die Einrichtungen an einem oder zwei Nachmittagen geschlossen. Damit wird vor allem eine Halbtagsbeschäftigung für Mütter ermöglicht. Frauen, die einer vollen Berufstätigkeit nachgehen wollen oder müssen, helfen diese verlängerten Öffnunsgzeiten nur bedingt.

Auch hier gilt für die Erzieherinnen ein Umdenken. Wie können sie einen Tag strukturieren, der für die Kinder um 7:00 Uhr beginnt und um 14:00 Uhr endet? Es müssen andere Tagesabläufe vereinbart werden, eine zusätzliche Mahlzeit muss für die Kinder bereitstehen oder mitgebracht werden. Die flexiblen Abholzeiten bringen Unruhe in die Gruppen und verlangen von allen Beteiligten ein hohes Maß an Flexibilität und Gelassenheit.

3.6 Öffnung ins Gemeinwesen

Kinder erleben in unseren Einrichtungen oft nur einen Ausschnitt der Wirklichkeit. Im behüteten Raum der Institution können sie Lernerfahrungen, wie sie sie in der Schule benötigen, nicht machen. Die Familien leben ebenfalls abgeschottet und haben oft wenig Kontakte nach außen. Eine Forderung an unser pädagogisches Konzept könnte deshalb auch die Öffnung ins Gemeinwesen, das heißt eine bessere Einbindung der Einrichtung in die die Kinder betreffenden anderen Bildungs- und Betreuungsformen der Gemeinde, sein.

So ist ein Austausch mit der Grundschule, den Sportvereinen, den Musikschulen und sonstigen Angeboten für Kinder ein für Eltern und Erzieherinnen gleichermaßen gewünschter Aspekt. Bildungs- und Betreuungsangebote können innerhalb unserer Einrichtungen, wenn die Räumlichkeiten vorhanden sind, etabliert werden, z. B. ein Miniclub oder eine Jungschargruppe. Es ist auch denkbar, dass Kinder aus einer Einrichtung regelmäßig Besuche in der Grundschule machen oder Erstklässer im Kindergarten willkommen geheißen werden. Die Öffnung ins Gemeinwesen kann so weit gehen, dass auch andere Gruppen Kontakte zu uns unterhalten, z. B. Altenheimgruppen. Machen doch viele Kinder keine „Großelternerfahrungen" mehr und könnten aus diesen Kontakten viel erfahren, wie es früher war und welche Ansichten alte Menschen haben. Wie diese Gemeinwesenarbeit letzten Endes aussehen kann, können wir im Gespräch mit den Eltern herausfinden und ihre Unterstützung dabei einfordern.

3.7 Integration von Kindern mit Behinderung

Eltern von Kindern mit Behinderungen, dies gilt sowohl für seelische, geistige oder körperliche Behinderungen, wünschen sich, dass ihre Kinder in einem Umfeld aufwachsen, in dem nicht von Anfang an eine Aussonderung stattfindet. Auch in unseren „normalen" Kindergruppen gibt es sie ja bereits: die hyperaktiven Kinder, die Kinder mit besonderen Schwierigkeiten oder die Kinder, die durch ihre Lebensumstände z.B. bei der Scheidung der Eltern, besondere Zuwendung nötig haben.

„Normal ist, dass wir alle verschieden sind", dies zu akzeptieren, ist für viele Einrichtungen nicht leicht, da die Rahmenbedingungen immer enger werden, der Spielraum für neue Herausforderungen weder durch eine personelle noch durch eine räumliche oder finanzielle Unterstützung der Träger zu erwarten ist. Einrichtungen, die sich entschließen, behinderte Kinder in ihren Gruppen zu integrieren, bekommen zwar Unterstützung, was die Gruppengröße und die personelle Ausstattung anlangt, sie müssen sich aber mit den pädagogischen Herausforderungen in der Regel selbst auseinandersetzen und bekommen dafür wenig Fortbildung.

3.8 Neue pädagogische Konzepte

Wie schon erwähnt, suchen sich Eltern häufig die Einrichtung für ihr Kind, in der ihrer Meinung nach die von ihnen gewünschte Pädagogik verwirklicht wird. Viele Einrichtungen stellen ihre Konzeptionen aufgrund von Elternanfragen um oder neue Einrichtungen werden aus Elterninitiativen „geboren". So gibt es inzwischen einige Waldkindergärten, Kindertageseinrichtungen mit Schwerpunktbildung, z.B. Bewegungserziehung, Waldorfpädagogik, Montessori-Pädagogik oder die Wahl für eine offene, gruppenübergreifende Arbeit in einem Kinderhaus.

Eltern bestimmen jeweils bei solchen neuen Konzeptionen mit und entscheiden, welche pädagogischen Konzepte für ihre Kinder angemessen sind. Träger gehen gerne auf die Wünsche der Elternschaft ein, da sie sich dann auch deren Unterstützung, vor allem in finanzieller Hinsicht, sicher sein können.

3.9 Betreuung von unter Dreijährigen in Tageseinrichtungen

Die Vereinbarkeit von Familie und Beruf hat zur Folge, dass immer mehr Frauen, vor allem Akademikerinnen, die relativ spät eine berufliche Laufbahn beginnen konnten, während ihrer Berufstätigkeit einen Betreuungsplatz für ihre unter Dreijährigen suchen.

Obwohl viele Väter inzwischen bereit sind, sich an der Betreuung ihrer Kinder von Anfang an zu beteiligen, ist es kaum möglich, die Betreuung von Kindern bei den Normalarbeitszeiten unter den Eltern abzusprechen und sowohl der Mutter als auch dem Vater eine Berufstätigkeit zu ermöglichen. Es gibt kaum Firmen, die sich auf diese Bedürfnisse einstellen können oder wollen.

In der Ausbildung von Erzieherinnen wurde bisher die Altersgruppe der unter Dreijährigen noch zu wenig einbezogen. Allein die Organisation solcher Kleinkindgruppen in bestehenden Einrichtungen ist eine Herausforderung für das Gesamtteam und den Träger.

Dazu kommt, dass man inzwischen weiß, dass Bildung von Anfang an ein Thema ist und nicht erst im Alter von drei oder vier Jahren beginnt. Wie kann man Kleinkinder anregen, ihre Welt zu erkunden? Welche Materialien und welche Räume muss man ihnen dazu zur Verfügung stellen? Wer aus dem Team fühlt sich kompetent, gerade die Kleinsten gut zu versorgen und individuell zu fördern?

Glücklicherweise gibt es inzwischen gute Literatur, die für solche Aufgaben vorbereitet und für die Erzieherinnen methodische Möglichkeiten anbietet.

Literaturtipps

Bertelsmann Stiftung: Wach, neugierig, klug – Kinder unter 3, Ein Medienpaket für Kitas, Tagespflege und Spielgruppen 2006.

Eine DVD führt in das Medienpaket ein. Es sind außerdem Empfehlungen für Träger und Einrichtungen als auch konkrete Hinweise für die Bedürfnisse von Kindern von 0–3 Jahren einbezogen.

In praktischen Arbeitsschritten werden Hinweise zur Umsetzung gegeben, die jeweils mit einer theoretischen Erklärung beginnen, die Wahrnehmung unterstützen und Schritte anbieten, wie die unterschiedlichen Bedürfnisse konkret in der Praxis umgesetzt werden können.

Kasten, Hartmut: 0–3 Jahre, Entwicklungspsychologische Grundlagen, Weinheim: Beltz, 2005.

Theoretisches Grundlagenwissen über die Entwicklung von Kindern bis zum dritten Lebensjahr ist für die Ausbildung und Fortbildung von Erzieherinnen in diesem Buch zusammengefasst.

Aufgaben

1. *Welche neuen Bedürfnisse ergeben sich aus den veränderten familiären Bedingungen, denen wir in unseren Einrichtungen entsprechen müssen?*

2. *Überlegen Sie, wie sich die Zusammenarbeit mit Familien dadurch verändert hat.*

3. *Nehmen Sie sich die Falldarstellung am Anfang des Kapitels auf S. 90 noch einmal vor und überlegen Sie, welche Maßnahmen in einer Einrichtung gegeben sein sollten, um der allein erziehenden Mutter gute Rahmenbedingungen zu bieten.*

4. *Erstellen Sie für eine Ihnen bekannte Einrichtung eine Konzeption, die die veränderten Familienkonstellationen und das Umfeld der Einrichtung berücksichtigt.*

4 Hilfen nach dem KJHG für Kinder und deren Familien

Wer beim Jugendamt vorstellig wird, definiert sich selbst zunächst als unfähig, seinem Erziehungsauftrag nachkommen zu können. Dies ist die Meinung vieler Menschen. Deshalb werden die Hilfen nach dem KJHG (Kinder- und Jugendhilfegesetz, heute im SGB VIII geregelt) von der Erziehungsberatung bis zur Unterbringung des Kindes in einer Wohngruppe oder einem heilpädagogisch geführten Heim nur bei massiven Störungen und langandauernder Hilflosigkeit der Erziehungspersonen durchgeführt.

Dass aber laut Gesetz jede und jeder Erziehungsberechtigte das Recht hat, sich beim Jugendamt Rat und Hilfe zu holen, ist auch von den Jugendämtern (da sie auch mit den bisherigen Fällen überlastet sind) nicht unbedingt wünschenswert.

Es wäre daher eine Aufgabe der Tageseinrichtungen, Eltern über ihre Rechte in Bezug auf die Hilfsmöglichkeiten des KJHG aufzuklären, bevor so schwere Störungen bei Kindern vorliegen, dass niederschwellige Hilfsmaßnahmen nicht mehr greifen.

Dies könnte zum Beispiel an einem Elternabend geschehen, an dem eine Vertreterin des Jugendamtes die Hilfsangebote vorstellt und den Eltern zeigt, dass sie bereit ist, bei Bedarf ein klärendes Gespräch zu führen.

4.1 Erziehungsberatung (§ 28 KJHG)

Erziehungsberatungsstellen sind hoffnungslos überfordert und bis auf Monate hinweg ausgebucht. Dieses Problem sollte aber nicht davon zurückschrecken, zunächst beim Jugendamt vorstellig zu werden, wenn Erziehungsberechtigte Probleme haben.

Welche Hilfsangebote es vor Ort gibt und welche für das betroffene Kind und seine Erziehungsberechtigten infrage kommen, kann im Jugendamt gemeinsam besprochen werden.

Aufgaben

1. *Welche Probleme könnten auftauchen, die den Gang zum Jugendamt sinnvoll erscheinen ließen? Überlegen Sie anhand Ihrer Praktika, wo Erziehungsberechtigten Hilfen angeboten werden sollten und welche Probleme in der Praxis der Tageseinrichtungen nicht aufgefangen werden können.*

2. *Suchen Sie ca. 10 Beispiele vom Krippenkind bis zum Jugendlichen, die eine Hilfsbedürftigkeit des Kindes/Jugendlichen oder ihrer Erziehungsberechtigten zeigen.*

4.2 Weiterführende Hilfen zur Unterstützung von Erziehungsberechtigten

Weitere Angebote für hilfsbedürftige Kinder und ihre Eltern sind gesetzlich geregelt und können von den Erziehungsberechtigten angefordert werden. Dies geschieht in der Regel über das Jugendamt. Dazu ist der Vertrauensaufbau zwischen der Fachkraft im Jugendamt und den Hilfesuchenden von entscheidender Bedeutung.

Gesetzliche Grundlagen und unterschiedliche Maßnahmen:

§ 30 KJHG Erziehungsbeistand/Betreuungshelfer
§ 31 KJHG Sozialpädagogische Familienhilfe
§ 32 KJHG Erziehung in einer Tagesgruppe
§ 33 KJHG Vollzeitpflege – in der Regel in einer Wohngruppe oder einem Heim

Alle diese genannten Maßnahmen sollen dazu dienen, die Erziehungsberechtigten bei ihrer Aufgabe zu unterstützen und die Kinder/Jugendlichen zu befähigen, zu selbstständigen, verantwortungsbewussten Persönlichkeiten heranzuwachsen (§ 1 KJHG).

Zugangswege zur Erziehungsberatung

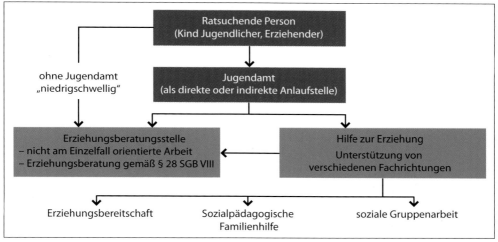

(Bohle/Themel, 2009, S. 145)

Aufgabe

Nehmen Sie die erarbeiteten Beispiele von 4.1 noch einmal zur Hand und überlegen Sie, welche Maßnahmen Sie als Mitarbeiterin des Jugendamtes den Eltern empfehlen würden und wie die Ausgestaltung aussehen müsste. Verwenden Sie dazu die Gesetzestexte aus dem KJHG und/oder ein Buch über Jugendhilfe-Jugendrecht, z. B. Bohle, Arnold/Themel, Jobst: Jugendhilfe-Jugendrecht, 7. Aufl., Bildungsverlag EINS, Troisdorf, 2009, ab S. 137.

Projekt

Als Abschluss des Themas Familie wäre ein Projekt, das als Abrundung, Wiederholung und Verknüpfung von Theorie und Praxis dienen kann, angebracht. Im Unterricht nach Handlungs- und Lernfeldern ist dies eine gute Methode, um ein Thema abzuschließen. Dieses Projekt ist auch besonders gut geeignet, sich dem Thema Familie in der Praxis noch einmal zu widmen, um die Situation von Familien dort zu beleuchten und in eine künftige Konzeption mit einzubeziehen.

Ein fächerübergreifendes Projekt zum Thema „Familie"

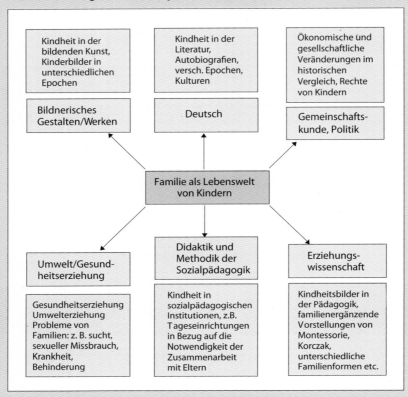

Projektvorschlag

Die Durchführung des Projekts „Familie" an der Fachschule (denkbar wäre auch eine Projektplanung dazu in einer Einrichtung) sollte entsprechend den Interessen der am Prozess Beteiligten geplant werden.

Als Projektinteressen könnten folgende Themen genannt werden:

- *Meine Familie im Vergleich mit anderen Familien, Erfahrungen mit Vater, Mutter, Geschwistern*

- *Wie leben Familien heute? Fragebogenaktion*

- *Familien auf dem Spielplatz: Beobachtungsstudie*

- *Geschlechtsbezogene Sozialisation: Wie gehen Mütter und Väter mit Jungen und Mädchen um, was wird ihnen erlaubt, was verboten? Befragung von Schulkindern*

- *Eltern im Berufsleben, Unterbringung der Kinder: Anfragen in Praxisstellen nach Berufstätigkeit von Eltern*

- *Erforschung von kindlichen Lebenswelten anhand von Literatur und Bildmaterial*

und vieles andere mehr.

Nachdem sich eine Projektgruppe gebildet hat, kann man folgendermaßen vorgehen:

Im Unterricht oder in Kleingruppen:
- Brainstorming möglicher Aktionen
- Formulierung von Zielvorstellungen

↓

Projektplanung
- Erstgespräch
- Vorstellungen der Vorschläge und Vorhaben (Wandzeitung)
- Reaktionen. Aufnahme weiterer Ideen und Festlegung der Themen
- Planungsüberlegungen und Entscheidungen, die sich daraus ergeben. Gruppenbildung für bestimmte Vorhaben

↓

Zwischengespräche	**Durchführung**	**Fixpunkte**
→ Reflexion der bisherigen Durchführung und Weiterplanung: - Motivationserhaltung und Mitverantwortung	→ Schritte der Verwirklichung: - Annäherung - Bekanntwerden - Vertiefung - Darstellung	- Dokumentation - Ausstellung - Präsentation - Fest - Fotos/Videofilm etc.

C   Soziale Wahrnehmung

Im vorherigen Kapitel wurde verdeutlicht, dass Erziehung ohne Beziehung zu anderen Menschen und Informationsaustausch zwischen Menschen nicht denkbar ist. Um aber mit anderen Menschen in Kontakt zu treten, müssen die Signale, die diese Menschen senden, und die Umgebung, die Situation, in der sich diese Menschen befinden, wahrgenommen werden.

Wie wir die Welt und die Menschen um uns herum wahrnehmen, spielt eine entscheidende Rolle in unsrerem Leben (vgl. Goldstein, 2007). Um sich in der Welt zurechtfinden zu können, sie zu erleben und sein Verhalten darauf einstellen zu können, muss der Mensch diese Welt wahrnehmen. Durch die Wahrnehmung kann der Mensch **Informationen** aus seiner Umwelt gewinnen. Aufgrund dieser Informationen kann er sich orientieren und angemessen verhalten.

Nicht nur in der materiellen Umwelt (Landschaft, Häuser, Straßen etc.) müssen wir uns orientieren und angemessen verhalten, auch im Umgang mit anderen Menschen. Situationen, in denen zwei oder mehr Menschen gemeinsam handeln oder sich beeinflussen wollen, nennt man **soziale Situationen**. Unser Verhalten in diesen Situationen wird durch unsere Wahrnehmung dieser Menschen gelenkt.

Merksatz
Soziale Wahrnehmung betrifft die Wahrnehmung in sozialen Situationen.

1 Wahrnehmungsabläufe

Wenn wir etwas wahrnehmen, werden durch die **Sinnesorgane** Informationen aufgenommen und vom Gehirn verarbeitet.

Diese Informationen (**Reize**) stammen aus der Umwelt, wie Dinge, Objekte, andere Menschen (**Umweltreize**) oder aus dem Körperinneren wie beispielsweise Gefühle oder Schmerzen (**Körperreize**).

Informationen aus unserer Umwelt und dem Körperinneren erhalten wir über die Sinnesorgane. Es können also nur diejenigen Informationen aufgenommen werden, die auf das entsprechende Sinnesorgan treffen.

Wenn Sie durch ein Fenster in den Gruppenraum sehen, können Sie nicht empfinden, ob es drinnen laut oder leise ist, ob es im Raum warm oder kalt ist.

Die Informationen, die von den Sinnesorganen aufgenommen werden, gelangen in das **Gehirn**, wo sie ausgewertet werden. Da unser Gehirn nur eine sehr begrenzte Verarbeitungskapazität hat, kann nur eine sehr begrenzte Menge von Reizen gleichzeitig verarbeitet werden. Erst nach einer **Informationsverarbeitung** (Enkodierung und Erkennung) im Gehirn kommt es zu einer Empfindung, also zu einer Reaktion.

Definition
Der Vorgang und das Ergebnis der Informationsaufnahme und Informationsverarbeitung von Reizen aus der Umwelt und dem Körperinneren wird als Wahrnehmung bezeichnet (vgl. Hobmair, Psychologie, 2008, S. 84).

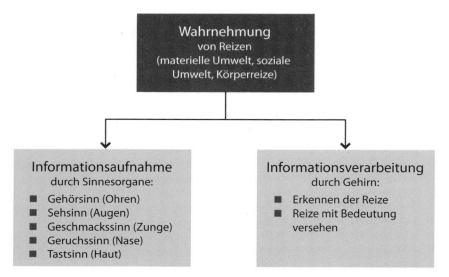

Zusammenfassung

Aus einer Vielzahl von Reizen treffen einige auf die ihnen entsprechenden Sinnesorgane. Nur ein Teil der Information, die auf das Sinnesorgan trifft, wird zum Gehirn weitergeleitet. Nur ein Bruchteil der weitergeleiteten Information wird entschlüsselt und ausgewertet, so dass es zu einer Empfindung und somit zu einer Reaktion kommt.

Aufgaben

1. *Gehen Sie aus dem Klassenzimmer für eine Minute ins Freie. Vergleichen Sie anschließend im Klassenzimmer Ihre Wahrnehmungen.*

2. *Vergleichen Sie Ihren ersten kurzen Eindruck des Eingangsbildes mit der detaillierten Beschreibung.*

Viele Forscher haben sich lange Zeit mit der Frage beschäftigt, wie wir überhaupt mit unseren begrenzten Mitteln unsere Umwelt wahrnehmen können (vgl. Zimbardo, 2008). Unsere Fähigkeit Reize aufzunehmen und zu verarbeiten hilft uns bei dieser Aufgabe. Die Reizaufnahme verläuft nach bestimmten Gesetzen, die im Folgenden vorgestellt werden. Die Reizverarbeitung ist abhängig von unserer Gedächtnisstruktur und unterliegt demnach bestimmten Einflussfaktoren. Einige dieser Einflussfaktoren werden im Anschluss beschrieben.

1.1 Wahrnehmungskonstanz

Steht ein Mensch nur ein paar Meter vor uns im selben Raum, so erscheint er uns nicht größer, als wenn derselbe Mensch auf der anderen Straßenseite einer mehrspurigen Straße (also in einiger Entfernung) steht, obwohl der physikalische Reiz größer ist.

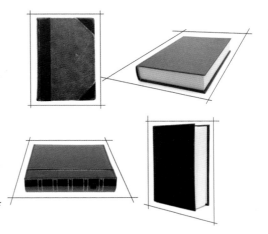

Ein Buch wird immer als rechteckig gesehen, obwohl auf der Netzhaut je nach Perspektive ein Rhombus, ein Parallelogramm usw. abgebildet wird.

Das Gras nehmen wir immer grün wahr, auch in der Dämmerung, wenn es auf der Netzhaut dunkler abgebildet wird.

Es ist uns möglich, Personen und Objekte trotz unterschiedlicher Entfernung, Beleuchtung oder Perspektive immer als dieselben wahrzunehmen und zu erkennen. Diese **unveränderte Wahrnehmung** bei unterschiedlichen Gegebenheiten nennt man **Konstanzphänomen**.

Diese Fähigkeit brauchen wir, um Ordnung und Beständigkeit in die vielen Informationen zu bringen, denen wir täglich ausgesetzt sind (vgl. Hobmair, Psychologie, 2008, S. 105 f.).

1.2 Gestaltgesetze

Der Mensch ordnet und vervollständigt sinnlos erscheinende, unvollständige, ungeordnet erscheinende Reize zu bedeutungs- und sinnvollen Gestalten. Das geschieht nach ganz bestimmten Gesetzen, die für alle Menschen in gleicher Weise gelten, den Gestaltgesetzen.

Einzelne Reize sind grundsätzlich in einen **Gesamtzusammenhang** eingebettet. Mit Hilfe unserer Wahrnehmung organisieren wir die einzelnen Reize innerhalb ihres Gesamtzusammenhangs zu einer **„guten Gestalt"**. Wir versuchen in jedem Reiz einen Sinn und eine Ordnung zu finden.

Die wichtigsten Gestaltgesetze sind:

Gesetz der Ähnlichkeit: ähnliche oder dicht beieinander liegende Reize oder Objekte, die ähnliche Eigenschaften haben, werden als ein Ganzes – als zusammengehörig – betrachtet.

Alle Menschen, die kleiner als 1,50 m groß sind, die gerne spielen und laut sind, werden als Kinder wahrgenommen.

Gesetz der Nähe: Reize oder Objekte, die dicht beieinander liegen, werden als ganze Form interpretiert bzw. wahrgenommen.

Zwei Menschen, die wir miteinander sehen, werden als Paar wahrgenommen.

Sterne am Sternenhimmel werden als unterschiedliche Sternbilder wahrgenommen.

Das Gleiche gilt für Ereignisse: Liegen sie zeitlich nahe beieinander, so werden sie als Einheit wahrgenommen.

Gesetz der Geschlossenheit: bei unvollendeten Reizen wird Fehlendes von unserem Gehirn „ergänzt" und wir nehmen den Reiz oder das Objekt als vollendet wahr.

So gelingt es uns Karikaturen, Skizzen oder Wortfetzen zu erkennen. Aufgrund unserer Erfahrung vervollständigen wir die Wahrnehmung.

Ein Beispiel hierfür ist die Wahrnehmung abstrakter Malerei wie im Falle des nebenstehenden Bildes. Obwohl tatsächlich nur wenige Linien zu erkennen sind, ergänzt unsere Wahrnehmung sie zu der Abbildung eines Gesichts.

*„Abstrakter Kopf: Leben und Tod"
von Alexej von Jawlensky*

Gesetz der Kontinuität: Reize, die scheinbar eine Fortsetzung vorausgehender Reize sind, werden mit dem vorausgehenden Reiz als zusammengehörig angesehen.

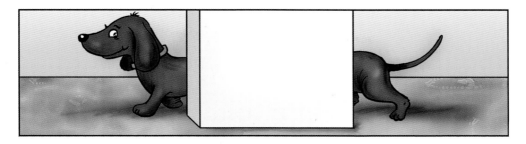

Gesetz der gemeinsamen Bewegung: Reize oder Objekte, die sich gleichzeitig in dieselbe Richtung bewegen, werden als eine Einheit oder Gestalt wahrgenommen.

Gesetz der Prägnanz: Es werden bevorzugt Gestalten wahrgenommen, die sich von anderen durch ein bestimmtes Merkmal abheben.

> *Treten Sie in einen Raum, in dem 20 Kinder spielen, lachen, erzählen usw., dann hören Sie zuerst das auffälligste Geräusch – evtl. Weinen oder Schreien.*

1.3   Einflussfaktoren auf die Informationsverarbeitung

Ohne näher darüber nachzudenken, glauben die meisten Menschen, sie würden die sie umgebende Umwelt so wahrnehmen, wie sie tatsächlich ist. Jedoch ist das was wir sehen, fühlen, hören und schmecken kein einfaches Abbild der Realität. Die Wissenschaft hat mit einer Vielzahl von Experimenten bewiesen, dass unsere Wahrnehmung ein komplexer Vorgang ist und dass unser Informationsverarbeitungsprozess von zahlreichen Faktoren bestimmt wird (vgl. Hobmair, Psychologie, 2008, S. 92).

1.3.1   Die Erfahrung

Wenn Sie einen Kindergarten sehen, dann nehmen sie nicht nur ein Haus und Kinder wahr, sondern verbinden damit zugleich die Erfahrung, die sie in Kindergärten gemacht haben. Sie nehmen es als einen Ort der Selbstbestätigung, einen Ort voll Stress, einen Ort der Geborgenheit usw. wahr.

Während des Informationsverarbeitungsprozesses werden **Empfindungen** mit den im Gedächtnis gespeicherten **Erfahrungen** verbunden. Aufgrund unserer Erfahrungen findet eine **Bewertung** der Empfindung statt. Es ist uns kaum möglich reine Empfindungen ohne Bewertung zu erleben.

Merksatz
Wahrnehmen bedeutet Empfindung eines Reizes und Bewertung der Empfindung.

Aufgaben

1. *Welche Wahrnehmungen des Eingangsbildes beruhen auf Ihren Erfahrungen?*

2. *Welche Gefühle löst der Reiz Lehrer (oder Kleinkind oder behinderter Mensch usw.) bei Ihnen aus? Von welchen Erfahrungen und Bewertungen ist diese Reaktion abhängig?*

1.3.2   Erwartungen

Wenn Sie auf eine Party gehen, mit der Erwartung, dass es furchtbar langweilig sein wird, dann werden Sie die Party wahrscheinlich auch so wahrnehmen. Wenn Sie aber auf dieselbe Party gehen, mit der Erwartung, eine tolle Stimmung und interessante Menschen anzutreffen, so werden Sie diese Party auch anders wahrnehmen.

Wer eine negative Einstellung gegenüber Ausländerkindern hat, der erwartet von diesen z. B. mehr Gewalt als von anderen Kindern. Wenn diese Person ein Ausländerkind und ein anderes Kind raufen sieht, dann wird sie eher wahrnehmen, dass das Ausländerkind sich aggressiv verhält.

1.3.3 Körperliche und seelische Einflüsse

Unsere Wahrnehmung wird auch von körperlichen Zuständen (wie Hunger, Durst, Müdigkeit usw.) und Gefühlszuständen (wie Glücksgefühl, Aggression, Nervosität, Liebe, Hass usw.) beeinflusst.

Wenn Sie sehr hungrig sind, nehmen Sie Nahrungsmittel ganz anders wahr, als wenn sie sich gerade satt gegessen haben.

Ein Kind, das Angst hat, deutet die Geräusche nachts, wenn es allein zu Hause ist, anders als ein furchtloses Kind.

Wer glücklich und zufrieden ist, nimmt seine Umwelt anders wahr als der Enttäuschte und Unglückliche.

1. Nehmen Sie erneut ihre Beschreibung des Eingangsbildes zur
   Hand. Finden Sie heraus, welche
   Ihrer Wahrnehmungen aufgrund
   der Konstanzgesetze oder der Gesetze der Wahrnehmung zustande
   kamen. Welche Wahrnehmungen
   verdanken Sie ihren Erfahrungen,
   Erwartungen, körperlichen Zuständen oder Gefühlen zum Zeitpunkt der Wahrnehmung?

2. Betrachten Sie das Bild rechts. Sagen Sie spontan, was sie sehen.
   Sammeln Sie anschließend alle
   Fehler, die Ihnen auffallen. Aufgrund welcher Gesetze scheint auf
   den ersten Blick alles in Ordnung?

„Carte Blanche" (1965) von René Magritte

2 Fehler der sozialen Wahrnehmung

Wie im vorherigen Abschnitt ausgeführt, vermittelt uns die Wahrnehmung ein **subjek-
tives Bild der Wirklichkeit.** Im Laufe unserer Entwicklung sammeln wir Erfahrungen und
lernen, unseren Mitmenschen aufgrund von Verhaltensweisen Eigenschaften zuzuschreiben. Wir lernen: Wenn die Mutter lächelt, ist sie freundlich; wenn der Bruder schreit, ist er
ärgerlich; vor Autoritätspersonen (Polizist, Lehrer) soll man Respekt haben. Dieser Lernprozess ist notwendig, um unsere beschränkte Wahrnehmung zu verbessern, birgt aber
auch Gefahren der Miss-Interpretation.

Merksatz
Ein Wahrnehmungsfehler ist die subjektive Wahrnehmung der Umwelt, die der
objektiven Wirklichkeit nicht entspricht.

Aufgabe

3. Finden Sie Beispiele, in denen Kinder „falsch" reagieren, da ihre Situationswahrneh-
   mung nicht unserer entspricht. Decken Sie die Erfahrungen und Meinungen auf,
   die Ihrer Wahrnehmung zugrunde liegen und die dem Kind fehlen.

2.1 Interpretationsfehler

Sie sehen, Ihr Gesprächspartner zieht die Augenbrauen hoch – Sie nehmen wahr, er wundert sich.

Sie sehen, ein Kind hat ein anderes gestoßen – Sie nehmen wahr, das Kind ist aggressiv.

Sie fühlen plötzlich Ihr Herz schneller schlagen und nehmen wahr – ich bin sehr aufgeregt.

Aufgaben

1. Überlegen Sie sich zu jedem Beispiel eine andere Wahrnehmungsmöglichkeit der Situation. Welche Folgen hat die unterschiedliche Wahrnehmung der Situationen für Ihr Verhalten?

Während wir Handlungen von Menschen wahrnehmen, ziehen wir Schlüsse über die **Ursache** des Verhaltens und demnach über **Eigenschaften** dieser Person. Wir machen uns immer ein **Bild von einer Situation** oder einer Person.

Aufgaben

2. Sie haben erfahren, ihre zukünftige Kollegin hatte an ihrer letzten Arbeitsstelle Schwierigkeiten mit anderen Kollegen. Was für ein Bild machen Sie sich aufgrund dieser Information von ihr? Was für eine Person erwarten Sie?

3. Wie ist es, wenn Sie erfahren, dass die Eltern der Gruppe, die diese Kollegin geleitet hat, lange Zeit versucht hatten, die Entlassung dieser Erzieherin zu verhindern. Es wurde ein schönes Abschiedsfest für sie organisiert.

Merksatz
Es sind sehr wenig Informationen nötig, um uns ein Bild von einer Person zu machen. Dieses Bild beruht auf zahlreichen Interpretationen.

Einen weiteren Fehler begehen wir häufig, wenn wir anderen Personen Eigenschaften zuschreiben, die wir bei uns selbst nicht wahrhaben können oder wollen. Wir projizieren unsere Fehler auf andere Menschen. Wir schreiben dieser Person unsere eigenen Eigenschaften zu.

Wenn wir mit einer Kollegin nicht klarkommen und uns die eigene Unfähigkeit nicht eingestehen können, nehmen wir diese Kollegin als „unkooperativ" wahr.

Wenn ein sehr unruhiges Kind uns aggressiv macht, diese Aggressivität aber unvereinbar ist mit unserem Bild einer guten Erzieherin, dann nehmen wir das Kind als aggressiv wahr.

2.2 Halo-Effekt

Es kommt vor, dass sich die Wahrnehmung an einer **einzelnen Eigenschaft** einer Person orientiert. Diese Eigenschaft wird dann als besonders charakteristisch für diese Person betrachtet und immer wieder gesehen. Diese Entdeckung wirkt sich auf die Wahrnehmung so aus, dass die auffällige Eigenschaft immer wieder bestätigt wird. Andere Charakteristika, die mit dieser nicht vereinbar sind werden vom Beobachter „übersehen" (vgl. Hobmair, Psychologie, 2008, S. 108).

> *Merksatz*
> *Die Tendenz, aufgrund einer einzelnen hervorstechenden Eigenschaft eine gesamte Person zu bewerten, nennt man Halo-Effekt.*

Wenn wir im Fernseher einen charmanten Mörder sehen, dann fällt es uns schwer, ihn als eine negative Person zu bewerten. Für uns als Zuschauer ist seine charmante Ausstrahlung seine hervorstechende Eigenschaft. Wir tendieren dazu, ihm auch in anderen Bereichen positive Eigenschaften zuzuschreiben, obwohl wir objektiv einen Beweis seiner Verwerflichkeit bekommen haben (den Mord).

Wenn sich ein Kind im Sportunterricht beim Stangenklettern sehr ungeschickt anstellt und dementsprechend schlecht abschneidet, so wird der Sportlehrer auch in anderen Bereichen schlechte Leistungen vermuten. Es fällt dann kaum auf, dass dieses Kind beim Laufen oder Weitsprung mindestens genauso gut ist, wie der Rest der Klasse, wenn nicht sogar etwas besser.

> *Aufgabe*
>
> *Denken Sie an ein schwieriges Kind an Ihrem letzten Praktikumsplatz. Welches waren die Verhaltensweisen, die bei diesem Kind hervorstechend waren und die von Ihnen immer wieder wahrgenommen wurden? Überlegen Sie, wie verhielt sich das Kind, wenn es nicht die problematische Verhaltensweise zeigte. Wie wurde nicht problematisches Verhalten wahrgenommen?*

2.3 Soziale Stereotype

Stereotyp bezeichnet etwas Feststehendes, Unveränderliches, eine starre Vorstellung oder Meinung.

Ein sozialer Stereotyp bezeichnet die **feststehende** Meinung über die Beziehung zwischen zwei oder mehreren **Persönlichkeitseigenschaften** von Menschen. Es ist die, manchmal auch unbewusste, feste Überzeugung, dass wenn eine Persönlichkeitseigenschaft beobachtet werden kann, auch eine andere Eigenschaft dieser Person zugeschrieben werden kann.

- *Wir sehen einen groß gewachsenen, gut aussehenden Jungen, und nehmen gleichzeitig wahr, dass er intelligent, aktiv und aufgeschlossen ist.*
- *Wir sehen einen spastisch gelähmten Jungen und schreiben ihm automatisch die Eigenschaft ‚geistig behindert' zu.*
- *Im Dritten Reich nahmen die meisten Menschen aufgrund der herrschenden Ideologie wahr, dass große blonde Männer erfolgreich, fleißig, tapfer und intelligent sind, während kleine, schwarzhaarige Männer dumm, faul, hinterlistig und gefährlich sind.*

Gemäß dem sozialen Stereotyp, dem wir eine Person zuordnen, schreiben wir ihr Eigenschaften zu und glauben dann, diese Eigenschaften tatsächlich auch wahrzunehmen. Diese Fehler bleiben auch trotz gegenteiliger Beweise oft bestehen, da alle Personen einer Kultur in der Regel dieselben Fehler begehen, dieselben Persönlichkeitstheorien vertreten.

Merksatz
Wir sehen Menschen und nehmen nur Stereotype wie z. B. „Politiker", „Kranker", „Kind", „Farbiger" wahr.

2.4 Primacy-Effekt

Aufgrund unserer Neigung, uns sofort ein Bild über Menschen zu machen, ist der **erste Eindruck** von einem Menschen oder einer Gruppe besonders wichtig. Hat man einen bestimmten Eindruck von einer Person, so neigt man dazu, diese Person auch in Zukunft so wahrzunehmen.

Merksatz
Der Primacy-Effekt beschreibt das Phänomen, dass der zuerst vermittelte Eindruck (die erste Information) die Beurteilung einer Person verhältnismäßig stark und nachhaltig beeinflusst.

Oft ist der erste Eindruck, den wir uns von einer Person machen, falsch. Wir kennen die Person ja noch nicht. Unsere Bewertung beruht auf **Vermutungen, Verallgemeinerungen, sozialen Stereotypen.** Aber aufgrund des Primacy-Effektes ist es für die betroffene Person sehr schwierig, uns vom Gegenteil zu überzeugen. Unser Wahrnehmungsfehler kann schicksalhafte Folgen haben.

Aufgrund eines ersten Eindrucks, der nur durch einen kurzen Blickkontakt entsteht, können wir über eine Person ins Schwärmen geraten - die berühmte Liebe auf den ersten Blick. Bekannt ist auch, dass dieser Eindruck leider oft falsch ist, was zu Leid oder Hass führen kann.

Bei Einstellungsgesprächen ist oft der erste Eindruck ausschlaggebend für die Entscheidung des Arbeitgebers. Kommen sie unpünktlich zu diesem Termin, in einer Kleidung, die dem Geschmack des Arbeitgebers nicht entspricht, so wird es kaum noch möglich sein, diesen ersten schlechten Eindruck wieder gutzumachen.

Aufgabe

Schreiben Sie nach dem ersten Tag an Ihrer nächsten Praktikumsstelle Ihren ersten Eindruck bezogen auf Ihre Anleiterin auf. Überprüfen Sie dann, aufgrund welcher Informationen dieser Eindruck entstand. Am Ende des Praktikums können Sie prüfen, ob Sie Ihre Anleiterin immer noch so wahrnehmen wie nach dem ersten Eindruck.

2.5 Pygmalion-Effekt

Aufgabe

1. *Betrachten Sie wieder das Eingangsbild. Stellen Sie sich vor, Sie wollten mit Ihrer Gruppe in dem Bereich, in dem der Rollstuhl steht, ein Ballspiel veranstalten. Spielen Sie im Rollenspiel, wie Sie sich dem Kind nähern, das an der Wand hockt. Wie würden Sie die Situation lösen? Wie fühlt sich das Kind, wie die Erzieherin?*

In jeder sozialen Interaktion interpretieren die Interaktionspartner die Situation aufgrund des Bildes, das sie sich von ihrem Partner machen. Das zukünftige Handeln ist abhängig vom Ergebnis dieser Interpretation. Ist einer der Interaktionspartner in einer Machtposition, so wird die andere Person ihr Verhalten auf die Erwartungen des Partners abstimmen. „Abhängige" Personen „formen" sich nach dem Bild das sich die Autoritätsperson von ihnen macht.

Merksatz
Pygmalion-Effekt bedeutet, dass ein Erzieher aufgrund seiner Wahrnehmung des Kindes bestimmte Erwartungen an dieses Kind entwickelt. Das Kind wird dazu neigen, diese Erwartungen zu erfüllen, so dass die erwartete Situation auch eintritt.

Aufgaben

2. *Finden Sie in einem Rollenspiel heraus, welchen Einfluss die Erwartung eines einflussreichen Sozialpartners auf Ihr Verhalten hat. Z. B. können Sie einen Schüler spielen und einen Lehrer, der überzeugt ist, der Schüler sei dumm, faul, hinterlistig und verlogen. Gehen Sie mehrere Aktions-Reaktions-Ketten durch. Wie entwickelt sich der Schüler?*

3. *Denken Sie an ein Kind, das Sie während eines Praktikums kennenlernten. Welche nächsten Entwicklungsschritte haben Sie bei diesem Kind erwartet? Falls diese Entwicklungsschritte tatsächlich eintraten – welche Ihrer Verhaltensweisen können das gefördert haben?*

Zusammenfassung

Unsere Wahrnehmung eines Menschen ist abhängig von folgenden Phänomenen:

Interpretation

Primacy-Effekt ⟶

⟵ Halo-Effekt

Pygmalion-Effekt ⟶

⟵ Soziale Stereotype

Aufgaben

1. Nehmen Sie erneut Ihre Beschreibung des Eingangsbildes zur Hand. Finden Sie heraus, was an Ihrer Beschreibung auf Interpretation, sozialen Stereotypen, Halo Effekt usw. beruht.

2. Wählen Sie ein Bild oder eine Beschreibung einer sozialen Situation. Der erste Teilnehmer einer Gruppe von fünf bis sieben Spielern betrachtet 3 Minuten lang das Bild, oder liest den Text aufmerksam durch. Dann berichtet er dem zweiten Spieler aus dem Kopf seine Wahrnehmung. Dieser berichtet dem dritten Spieler, ohne das Bild oder den Text zu sehen, usw. Beobachter halten die Veränderungen fest. Anschließend kann besprochen werden, aufgrund welcher Wahrnehmungsfehler die Veränderungen zustande kamen.

3 Methoden der Verhaltensbeobachtung

Beispiele von Beobachtungsberichten aus der erzieherischen Praxis

A) *Andreas ist 1,16 m groß, hat blondes Haar und blaue Augen, ist von schlanker Gestalt und blasser Hautfarbe. Seine Körperhaltung wirkt schlaff. Seine Antriebsschwäche aber auch seine motorische Unruhe fallen auf und lassen an eine organische Störung denken.*

Andreas' psychische Verfassung entspricht seinem physischen Zustand. Er wirkt resigniert und teilnahmslos, manchmal richtig depressiv. Seine Ängste brechen immer wieder durch. Er vermittelt den Eindruck eines Kindes, dessen Selbstvertrauen sich nicht aufbauen konnte.

Seine sozialen Kontakte konzentrieren sich auf Erwachsene, bei denen er Schutz sucht. Verhaltensunsicherheit und Unangepasstheit in der Gruppe sind zu beobachten. Deswegen hat er eher die Rolle eines Außenseiters. Seine Emotionen zeigt er selten.

Seine intellektuellen Möglichkeiten scheinen mäßig zu sein. Andreas ist nur kurze Zeit oder überhaupt nicht konzentrationsfähig. Es fehlt ihm an Interesse und an Leistungslust. Er ist ein in allen Entwicklungsbereichen retardiertes Kind.

Seine Familie gehört der Unterschicht an, sie wohnen in beengten Verhältnissen. Das Milieu und das Sprachverhalten der Familie scheinen ihm wenig Anregung zu bieten.

B) *Montag 9:00–9:30 Uhr*

Andreas sitzt in der Malecke und kaut an einem Stift. Mara und Lukas sitzen auch am Tisch und malen. Andreas sieht zum Fenster raus und kaut am Stift. Lukas fragt Andreas, was er sieht. Andreas antwortet nicht, schaut aber jetzt Mara und Lukas beim Malen zu. Ich frage: Möchtest du auch malen? Andreas nickt. Er nimmt den Stift aus dem Mund und beginnt ein Auto zu zeichnen. Robby kommt dazu und sagt: Ich kann auch ein Auto malen. Andreas hält im Malen inne und schaut Robby zu, der ein Auto, eine Straße und ein Haus malt. Plötzlich steht Andreas auf und geht in die Bauecke, wo gerade kein Kind spielt. Er setzt sich auf den Teppich, dreht an einer Haarlocke und schaut unverwandt in den Gruppenraum.

Mittwoch 9:16–9:27 Uhr

Andreas, Georg, Lara, Sofie und Klaus sitzen um einen Tisch und kneten. Andreas schaukelt auf seinem Stuhl. Die anderen Kinder sind bemüht, auf ihrem Knetbrett einen Zaun zu kneten, um Holztiere reinzusetzen. Andreas dreht eine Kugel. Sofie hat einen Kreis Stäbchen aus Knete auf das Brett gestellt und setzt ein Holzpferdchen in die Mitte. Andreas klebt die Kugel, an der er die ganze Zeit gedreht hat, auf das Brett, steht auf, geht zum Fenster und schaut in den Regen.

C) 1. **körperliche Entwicklung**: *mittelgroß, blass*

   2. **geistige Entwicklung**: *begrenzte und sehr langsame Auffassungs- und Beobachtungsgabe, schwaches Gedächtnis, fantasielos, starke sprachliche Ausdrucksschwierigkeiten.*

   3. **Aufmerksamkeit und Arbeitsweise**: *unkonzentriertes und ungenaues Arbeiten, schlampig*

   4. **Soziales Verhalten**: *wenig kontaktfreudig, willig, anpassungsfähig.*

Aufgaben

1. *Welcher Bericht erleichtert bzw. erschwert den Einblick in das beschriebene Verhalten? Woran liegt das?*

2. *Welche Formulierungen sind wertend, welche sind beschreibend?*

3. *Finden Sie mit ihrer Arbeitsgruppe heraus, was Ihnen in den Beobachtungsberichten eventuell fehlt, was Sie anders machen würden. Wie müsste ein idealer Beobachtungsbericht aussehen?*

4. *Wie würden Sie Beobachtung definieren? Besprechen Sie die unterschiedlichen Definitionsversuche in der Klasse.*

5. *Welchen Zweck können diese Beobachtungen haben?*

Definition
Beobachtung ist die aufmerksame und planvolle Wahrnehmung und Registrierung von Vorgängen und Gegenständen, Ereignissen oder Mitmenschen in Abhängigkeit von bestimmten Situationen (vgl. Fröhlich, 2005).

Beobachten gehört zu den **Alltagsaufgaben** der erzieherischen Berufe. Die Ergebnisse unserer Beobachtungen in Kindergärten, Schulen, Heimen usw. dienen als **Grundlage für erzieherische Handlungen**, oder sie dienen der Erstellung von **Beurteilungen, Zeugnissen, Eignungsfeststellungen** für bestimmte Schularten oder Berufe.

3.1 Typen der Beobachtung

Die aufmerksame und **planvolle Beobachtung** von Vorgängen oder Mitmenschen kann auf unterschiedliche Weise erfolgen:

- **Fremdbeobachtung** (ein Beobachter beobachtet eine andere Person)

  - **Teilnehmende** (der Beobachter ist in das laufende Geschehen eingebunden)

    Die Erzieherin spricht während der Beobachtung mit Andreas, beteiligt sich an den Vorgängen im Gruppenraum.

  - **Nicht teilnehmende** (der Beobachter registriert das Verhalten eines anderen, ohne sich am Geschehen zu beteiligen)

    Der Beobachter sitzt hinter einer Einwegscheibe oder die Gruppenprozesse werden auf Video aufgenommen und hinterher ausgewertet. Andreas merkt nicht, dass er beobachtet wird.

- **Selbstbeobachtung** (nicht nur äußeres Verhalten sondern auch inneres Erleben kann erfasst werden)

  Andreas wird gefragt, was er gerade denkt, wenn er zum Fenster raussieht.

- **Kontrollierte Bedingungen** (z. B. in einer bestimmten Spielsituation)

  Die Erzieherin fordert Andreas auf, einen bestimmten Auftrag auszuführen, um zu sehen, wie groß seine Leistungsfähigkeit ist.

- **Natürliche Bedingungen**

  Die Erzieherin beobachtet, wie Andreas sich im Gruppenraum verhält.

Aufgaben

1. *Bilden Sie Arbeitsgruppen, in denen jeweils eine Art der Beobachtung besprochen wird. Stellen Sie sich Andreas in seiner Gruppe vor. Finden Sie heraus, was Sie mit der jeweiligen Beobachtungsart wahrscheinlich beobachtet hätten.*

2. *Besprechen Sie die Unterschiede im Klassenverband.*

3. *Welche Vorteile und Nachteile bieten die unterschiedlichen Beobachtungsarten?*

3.2 Wissenschaftliche Beobachtung

Da unsere Möglichkeiten zu beobachten durch die Wahrnehmung zum einen selektiv sind und zum zweiten zahlreichen Verzerrungen unterliegen, ist es nötig, sich verschiedener **Hilfsmittel** zu bedienen. Wie auch in anderen Wahrnehmungsbereichen können wir unsere beschränkten Möglichkeiten durch den Einsatz von **Instrumenten** verbessern.

> *Mit dem Tastsinn kann die besorgte Mutter nicht genau abschätzen, ob ihr Kind Fieber hat oder wie ernsthaft die Situation ist. Sie nimmt ein Fieberthermometer zur Hilfe.*

Die Instrumente zur Verbesserung unserer Beobachtung sollen dafür sorgen, dass die Beobachtung **wissenschaftlichen Gütekriterien** entspricht. Damit man von wissenschaftlicher Beobachtung sprechen kann, müssen folgende Aspekte erfüllt sein:

- **Objektivität** | mehrere Beobachter kommen zum gleichen Beobachtungsergebnis.
- **Zuverlässigkeit** (Reliabilität) | beobachtet man die gleiche Situation mehrmals, kommt man zum gleichen Beobachtungsergebnis.
- **Gültigkeit** (Validität) | es wird das beobachtet, was man meint zu beobachten (z. B. man meint die Angst eines Kindes vor Hunden zu beobachten, dabei beobachtet man die Angst des Kindes vor dem fremden Beobachter).

> *Merksatz*
> *Wissenschaftliche Beobachtung meint eine Beobachtung, die den Kriterien der Objektivität, Zuverlässigkeit und Gültigkeit entspricht.*

3.3 Instrumente der Beobachtung

Mit Instrumenten der Beobachtung sind weniger technische Apparate gemeint, sondern eher das Wissen um **bestimmte Vorgehensweisen**, die aus unserer eher mangelhaften Beobachtung eine wissenschaftliche Beobachtung machen. Sie dienen der systematischen **Wahrnehmungskontrolle** und sollen subjektive Verzerrungen und Fehler der Wahrnehmung möglichst ausschalten.

Um eine wissenschaftliche Beobachtung durchzuführen, muss im Vorhinein geklärt werden, **was** beobachtet werden soll, **wie** beobachtet werden soll und **womit** (mit welchen Hilfsmitteln) beobachtet werden soll.

3.3.1 Kategoriensysteme

Eine Erzieherin findet z. B. das Verhalten von Klaus aggressiv. Sie sind der Meinung, Klaus ist bloß ein aufgewecktes Bürschchen und weiß sich zu behaupten.

Wenn Sie nun möglichst objektiv wissen wollen, ob Klaus aggressives Verhalten zeigt, müssen sie zuerst definieren, was aggressives Verhalten ist. Sie müssen aggressives Verhalten **operational definieren**. Das bedeutet, dass Sie **Verhaltenskategorien** zusammenstellen, die zu dem relevanten Verhalten gehören.

Aggressives Verhalten:

- andere Kinder beschimpfen
- andere Kinder schlagen
- andere Kinder treten
- andere Kinder an den Haaren ziehen, usw.

1. Bilden Sie Beobachtungskategorien für „konzentriertes Verhalten", „unkonzentriertes Verhalten", „emotional gehemmtes Verhalten" usw.

2. Vergleichen Sie die Ergebnisse untereinander. Diskutieren Sie die Gründe für die unterschiedlichen Beobachtungskategorien.

3. Erarbeiten Sie die Schwierigkeiten und Fehlerquellen bei der Zusammenstellung von Beobachtungskategorien.

4. Beobachten Sie ein Verhalten (z. B. unkonzentriertes Verhalten) mithilfe von zwei unterschiedlichen Kategoriesystemen. Diskutieren Sie die Ergebnisse.

3.3.2 Wahl der Beobachtungseinheit

Als Nächstes muss geklärt werden:

1. **Wer** soll beobachtet werden?
   Will ich nur Klaus beobachten oder auch seine Spielpartner oder die ganze Gruppe?

2. **Wann** soll beobachtet werden?
   Wann kann ich das Verhalten am besten beobachten? Beobachte ich 10 Minuten am Morgen und 10 Minuten zu Mittag oder lieber eine halbe Stunde zwischendrin?

   – **Dauerbeobachtung**
      Ich beobachte Klaus während einer Stunde oder eines Tages.

   – **Ereignisbeobachtung**
      Ich halte ständig fest, wenn Klaus aggressives Verhalten zeigt.

3. **In welcher Situation** beobachte ich Klaus?
   Beobachte ich Klaus beim Freispiel, beim Spielen am Spielplatz, zu Hause oder in einer anderen Situation?

Damit kann ein **Beobachtungsbogen** zur Beobachtung aggressiven Verhaltens erstellt werden:

Kind:	Klaus				
Verhalten:	Aggressivität				
Beobachter:	Jule				
Beobachtete Zeit:	9:30h–9:45h				
Kategorie	**Mo**	**Di**	**Mi**	**Do**	**Fr**
schimpfen	III	II	III	II	I
schlagen		II		I	
treten	II			III	III
Haare ziehen		I	III		II

3.3.3 Schätzskalen

Schätzskalen ermöglichen eine zusätzliche **qualitative Einschätzung** des Verhaltens. Es werden Eindrücke über Eigenschaften des Beobachteten oder über den Ausprägungsgrad des Verhaltens **festgehalten**.

Die am häufigsten verwendeten Schätzskalen sind die **Ratingskalen**.

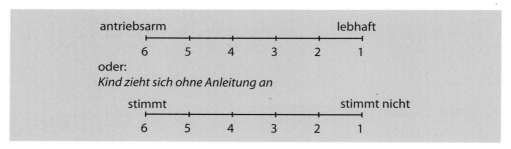

> **Zusammenfassung**
>
> *Um die Kriterien wissenschaftlicher Beobachtung zu erfüllen, muss vor jeder Beobachtung geklärt werden:*

Was will ich beobachten?	Wie unter welchen Bedingungen?	Womit mit welchen Hilfsmitteln?
– Anzahl Personen	– kontrollierte Bedingungen	– Kategoriesysteme
– welches Verhalten	– natürliche Bedingungen	– Schätzskalen
– in welchen Zeiteinheiten	– teilnehmende Beobachtung	
– in welcher Situation	– nicht teilnehmende Beobachtung	

Im Erziehungsalltag werden alle diese Kriterien nie erfüllt werden können. Die Erzieherin muss daher ihre eigenen Beobachtungen immer kritisch reflektieren und hinterfragen (siehe auch Kapitel E 6.1 in Band 2).

> **Aufgaben**
>
> 1. *Erarbeiten Sie Vor- und Nachteile der unterschiedlichen Beobachtungsmöglichkeiten.*
>
> 2. *Erstellen Sie ein Instrument zur möglichst wissenschaftlichen Beobachtung von aggressivem Verhalten.*
>
> 3. *Benützen Sie das von Ihnen erstellte Beobachtungsinstrument zur Beobachtung eines Kindes in einem Videofilm. Vergleichen Sie in der Klasse Ihre Beobachtungen. Inwieweit entsprechen Ihre Beobachtungen den Anforderungen einer wissenschaftlichen Beobachtung? Müssen Ihre Instrumente verbessert werden?*

4 Beobachtung als Grundlage pädagogischen Handelns

Bericht von einem Nachmittag im Heim:

> *„Ich spiele mit Peter, Hermann, Klaus, und Thea Monopoly in einer für mich sehr angenehmen Atmosphäre. Es fällt mir auf, dass Klaus zu schummeln versucht, indem er solange würfelt, bis er eine Punktzahl erreicht, die ihm einen großen Vorteil bringt. Dies wird nach meinem Eindruck auch von den anderen Spielern wahrgenommen, die sich aber offensichtlich sehr wenig aus dieser Regelwidrigkeit machen. Sie scheinen eher bereit zu sein, das Schummeln hinzunehmen und mit dem Spielen fortzufahren. Ich muss sehr intensiv darauf bestehen, was mir gar nicht leicht fällt, dass Klaus das zu Unrecht beschaffte Geld wieder herausrückt. Dabei befürchte ich, dass er wütend irgendetwas aggressives unternehmen oder das ganze Spiel aufgeben wird. Ich bestehe sehr nachdrücklich auf der Herausgabe des Geldes. Klaus gibt dann Geld zurück und behauptet, damit alles gut gemacht zu haben. Das alles spielt sich vor den anderen ab, die interessiert zuhören, während ich fest darauf bestehe, dass noch nicht alles in Ordnung ist und ich mich nicht damit abfinde, bis er den größten Teil des zu Unrecht beschafften Restgeldes herausrückt. (…) Mir ist diese Situation wichtig, weil es mir schwerfällt, gegenüber den Jugendlichen auf der Einhaltung von Regeln zu bestehen. Als ich meine Forderungen aufstelle, spüre ich Angst, dass die Jugendlichen das Spiel abbrechen können und sich dadurch mein Verhältnis zu ihnen verschlechtern würde. (…) ich sehe, wie sie unserer Auseinandersetzung zuschauen und fürchte, dass sich Peter, Hermann und Thea auf die Seite von Klaus stellen könnten.*
>
> *Ich will gegenüber den Jugendlichen die Verbindlichkeit der Regeln vertreten, weil ich in anderen Situationen oftmals erlebt habe, wie sie sich darüber hinwegsetzen."*

(Hoppe/Hespos/Stapelfeld, 1979, S. 10 f.)

Aufgabe

Welche Bedingungen bestimmen diese pädagogische Situation? Welche Wahrnehmungen bestimmen das Handeln des Erziehers?

Pädagogisches Handeln bedeutet, dass eine **Erzieherin**, in einer **pädagogischen Situation** bei einem **Lernenden** einen pädagogisch relevanten **Effekt** erzielt. Pädagogisches Handeln ist also abhängig von den Wahrnehmungs- und Beobachtungsfähigkeiten der Erzieherin, von der Situation und vom Lerner. Um dieses Handeln effektiv zu gestalten, müssen diese drei Ecksteine möglichst optimal aufeinander abgestimmt sein.

Einflussfaktoren auf das pädagogische Handeln

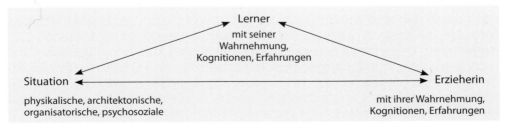

Aufgabe

Nehmen Sie wieder das Eingangsbild zur Hand. Beschreiben Sie es erneut, indem Sie auf diese drei Aspekte pädagogischen Handelns eingehen. Gibt es Unterschiede zu den vorherigen Beschreibungen?

4.1 Selbstbeobachtung der Erzieherin

Aufgaben

1. *Welche Selbstbeobachtungen macht die Erzieherin im Eingangsbeispiel?*
2. *Was ist das Ziel der Selbstbeobachtung der Erzieherin im Beispiel?*

Um pädagogisches Handeln sinnvoll zu gestalten, muss die Erzieherin sich ihrer möglichen **Wahrnehmungsfehler bewusst sein** – sie muss sich selbst beobachten, um zu wissen, welchen Stereotypien ihre Wahrnehmung unterliegt, welche Interpretationen sich häufig in ihre Wahrnehmung schleichen usw.

Zum zweiten muss die Erzieherin möglichst genau wissen, wie das Kind oder der Jugendliche sie wahrnimmt, welche Kognitionen (Gedanken) sie provoziert und zu welchen Handlungen sie motiviert.

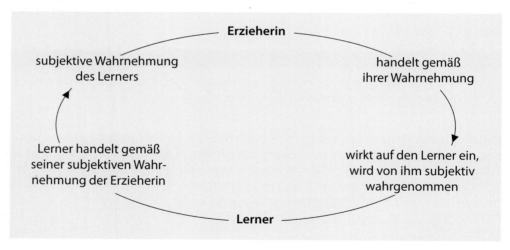

Nicht selten sind Verhaltensauffälligkeiten eine Folgewirkung des Erzieherverhaltens (eine weiterführende Darstellung siehe S. 244 Band 2). Deshalb ist die Erzieherin ständig gefordert, ihr **Verhalten** in pädagogischen Situationen **kritisch zu überprüfen** und wünschenswertes Verhalten gegebenenfalls **zu trainieren**. Eine Möglichkeit besteht darin, dass mehrere Beobachter ein auf **Film oder Videoband** aufgezeichnetes Geschehen beobachten und besprechen. Auch möglich wäre es, eigenes pädagogisches Handeln auf Film oder Videoband aufzuzeichnen und anschließend in der Gruppe zu analysieren.

Eine weitere Option, um die eigene Beobachtungsfähigkeit zu trainieren, ist das **soziale Rollenspiel**. Es ermöglicht das Sich-Hineinversetzen, das Sich-Hineinfühlen und Hineindenken in die Situation eines anderen und das entsprechende Handeln im zugehörigen sozialen Umfeld.

Balintgruppen[1] oder **Supervision**[2] haben als Hauptzweck die Fallbearbeitung. Es werden Probleme im Hier und Jetzt bearbeitet, wobei immer auch Selbsterfahrung eine Rolle spielt. Zentralthema ist z. B. der problematische Umgang eines Gruppenmitgliedes (Erzieher, Lehrer, Arzt, Priester) mit einer Person oder Gruppe.

Aufgaben

1. *Spielen Sie im Rollenspiel das Eingangsbeispiel von Seite 102. Wie geht es Ihnen dabei?*

2. *Suchen Sie eine problematische Situation aus dem Praktikum. Spielen Sie diese Szene im Rollenspiel durch. Wie geht es der Erzieherin? Wie wirkt die Erzieherin auf den Lernenden?*

4.2 Beobachtung des zu Erziehenden

Beobachtung des Lerners als Grundlage pädagogischen Handelns beinhaltet immer einen bestimmten Zweck. Wir beobachten ein Kind oder einen Jugendlichen mit einem bestimmten Ziel oder Zweck.

Der Erzieherin fällt auf, dass Klaus seit einiger Zeit verträumt und passiv herumsitzt, seine Leistungen fallen ab. Die Erzieherin wird bemüht sein, diesen eher diffusen Eindruck durch exakte Kenntnisse des Verhaltens von Klaus, in bestimmten Situationen, zu ersetzen. Sie will Aufschlüsse über Wirkungszusammenhänge bekommen, um somit Anknüpfungspunkte für eine weitere Bearbeitung der unerfreulichen Entwicklung zu bekommen.

Aufgabe

Was müssen Sie über Klaus wissen, damit Sie einer negativen Entwicklung entgegensteuern können?

Um sinnvoll pädagogisch handeln zu können, genügt es nicht, ein Kind in einzelnen Situationen zu beobachten. Man muss etwas über seine **Vergangenheit**, seine **Familie**, sein **soziales Umfeld** wissen. Nur so kann man Hypothesen darüber aufstellen, wie das problematische Verhalten zustande kam, was in dem Kind vor sich geht und wie man ihm helfen kann.

---

1 *Balintgruppen = Bieten die Möglichkeit der Selbsterfahrung, um mit auftretenden Problemen besser umgehen zu können*

2 *Supervision = Berufliche Fortbildungsmethode, die sowohl die fachliche wie auch die soziale und emotionale Ebene einschließt.*

Um ein umfassendes Bild eines Kindes oder Jugendlichen zu erhalten kann man unterschiedliche Untersuchungsmethoden anwenden:

- **Gespräch** → durch die entsprechende Gesprächshaltung bekommt der Partner die Möglichkeit, sich auszusprechen. Dabei lernt man die Probleme des anderen besser kennen, der Partner hat aber auch die Möglichkeit, sich selbst in seiner besonderen Situation besser zu erkennen und anzunehmen.
- **Interview** → Befragung einer Person mit dem Zweck, Informationen zu einem vorgegebenen Thema zu erhalten.
- **Fragebogenerhebung** → entspricht dem Interview, nur stehen die Fragen fest und es wird in schriftlicher Form geantwortet.
- **Soziometrische Verfahren (Soziogramm)** → es werden vor allem die emotionalen Beziehungen in einer Gruppe, durch gegenseitige Wahlen nach den Kriterien der Zuneigung und Ablehnung erfasst. Das Soziogramm kann die Sozialbeziehungen in einer Gruppe – z. B. die Besetzung bestimmter Positionen bewusst machen (siehe Gruppe).
- **Anamnese** → umfasst alle Informationen, die zum Lebenslauf eines Menschen erhoben werden können. Es werden der Betroffene und seine Bezugspersonen befragt. Es können aber auch Tagebücher, Bemerkungen in Schülerbögen, Zeugnisse usw. herangezogen werden.
- **Tests** → es werden Persönlichkeitsmerkmale wie Intelligenz, Interessen, Einstellung, Wahrnehmung, Konzentration usw. gemessen. Dabei vergleicht man die Leistung der Testperson in einer eindeutig definierten Testsituation mit den Ergebnissen vergleichbarer Menschen. (Das Ergebnis der Testperson im Lösen von Aufgaben eines Intelligenztests wird mit dem Ergebnis aller anderen Kinder des gleichen Alters und der gleichen Schulbildung verglichen).

Aufgaben

1. *Diskutieren Sie im Klassenverband, welche Vor- und Nachteile die unterschiedlichen Untersuchungsmethoden haben.*

2. *Erstellen Sie eine Liste aller Informationen, die Sie über Klaus benötigen, um sinnvoll pädagogisch handeln zu können. Mit welcher Untersuchungsmethode können Sie die jeweilige Information am sichersten bekommen?*

Am Ende dieses Kapitels soll noch einmal darauf hingewiesen werden, dass auch nach eingehender Beobachtungsschulung, unter Benutzung von ausgefeilten Beobachtungsinstrumenten, unter Zuhilfenahme aller Untersuchungsmethoden, kein „gläserner Mensch" erreicht werden kann.

Projekt

Als Abschluss der Unterrichtseinheit ist es sinnvoll, ein fächerübergreifendes Projekt zum Thema Beobachtung durchzuführen.

Sinnvoll wäre eine Einbeziehung des Fachpraktikums und der Fächer Didaktik und Methodik, Kunst usw. Die Gestaltung der Beobachtungsberichte könnte in den Deutschunterricht eingebunden werden.

- *Wählen Sie ein zu beobachtendes Verhalten. (Eine Möglichkeit wäre: Beobachtung im Rahmen des Projektes Familie)*
- *Erstellen Sie ein Kategoriensystem oder eine Schätzskala zur systematischen Beobachtung.*
- *Schulen Sie ihre Wahrnehmung durch Video- oder Filmbeobachtung mit entsprechender Rückmeldung.*
- *Überprüfen Sie Ihr Kategoriensystem oder Ihre Schätzskala an den Videoaufzeichnungen. Erhöhen Sie die Objektivität, Reliabilität und Validität Ihrer Beobachtung? Verbessern Sie gegebenenfalls ihre Beobachtungssysteme.*
- *Führen Sie die Beobachtung durch.*
- *Versuchen Sie, Vermutungen durch weitere gezielte Beobachtung zu überprüfen.*
- *Erstellen Sie einen Fragebogen oder einen Anamnesebogen, um Details zu der von ihnen beobachteten Situation zu erfahren.*
- *Fragen Sie nach, wie die Situation von der Erzieherin oder den Kindern/ Jugendlichen wahrgenommen wurde.*
- *Finden Sie heraus, wann die Erzieherin in der von Ihnen beobachteten Situation Wahrnehmungsfehlern unterlag. Welche Fehler waren das?*
- *Was für Auswirkungen hatten die Wahrnehmungsfehler der Erzieherin?*
- *Welche Wahrnehmungsfehler wurden von den Kindern oder Jugendlichen gemacht? Wie wurden diese von der Erzieherin interpretiert?*

D Die Entwicklung von Kindern bis zum Schuleintritt

1 Die Erziehungs- und Bildungsbereitschaft des Menschen

Wenn ein Mensch geboren ist, beginnt für ihn eine Entwicklungsperiode, in der er durch die **aktive Auseinandersetzung** mit seiner Umwelt die Grundstruktur seiner Persönlichkeit selbst mitgestaltet. Er lernt auf der Grundlage seines natürlichen Potenzials, d. h. der individuellen Leistungsfähigkeit, seinem Leben Form und Inhalt zu geben. Es ist ihm ein Grundbedürfnis, innere Ordnung zu schaffen. Gemeinsam wirken hier **Anlage** und **Umwelt**. Die individuelle Entwicklung ist ein derart vielgestaltiger Prozess, dass es der genauen Beobachtung und Analyse bedarf, um diese professionell pädagogisch im Hinblick auf das nicht Vorhersehbare begleiten zu können.

> „Ich bin ein Schmetterling, trunken vor Leben.
>
> Ich weiß nicht, wohin ich fliege,
>
> aber ich werde dem Leben nicht erlauben,
>
> meine farbenprächtigen Flügel zu stutzen."
>
> Janusz Korczak (in: Lifton, 1993, S. 39)

Die pädagogische Anthropologie als wissenschaftliche Disziplin befasst sich mit der Erziehbarkeit und Lernfähigkeit des Menschen. Zusammen mit Erkenntnissen sowohl aus den Natur-, Geistes- und Sozialwissenschaften als auch den Humanwissenschaften wird versucht, die **Erziehungs- und Bildungsbereitschaft** eines Menschen zu verstehen, zu erklären und zu begründen.

Historische Berichte über sogenannte Wolfskinder waren immer Gegenstand wissenschaftlicher und öffentlicher Neugierde, um Möglichkeiten und Grenzen menschlicher Entwicklung und Erziehung zu begreifen:

„1800 wurde ein Junge von elf oder zwölf Jahren, den man in den Wäldern von Aveyron gefunden hatte, wo er wie ein ungezähmtes Tier gelebt hatte, in die Taubstummenanstalt nach Paris gebracht. Jean-Marc-Gaspard Itard war damals Arzt in der Einrichtung und interessierte sich für diesen Fall. Was er vorfand, war ein Wesen, das mehr tier- als menschenähnlich war, ausdruckslos, sich vorwärts und rückwärts schaukelnd, eingeschlossen in seine eigene Welt, unfähig, irgendetwas selbstständig zu tun, hilflos, nicht zur Kommunikation bereit. Es schien unmöglich, zu ihm durchzudringen, er schien nicht lernen zu können. Dr. Philippe Pinel, die berühmte Autorität im Bereich der Geisteskranken, brachte vor der Akademie der Wissenschaft seine Ansicht vor, der Junge sei unerziehbar.

Itard war anderer Meinung. Er glaubte, die Primitivität und das animalische Gehabe des Jungen seien nicht die Folge angeborener Idiotie, sondern eines Mangels an Übung. Für ihn war es ein Fall völligen Fehlens der Entwicklung potenzieller Fähigkeiten. Itard begann mit dem Versuch, den Jungen zu zivilisieren, seine Sinne anzuregen und zu kanalisieren, und er hoffte, ihm schließlich den Gebrauch der Sprache beizubringen.

Als er feststellte, dass die bestehenden Methoden, die verwendet wurden, um Taubstummen die Verbindung von Wörtern mit Gegenständen beizubringen, bei dem „wilden" Jungen nicht funktionierten, erfand Itard eine eigene Methode. Er klebte einen roten Kreis, ein blaues Dreieck und ein schwarzes Viereck auf das Brett und gab dem Jungen drei Stücke Pappe der gleichen Größe, Form und Farbe, die er auf die Figuren legen sollte. Von dieser Übung ging er zu komplizierteren über, und schließlich zu einem Satz von Pappbuchstaben, die einem Satz von Metallbuchstaben entsprachen. Das Sortieren und Ordnen zu gleichen Paaren führte schließlich dazu, dass der Junge die Buchstaben LAIT heraussuchte, wenn er Milch wollte.

Leider kamen Schüler und Lehrer nie über diese einfache Leistung hinaus. Man kann nicht wissen, ob der Junge an angeborenen Schäden gelitten hat; selbst wenn die Ursache der Mangel an angemessener Anregung in den frühen Entwicklungsstadien war, war die Wirkung über eine gewisse Stufe hinaus irreversibel.

Nun versuchte Itard es vor allem mit Methoden, die für die Erziehung Geistesschwacher geeignet waren. Im Mittelpunkt stand aber immer noch die Entwicklung des Geistes durch die Sinne, also das, was er eine „ärztliche Erziehung" nannte. Die Methode bestand immer noch darin, wie bei dem Versuch mit den Buchstaben, bei Tönen, Temperaturen und optischen Eindrücken von der einfachsten Art der sinnlichen Unterscheidung zur komplizierteren fortzuschreiten. Aber der Junge konnte niemals über das bloße paarweise Ordnen zu einem Verständnis der Bedeutung von Tönen und Worten gelangen. Schließlich musste Itard sein Scheitern eingestehen. Man konnte den Jungen keine Sprache lehren. Und als er in die Pubertät kam, wurde sein Verhalten so gewalttätig und unberechenbar, dass man alle Erziehungsversuche aufgeben musste."

(Kramer, 1996, S. 72 ff.)

Aufgaben

1. *Was bedeutet aktive Auseinandersetzung des Menschen mit sich selbst und seinem Umfeld?*

2. *Warum ist es notwendig, einen Menschen zu bilden und zu erziehen, damit er sich zum „Menschen" entwickelt?*

3. *Warum ist es möglich, einen Menschen zu erziehen im Hinblick auf das nicht Vorhersehbare?*

1.1 Anthropologische Erkenntnisse

Aus biologischer Sicht wird der Mensch zu früh geboren. Der Schweizer Biologe und Anthropologe Adolf Portmann (1897–1982) bezeichnet ihn als **physiologische Frühgeburt**, d. h. seine Sinnesorgane funktionieren bereits gut, jedoch müssen spezifisch menschliche Verhaltensweisen (aufrechte Körperhaltung, Sprache, Denken) erst noch gelernt werden. Am Ende seines ersten Lebensjahres erreicht er dann den Entwicklungsstand, den er, im Vergleich zu einem höheren Säugetier, bei seiner Geburt haben müsste.

Dem niederländischen Verhaltensforscher Nikolaas Tinbergen (1907–1988) zufolge verfügt der Mensch lediglich noch über Instinktreste (z. B. Sauginstinkt nach der Geburt). Der Soziologe Arnold Gehlen (1904–1976) bezeichnet ihn als **biologisches Mängelwesen**, d. h. als organisch unspezialisiert. Das bedeutet beispielsweise, dass er keine natürlichen Waffen, Angriffs-, Schutz und/oder Fluchtorgane besitzt, wie dies bei Tieren der Fall ist. Seine Unspezialisiertheit erweist sich jedoch als Vorteil. Dies zeigt die biologische Besonderheit der menschlichen Hand.

1.2   Die biologische Besonderheit der menschlichen Hand

Wie neuere Erkenntnisse aus der anthropologischen und neurologischen Forschung belegen, ermöglichte erst die **relative Unspezialisiertheit der Hand** und ihr einzigartiges **Zusammenspiel mit dem Gehirn** den gewaltigen Sprung zum modernen Menschen, zu Homo Sapiens. Lucy (vor 3,2 Millionen Jahren in Hadar/Ostafrika gefunden) ist einer der bekanntesten, direkten Vorfahren des Menschen. Von diesen Hominiden ist bekannt, dass sie Werkzeuge verwendeten. Die evolutionäre Umgestaltung der Hand war auf der Stufe des Homo Erectus vermutlich abgeschlossen. Er tritt vor ungefähr 1 Million Jahren als bekanntester menschlicher Vorfahr mit der größten Verbreitung auf und wird bekannt als Lucys Kind. Anthropologisch gesehen wird mit der bewussten „Handkontrolle" ein „biologischer Rubikon" überschritten. Die Handkontrolle ermöglichte erstmals in der Evolution die Vereinigung von visuellen und taktilen Rückmeldungen in einem Handlungsablauf. Somit konnten von nun an mittels **Auge-Hand-Koordination** Handlungen kontrolliert und aufeinander abgestimmt werden.

„27 Knochen. 36 Gelenke. 39 Muskeln und mehr als 10.000 Nervenzellen beherbergt das menschliche „Greifwerkzeug". Fast jede Tätigkeit im Alltag bedarf der reibungslosen Funktionalität und des kunstfertigen Zusammenspiels unserer Hände. Ganz gleich, ob etwas gedreht, umfasst, gehalten oder geknetet werden muss – wir verschwenden in der Regel keinen Gedanken daran, was und wie unsere Hände etwas leisten.

Dass die Hand aber nicht nur ein Werkzeug ist sondern auch ein vielseitiges Sinnesorgan, belegen zahllose Tast-, Druck- und Temperaturrezeptoren unter der Haut. Jeder Reiz wird entlang der Nervenbahn an die sensorischen Bereiche unseres Gehirn weitergeleitet. Und jeder Tastrezeptor an unseren Fingern unterscheidet sich hinsichtlich seiner Eigenschaften, etwa Struktur und Empfindlichkeit. Allerdings reicht diese Sensoren-Ausstattung nicht aus, wenn wir etwa in unserer Tasche nach unserem Schlüssel suchen: Die finale Wahrnehmung leistet nämlich das Gehirn. Es vergleicht in Sekundenschnelle die Informationen der Tastrezeptoren mit unserem Gedächtnis: Passen Form und Material zur Struktur unseres Schlüssels? Oder ist es vielleicht doch ein anderer Gegenstand aus Metall, den wir da im Innenfutter ertasten? Der kalifornische Neurologe Frank R. Wilson entwickelte eine mutige These. Zuerst war die menschenähnliche (Ur-)Hand da und erst dann das Gehirn. Da die Hände eine hochkomplexe Schaltzentrale benötigen, um ihre zahlreichen Fähigkeiten zu steuern, musste das Gehirn von Homo sapiens, dem heutigen Menschen, komplexer und kreativer werden. Und zwar ab jenem Zeitpunkt, als Homo erectus, unser aufrecht gehender Urahn, vor rund einer Millionen Jahre die Welt betrat. Im Gegensatz zu seinen Vorfahren, deren Werkzeuge aus plump voneinander abgetrennten Steinen bestanden, war der aufrecht gehende Urmensch in der Lage, vergleichsweise solide Arbeitsgeräte herzustellen, wie etwa einen symmetrischen Faustkeil aus Quarz und Feuerstein. Zu dieser Zeit war die Hand von Homo erectus bereits gestreckt, eine wichtige Voraussetzung, um überhaupt ein Mindestmaß an Fingerfertigkeit an den Tag zu legen. Zum Beispiel, um einen kugelförmigen Gegenstand mit allen Fingergliedern im selben Druckverhältnis zu umfassen.

Aber was wäre die menschliche Hand ohne den Daumen? Bestenfalls eine elastische Zange, die nicht schließt. Genau dieses Glied unterscheidet die Menschen- von einer Primatenhand. So kann der Schimpanse zwar wie der Mensch Präzisionshandgriffe ausführen, aber kein kraftvolles Zugreifen in Verbindung mit einer Drehung bewerkstelligen, etwa um eine Konservendose zu öffnen. Zwar verfügt unser genetisch nächster Verwandter genauso wie wir über eine sogenannte fünfstrahlige Hand – und damit auch über einen Daumen –, aber nur um ein wesentlich kleineres Exemplar, das ihm feinmotorische Handarbeiten verwehrt.

Homo erectus jedenfalls beherrschte bereits den Zangengriff schon recht gut, wie Anthropologen herausgefunden haben. Zum Beispiel, um einen Zweig zu schnitzen: Dabei greift die rechte Hand einen spitzen Stein mit Daumen und Zeigefinger in einer Art Klemmgriff, während die linke beispielsweise das Stück Holz im Pressgriff hält. Diese funktionellen Veränderungen der Hominidenhand läuteten zugleich einen radikalen Wechsel in der Entwicklungsgeschichte unserer Urahnen ein: Von der hangelnden Fortbewegung durch Aufstützen der Handknöchel lernten unsere Vorfahren allmählich die handwerkliche Verwendung von verschiedenen Objekten. Ein Prozess, der immerhin seit dem Studium unserer affenähnlichen Vorfahren mehrere Millionen Jahre andauerte.

Die Hand, so die Schlussfolgerung der amerikanischen Anthropologin Mary Marzke, musste sich dabei im Laufe der Entwicklungsgeschichte der Form der Werkzeuge angepasst haben, indem sie etwa widerstandsfähiger die starken Belastungen ertragen hat, die durch Stoßwirkungen von Steinen und Faustkeilen hervorgerufen wurden. Genetische Selektion nach erfolgreicher Anpassung an den jeweiligen Lebensraum nennen das die Evolutionsforscher.

Das gilt übrigens genauso für das Tierreich: So verfügt beispielsweise der Maulwurf über ein mächtiges Greifwerkzeug. Seine Oberarmknochen sind verkürzt, die „Finger" miteinander verwachsen. Sie enden in schaufelförmigen Krallen, mit denen er beim Graben blitzschnell vorankommt. In einer einzigen Nacht kann er einen Tunnel von 100 Metern Länge anlegen. Auch die Hände des Orang-Utans sind geradezu perfekt auf seinen Lebensraum in den Baumwipfeln abgestimmt: Mit einer schmalen und länglichen Handfläche, vier etwa gleich großen Fingern sowie einem kurzen Daumen am unteren Ende des Handtellers ist er ein hervorragender Schwingkletterer: Der Menschenaffe kann auf diese Weise eine Hakenhand bilden, die ihm beim Hangeln von Ast zu Ast ein präzises Greifen und Festhalten ermöglicht. Fazit: Die menschliche Hand hat zwar das Zeug zum Feinmotoriker, doch hoch spezialisiert wie bei den Säugetieren ist sie nicht."

(Alverde 11/2004, S. 42f.)

1.3 Pädagogische Überlegungen

Zweifelsohne ist der Mensch ein Wesen, das über geistige Kräfte verfügt und im Gegensatz zum Tier nicht starr an eine bestimmte Umwelt gebunden ist. Das macht ihn **offen für die Welt**. Er kann sich ihre Geheimnisse sowohl im Mikro- als auch im Makrobereich erschließen. Er kann ihnen Bedeutung zuschreiben, urteilen und reflektieren, zwischen Vergangenheit, Gegenwart und Zukunft unterscheiden und zielgerichtet planen und handeln. Es ist ihm möglich, seine Umwelt schöpferisch zu verändern und neu zu gestalten. Damit schafft er **Kultur**. Dies geschieht in der Gemeinschaft mit anderen Menschen mittels sozialer Interaktion und Kommunikation, weshalb er auch als **soziokulturelles Wesen** bezeichnet wird.

Die **Geistigkeit des Menschen** findet ihren Ausdruck in der Fähigkeit zum Denken, Sprechen, vernünftigen Urteilen und Reflektieren. Im Hinblick auf vorgenannte Gesichtspunkte sollte die **Förderung manueller Tätigkeiten im frühen Kindesalter der kognitiven Förderung nicht untergeordnet werden**. Als zum Teil als minderwertig angesehene und mit modernen Bildungsgedanken nicht unbedingt zu vereinbaren, haben sogenannte „Bastelarbeiten" in frühpädagogischen Einrichtungen durchaus ihre Berechtigung. Sie helfen dem Kind bei der Ausbildung seiner **Werkzeugkompetenz,** welche grundlegend die **geistige Kompetenz** stärkt. Nun ist hier nicht die Rede vom stumpfsinnigen Arbeiten mit Schablonen, sondern von gestalterischen Tätigkeiten, die dem menschlichen Bedürfnis nach künstlerischem Ausdruck entgegenkommen.

Mittels Geistes- und schließlich Vernunftkräften wird der Mensch im Laufe seiner Entwicklung die Möglichkeit haben, **frei** und **willentlich** Entscheidungen zu treffen, wie er sein Leben aktiv gestalten wird. Die unterstützende Begleitung durch **professionelle Pädagogen, als Menschen, die ebenfalls erzogen wurden** ist bei diesem Prozess förderlich.

Aufgaben

1. *Welche anthropologischen Tatsachen legitimieren Erziehung und Bildung und wie lassen sich Erziehungsnotwendigkeit und Erziehungsfähigkeit begründen?*
2. *Erklären Sie die Tatsache, dass der Mensch ein geistiges und vernunftbegabtes Wesen ist und stellen Sie die Bedeutung für Erziehung und Bildung dar.*
3. *Ein Mensch hat die Freiheit, aus seinen Schwächen Stärken zu machen. Was bedeutet das?*
4. *Diskutieren Sie, ob es Sinn macht, von dem Menschen als „biologischem Mängelwesen" zu sprechen?*
   Trifft die Bezeichnung „biologisch mangelhaft" überhaupt auf den Menschen zu?
5. *Die vielfältigen Möglichkeiten zum Gebrauch seiner Hand machen den Menschen handlungsfähig. Erst dadurch kann er die Welt begreifen und aktiv gestaltend wirken. Diskutieren Sie die pädagogische Bedeutung dieser Tatsache.*

Literaturtipp

Heinrichs, Heribert (Hrsg.): Immanuel Kant. Über Pädagogik. Bochum: Ferdinand Kamp Verlag, 1984.

Wilson, Frank R.: Die Hand – Geniestreich der Evolution. Ihr Einfluss auf Gehirn, Sprache und Kultur des Menschen, Hamburg: Rowohlt Verlag, 2002.

2 Das Gehirn – Aufbau und Funktion

„Der erstaunliche Erfolg der Spezies Mensch ist das Ergebnis der evolutionären Entwicklung seines Gehirns, die unter anderem zur Benutzung und Verfertigung von Werkzeug und zur Fähigkeit geführt hat, Probleme durch logische Überlegung, planvolle Zusammenarbeit und Sprache zu lösen."

(Goodall, 1971, S. 243)

Das Gehirn als komplexes Steuerungssystem bildet zusammen mit dem **Rückenmark** das **Zentralnervensystem**. Die durch das Sinnessystem aufgenommenen und das Nervensystem weitergeleiteten Reize als Informationsträger werden dort verarbeitet,

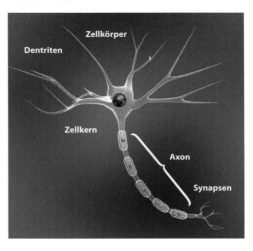

d. h. geordnet, verknüpft und gespeichert. Als einzigartiges Netzwerk dient es zusammen mit 100 Milliarden von **Neuronen** (Nervenzellen) der Regelung unserer Wahrnehmung (sensorische Neuronen), der Steuerung unserer Bewegung (motorische Neuronen), kurzum der Steuerung unserer gesamten Lebensvorgänge.

Das Gehirn wird in Großhirn (ca. 80 %), Zwischenhirn, Kleinhirn und Hirnstamm unterschieden. Dem **Großhirn** (cerebraler Cortex), werden **geistige Funktionen** wie Aufmerksamkeit, Wahrnehmung, Denken und Problemlösung sowie **geistige Fähigkeiten** wie Intelligenz, Gedächtnis und Sprache zugeordnet. (vgl. Knodel u. a., 1987, S. 232 ff). Dafür gibt es sogenannte Assoziationsfelder.

Das Großhirn, wiederum eingeteilt in Endhirn, Zwischenhirn, Mittelhirn Hinterhirn (Kleinhirn) und Nachhirn, besteht aus stark gefurchten Hälften, den **cerebralen Hemisphären**. Diese sind durch einen dichten Nervenfaserstrang, den **Corpus Callosum,** verbunden und können so miteinander kommunizieren.

Sie stehen in einer symbiotischen Beziehung, in der sowohl Fähigkeiten und Fertigkeiten als auch Handlungsmotivationen sich ergänzen. Jeder Hemisphäre ist es möglich, bestimmte Aufgaben, die für die andere schwierig sind, auszuführen.

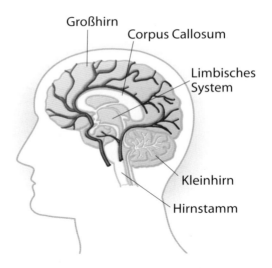

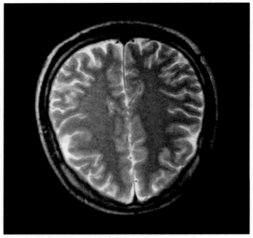

MRT-Scan des Gehirns, Hemisphären

linke Hemisphäre	rechte Hemisphäre
– analysiert über die Zeit	– synthetisiert über den Raum
– erfasst visuelle Unterschiede	– erfasst visuelle Ähnlichkeiten
– Detailwahrnehmungen	– Formwahrnehmung
– sprachliche Beschreibungen	– Codierung von Sinneseindrücken
– Fähigkeit zur Analyse	– Fähigkeit zur Gestaltsynthese
– Informationsverarbeitung geschieht arithmetisch und computerartig	– Informationsverarbeitung geschieht ganzheitlich und räumlich
– Verbindung zum Selbst-Bewusstsein	– Verbindung zum Bewusstsein

(vgl. Levy, 1974, S. 167)

Das **limbische System** umfasst die Basis des Großhirns (subcortical). Es ist dem Zwischenhirn übergeordnet, doch unmittelbar damit verbunden und die Region, in der **Gefühle** wie Angst, Wut, Freude, Geborgenheit etc. „verortet" sind. Das Zwischenhirn wiederum besteht aus **Hypothalamus**, **Thalamus** und **Amygdala** (Mandelkern), wobei letztgenannte entscheidend an der Verarbeitung und Interpretation von sensorischen Erregungen beteiligt sind (vgl. Ahlheim, 1973, S. 472 ff). So wirkt das limbische System zusammen mit Thalamus und Amygdala wesentlich an der Umgestaltung von Sinnesreizen in bewusste und unbewusste Wahrnehmungen und Empfindungen mit. Affekte, Gefühle werden hier gedeutet und Verhaltensweisen abgeleitet. Nicht zuletzt ist das limbische System auch Sitz „... verhaltenssteuernder Triebe ..." (vgl. Knodel, u. a., 1987, S. 237).

Erst die erstaunliche Entwicklung des Gehirns im Laufe der Jahrmillionen machte den Übergang von der **biologischen zur kulturellen Evolution** möglich. Der **Schaltplan des Gehirns** ist bei der Geburt genetisch in seinen Grundzügen vorgegeben. Grundlegende Verknüpfungen sind bereits bei der Geburt fertig ausgebildet.

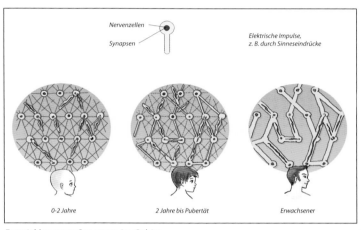

Entwicklung von Synapsen im Gehirn

Erst durch die **Wechselwirkung mit der Umwelt,** durch Zuhilfenahme der Sinnesorgane stabilisieren und entwickeln sich die Verbindungen zwischen Neuronen und Neuronengruppen immer weiter. Dieser Prozess geschieht das ganze weitere Leben hindurch. Unser Denkorgan besteht zunächst aus einem Netz mit anfänglichen dünnen Fäden. Im Laufe der Lebenszeit werden diese jedoch dicker und verhelfen der Struktur zu größerer Stabilität. Jeder Lernprozess schlägt sich durch Neuverkopplung zwischen Neuronen und Neuronengruppen nieder. Manfred Spitzer (Erfolgreich Lernen, 2006) spricht von der **Neuroplastizität des Gehirns**. Glaubte man früher, dass die Anzahl der Nervenzellen bei der Geburt eine feststehende Größe ist und sich lediglich die neuronalen Vernetzungen ändern, so gilt es nach heutigem Stand der Wissenschaft als erwiesen, dass sich im Laufe des Lebens neue Nervenzellen bilden. Dies geschieht vorwiegend dann, wenn es durch geistige Aktivitäten angeregt wird. **Neue Erfahrungen regen demnach das Wachstum des Gehirns als dem Werkzeug für das Denken und somit den Geist des Menschen an.**

Merksatz
Hirnentwicklung geschieht als Selbstorganisationsprozess im Wechselspiel mit aufgenommenen Informationen aus der Umwelt und den genetischen Vorgaben. Dadurch entwickeln und stabilisieren sich die neuronalen Verbindungen, die aufgrund der Neuroplastizität des Gehirns, ein Leben lang veränderbar sind.

Der Geist, so John C. Eccles (1989) entscheidet, welche Aktivitätsmuster Veränderungen der Verschaltungen bewirken. Für ihn steht fest, dass sich die Geistigkeit des Menschen nicht auf materialistische Weise mit Mustern neuronaler Aktivitäten erklären lässt. Leider würdige ein immer noch sehr verbreiteter wissenschaftlicher Reduktionismus den Menschen als geistiges und somit selbstbewusstes Wesen herab. Sicher ist, dass der Mensch **eigenaktiv** im Laufe seiner Entwicklung seine Persönlichkeit und damit sein **Selbst- und Welterleben** aufbaut. Dies geschieht in mühevoller geistiger Arbeit durch Differenzieren und Integrieren von Wahrnehmungen, Erinnerungen, Gefühlen, Wünschen und Plänen. Auf diese Weise formt er seinen **Charakter**, sein **Ich als typische Erlebens- und Verhaltensweise und Instanz der Persönlichkeit.**

Eine sehr wichtige Rolle bei der Persönlichkeitsentwicklung spielen die im Jahr 1990 von italienischen Forschern (u.a. Giacomo Rizzolatti) der Universität Parma entdeckten sogenannte **Spiegelneurone**. Sie identifizierten diese als Hirnzellen, welche Menschen dazu befähigen, Empathie und Intuition zu entwickeln und die Handlung anderer Menschen nachzuahmen. Mithilfe moderner Kernspintomographie konnte nun die Komplexität des Spiegelsystems erforscht werden mit dem Ergebnis, dass nicht nur Bewegungen anderer Menschen unser Gehirn in Gang setzen, sondern auch deren Emotionen (vgl. hierzu auch Kapitel 4.7.1).

Andere Forscher verabreichten im Rahmen eines Experiments leichte Stromstöße. Für die zuschauenden Probanden waren die Versuchsteilnehmer fremd. Eine messbare Reaktion blieb aus. Erst als es sich bei den Versuchsteilnehmern um nahestehende Menschen handelte, regten sich die entsprechenden Hirnregionen. Der Schmerz wurde von den Probanden offensichtlich mitgefühlt. So konnte nachgewiesen werden, dass Spiegelneuronen es dem Menschen ermöglichen, sich in andere hineinzuversetzen, d.h. Empathie wird möglich und sie ist fest im Gehirn verankert.

Es ist hinreichend bekannt, dass Babys bereits wenige Stunden nach der Geburt ihre Bezugspersonen imitieren, z.B. wenn diese die Lippen kräuseln etc. Bereits Neugeborene sind in der Lage das Verhalten ihrer Bezugspersonen zu spiegeln und zu versuchen auf diese Weise mit ihnen zu kommunizieren (vgl. Geo-kompakt Nr. 15, 2008, S. 100f).

Merksatz
Spiegelneuronen ermöglichen die Fähigkeit der Nachahmung, der Empathie und das Erlernen komplexer Verhaltensweisen.

2.1 Die Bedeutung für pädagogische Handlungsansätze

Die gesamte Phase der Kinder- und Jugendzeit ist der Prozess des erwachenden Bewusstseins bis hin zur ausgereiften Form des individuellen Selbstbewusstseins. Bei der Geburt ist die Form des **wahrnehmenden Bewusstseins** bereits vorhanden. Das nun folgende Entwicklungsgeschehen erscheint wie ein sich lange hinziehendes geistiges Erwachen und der Ausbildung immer differenzierterer Fähigkeiten, um sich selbst und die Welt zu erforschen und zu verstehen. Die Zunahme der **mentalen Aufmerksamkeit** aktiviert dabei die unterschiedlichen Regionen der Großhirnrinde.

Die vorangegangenen Ausführungen machen aber auch deutlich, dass intensive **emotionale Eindrücke** bei Strukturveränderungen und Umdenkprozessen eine erhebliche Rolle spielen. Das heißt, dass der bloße Appell an die Einsicht für eine Änderung des Verhaltens alleine nicht genügt. Erst **emotionale Beteiligung** und **Betroffenheit** machen dies möglich. Es ist unser **emotionales Gedächtnis**, welches künftige Pläne und Handlungen bestimmt. Am Beispiel der Gefahr durch einen Bären verdeutlicht Roth (2002, S. 44 ff) das Geschehen. Sehen wir einen Bären und nehmen diesen als Gefahr wahr, so laufen wir vermutlich unbewusst weg. Die Angst kommt erst später auf, wenn man sich die Situation noch einmal vor Augen führt. **Gefühle** müssen demnach bewusst werden, damit der **Beratungsprozess des Bewusstseins** einsetzen kann, d. h. Entscheidungen getroffen werden können und die Erkenntnis möglich wird, dass es richtig war, wegzulaufen. „Hör auf deinen Bauch!" so der Volksmund. Tatsache ist, dass Nervenzellen im Bauch, sogenannte **Bauchganglien**, auf das Gehirn wirken. Die **Entscheidung** wird jedoch im **Gehirn** getroffen. Solche Forschungsergebnisse widersprechen der in den vergangenen Jahren im Mittelpunkt des Interesses stehenden kognitiven Psychologie mit ihrer Ansicht, Vernunft sei des Menschen zentrales Entscheidungsinstrument. Tatsache ist jedoch, dass Vernunft nichts taugt ohne Emotion, so Roth. Ihm zufolge braucht der Apparat der Affekte, Gefühle, Stimmungen einen Namen: die **Psyche** oder **Seele**. Interessant ist auch die Tatsache, dass sich bereits im siebten Schwangerschaftsmonat die limbischen Strukturen wie Hypothalamus und damit Amygdala ausbilden – als genetisch vorgegebene Affekte oder auch Temperamente. So weiß man heute, dass Konditionierungsprozesse bereits im Mutterleib ablaufen: z. B. wird die Stimme der Mutter nach der Geburt vom Kind erkannt. Ist das Kind geboren, so hat es von Anfang an kognitiv-emotionale Ansprüche an seine Umwelt. Das „Gehirn" tut alles erdenkliche, um die Aufmerksamkeit der Umwelt auf sich zu lenken. Das Gedächtnis des Säuglings ist gegenwärtig und stark an Sinneseindrücke gebunden: Es gilt zunächst das Prinzip: „Aus den Augen, aus den Sinn!".

Merksatz
Erst die Ausbildung des sogenannten cortikohippocampalen Systems ist die Grundlage für das autobiografische Gedächtnis, welches ein Ich-Bewusstsein als reflexives Bewusstsein möglich macht. Dieses entsteht ungefähr ab dem dritten Lebensjahr. Das limbische System ist hingegen am Ende des dritten Lebensjahres bereits weit gereift.

Zahlreiche Forschungen bestätigen inzwischen die **Wichtigkeit des emotionalen Kontaktes für die intellektuelle Entwicklung** eines Kindes. So lernen Kinder beispielsweise Wörter schneller, wenn vertraute Bezugspersonen ihre Sprechversuche begeistert kommentieren. Das Kind erlebt auf diese Weise **emotionale Resonanz** und verbindet mit den neuen Wörtern positive Gefühle und eine positive Atmosphäre (vgl. Kapitel 4.7).

Sogenannte **Entwicklungsfenster** bestimmen, wann welche Fähigkeiten erlernt werden. So öffnet sich ungefähr im **zweiten Lebensjahr** das Fenster für den Erwerb der **Sozialkompetenz**. Im Frontalhirn und Hippocampus bilden sich die Strukturen des **Ich-Bewusstseins**. Kinder sind nun in der Lage Ereignisse vorübergehend im Gedächtnis abzuspeichern. Singer zufolge bedarf es spätestens jetzt Erwachsener, die sich nach wiederkehrenden Regeln verhalten, sonst wächst das Kind mit falschen Annahmen über die Welt auf (vgl. Singer, 2003, S. 204). Denn ab jetzt **interpretiert** das Kind seine Erfahrungen und verknüpft diese mit der nachhaltigen psychischen Wirkung.

Da Kinder sich unterschiedlich schnell entwickeln, macht es keinen Sinn, alle Dreijährigen gleich zu behandeln. Unterschiedliche Anlagen, unterschiedliche Entwicklungsgeschwindigkeiten von Kindern gleichen Alters bedeuten aber auch **unterschiedliche Bedürfnisse**. So kann es nutzlos, wenn nicht gar schädlich sein, Bilddungsinhalte anzubieten, die nicht adäquat verarbeitet werden können. Leider können nach heutigem Stand der wissenschaftlichen Forschung oben erwähnte **Entwicklungsfenster** nur grob bestimmt werden, da das Gehirn individuell und aufgrund seiner gemachten Erfahrungen reift. Verbale und nonverbale kommunikative Prozesse sind hierbei entscheidend. Kann ein Kind emotionale Signale (z. B. ausgedrückt durch Mimik, Gestik, Haltung) nicht entziffern, kommt es zur sozialen Isolation. Die Einbindung in das soziokulturelle Umfeld und damit der Zugang zu vielfältigen Lernerfahrungen ist nicht oder nur bedingt möglich. Dies ist im pathologischen Sinne bei autistischen Kindern der Fall. Bedauerlicher Weise wird im Zusammenhang mit Kommunikation immer noch sehr die **rationale Sprache** betont. Vorangegangenen Überlegungen zufolge muss verstärkt Wert auf **nicht-rationale Ausdrucksmittel und Kommunikationstechniken** gelegt werden. Es macht unter Umständen wenig Sinn, beispielsweise mit Kindern ein „Gespräch über den Herbst" zu führen, wenn den Kindern eher danach ist, sich wie „Blätter von den Kletterwänden" fallen zu lassen. Vielmehr hilft der spontane pädagogische Umgang, beispielsweise einen „Herbstwind" aufkommen zu lassen, dem Bedürfnis der Kinder, sich bewegend mit „Herbst" zu beschäftigen und damit einen viel intensiveren **Eindruck** vom Herbst zu hinterlassen. Singer zufolge machen Kinder solche „Erfahrungen" viel zu selten. Rationale Sprache steht nach der PISA-Studie viel zu sehr im Zentrum unserer pädagogischen Aufmerksamkeit. In manchen Situationen kann sie jedoch nur ein „jämmerliches Vehikel sein" unsere Gefühle und Stimmungen auszudrücken (vgl. Singer, 2003, S. 208). Demnach sollten Kinder **sorgfältig** und **gezielt beobachtet** werden, um herauszufinden, was sie augenblicklich beschäftigt, d. h. **ihre Fragen kennen und verstehen** lernen und ihre nonverbalen Mitteilungen begreifen.

Merksatz
Ein hohes Maß an Aufmerksamkeit und Achtsamkeit der Pädagogen, verbunden mit Präsenz, Wachheit, Konzentration und schließlich zugewandter innerer Haltung, ist unabdingbare Voraussetzung für die professionelle Arbeit.

Erst dann ist es möglich, die optimale und **lernfreudige Umgebung** zu schaffen, die ein Kind für seine Entwicklung braucht. Wie schon zu Beginn erwähnt, lassen die neueren Ergebnisse der Hirnforschung tatsächlich plausible Erklärungen über das Verhalten und Erleben eines Menschen zu. Im Sog dieser Euphorie leiten nun Erziehungswissenschaftler und Pädagogen allzu schnell **didaktische Begründungen** ab, ohne die Erkenntnisse in konkreten Situationen systematisch zu überprüfen und die Wirkungen zu erforschen und damit ihre **Tauglichkeit hinsichtlich pädagogischer** Handlungsansätze festzustellen.

Für pädagogisches Handeln scheint die Sichtweise John C. Eccles über das Gehirn und den Geist empfehlenswert, wonach das Gehirn lediglich die materielle Basis für selbstbewusste Wesen ist, „deren Natur es ist, nach Hoffnung zu streben und nach Sinn zu forschen auf der Suche nach Liebe, Wahrheit und Schönheit" (Eccles, 1989, S. 391).

Literaturtipps

Spitzer Manfred: Erfolgreich Lernen in Kindergarten und Schule (DVD). Mülheim/ Baden, Auditorium Netzwerk, 2006.

Eliot, Lise: Was geht da drinnen vor? Gehirnentwicklung in den ersten fünf Lebensjahren, Berlin: Berlin Verlag, 2003.

Eine ausführliche Darstellung der menschlichen Gehirnentwicklung von der Zeugung bis zum fünften Lebensjahr.

Eccles, John C.: Die Evolution des Gehirns – die Erschaffung des Selbst, München: Piper Verlag, 1989.

Eccles unterscheidet Geist und Gehirn als zwei separate Erscheinungen, die ständig miteinander interagieren. Er untersucht das in der Wissenschaft viel diskutierte Geist-Gehirn-Problem, die Evolution des Hominidengehirns etc.

2.2 Früher Stress bremst das Gehirnwachstum

„Die ersten zwei Jahre unseres Lebens entscheiden, wie sich der für soziale Interaktionen verantwortliche Gehirnteil entwickelt. Kinder brauchen Liebe. Das ist hinlänglich bekannt. Neu ist jedoch die Erkenntnis, dass Liebe nicht nur die emotionale Reifung prägt, sondern auch die Gehirnstruktur beeinflusst. Als Wissenschaftler rumänische Waisenkinder studierten, fanden sie ein „Loch" wo normalerweise der orbitofrontale Cortex sein sollte. Das ist jener Teil des Gehirns, der verantwortlich ist für die Entwicklung von Empathie und die Verarbeitung von Emotionen, für die Erfahrung von Schönheit und Genuss sowie die Fähigkeit, klug mit anderen umzugehen.

Wie kann Liebe (oder ihr Fehlen) die Gehirnstruktur beeinflussen? Aktuelle neurowissenschaftliche und biochemische Studien haben unter Einsatz von Gehirnscans bewiesen, dass das Nervensystem nicht nur auf emotionale Stimul:[1] reagiert, sondern sich dabei auch ausformt. Das Babygehirn ist noch ziemlich unstrukturiert und benötigt Stimulation zur Entwicklung – und zwar nicht nur kognitive Anregungen in Form von Spielen, Farben oder Musik, sondern auch liebevolle Begegnungen. Freundliches Lächeln, Augenkontakt und das Gefühl, umsorgt zu sein, erzeugen Wohlbehagen und setzen gleichzeitig im präfrontalen Cortex[2] Hormone frei – in jenem Gehirnbereich also, der sich in den ersten Jahren formt und für eine reife Sozialentwicklung entscheidend ist. Je mehr positive soziale Interaktionen stattfinden, umso besser vernetzt ist der präfrontale Kortex. Damit wird die – bisweilen angezweifelte – Bindungstheorie von John Bowlby durch biologische Forschung gestützt. Bowlbys Theorie besagt, dass die Entwicklung eines Kindes durch frühkindliche Bindungserfahrungen positiv oder negativ beeinflusst wird. Eine Studie an der Universität von Wisconsin (USA) konnte zeigen, dass die Art und Weise, wie Menschen auf Stress reagieren, bereits im Kindesalter festgelegt wird: Babys, die mit gestressten oder depressiven Müttern zusammenlebten, waren später überdurchschnittlich anfällig, auf schwierige Situationen mit massiver Ausschüttung von Stresshormonen zu reagieren. Interessanterweise hatten Kinder, die ihre Mütter erst in der späteren Kindheit depressiv erlebten, nicht die gleiche überstarke Reaktion. Frühe – üble – Erinnerungen prägen also nicht nur das Verhalten,

---

1   *Stimuli = Plural v. Stimulus: Reiz, der eine Reaktion auslöst.*
2   *präfrontaler Kortex = Frontlappen der Großhirnrinde, befindet sich an der Stirnseite des Gehirns*

sondern beeinflussen nach den neuesten Erkenntnissen auch physiologische Reaktionsmuster im Gehirn, die festlegen, wie wir mit Gefühlen (und anderen Menschen) umgehen. Die scheinbar simple Frage, ob ein hilflos schreiendes Baby hochgenommen werden sollte oder nicht, ist angesichts dieser Erkenntnisse nicht mehr eine Frage des Erziehungsstils. Unbestrittene Tatsache ist, dass Babys ihren eigenen Stress nicht abbauen können – sie können sich nicht bewusst ablenken, wenn sie erregt sind. In dieser Situation produziert der Hypothalamus Signalstoffe, die zur Ausschüttung des Stresshormons Kortisol führen. In späteren Jahren reagiert des Hirn dann auf Stresssituationen entweder mit hormoneller Überproduktion (Ängste und Depressionen sind die Folge) oder mit Unterversorgung (emotionale Kälte und Aggression). Die Schlussfolgerung aus den aktuellsten wissenschaftlichen Erkenntnissen kann nur lauten, dass ein Baby in den ersten Lebensjahren eine Person braucht, die ihm vertraut ist, die spürt, wie es dem Kind geht, die es anlächelt und zärtlich zu ihm ist. Aber auch Eltern brauchen in den ersten Jahren mehr Unterstützung, etwa psychotherapeutische Hilfe, wenn es Schwierigkeiten mit dem Kind gibt, oder gemeinschaftliche Einrichtungen, um Isolation zu überwinden."

(Braun, 2004, S. 12)

2.3 Hospitalismus

Nach dem 2. Weltkrieg haben W. Goldfarb (Psychologe), R. Spitz (Psychoanalytiker) und J. Bowlby (Psychiater) die Lehre von der **Deprivation** begründet. Dabei ging es vorrangig um die Feststellung der „Mutter-Deprivation", d. h. das Aufwachsen eines Kleinkindes ohne individuelle (mütterliche) Pflege. Sie belegten mit ihren wissenschaftlichen Erkenntnissen, dass es nicht genügt, ein Kind biologisch und hygienisch ausreichend zu versorgen. Es wurde beobachtet, dass Kinder bei längerem Heim- oder Krankenhausaufenthalt und dadurch bedingter längerer Trennung von der Bezugsperson, trotz Befriedigung körperlicher Bedürfnisse, zu leiden anfingen. Der Grund war nach Meinung der Forscher die „unzulängliche affektive Versorgung", d. h. ein Mangel an menschlichem Kontakt und Zuneigung. Dies führte zu Störungs- und Verkümmerungserscheinungen im körperlichen und seelisch-geistigen Bereich.

Kinder, die an dem **Syndrom** des **Hospitalismus** leiden, zeigen **Symptome** wie Essensverweigerung, Gewichtsabnahme, erhöhte Infektionsanfälligkeit, Kontaktverweigerung, apathisches Verhalten, starrer Gesichtsausdruck, weinerliches Verhalten, Mangel an Bindungsfähigkeit, Abfall der geistigen und körperlichen Entwicklung.

Nach Bowlby und Robertson erfolgt die auftretende Verhaltensänderung, beispielsweise bei längerem Krankenhausaufenthalt des Kindes, der nicht emotional von Bezugspersonen begleitet wird, phasenweise:

1. **Phase: Protest**
   Intensives Verlangen nach der Bezugsperson, das sich in Schreien und Rufen nach ihr äußert. Dies kann Stunden bis Tage dauern. Das Kind kann nicht begreifen, warum die Mutter nicht kommt. Es klammert sich in seinem Unglück und seiner Hilflosigkeit an die Pflegeperson oder weist diese frustriert zurück.

2. **Phase: Verzweiflung**
   Das Kind weint leise, wimmert verzweifelt. Kontaktversuche seitens der Pflegeperson werden abgelehnt. Es wird apathisch und verliert die Hoffnung, seine Mutter je wie-

derzusehen. Dabei trauert es um den Verlust seiner Bezugsperson: Stereotype Schaukelbewegungen, Tendenzen zur Selbstverletzung, Selbstzerstörung können beobachtet werden. Fälschlicherweise wird immer wieder angenommen, das Kind habe sich in die neue Situation eingewöhnt.

3. Phase: Verleugnung

Das Kind wird ruhiger und geht auf Kontaktversuche der Pflegeperson wieder ein. Dieser Zustand wird dann, unglücklicherweise oft dahingehend interpretiert, dass das Kind „vernünftig" geworden sei. Es verdrängt jetzt seine Gefühle, um sich zu schützen. Den Besuch der Bezugsperson, i. d. R. der Mutter, erlebt es jetzt ohne Emotionen. In dieser Phase reagiert es oft schon nicht mehr, wenn diese zu Besuch kommt. Das kann so weit gehen, dass sich das Kind am Tag seiner Entlassung an die Pflegeperson klammert und nicht mit der Mutter gehen will.

Zuhause zeigt das Kind dann **Frühfolgen** seines Krankenhausaufenthaltes: Probleme bei der Nahrungsaufnahme, Schlafstörungen, u. U. Bettnässen und Einkoten als Regression, als Zurückfallen auf frühere Entwicklungsstufen etc. Als schwere **Spätschäden** werden mangelnde Gefühle zu anderen Menschen, kein Zugang zu den eigenen Gefühlen, Unsicherheit und Misstrauen gegenüber den Mitmenschen genannt.

Durch geduldige therapeutische Arbeit können diese Defizite in d. R. aufgearbeitet werden.

Konsequenzen für die Erziehung

Nach heutigem Stand der wissenschaftlichen Forschung gilt es als sicher, dass die Entwicklungs- und Lernmöglichkeiten eines Kindes gehemmt sind, wenn neben körperlicher die emotionale Versorgung in Form von Berührung, zärtlicher, anerkennender, liebender Ansprache durch eine konstante, fürsorgliche Bezugsperson nicht gewährleistet ist und es dem Kind an vielfältigen Sinnesreizen aus seiner Umgebung fehlt:

- Um überleben und leben und schließlich lieben zu können, braucht ein Kind die zärtliche, liebevolle, verlässliche und fürsorgliche Zuwendung durch eine konstante Bezugsperson.
- Zusammen mit den dabei vermittelten Sinnesreizen und -eindrücken ist dies die Grundlage einer gesunden physischen und psychischen Entwicklung.
- Nur durch langjährige Anregungen und Hilfen zum Lernen, d. h. nicht nur in der frühesten Kindheit, wird ein Mensch humane Verhaltensweisen entfalten. Entsprechende Versäumnisse in der Kindheit sind im späteren Leben sehr schwer auszugleichen, da in den ersten Lebensjahren weitestgehend der Umfang künftiger Lernfähigkeit geprägt wird.

> *Merksatz*
> *Die Entwicklungsstörungen und Verkümmerungserscheinungen im physischen und psychischen Bereich werden als Hospitalismus bezeichnet. Die Hauptursachen für Hospitalismusschäden eines Kindes sind darin zu finden, dass es zum einen emotionale Zuwendung in Form von körperlichen Berührungen und Fürsorge, Augenkontakt, Lächeln, anerkennender, liebevoller Ansprache durch eine Bezugsperson nur unzulänglich oder gar nicht erhalten hat Zum anderen sind ihm wenig bis gar keine Reize, wie eine farbenfrohe, belebte Umgebung, Geräusche wie Musik, Singen, Reden etc. geboten worden.*

2.4 Dissozialität

Wenn ein Mensch den Ansprüchen des durch Normen und Wertvorstellungen geregelten Zusammenlebens nicht oder nicht mehr gerecht wird, liegt **sozial abweichendes Verhalten** vor. Da er in seinem Verhalten wiederholt und dauerhaft von den allgemein erwünschten, den Normen einer Gesellschaft entsprechenden Verhaltensweisen abweicht, wird dies auch als „fortgesetztes und allgemeines Sozialversagen" (Rauchfleisch, 1981), als **Dissozialität**, bezeichnet. Diese drückt sich in Leistungsverweigerung, Neigung zur Aggression oder Resignation, Unfähigkeit zur Gestaltung befriedigender Beziehungen, Kontaktstörungen, Streunen, Davonlaufen bis hin zu kriminellen Handlungen aus. Es kommt zu dauerhaften Schwierigkeiten für ihn selbst und seine Umwelt.

Vernachlässigung, Härte, Brutalität, Verwöhnung, Überbehütung, Gewährenlassen und fortwährende Inkonsistenz[1] des erzieherischen Verhaltens, bewirken, dass Kinder und schließlich Jugendliche oben beschriebene Verhaltensauffälligkeiten zeigen, insbesondere Verwahrlosungserscheinungen erkennen lassen.

- Mindestens eine verlässliche, konstante Bezugsperson, die dem Kind neben körperlicher Fürsorge auch Gefühle der Geborgenheit, des Erwünschtseins, der Anerkennung und der Zugehörigkeit entgegenbringt, ist Voraussetzung für eine gesunde physische und psychische Entwicklung.
- Sowohl vernachlässigendes als auch überbehütendes Erzieherverhalten wirken sich ungünstig auf die individuelle Entwicklung aus.
- Erst durch langjährige Anregungen und Lernhilfen vermag ein Mensch humane und somit soziale Lebensweisen auszuprägen. Wird dies bereits in der frühen Kindheit versäumt, so sind daraus folgende Defizite später nahezu irreversibel.

Merksatz
Oft wachsen die Kinder, die Symptome des Hospitalismus zeigen oder zu dissozialem Verhalten neigen, in desintegrierten, funktionsuntüchtigen Familien, in Heimen oder Pflegefamilien auf, sind „seelisch heimatlos" (Rauchfleisch, 1981), ohne tragfähig verlässliche mitmenschliche Beziehung und ein ihr Leben ordnendes und strukturgebendes Umfeld.

Aufgaben

1. *Um ein soziales Wesen zu werden, muss das Kind bestimmte Voraussetzungen in dem Umfeld, in das es hineingeboren wird, vorfinden. Erläutern Sie diese.*
2. *Beschreiben Sie das Syndrom des Hospitalismus und gehen Sie auf mögliche Ursachen ein.*
3. *Welche Konsequenzen zur Vermeidung von Hospitalismusschäden ergeben sich aus den wissenschaftlichen Erkenntnissen für die Frühpädagogik?*
4. *Welche pädagogischen Voraussetzungen müssten geschaffen werden, um in Krankenhäusern, Säuglings- und Kleinkindheimen Hospitalismusschäden zu vermeiden?*
5. *Erklären Sie sozial abweichendes Verhalten als Folge unzulänglicher oder fehlender Erziehung. Was bedeutet „seelisch heimatlos"?*
6. *Woran ist zu erkennen, dass ein Kind bereits sozial abweichendes Verhalten zeigt?*

---

1 *Inkonsistenz = Unbeständigkeit, Widersprüchlichkeit*

3 Die menschliche Entwicklung als Prozess

Aufgaben

1. *Was kennzeichnet und bedeutet Entwicklung?*
2. *Wie lassen sich entwicklungsbedingte Veränderungen verstehen und erklären?*

3.1 Entwicklungspsychologie

Eine erste Idee von der menschlichen Entwicklung als lebenslanges, prozesshaftes Geschehen in physischer und psychischer Hinsicht findet sich bei den griechischen Philosophen wie Sokrates (470–399 v. Chr.), Plato (427–347 v. Chr.) und Aristoteles (483–322 v. Chr.). Außer ihnen machten sich hierzu noch viele andere wissenschaftlich und weltanschaulich interessierte Menschen, vornehmlich Philosophen, Gedanken, bis sich zu Beginn des 20. Jh. die **Psychologie** als eigenständige Disziplin aus der Philosophie entwickelte und zur **Wissenschaft vom Verhalten** und **Erleben** des Menschen wurde. Insbesondere beschäftigte sich dann die **Entwicklungspsychologie** als Teildisziplin der allgemeinen Psychologie mit den Abläufen, Bedingungen, Ursachen und Gesetzesmäßigkeiten der menschlichen Entwicklung. Inzwischen gibt es eine Vielzahl verschiedener Schulen und damit Theorien, die, jede auf ihre Weise, **menschliche Entwicklung** und damit verbundene Veränderungen von Verhalten und Erleben zu **erklären und verstehen** versuchen. Da Entwicklung und Erziehung im Wechselverhältnis stehen, erforscht die **pädagogische Psychologie** die Einflüsse der Erziehung auf Entwicklungsprozesse.

Ziele entwicklungspsychologischer Forschung sind:

1. Entwicklungsabläufe und die damit verbundenen Veränderungsprozesse sollen erkannt, verstanden und erklärt werden.

2. Ursachen und Bedingungen sollen festgestellt werden. Die Auswirkungen, beispielsweise belastender Erfahrungen (live events), sollen erforscht und Maßnahmen zu deren Bewältigung gefunden werden.

3. Die Erkenntnisse dienen der theoretischen Fundierung pädagogischer Handlungsansätze. Es können damit Planungs- und Interventionsmaßnahmen begründet werden, um das individuelle Entwicklungsgeschehen günstig zu beeinflussen.

3.1.1 Gesetze von Entwicklungsprozessen

In der Regel geschieht Entwicklung nach bestimmten Gesetzmäßigkeiten und einer zugrundeliegenden Ordnung, sodass es gewisse Vorhersagbarkeiten für den Verlauf von Entwicklung gibt. Mithilfe von Längsschnittuntersuchungen, einer Methode, bei der beispielsweise Kinder einer Altersstufe hinsichtlich Introvertiertheit über einen längeren Zeitraum zu verschiedenen Zeitpunkten beobachtet werden, konnte jedoch gezeigt werden, dass letztlich nur eine relativ **geringe Zahl** von Persönlichkeitsmerkmalen (u. a. Aktivität, Aggressivität) stabil bleibt. Ein Mensch kann sich tatsächlich im Laufe seines Lebens stark verändern. Diese Veränderungen können weitreichend oder aber nur oberflächlich sein. Ob und inwieweit der „normale Entwicklungsverlauf" beeinflussbar oder gar gestört wird, ist nicht zuletzt von „zufälligen" Ereignissen, wie einschneidenden gesellschaftlichen Veränderungen durch Kriege, Hungersnöte etc. oder beispielsweise eine schwere Krankheit oder andere Nöte eines einzelnen Menschen, abhängig.

Ungeachtet dessen kann davon ausgegangen werden, dass Entwicklung nach gewissen Mustern zunächst für alle Menschen gleichermaßen abläuft. **Wachstum**, **Reifung** und **Lernen** spielen dabei eine zentrale Rolle. Beide sind **nicht beobachtbare Prozesse** und können anhand von Veränderungen im Verhalten festgestellt werden.

> *Merksatz*
> *Eine dauerhafte Verhaltensänderung ist somit ein Ergebnis von Wachstum und Reifung, als genetisch bedingten Vorgängen, und von Lernen, welches auf Erfahrung und Übung beruht.*

Die **Wechselwirkung** von Reifung und Lernen gilt in der Psychologie als unumstritten, d. h. Reifung kann die Lerneffektivität beeinflussen und Lernen wiederum kann Reifung beschleunigen. Die **Sauberkeitserziehung** kann hierfür als Beispiel dienen. Gegen Ende des zweiten Lebensjahres ist die Funktion der Schließmuskulatur beim Kind so weit ausgereift, dass behutsam mit dem Toilettentraining begonnen werden kann. Das Kind bekommt Gelegenheit, seine Ausscheidungsprodukte ins Töpfchen zu geben. Es lernt, diese solange bei sich zu behalten, bis es das Töpfchen erreicht hat. Dabei übt es seine Schließmuskulatur immer gezielter zu beherrschen.

Lernen ist hier am erfolgreichsten, wenn die **Funktionsreife** der Schließmuskulatur vorhanden ist. Ohne diese zeigen frühzeitig forcierte Lernprozesse keine Wirkung. Sie überfordern lediglich das Kind und bewirken unter Umständen eher eine Verzögerung.

3.1.2 Merkmale von Entwicklung – Stabilität und Wandelbarkeit

Lebensalterbezogenheit

Entwicklung ist an das Lebensalter und die damit einhergehenden biologischen Reifungsprozesse gebunden. Das Lebensalter erlaubt eine recht genaue Beschreibung der Entwicklungs-, somit der Wandlungs- und Veränderungsprozesse. Es besteht eine Wechselwirkung zwischen Lebensalter und den Bedingungen und Ereignissen, die eintreten. Jede Lebensphase ist mit **Entwicklungsaufgaben** und den diesbezüglichen Erwartungen geknüpft. Daraus ergibt sich die Frage, was einen Säugling von einem Kleinkind, dieses wiederum von einem Schulkind, von einem Jugendlichen, einem erwachsenen Menschen unterscheidet.

Logische Reihenfolge

Entwicklungsabläufe finden in einer logischen Reihenfolge statt. In nicht umkehrbarer Abfolge geschehen Veränderungen: z. B. sitzt ein Kind, ehe es krabbelt oder steht.

Entwicklungstempo

Einzelne Persönlichkeitsmerkmale entwickeln sich in verschiedenen Altersspannen unterschiedlich. Das Entwicklungstempo kann normal, verfrüht oder verspätet sein. Ist die Entwicklung gegenüber der Norm verfrüht, so wird dies als **Akzeleration** bezeichnet: z. B. ein Mädchen bekommt bereits mit neun Jahren ihre erste Menstruation. Ist die Entwicklung gegenüber der Norm verspätet, so wird dies als **Retardierung** bezeichnet: z. B. wenn ein Kind erst mit drei Jahren Sätze zu sprechen beginnt.

Zentralisation

Die am Anfang der Entwicklung vorwiegend reflexartigen, reaktiven und zufälligen Handlungen verlieren sich zugunsten immer gezielterer und bewussteren Aktivitäten. Sie richten sich an zuvor gemachten Überlegungen, Plänen, Zielsetzungen und an Werten: z. B. ahmt ein Kind zunächst die Wörter, die es hört, recht zufällig nach, um mit der Zeit Sprache bewusst zu gestalten.

Kanalisierung und Stabilisierung

Aus der Gesamtheit menschlicher Verhaltensweisen bildet der Mensch sein individuelles Verhaltensrepertoire heraus: z. B. benützt er aus der Vielzahl von Wörtern, mit denen er im Laufe seiner Entwicklung konfrontiert wird, im späteren Leben nur noch ganz bestimmte. Oder viele Interessen kanalisieren sich im Laufe der Zeit zu ganz speziellen Interessen. Künftig stabilisieren und festigen sich dann solche Interessen und die damit verbundenen Verhaltensweisen. Auf diese Weise können sich aber auch gewisse Denkarten und starre Gewohnheiten festigen.

Differenzierung und Integration

Im Zuge von Wahrnehmungsprozessen findet **Differenzierung** statt, d. h. eine Ausgliederung von Details aus einem Ganzen. Durch den parallel stattfindenden geistigen Vorgang der **Integration** werden wahrgenommene, erlebte Einzelteile und Funktionen zueinander in Beziehung gesetzt (vgl. Kapitel 4.3), z. B. lernt ein Kind, einzelne Wörter und ihre Bedeutung zu differenzieren, um sie sodann miteinander in Beziehung zu setzen und daraus einen verständigen Satz zu formen. Es lernt, sich selbst in Beziehung zu den Dingen und Personen, zur Welt, zu setzen.

> *Merksatz*
> *Die Komplexität von Verhaltensweisen und Fähigkeiten eines Menschen ist allein durch Reifung und Lernen nicht erklärbar. Selbst im Rahmen einer direkten Beobachtung von Kleinkindern ist es ungleich schwierig, die Auswirkungen von Reifung und Lernen zu unterscheiden. Entwicklung bedeutet Wandlung und damit individuelle Veränderung des Menschen in physischer und psychischer Hinsicht. Sie ist ein stetig fortlaufender, nicht immer gleichmäßiger, dennoch aber lebenslanger Prozess, wobei sich Verhalten und Erleben ändern.*

Sensible Phasen

Beim Tier sind die Grenzen seiner Entwicklungsmöglichkeiten entsprechend seiner Art schon bald nach der Geburt erreicht. Der Mensch ist vor allem ein soziales Wesen, welches die Gemeinschaft der Mitmenschen für sein physisches und psychisches Wachstum und Überleben braucht. Seine fundamentale Verschiedenheit von anderen Lebewesen ermöglicht ihm, sich fortwährend weiterzuentwickeln. Wenn ein Kind nun im Laufe seiner Entwicklung lernt, sozial-emotionale Beziehungen herzustellen, feste Bindungen einzugehen, Sprache erlernt, laufen lernt, einen starken Drang nach Selbstständigkeit und Autonomie äußert, so geschieht das in der Regel jeweils in **bestimmten Zeitabschnitten**, in Zeiten **erhöhter Lernbereitschaft**. Dann ist das Kind besonders empfänglich, die jetzt zu leistende Entwicklungsaufgabe erfolgreich zu meistern und dabei bestimmte Verhaltensweisen dauerhaft zu erwerben, z. B. das Erlernen der Sprache. Diese Zeiträume werden als **sensible Phasen** bezeichnet. Laut Berichten und Untersuchungen über „verwilderte Kinder" hat man in wissenschaftlichen Kreisen lange dazu geneigt, von **kritischen Phasen** des Entwicklungsverlaufes zu sprechen, da gemäß diesen Untersuchungen beipielsweise Sprache nach dem 12. Lebensjahr kaum mehr erlernt werden kann. Heute ist dieser Standpunkt jedoch fraglich geworden, da sich mehr und mehr die Erkenntnis ausbreitet, dass ein Mensch in seiner Entwicklung nicht endgültig und von vornherein festgelegt ist.

Das Wissen um das Vorhandensein von **sensiblen Phasen** ist aus pädagogischer Sicht von großer Bedeutung. Es gilt, dem Kind, seiner jeweiligen Entwicklungsphase und den damit verbundenen Entwicklungsaufgaben entsprechend, möglichst optimale Lernbedingungen zu bieten und diese sensiblen Zeitabschnitte für die Unterstützung seiner Persönlichkeitsentwicklung zu nutzen. Wichtig ist, dass ein Kind ein angemessenes Betätigungsfeld vorfindet, in dem die Verbindung von manueller und geistiger Tätigkeit möglich ist.

Ursachen von individueller Entwicklung

Wenngleich es allgemein gültige Merkmale und Gesetzmäßigkeiten für die Entwicklung gibt, sind die Menschen dennoch sehr verschieden. Die Ursache für dieses Phänomen hängt mit unterschiedlichen Einflussfaktoren zusammen:

Die Anlagen

Der Mensch kommt mit dem biologischen Erbe, der genetischen Disposition von Mutter und Vater u. a. als phänotypische Festlegungen (Augen-, Haut-, Haarfarbe etc.), zur Welt. Es werden dabei Möglichkeiten des Verhaltens vererbt, jedoch keine bestimmte Verhaltensweisen. Diese erlernt ein Mensch erst durch Umwelteinflüsse. Deshalb wird menschliches Verhalten durch Erbanlagen nicht festgelegt, jedoch durch sie als **endogene Faktoren** beeinflusst. Dabei spielt **Reifung** als Entwicklung in körperlicher Hinsicht eine wesentliche Rolle. Es treten Veränderungen in einer logischen Reihenfolge auf. **Erbtheoretiker** vertreten die Auffassung, dass nahezu die gesamte Entwicklung **genetisch vorprogrammiert** ist. Es seien die Erbanlagen, die bestimmen, in welcher Weise sich ein Mensch im Laufe seines Lebens entwickeln wird. Ein solcher Standpunkt lässt folgerichtig wenig Raum für Erziehung als Entwicklungshilfe. Er wird deshalb als **pädagogischer Pessimismus** bezeichnet.

Die Umwelt

Ein zweiter maßgeblicher Faktor, der auf Entwicklung wirkt, sind die Einflüsse der Umwelt, denen das Kind ausgesetzt ist: z. B. Persönlichkeit der Eltern, Erziehungsmethoden, Wohnsituation etc. Auf diese Weise wird menschliches Verhalten durch Umweltreize und somit durch **exogene Faktoren** bestimmt. **Milieutheoretiker** sind der Auffassung, dass allein durch Erziehung die individuelle Entwicklung im umfassenden Sinne beeinflusst werden kann. Diese Haltung wird als **pädagogischer Optimismus** bezeichnet.

Wechselwirkung von Anlagen und Umwelt

Es ist müßig, die kontroversen Standpunkte zwischen Erb- und Milieutheoretikern gegeneinander abzuwägen und nach prozentualen Wirkungsanteilen bestimmen zu wollen. Die Wahrheit liegt auch hier dazwischen: Für die meisten Wissenschaftler gibt es wohl kaum mehr Zweifel an der **wechselseitig ineinander greifenden Wirkung von Anlage und Umwelt** auf die Entwicklung des Menschen. Weder Anlage noch Umwelt können unabhängig voneinander gesehen werden. Damit sich Anlage als genetisch vorgegebene Entwicklungsmöglichkeit auswirken kann, bedarf es einer entsprechenden Umwelt, die zunächst diese Anlage als Begabung und Fertigkeit erkennt und entsprechend fördernd wirkt. Umgekehrt kann eine Umwelt, die beispielsweise die Musikalität beim Kind fördern möchte, nicht wirken, wenn keine entsprechende Begabung vorhanden ist. Beides, Anlage und Umwelt, sind demnach Größen, die in ihrer Wirkung nicht quantitativ aufgeteilt werden können, sondern als nahezu gleichwertig wirksam gelten müssen. Wenn beispielsweise ein Kind die Begabung einer schönen Stimme geerbt hat, so wird es zunächst mit den dafür wichtigen fertig ausgebildeten Organen geboren: Muskeln, Rachen, Stimmbänder, Lippen, Zunge, Gehör. Im Laufe der Kindheit müssen nun erst weitere Muskeln und Nerven reifen, damit die Stimme künftig in gewünschter Weise funktionieren kann. Dann können Töne und verschiedene Tonarten hervorgebracht werden. Reifungsvorgänge allein genügen jedoch nicht, um die Entwicklung einer „schönen Singstimme" zu erklären.

Erst eine Umwelt, die beispielsweise dem Kind eine gezielte Stimmbildung bietet, und damit diese Begabung fördert, kann die weitere Entwicklung, die Veränderung und Vervollkommnung der Stimme, bewirken. Diese Ansicht wird als **pädagogischer Realismus** bezeichnet.

Die freie Selbstbestimmung

Entwicklung ist ein individueller, schöpferischer Prozess. Sie ist bedingt durch **Reifung, Wachstum und Lernen**. Der Mensch hat jedoch unabhängig von **Anlage und Umwelt die persönliche Freiheit**, nach eigenem Wollen seine Entwicklung selbst zu beeinflussen, zu steuern und somit frei zu bestimmen.

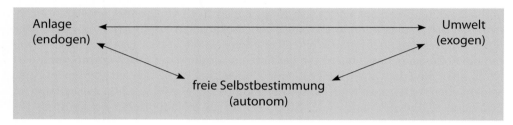

Anlagebedingte Musikalität eines Kindes und das Aufwachsen in einer Umwelt, die diese Anlage fördern möchte, sind wesentliche Voraussetzungen, um beispielsweise ein Instrument zu erlernen. Entscheidend ist jedoch, dass das Kind dies lernen **will**. Hier wird die Wechselbeziehung von **Anlage, Umwelt** und **freier Selbstbestimmung** deutlich. **Pädagogisches Handeln gibt der Entwicklung eine Richtung.** Mittels Erziehung kann ein Mensch erst seine Persönlichkeit formen. Erziehung wird Entwicklung wirksam beeinflussen, jedoch nicht alleine determinieren. **Autonome Faktoren** als inneres Potenzial zur Entfaltung eines **freien Willens** ermöglichen dem Menschen, seine Biografie selbst zu gestalten.

Frei und willentlich über sich selbst bestimmen kann ein Mensch dann, wenn er eine positive Ich-Identität oder **Selbstbewusstsein** entwickelt hat. Im Kontext einer konstanten, liebevollen, verlässlichen Beziehung des Kindes zu seiner Bezugsperson entwickelt es den hierfür notwendigen eigenen Willen. „Pädagogische Liebe" (Nohl, 1963, S. 135 f.), als eine unsentimentale, elementare Zuneigung, ist jenes tiefgehende kraftvolle Gefühl, das die Erzieherin und das Kind verbindet. Sie ist Grundvoraussetzung für eine **Achtungshaltung gegenüber den Kindern**, damit sie freie, selbstbestimmte Menschen werden können.

> *Merksatz*
> *Die Entwicklung individueller Persönlichkeitsmerkmale kann weder ausschließlich auf Erbanlagen, d.h. die organisch funktionellen Strukturen, noch auf entsprechende Umweltbedingungen zurückgeführt werden, sondern letztlich nur auf die Wechselwirkung zwischen Anlage und Umwelt. Die Art und Weise, wie sich bestimmte anlagebedingte Faktoren auswirken, hängt von der jeweiligen Umwelt, dem Milieu und den damit gebotenen Erfahrungen ab, in denen sie zum Tragen kommen. Entwicklung hängt auch davon ab, welche Erfahrungen das Kind sich aktiv, frei und selbstbestimmt sucht und verinnerlicht.*

1. Entwicklung ist ein Prozess. Was ist darunter zu verstehen?
2. Durch welche Merkmale wird dieses Wandlungsgeschehen bestimmt?
3. Was bedeutet, dass Reifung und Lernen den Entwicklungsprozess bedingen?
4. Was ist gemeint, wenn man von einer sensiblen Phase für den Fortgang oder die Stagnation von Entwicklung spricht?
5. Welche Ursachen sind ausschlaggebend für die individuelle Entwicklung?
6. Nico hat die mittlere Reife absolviert. Er ist ein intellektuell durchschnittlich, handwerklich jedoch außerordentlich begabter Junge. Wo es etwas zu reparieren gibt, ist er mit Freude am Werk. Die Eltern wollen unbedingt, dass er eine weiterführende Schule besucht. Ein Gespräch mit dem Lehrer soll weiterhelfen. Für diesen steht eindeutig fest, dass für Nico eine weiterbildende Schule nicht in Frage kommt. Seine manuelle Begabung sei derart offensichtlich, dass nur eine Ausbildung in einem Handwerksberuf Sinn mache.
   a) Welche Haltung vertritt der Lehrer?
   b) Wie würde der Lehrer als Vertreter des pädagogischen Realismus antworten?
7. Was bedeutet „freie und damit willentliche Selbstbestimmung"?

3.2 Wissenschaftliche Ansätze zur Erklärung menschlicher Entwicklung

Um menschliche Entwicklung verstehen und erklären zu können, wurden im Laufe der Zeit eine Vielzahl theoretischer Ansätze, größtenteils gestützt auf empirische Daten, begründet. Mithilfe einer entwicklungspsychologischen Theorie wird versucht, einzelne Faktoren zum Verständnis der Ursachen, der Art und Weise menschlicher Entwicklung, in einen sinnvollen, logischen Zusammenhang zu bringen. Im Folgenden sollen nun Grundaussagen bedeutender Theorien vorgestellt werden. Daneben gibt es natürlich weitaus mehr entwicklungspsychologische Erklärungsansätze, die jedoch in diesem Rahmen nicht berücksichtigt werden. In der Tabelle sind nun einige Entwicklungstheorien aufgeführt. Im Anschluss daran erfolgt eine vereinfachte Beschreibung einiger dieser Ansätze.

Entwicklungstheorien

Lerntheorien	Tiefenpsychologische Theorien
• Klassische Konditionierung • Operative/instrumentelle Konditionierung • Sozial-kognitive Lerntheorie	• Psychoanalytische Theorie und ihre Weiterentwicklung • Individualpsychologie
Kognitive Theorien	**Humanistische Psychologie**
• Lernen durch Einsicht • Theorie der kognitiven Entwicklung • Theorie der Informationsverarbeitung	• Theorie der subjektiven Wirklichkeitsauffassung • Streben nach Selbstverwirklichung • Erfahrungslernen versus Entwicklungspotenzial

3.2.1 Lerntheorien

Seit vier Wochen besucht Luzi, 3 Jahre, regelmäßig die Tageseinrichtung für Kinder. Laura, die für sie zuständige Erzieherin, kann an Luzis Verhalten erkennen, dass sich das Kind rasch und problemlos in die Gruppe eingefunden hat. Seit einigen Tagen jedoch gibt es bei der morgendlichen Ankunft Tränen und zwar immer dann, wenn Luzi das Gruppenzimmer betreten soll. Am fünften Tag ist sie nicht mehr bereit, in die Tageseinrichtung zu kommen. Laura sucht, gemeinsam mit ihrer Kollegin, nach Erklärungen für das veränderte Verhalten des Kindes. Sie konnten beobachten, dass der fünfjährige Peter, ein verhaltensauffälliger Junge, jeden Morgen, wenn Luzi gebracht wurde, auf diese mit lautem Gebrüll zugerannt kam und sie damit erschreckte.

Aufgabe

Wie ist Luzis Angst entstanden? Inwiefern spielt Lernen hier eine Rolle?

Klassische Konditionierung

Iwan P. Pawlow (1849–1936), ein russischer Physiologe, begründete die Theorie der klassischen Konditionierung. Sie wird auch als Signallernen bezeichnet und ist ein erster und grundlegender Ansatz in der Lernpsychologie. Seine Erkenntnisse beruhen auf Experimenten, die nach streng wissenschaftlicher Vorgehensweise durchgeführt wurden.

Bei einem seiner Experimente wurde ein Hund auf einem Labortisch festgeschnallt. Gab man dem Hund Futter, so reagierte er mit Speichelfluss. Die angeborene (unbedingte) Reaktion Speichelfluss wurde durch Futtergabe automatisch ausgelöst. Nun ertönte in mehreren Versuchsdurchgängen kurz vor der Futtergabe ein Glockenton. Nach einiger Zeit genügte allein das Erklingen des Glockentons, damit der Hund Speichel absonderte.

Die Voraussetzung für klassisches Konditionieren ist das Vorhandensein natürlicher **Reflexe** als Reaktionen eines Organismus auf eine von außen kommende Reizung des Nervensystems. Neben den angeborenen natürlichen physischen Reflexen (z. B. Saugreflex, Greifreflex, Lidschlussreflex) gibt es sogenannte reflexartige Reaktionen im emotionalen Bereich (z. B. bei Verletzungen verspürt ein Mensch Schmerz, bedrohlich wirkende Reize führen zu Angstreaktionen, Schreckreaktionen, peinliche Reize zu Schamreaktionen etc).

Eine weiterführende Beschreibung dieser Theorie erfolgt in Kapitel 4 in Band 2.

Behaviorismus – Suche nach naturwissenschaftlichen Erkenntnisparadigmen

„Mein Kind, es sind allhier die Dinge

gleichviel ob große ob geringe,

im Wesentlichen so verpackt,

dass man sie nicht wie Nüsse knackt.

Wie wolltest du dich unterwinden

kurzweg die Menschen zu ergründen.

Du kennst sie nur von außenwärts.

Du siehst die Weste, nicht das Herz."

(Wilhelm Busch)

In den 1950er und 1960er-Jahren glaubten einige Psychologen, Begriffe wie „Seele" und „Bewusstsein" aus ihren wissenschaftlichen Erklärungsansätzen für menschliches Verhalten gänzlich streichen zu müssen. Der amerikanische Psychologe John B. Watson (1878–1959) schlug in dieser Phase eine neue Richtung in der Psychologie ein. Sein Vorbild waren die Naturwissenschaften. Forschungsrelevant waren nur Beobachtungen von einfachen, durch bestimmte Merkmale der Reizumgebung ausgelösten Handlungen, objektive und exakte Beschreibung, Messung von Reiz und Reaktion im sorgfältig kontrollierten Laborexperiment, um Verhalten zu erklären. Für ihn und seine Anhänger schien es zu subjektiv und damit zu unwissenschaftlich, Theorien über psychische Strukturen, über das Unbewusste etc. aufzustellen. Als Behaviorist sah er die eigentliche Aufgabe der Psychologie darin, **beobachtbare** Bedingungen, die das menschliche Verhalten beeinflussen, zu erforschen. Unspezifische und unwissenschaftlich klingende Begriffe wie „Seele" oder „Unbewusstes" brauchte man dann nicht mehr zu bemühen, denn diese sind unpassend im Sinne einer nach naturwissenschaftlichen Erkenntnisparadigmen suchenden Psychologie. Es galt lediglich zu beobachten, welche Reize (Stimuli) welche Reaktionen beeinflussen. Nachfolger von J. B. Watson haben daraufhin sogenannte behavioristische Variatonen im Bereich der Psychologie entwickelt. Der Versuch Watsons, das Bewusstsein auf „fast ein Nichts" (vgl. Kagan, 2000, S. 165) zu minimieren, darf angesichts neuerer Erkenntnisse der Hirnforschung als historisch gelten.

Operative oder instrumentelle Konditionierung

– *Klara lobt Kristina, die ihr beim Aufräumen der Bauecke geholfen hat.*
– *Stefanie schimpft mit Laura, Philipp und Eva, weil diese die Puppenecke nicht aufräumen. Sie droht damit, dass die Kinder beim nächsten Mal Puppeneckenverbot bekommen.*

Aufgaben

1. *Wird Kristina der Erzieherin in Zukunft wieder helfen?*
2. *Wenn ja, warum wird Kristina das tun?*
3. *Werden Laura, Philipp und Eva künftig sofort die Puppenecke aufräumen?*

Burrhus F. Skinner (1904–1990), amerikanischer Psychologe, begründete die behavioristische Lerntheorie. Diese geht auf Pawlows Theorie der klassischen Konditionierung (Reiz-Reaktionstheorie) zurück. Skinner geht davon aus, dass nahezu alles menschliche Verhalten Ergebnis der klassischen oder operativen bzw. instrumentellen Konditionierung ist. Lernvorgänge werden seiner Theorie zufolge nicht durch Gefühle und Gedanken beeinflusst. Alles Lernen beruht auf **Verhaltenskonsequenzen**.

> *Eine Taube im Käfig pickt Körner und läuft dabei hin und her. Wenn nun die Taube beim Picken zufällig einen Hebel trifft, wodurch Futter in den Käfig fällt, welches ihren Hunger stillt, so wird sie, wenn sie hungrig ist im Laufe der Zeit immer gezielter hin- und herhüpfen, um dadurch den Hebel zu betätigen. Die Taube hat dadurch gelernt den Hebel zu bedienen. Ihr Verhalten (das gezielte Hüpfen) wurde **belohnt** oder, behavioristisch ausgedrückt, **verstärkt**.*

Das hereinfallende Futter ist die **Konsequenz** ihres Verhaltens. Damit ist es ein **positiver Verstärker**, da unter gleichen Umständen gleiches Verhalten gezeigt wird.

> *Merksatz*
> - *Sowohl positive als auch negative Verstärkung erhöhen die Auftretenswahrscheinlichkeit einer Verhaltensweise.*
> - *Verstärktes Verhalten wird zur Gewohnheit und bildet Verhaltensmuster aus.*
> - *Verhalten, das als Konsequenz keine Belohnung nach sich zieht, fällt aus dem Verhaltensrepertoire heraus.*
> - *Für einen effektiven Lernprozess ist positive Verstärkung optimal.*

Die Fähigkeit der Aneignung oder Änderung menschlichen Verhaltens wird mit dieser Theorie übertrieben vereinfacht gesehen. Der Vorwurf an Skinner ist die unzulässige Verallgemeinerung aus Tierversuchen (hauptsächlich Tauben und Ratten) für die Vielfalt menschlicher Verhaltensmöglichkeiten. Dadurch bleiben die intellektuellen Unterschiede zwischen Mensch und Tier unberücksichtigt. Jeder Experte, der sich intensiv mit Denkprozessen, unbeobachtbaren Vorgängen beschäftigt, kann behaupten, dass die wenigen Prinzipien der Konditionierung nicht das Entstehen neuer, kreativer Handlungen ermöglichen. Werte, wie Liebe, Freiheit, Loyalität, Hoffnung etc. werden hierbei verhaltenstechnisch bestimmt. Sie geraten in Gefahr, „wegkonditioniert" zu werden. Ein allzu **verkürztes Menschenbild** steht hinter dieser Theorie.

Die weiterführende Beschreibung dieser Theorie erfolgt in Kapitel 4 in Band 2.

1. *Was versteht man unter klassischer Konditionierung?*

2. *Was ist die Voraussetzung für klassisches Konditionieren?*

3. *Finden Sie Beispiele für klassische Konditionierungsvorgänge im Alltag.*

4. *Die Produktwerbung arbeitet mit dem Prinzip der klassischen Konditionierung. Suchen Sie in Zeitschriften nach passenden Beispielen.*

5. *Diskutieren Sie die Bedeutung des Prinzips der klassischen Konditionierung für die Pädagogik.*

6. *Was bedeutet operative bzw. instrumentelle Konditionierung?*

7. *Erläutern Sie was unter positiver Verstärkung bzw. negativer Verstärkung zu verstehen ist.*

8. *Welche Bedeutung kommt dem Prinzip der operativen Konditionierung im erzieherischen Alltag zu?*

9. *Suchen Sie nach praktischen Beispielen für operative Konditionierung als pädagogischer Handlungsansatz.*

Kognitive Strukturtheorie

Jean Piagets Theorie der kognitiven Entwicklung wird in Abschnitt 4.3 dieses Bands beschrieben.

Sozial-kognitive Lerntheorie

Die sozial-kognitive Lerntheorie wird auch als **„Wahrnehmungslernen"**, **„Beobachtungslernen"**, **„Imitationslernen"** oder **„Identifikationslernen"** bezeichnet. Das Kind neigt dazu, durch Beobachtung des Verhaltens anderer, dieses Verhalten zu lernen und dann nachzuahmen oder ein dem Vorbild entsprechend ähnliches Verhalten zu zeigen. Auf diese Weise werden neue Reaktionen gelernt, altes, bereits bestehendes Verhalten verstärkt oder modifiziert.

Albert Bandura (geb. 1925), Professor an der Stanford Universität, berücksichtigt im Gegensatz zu den traditionellen behavioristischen Theorien Denk- und Wahrnehmungsprozesse in seinem Ansatz. Er sieht den kindlichen Lernprozess als **aktives Nachahmen** dessen, was es an anderen Menschen wahrnimmt und beobachtet. Kinder erweitern vornehmlich durch Sehen und Hören ihr Verhaltensrepertoire. Kinder bemühen sich **beobachtetes Verhalten** zu reproduzieren.

Das **Modell** muss nicht ausschließlich leibhaftig anwesend sein, um nachgeahmt zu werden. Die gleiche Wirkung haben Bilder, Film- und Fernsehszenen, Theaterstücke sowie durch Geschichten erzeugte Vorstellungen, Comic-Figuren etc. Dabei wird sowohl Einzel- als auch Gruppenverhalten gelernt. Der **sozialen Interaktion** der Modellfiguren kommt hierbei eine besondere Bedeutung zu. Der Lernende muss jedoch eine gewisse **kognitive** und **emotionale** Struktur haben und Begriffe kennen, um beispielsweise Wert- und Normvorstellungen die ein Modell vermittelt, erfassen zu können.

> *Wenn eine Erzieherin sagt, dass Bernhard und Julia eine Sache gerecht teilen sollten, muss der Begriff Gerechtigkeit im Sinne von Gleichheit im kognitiven Repertoire der Kinder bekannt sein. Der Gerechtigkeitsbegriff sollte gleichzeitig emotional nachvollziehbar sein.*

Durch seine Forschungsarbeiten konnte Bandura nachweisen, dass Kinder nicht nur durch unmittelbare Verstärkung des gewünschten Verhaltens lernen, sondern dass auch durch **indirekte Verstärkung** Lernprozesse gefördert werden. Demnach kann nicht angenommen werden, dass Kinder nicht gelernt hätten, wenn sie das neue Verhalten nicht unmittelbar ausführen. Neu erlerntes Verhalten wird nicht unbedingt gleich gezeigt, wenn dafür keine ausreichende Belohnung zu erwarten ist.

Das Modell

Um als Modell wirksam zu werden, sind folgende Voraussetzungen zu erfüllen:

- Modelle mit höherem **Sozialstatus** in Relation zum Lernenden werden häufiger imitiert.
- Je mehr **Ähnlichkeit** der Lernende mit dem Modell erlebt, desto wahrscheinlicher wird er es nachahmen.
- Beobachtetes Verhalten, das von anderen **belohnt** oder geduldet wird, wird schneller übernommen.
- Menschen mit geringem **Selbstvertrauen** neigen eher dazu, ein Modellverhalten zu übernehmen.

Die pädagogische Bedeutung dieser Theorie

Bandura konnte zeigen, dass Modelllernen sehr geeignet ist, um gesellschaftlich gewünschte Norm- und Wertvorstellungen so zu lernen, dass sie dann durch den Prozess der **Identifikation** zu entsprechenden Einstellungen werden. Diese führen dann wiederum zu gewünschten sozialen Verhaltensweisen.

Kinder steuern ihr Lernen weitgehend selbst. Sie beobachten das Verhalten anderer Menschen, ob diese dafür belohnt oder bestraft werden, und entwickeln an Modellen (Vorbildern) ihr eigenes Verhaltensrepertoire. Dass Beobachtungslernen keinesfalls schlichtes Kopieren der Verhaltensweisen anderer Menschen ist, sowie die Tatsache, dass neues komplexes Verhalten nicht offen ausgeführt werden muss, lässt die Rolle des Modells in einem neuen Licht erscheinen. Eine Person, die als solches fungiert, nimmt auf unterschiedlichste Weise, d. h. direkt oder indirekt und subtil, **Einfluss auf kindliche Lern- und Entwicklungsprozesse**: So kann sie das Kind hemmen oder anleiten und motivieren. Sie gibt ihm beispielsweise soziale Hilfestellung und hat Einfluss auf seine emotionale Befindlichkeit. Kinder sind demnach innerhalb bestimmter Grenzen beeinflussbar. Welches Verhalten ein Kind letztlich entwickelt, hängt jedoch entscheidend von den ihm zur Verfügung stehenden Modellen ab. Hier ist ausschlaggebend, auf welche Art und Weise sich die Modelle verhalten und wie andere Menschen darauf reagieren. Das Kind verinnerlicht die ihm vorgelegten Verhaltensweisen und kann dann voraussagen, welches Verhalten belohnt bzw. bestraft wird. **Verinnerlichtes Modellverhalten** wird somit zum Maßstab für das eigene Verhalten. Hierdurch kann ein Kind sein eigenes Verhalten bewerten und entwickelt darüber hinaus die Fähigkeit zur **Selbstkontrolle** und **Selbststeuerung**. Kinder, die zur Selbststeuerung in der Lage sind, haben gelernt ihre Gefühle und Gedanken durch positive oder negative Selbstverstärkung zu ordnen (vgl. hierzu Kapitel 2).

Aufgaben

1. *Welche Bedeutung kommt dem Modell in der sozial-kognitiven Lerntheorie zu?*

2. *Welche Bedeutung nimmt dabei die Verstärkung ein?*

3. *Welche Merkmale zeichnen ein Modell aus, das am wahrscheinlichsten nachgeahmt wird?*

4. *Welche Bedeutung hat die sozial-kognitive Lerntheorie für die Erziehung?*

3.2.2 Theorie der Informationsverarbeitung

Dieser theoretische Ansatz hat sich in den letzten 20 Jahren nach und nach ausdifferenziert und findet zunehmend Beachtung in der Entwicklungspsychologie. Es wird zu erklären versucht, was von dem Augenblick an geschieht, in dem ein Kind Umwelteindrücke über seine Sinnesorgane wahrnimmt bis zu dem Moment, in dem es auf irgendeine Weise reagiert. Wissenschaftler versuchen, die sich hier vollziehenden inneren Mechanismen genau zu erfassen und sehen das kindliche Verhalten als Endprodukt dieser inneren Vorgänge.

Wesentliche Merkmale der Informationsverarbeitung im Hinblick auf die Entwicklung sind einmal die gemachten **Sinneseindrücke** und deren Aufnahme in das **Kurzzeitgedächtnis**, dann die Entwicklung des **Langzeitgedächtnisses** und schließlich die **Interaktionen** im Gedächtnis.

Wahrnehmung, Aufmerksamkeit und Erinnerung sind die Hauptphänomene, mit denen sich die Theorie der Informationsverarbeitung beschäftigt. Ist ein Mensch aufmerksam, so sucht er entschlossen und aktiv nach Stimuli in seiner Umgebung, d. h. er nimmt nicht passiv die ihm gebotenen Eindrücke seiner Umwelt auf. Er selektiert und analysiert bestimmte Informationen, andere werden ignoriert. **Ausgewählte Informationen** werden im Gedächtnis gespeichert und sind entweder kurzfristig (Kurzzeitgedächtnis) abrufbar oder werden Inhalte des Langzeitgedächtnisses. Nach dieser Theorie sind es die zunehmenden **Erfahrungen eines Kindes**, die es bei der Lösung von Problemen macht und die es (in der Regel) schließlich dazu veranlassen, neue Handlungsweisen auszuprobieren und zu übernehmen. Im Unterschied zu älteren Kindern nehmen kleine Kinder die Umwelt auf andere Weise wahr. Ihre Aufmerksamkeit gegenüber der dinglichen und personalen Umwelt ist wesentlich stärker als bei Erwachsenen. Ein Säugling ist „ganz Sinnesorgan" und saugt gewissermaßen noch undifferenziert alle ihm gebotenen Umweltreize in sich auf. Mit zunehmendem Alter wird die Aufmerksamkeit zielgerichteter und zweckdienlicher.

Informationsverarbeitenden Modellen zufolge beginnt die Entwicklung damit, dass das Kind zunächst mit seinen Sinnesorganen wiederholt und ausgiebig seine **Aufmerksamkeit** aktiv auf die ihm gebotenen Reize richtet. Die Information wird zunächst nur kurzzeitig gespeichert. Während des ersten Lebensjahres gewöhnt sich das Kind an bestimmte Geräusche und visuelle Eindrücke gewöhnt und schenkt diesen nicht mehr seine unmittelbare, ungeteilte Aufmerksamkeit. Es entwickelt erste Modelle über seine Umwelt. Mit ungefähr sechs bis sieben Jahren ist es kognitiv sehr aufmerksam und sucht nach notwendigen und detaillierten Informationen. Es verfügt bereits über eine **Ansammlung von Wissen** und kann dieses verknüpfen, Zusammenhänge und Vorgänge einer Aufgabe auf andere Aufgaben, Problemstellungen oder Inhalte übertragen.

Die informationsverarbeitende Theorie macht uns deutlich, wann Kinder beispielsweise in der Lage sind, Informationen aus ihrer Umgebung aufzunehmen, zu speichern und diese wieder abrufen können, wenn ein Problem zu lösen ist. So kann beispielsweise ein Lehrer den Schülern Material zur Verfügung stellen, an dem diese ihr **Gedächtnis trainieren** können (z. B. Gedächtnisstützen in Form von Gruppierung der Lerninhalte, so genannte „Eselsbrücken" etc.). Kurzum er lehrt, wie man lernt.

Ein weiterer pädagogischer Nutzen dieses theoretischen Ansatzes, der jedoch primär die kognitiven Fähigkeiten eines Kindes untersucht, ist die **Diagnose von Lernschwierigkeiten** und ihre Behandlung. Durch entsprechende Tests wird festgestellt, wo die Ursachen der Lernschwierigkeit liegen (z. B. Funktionieren der Sinnesorgane, Austausch zwischen Kurzzeit- und Langzeitgedächtnis, Wahrnehmung der Stimuli und deren Speicherung etc.). Die Kenntnis von Entwicklungsdauer und Funktion der einzelnen informationsverarbeitenden Systeme erleichtert es auch, zu verstehen, in welchem Wachstums- und Entwicklungsstadium Kinder vernünftig lernen können.

3.2.3 Psychoanalytische Theorie

Aufgabe

Was assoziieren Sie mit diesem Bild? Welche Gedanken haben sie beim Betrachten?

Die psychoanalytische Theorie bietet neben anderen Ansätzen die Möglichkeit, menschliche Handlungen, Motivationen und Erlebensweisen zu verstehen und zu erklären. Begründer dieser Theorie ist Sigmund Freud (1856–1939). Freuds Familie übersiedelte von seinem Geburtsort Freiberg (Mähren) nach Wien, wo Sigmund im Anschluss an seine Gymnasialzeit Medizin studierte. Danach spezialisierte er sich in Neurologie. Neben der Tätigkeit in seiner ärztlichen Privatpraxis arbeitete und forschte er als Privatdozent. Bekannt wurde er durch seine Studien zur Krankheit der **Hysterie**, die damals als „nervöses Frauenleiden" verstanden wurde. Freud fand heraus, dass davon auch Männer betroffen sein können. Zu Forschungszwecken folgte 1885–1886 ein Aufenthalt bei dem Neurologen Jean Charcot in Paris. Charcot gelang damals die Heilung dieser Krankheit mit Hilfe von Hypnose. Freud kehrte nach Wien zurück und entwickelte zusammen mit Joseph Breuer ein eigenes Heilverfahren (Traumdeutung und freie Assoziation). Er glaubte, dass **unterdrückte Wünsche** und **unverarbeitete Konflikte**, die in das Unbewusste verdrängt wurden, die Ursache psychischer Krankheiten seien. Immer wieder betonte er, dass der Übergang zwischen psychischer Krankheit und psychischer Gesundheit fließend ist, denn die psychoanalytische Erfahrung „kann alle Tage zeigen, dass sich die scharfsinnigsten Menschen plötzlich einsichtslos wie Schwachsinnige benehmen, sobald die verlangte Einsicht einem Gefühlswiderstand bei ihnen begegnet" (Freud, in: Lohmann, 1987, S. 45). Freud zufolge werden starke emotionale Eindrücke, Erlebnisse und Erfahrungen vornehmlich in der Kindheit in das **Unbewusste** verdrängt, d. h. sie werden nicht vergessen und bestimmen weiterhin das Verhalten und das Erleben eines Menschen.

Merksatz
Das Unbewusste ist jener Teil der Psyche, in den der Mensch verbotene Wünsche, unangenehme und schlimme Erlebnisse sowie nicht bewältigte Probleme verdrängt. Diese bleiben dem Bewusstsein verborgen, wirken jedoch immer wieder auf das Erleben und Verhalten eines Menschen ein. Im Bewusstsein befinden sich jene psychischen Inhalte, um die der Mensch weiß. Daneben gibt es noch solche Inhalte, die zwar nicht sofort erfahrbar sind, jedoch durch psychische Arbeit, d. h. Bewusstseinsarbeit wieder erinnert werden können. Sie befinden sich im Vorbewussten. Ein Mensch vergisst seine Erfahrungen nicht, sondern verdrängt unverarbeitete Anteile in sein Vorbewusstes oder Unbewusstes.

Das Instanzenmodell

Sigmund Freud zufolge besteht die menschliche Psyche aus drei Instanzen, dem **Es**, dem **Ich** und dem **Über-Ich**. Das **Es** ist von Geburt an vorhanden und somit der ursprünglichste Teil. Es beherbergt die Triebe, Bedürfnisse und Wünsche eines Menschen. Hier herrscht das **Lustprinzip** als unmittelbares und unbedingtes Streben nach Befriedigung der Triebe zur lustvollen Entspannung. Das neu geborene Kind ist nach Freud ein bindungsloses Wesen, welches erst im Stande ist, Beziehungen zur Welt aufzunehmen, wenn sein **kognitiver** Apparat herangereift ist. Zuvor befinde es sich in einem autistischen, hilflosen Zustand absoluter Abhängigkeit von der Bezugsperson, die ihm als bedürfnisbefriedigendes Objekt dient.

Im Laufe seiner Entwicklung wird ein Kind jedoch zwangsläufig durch seine individuelle und kulturelle Umwelt frustriert, da seine Triebansprüche nicht immer unbedingt und umfassend befriedigt werden können. Deshalb muss sich schließlich aus dem **Es** heraus eine weitere Instanz entwickeln, das **Ich**, welches zwischen Triebansprüchen und der Realität vermittelt. Hier herrscht dann das **Realitätsprinzip**. Durch die Entwicklung seines Ichs ist der Mensch in der Lage, sich bewusst mit der Wirklichkeit auseinanderzusetzen. **Ich** ist die Instanz der Vernunft und Besonnenheit. Bewusstes Wahrnehmen, logisches Denken, bewusstes Wollen, Urteilen und Abwägen und schließlich Handeln ermöglichen es dem

Menschen, seinem Schicksal zu begegnen, indem er schließlich selbstbewusst, frei und willentlich an seiner Biografie arbeitet.

Das **Über-Ich** ist die moralische Instanz, d. h. jene psychische Instanz, in der Werte und Normen gemäß der Kultur, in die ein Mensch hineingeboren wird, verortet sind. Sigmund Freud zufolge ist es eine heteronome Instanz, die durch die Internalisierung der Ge- und Verbote der Eltern entsteht. Hier herrscht das **Moralitätsprinzip**.

> *Merksatz*
> *Die zentrale Instanz ist dem Freudschen Modell zufolge das Ich. Es ist die vermittelnde Instanz zwischen Triebansprüchen, die aus dem Es kommen und den kulturellen und moralischen Ansprüchen und Forderungen des Über-Ichs, des Gewissens. Die Bewältigung der dadurch entstehenden Konflikte stärken das Ich (Ich-Stärke). Kommt es zu keiner Konfliktbewältigung, d. h. das Ich ist entweder den Forderungen, die aus dem Es kommen, oder jenen aus dem Über-Ich unterlegen, so wird dies als Ich-Schwäche bezeichnet.*

> *Die 14-jährige Lisa steht mit ihrer Freundin Sara in einem Kaufhaus vor einem Schmuckstand. Sie entdeckt einen Ring, der ihr besonders gut gefällt, leider jedoch zu teuer ist, um ihn von ihrem Taschengeld zu bezahlen. Lisa ist jedoch ganz vernarrt in diesen Ring.*

Nach Freuds Theorie drängt hier aus ihrem **Es** der Wunsch, diesen Ring zu besitzen und zwar sofort. Das **Über-Ich** bewertet diesen Wunsch gemäß einer verinnerlichten Norm, beispielsweise, dass Lisa sich den Ring kaufen muss, ihn jedoch keinesfalls stehlen darf. Lisas **Ich** überprüft nun die Realität: Der Ring passt genau. Er entspricht exakt ihren Vorstellungen, eine Verkäuferin ist nicht in der Nähe. Diebstahl aber ist nicht rechtmäßig und kann eine Anzeige bei der Polizei zur Folge haben etc. Je nach Stärke des inneren Drangs und der damit verbundenen Gefühle wird Lisas Entscheidung ausfallen.

Kommt es zu einem Ungleichgewicht im dynamischen Zusammenwirken dieser drei Instanzen, so treten **Ängste** auf:

Realitätsangst

Hat Lisa Angst vor den Konsequenzen der Realität, z. B. Bestrafung durch die Eltern, einer Anzeige bei der Polizei, Verachtung und Missbilligung durch ihre Freundin etc., so wird dies als Realitätsangst bezeichnet.

Moralische Angst

Fürchtet Lisa die Forderungen des Über-Ichs, d. h. wenn sie den Ring stiehlt, bekommt sie Gewissensbisse, Schuldgefühle und macht sich deshalb Selbstvorwürfe, so handelt es sich um moralische Angst.

Neurotische Angst

Lisa ist bestürzt über sich selbst, weil sie glaubt, dem Wunsch, den Ring zu besitzen, nicht widerstehen zu können, und ihn deshalb stehlen wird. Sie fühlt sich davon bedroht und muss alle Kräfte aufwenden, um diesen Wunsch wieder loszuwerden, psychoanalytisch ausgedrückt: abzuwehren.

Die Abwehrmechanismen

Nicht immer gelingt es einem Menschen „verbotene" Wünsche, Gedanken, unangenehme Erlebnisse und Erfahrungen zu bewältigen. Da er sie aber auch nicht vergessen kann, verdrängt er sie als unverarbeitete Probleme in sein Unbewusstes. Dies geschieht auf unterschiedlichste Weise mithilfe von so genannten Abwehrmechanismen.

Verdrängung

Gefühle, Triebwünsche, Ereignisse und Erinnerungen, die ein Mensch nicht wahrhaben will, weil sie starke Ängste bei ihm auslösen, werden ins Unbewusste verdrängt.

Lisa spürt in sich den Wunsch, diesen Ring unbedingt zu besitzen und ihn deshalb womöglich stehlen zu müssen. Es kostet sie eine Menge psychische Energie, diesen Wunsch abzuwehren und ihn somit unbewusst werden zu lassen.

Projektion

Wenn ein Mensch bei sich Eigenschaften nicht wahrhaben will, so schreibt er diese anderen Menschen oder Dingen zu, d. h. er macht diese dafür verantwortlich.

Lisa stellt bei dieser Form der Abwehr fest, dass die Schuld beim Personal des Kaufhauses liegt, weil dieses die Ringe so „verführerisch" und leicht zugänglich angeordnet hat.

Reaktionsbildung

Die Angstabwehr geschieht durch Verkehrung des zu verdrängenden Inhalts ins Gegenteil.

Lisa versucht sich selber einzureden, dass sie den Ring im Grunde überhaupt nicht schön findet, ihn gar nicht besitzen will.

Verschiebung

Für Wünsche, Triebe, die nicht am ursprünglichen Objekt befriedigt werden können, sucht sich der Mensch ein Ersatzobjekt.

Lisa kann bei einer anderen Gelegenheit einen Ring finden, den sie sich als Ersatz für ihren Wunschring erwirbt.

Rationalisierung

Bei dieser Form der Abwehr versucht der betroffene Mensch, „unerlaubte" Triebwünsche, Bedürfnisse durch vernünftige Argumente wegzudenken, um die eigentlichen Gründe nicht wahrhaben zu müssen.

Lisa wird in diesem Fall den Ring „eigentlich" doch nicht so begehrenswert und vielleicht ohnehin zu teuer finden.

Identifikation

Die Angst wird abgewehrt, indem der betroffene Mensch sich beispielsweise mit einer starken Persönlichkeit identifiziert.

Vielleicht hat Lisa einmal einen Film gesehen und kann sich mit der Hauptdarstellerin, einer Superfrau und Agentin, identifizieren, welche alle Situationen meistert, auch Dinge stiehlt, ohne dass ihr je etwas zugestoßen ist.

Widerstand

Ein Mensch, dem Dinge gesagt werden, die er nicht wahrhaben will, wird überspannt reagieren.

Lisa bekommt eine Wut, wenn ihr gesagt wird, dass sie den Gedanken hat, den Ring zu stehlen und allein das schon ein schlechter Charakterzug sei.

Merksatz
Mechanismen, mit denen es dem Ich gelingt, bedrohliche und angstauslösende Gedanken und Wünsche abzuwehren, um sich dadurch zu schützen, werden als Abwehrmechanismen bezeichnet.

Die Trieblehre und die psychosexuellen Entwicklungsstadien

Sigmund Freuds psychoanalytische Theorie beruht auf der These, dass alle menschlichen Handlungen und die dazugehörigen Motivationen von **Trieben** erzeugt und geleitet werden. Jedes Menschenschicksal ist somit von Triebkräften bestimmt. Dieser Standpunkt wird als **psychischer Determinismus** bezeichnet.

Zeit seines Lebens ist der Mensch mehr oder weniger auswegslos in sein Begehren und/oder seine Aggression verstrickt. Meist ist ihm jedoch weder das eine noch das andere bewusst. Sein Begehren wird vom **Lebenstrieb (Eros)** erzeugt. Die Energie dieses Triebes ist die **Libido**. Ziel dieses Triebes ist das Überleben, Weiterleben, die Erhaltung der Art durch Fortpflanzung.

Aggressionen werden vom **Todestrieb (Thanatos)** erzeugt. In heutigen psychoanalytischen Fachkreisen ist er sehr umstritten. Die Energie dieses Triebes ist die **Destrudo**. Seine Ziele sind die Zerstörung, Aufhebung alles Lebendigen, die Aggression und die damit verbundene Lust am Zerstören.

Freud geht davon aus, dass die Menschen im Laufe der Geschichte zugunsten ihrer Weiterentwicklung immer wieder ihre Triebe unterdrücken mussten. Dies führte zu ersten **Kulturleistungen** als sogenannte **Sublimierungsleistungen**. So wurde das Lustprinzip mittels Triebverzicht schon in Urzeiten zum Teil durch das Leistungsprinzip ersetzt.

Das Phasenmodell

Die Entwicklungsschritte, die ein Mensch nach dieser Theorie zu gehen hat, bezeichnet Freud als **psychosexuelle Phasen**. Das Kind lernt dabei von Geburt an, seine freiwerdende Libido (Sexualenergie) von einer Phase auf die andere auszuweiten. Infantile Sexualität darf an dieser Stelle nicht mit genitaler Sexualität gleichgesetzt werden. Genitale Sexualität ist ein Ziel des Erwachsenendaseins, nicht jedoch Inhalt der kindlichen Entwicklung. Im Vordergrund steht die Entwicklung eines starken, autonomen Ichs. Die sich ausweitende Libido ist Freud zufolge phasenspezifisch jeweils an eine besonders erregbare (sensible) Körperzone (erogene Zone) gebunden, wodurch das Kind sinnliche Lust empfindet. Zunächst ist es der Mund, dann der After, und schließlich die Geschlechtsorgane.

Orale Phase (1. Lebensjahr)

Die erste erogene Zone der Lustbefriedigung dienend ist für das neu geborene Kind der **Mund**. Es sucht nach Objekten oder Personen, auf die es seine Libido richten kann. Das Saugen an der Mutterbrust, am Schnuller, sein Bedürfnis, den Hunger zu stillen und zu atmen, haben unmittelbar lebenserhaltende Qualität und müssen befriedigt werden. Aber auch lutschen, beißen, schlucken dienen dem Luststreben und somit der Lustbefriedigung. Die Mundzone dient dem Kind zur Erkundung seiner unmittelbaren dinglichen und personalen Umwelt. Nahezu alles steckt ein Kind in diesem Alter in den Mund als eine ursprüngliche, elementare sinnliche Erfahrung. Dahinter sieht Freud den Wunsch nach Einverleibung der Dinge, ihrer Kontrolle und Beherrschung. Mangelhafte Erfüllung dieser Triebbedürfnisse (**Triebfrustration**) schafft einen Konflikt, der sich nicht selten im späteren Leben als neurotische Abhängigkeit von Dingen und Vereinnahmung von Personen zeigt. Charakterzüge, die aus dieser Phase resultieren, sind oft unersättliche Ansprüche an die Umwelt, geringe Frustrationstoleranz, Pessimismus.

Anale Phase (2.–3. Lebensjahr)

Im Zusammenhang mit der körperlichen Reifung und somit der Möglichkeit zur Beherrschung der Schließmuskulatur richtet sich die kindliche Aufmerksamkeit nun verstärkt auf die **Ausscheidungsvorgänge**. Es lernt, diese zurückzuhalten oder zu verrichten. Die oralen Bedürfnisse bestehen weiterhin parallel dazu. Dabei müssen Widerstände überwunden werden. In diesem Zusammenhang steht die Willensbildung. Das Kind lernt, was es will, u. a. am willentlichen Entleeren oder Zurückhalten seiner Exkremente. Tendieren die Eltern dazu, ihr Kind zur übertriebenen Sauberkeit anzuhalten, vor allem wenn es körperlich dazu noch nicht oder nur bedingt in der Lage ist, so hinterlässt dies Spuren von Trotz, Angst und Schuld. Die Folge kann sein, dass ein Mensch im späteren Leben dann u. a. zur zwanghaften Sauberkeit neigt. Auch das Horten und Sammeln von Dingen, das nicht Loslassenkönnen kann Ausdruck einer rigiden Sauberkeitserziehung sein. Charakterzüge, die aus dieser Phase resultieren, sind Geiz, Verschwendungssucht, Ordnungsliebe bishin zur Pedanterie, Machtstreben.

Infantil-genitale, ödipale Phase (4.–5. Lebensjahr)

Die besondere Aufmerksamkeit des Kindes richtet sich während dieser Phase auf seine **Geschlechtsorgane** als Quelle „erotischer Lust". Kinder sind in diesem Alter sehr neugierig, den „kleinen Unterschied" zwischen Jungen und Mädchen zu entdecken. Streicheln, berühren der Geschlechtsorgane, Masturbation bereiten Entspannung und lustvolle Befriedigung, jedoch nicht im Sinne erwachsener Sexualvorstellungen und Sexualpraktiken. Das Kind empfindet in dieser Zeit vermehrt Liebes- und Hassgefühle gegenüber seinen Eltern. Die Liebesgefühle gelten jetzt verstärkt dem gegengeschlechtlichen Elternteil. Gleichzeitig hegt das Kind einen „Todeswunsch" gegen den gleichgeschlechtlichen Elternteil. Dieser Konflikt wird als **Ödipuskonflikt** bezeichnet. Freud bezieht sich bei der

Erklärung des Phänomens dieser Entwicklungsphase auf die griechische Sage von König Ödipus, dessen zentrales Thema der Vatermord und der Inzest ist:

Nach seiner Geburt wurde Ödipus, der Sohn von König Laios und Königin Jokaste von Theben, im Gebirge ausgesetzt, nachdem ein Orakel weissagte, dass er einst seinen Vater töten und seine Mutter heiraten werde. Mitleidsvolle Bauern fanden den Säugling und bewahrten ihn vor dem sicheren Tod. Ödipus wurde am Königshofe zu Korinth aufgenommen und wuchs dort als Adoptivsohn heran. Als junger Mann erfährt er die Wahrheit und somit das über ihn verhängte Orakel. Er verlässt Korinth und begibt sich nach Theben. Auf dem Weg dorthin erschlägt er einen Mann, der ihm den Weg versperrt, ohne zu wissen, dass dies sein leiblicher Vater Laios ist. In Theben angekommen erfährt er, dass die Stadt von einem Ungeheuer beherrscht wird. Sie kann nur von demjenigen befreit werden, der das Rätsel der Sphinx löst. Ödipus kann es lösen. Dafür bekommt er von den Bewohnern der Stadt die Königswürde verliehen und heiratet die verwitwete Königin Jokaste, ohne zu wissen, dass es seine eigene Mutter ist. Als er später tief erschüttert die Zusammenhänge erfährt, sticht er sich beide Augen aus, weil er damit sehend blind war (vgl. Schwab, 1974, S. 94ff.).

Im übertragenen Sinne richtet jedes Kind in der ödipalen Phase seine besondere Zuneigung auf den gegengeschlechtlichen Elternteil. Dieses Begehren führt zu einem Konflikt, dem **Ödipuskonflikt**. Dabei erlebt es Schuldgefühle. Die aufkommenden Konkurrenzgefühle gegenüber dem gleichgeschlechtlichen Elternteil und das damit verbundene Inzestverbot sowie die Kastrationsangst des Jungen, veranlassen das Kind zur Identifikation bei gleichzeitiger Internalisierung der Übernahme von Wert- und Normvorstellungen. Dem Kind sind diese psychischen Vorgänge nicht bewusst. Hierbei bildet sich das **Über-Ich**, das **Gewissen**. Schließlich überwindet das Kind den Konflikt und erwirbt seine eigene Geschlechtsrolle. Kommt es nicht zu diesem Identifikationsprozess, so kann ein Mensch sich nach psychoanalytischer Überzeugung auch nicht im Erwachsenenalter vom geliebten Elternteil lösen. Dieses Festhalten und damit das Nichtbejahen des eigenen Geschlechts, wird als **Ödipuskomplex** bezeichnet. „Probleme" im Erwachsenenalter wie Liebesunfähigkeit, Impotenz, gar Homosexualität werden von Freud darauf zurückgeführt. Charakterzüge, die aus dieser Phase resultieren, sind u. a. Zärtlichkeit und Anhänglichkeit.

> *Merksatz*
> *Sigmund Freud sieht in der kindlichen Erfahrung befriedigter oder nicht befriedigter Triebbedürfnisse in den entsprechenden psychosexuellen Phasen die Basis für späteres Verhalten in Beziehungen.*

Latenzphase (6.–12. Lebensjahr)

Die Triebregungen treten in den Hintergrund. Die libidinöse Energie richtet sich wieder verstärkt auf Sachzusammenhänge und die Aufmerksamkeit des Kindes gilt nun verstärkt der gegenständlichen Umwelt, den Funktionen der Dinge und den Geheimnissen der Natur.

Genitale Phase (Pubertät) ab dem 12. Lebensjahr

In diesem Lebensabschnitt reift die Sexualfunktion heran. Es kommt zur hormonellen und somit auch zur körperlichen Veränderung. Beim Mädchen wachsen die Brüste, Scham- und Achselhaare, beim Jungen zusätzlich die Barthaare. Der Stimmbruch setzt ein, das

Sperma reift und es kommt zu nächtlichen Samenergüssen. Die Aufmerksamkeit gilt jetzt erneut jeweils dem anderen Geschlecht. Die psychologische Herausforderung dieser Zeit ist die Aufnahme sexueller Aktivitäten. Im Kontext verinnerlichter Wert- und Normvorstellungen wird Sexualität dadurch zu einer sozialen Interaktions- und Kommunikationsform. Lebensprobleme können durch ein starkes Ich bereits sehr selbstständig gelöst werden.

Triebfrustration und Fixierung

Konflikte, die im Verlauf der psychosexuellen Entwicklung auftreten, können zu psychischen Fehlentwicklungen führen. Werden die Triebbedürfnisse unzureichend befriedigt, so erlebt das Kind eine **Triebfrustration**. Im Übermaß bewirkt diese eine **Fixierung** des Kindes auf eine bestimmte Entwicklungsphase. So wird beispielsweise Rauchen, übermäßiges Trinken und Essen eine Form des Einverleibens als eine Fixierung auf die orale Phase gesehen. Hingegen werden übermäßiges Reinlichkeitsbedürfnis, Verschwendungssucht, zwanghaftes Verhalten der analen Phase zugeordnet. Der Hang zur pornografischen Literatur, zu obszönen Darstellungen, Witzen etc. deutet auf nicht verarbeitete Konflikte der ödipalen Phase und somit auf eine Fixierung hin. All diese Fixierungen verlangen nach ausschweifender Befriedigung. Dem Kind ist es nicht gelungen, bestimmte Phasen zu überwinden, sodass es als erwachsener Mensch unter Umständen auf diese zurückfällt.

Bezug zur Pädagogik

Jeder Mensch durchläuft im Laufe seines Lebens diese Phasen als psychosexuelle Entwicklung. In der **oralen Phase** braucht das Kind die geduldige, liebevolle, konstante Zuwendung einer Bezugsperson, verbunden mit umfassender Versorgung, Körperkontakt und der Möglichkeit zu vielfältigen sinnlichen Erfahrungen. Die angemessene, realitätsangepasste Befriedigung der oralen Bedürfnisse, (u. a. lutschen, beißen, saugen, kauen etc.) ist geboten. Während der **analen Phase** sollte die Sauberkeitserziehung und das damit verbundene Toilettentraining nicht zu früh und vor allen Dingen nicht zu rigide einsetzen. Lob und Anerkennung stärken das Selbstwertgefühl des Kindes und ermuntern es, diesen Entwicklungsschritt angstfrei zu bewältigen. Die Ausscheidungsprodukte sollten nicht mit Attributen wie z. B. „ekelig" besetzt werden, denn ihnen gehört die besondere Aufmerksamkeit dieser Phase. Ton, Sand und Matsch sind beispielsweise diesem Alter und den Interessen des Kindes entsprechende Gestaltungs-, Beschäftigungs- und Arbeitsmaterialien. Der **Willensentwicklung** und **Willensbildung** kommt jetzt zentrale Bedeutung zu, um die Selbstständigkeit, die freie Selbstbestimmung des Kindes zu fördern. Es erhält die Möglichkeit, seine eigenen Grenzen zu erfahren, zu geben und zu nehmen, damit es zu einer willensstarken und selbstständigen Persönlichkeit heranreifen kann.

Die **ödipale Phase** verlangt von den Eltern verstärkt die Vorbildfunktion hinsichtlich des Erwerbs der Geschlechtsrolle. Eine positive zärtliche, wohlwollende Beziehung zwischen Eltern und Kind verstärkt die Identifikationsprozesse. Gelingt es den Eltern, die Strebungen und Äußerungen des Kindes nicht in erster Linie als aggressiv und rivalisierend zu sehen, sondern als kindliche Anstrengung hin zu einem weiteren Entwicklungssprung, können sie mit freudiger Bestimmtheit und Gelassenheit reagieren, sodass die Phase für beide Parteien unproblematischer verläuft. Die verständnisvolle Wahrnehmung ermöglicht den Eltern dann, mit den vorhandenen kindlichen rivalisierenden Aggressionen und libidinösen Wünschen adäquat umzugehen, sie als Teil einer gesunden Entwicklung zu verstehen. Überwindet das Kind den Konflikt dieser Phase, so treten die objektlibidinösen und aggressiven Triebregungen gegenüber einer zärtlichen Beziehung zu den Eltern zurück. Es ist das Alter, welches von Jean Piaget auch als Stufe der „konkreten Operation" bezeichnet wird. Das Kind ist jetzt in verstärktem Maße fähig, aus seiner egozentrischen Haltung herauszutreten, um sich in die Lage der anderen versetzen zu können (vgl. hierzu Kap. 4.3).

Kritische Anmerkungen

Obwohl die Psychoanalyse nach Freud ursprünglich auch eine kritische Kulturtheorie und Theorie der psychosexuellen Entwicklung war, wurde sie auf eine Methode der Krankenbehandlung reduziert, die ausschließlich und bis heute den Ärzten vorbehalten bleibt (vgl. Lohmann, 1987). Dennoch basieren auf dieser Theorie und ihrer nachfolgenden Erweiterung durch A. Eichhorn, E. Erikson, E. Fromm, H. Zulliger, H. Kohut, O. Kernberg, W. Mertens, E. Wolf, u.v.a. wesentliche pädagogische Grundprinzipien. Es wurde erkannt, dass Sexualaufklärung für ältere Kinder wichtig und notwendig ist. Die Auswirkungen übertriebener elterlicher Autorität und die damit verbundenen kindlichen Konflikte, Ängste, Schuldgefühle, die Rolle des Gewissens wurden deutlich. Kindern sind Freiräume und Ventile zu geben, damit sie ihre Aggressionen nicht unterdrücken müssen, sondern lernen, damit angemessen und im Hinblick auf die soziale Dimension umzugehen. Der Mutter-Kind-Beziehung wurde eine grundlegende Bedeutung für die gesunde Entwicklung des Kindes und dessen Erwerb von Ich-Stärke zugestanden. Es ist die Bezugsperson, i. d. R. die Mutter, die zunächst als sogenanntes „Hilfs-Ich" fungiert, solange das Kind noch nicht sicher seine Willens- und Vernunftkräfte entfaltet hat. Dieser verantwortungsvollen Aufgabe kann sie natürlich auch nur in vollem Umfang gerecht werden, wenn ihr angemessene und ausreichende gesellschaftliche Hilfe und Schutz zukommt. Als Ergänzung und Weiterführung zu dieser Entwicklungstheorie siehe auch Abschnitt 4.7 „Die emotionale und soziale Entwicklung".

Aufgaben

1. *Was versteht man in der psychoanalytischen Theorie unter Bewusstsein und dem Unbewussten?*

2. *Beschreiben Sie das Instanzenmodell und die zugrundeliegende Dynamik. Gehen Sie auf die Bedeutung ein, die den einzelnen Instanzen zukommt.*

3. *Welche möglichen Konflikte können daraus resultieren?*

4. *Was ist unter der psychoanalytischen Trieblehre zu verstehen?*

5. *Beschreiben Sie das Phasenmodell und gehen Sie auf einzelne Persönlichkeitsmerkmale ein, die den entsprechenden Phasen zugeordnet werden.*

6. *Beschreiben Sie den Ödipuskonflikt und dessen Überwindung.*

7. *Welche pädagogische Bedeutung kommt der psychoanalytischen Entwicklungstheorie zu?*

8. *Welches Verhalten einer Erzieherin ist aus psychoanalytischer Sicht für die Frühpädagogik, für die Arbeit mit Schulkindern und Jugendlichen angezeigt?*

Die psychosoziale Entwicklung

Erik H. Erikson, Psychoanalytiker (1902), hat mit Bezug auf Sigmund Freuds Theorie der psychosexuellen Phasen so genannte **psychosoziale Stadien** der kindlichen Entwicklung herausgearbeitet. Diese Stadien sind jeweils begleitet von Identifikation als Weg zur Findung einer stabilen Ich-Identität. Seine Theorie baut auf grundlegenden Erkenntnissen der Freud'schen Theorie auf wie der Dreiteilung der Psyche in Es, Ich, Über-Ich sowie der Existenz des Unbewussten.

Die Ich-Identität

Erikson konzentrierte sich auf Merkmale, die gesunde Persönlichkeit auszeichnen.
Ziel des Entwicklungsprozesses ist das Erlangen einer gefestigten **Ich-Identität**. Dabei handelt es sich um ein **Gefühl innerer Kontinuität**, ein konstantes Gefühl für die eigene Person verbunden mit Selbsterkenntnis und Selbstakzeptanz. Ein weiterer wichtiger Aspekt ist die Identifikation des Individuums mit kulturellen Idealen, d.h. mit der Kultur, in der es lebt. Der Weg zur Bildung einer stabilen Ich-Identität ist gesäumt von Konflikten, wobei sich das Individuum bei erfolgreicher Konfliktbewältigung innerlich gestärkt fühlt, d. h. sich ein inneres kohärentes Gefühl festigt (vgl. hierzu Kapitel 5).

Die Ausbildung von Vertrauen oder Misstrauen geschieht bei jedem Menschen aufgrund seiner gemachten Erfahrungen, d.h. der Art und Weise des emotionalen Erlebens in den ersten Lebensjahren. **Urvertrauen** umfasst ein Gefühl von Vertrauen, sich auf sich selbst und andere verlassen zu können, im Sinne einer frühkindlichen Haltung gegenüber der Welt und ihrer Verlässlichkeit. Die umfassende, zuverlässige Versorgung des Kindes durch die Bezugsperson in physischer und psychischer Hinsicht ermöglicht ihm eine positive Einstellung zu sich selbst und den anderen. Ist diese Versorgung mangelhaft, so entwickelt sich **Urmisstrauen** als eine negative Einstellung zu sich selbst und anderen Menschen. Die Verlässlichkeit wird angezweifelt und das Kind entwickelt eine pessimistische Lebensgrundhaltung. Gelingt es dem Kind, Krisen dieses Stadiums zu überwinden, so entwickelt sich jetzt das **Prinzip Hoffnung**. Dieses Entwicklungsstadium wird der **oralen Phase** Freuds zugeordnet.

Parallel zur **analen Phase** kommt das Kind in eine zweite psychosoziale Krise. Sie ist begleitet von Gefühlen wie **Scham** und **Zweifel**, **Macht** und **Ohnmacht**. Dieses Stadium ist gekennzeichnet durch die Ausprägung des kindlichen Willens oder feste Entschlossenheit. Das Kind lernt, sich selbst zu beherrschen.

Parallel zur **ödipalen Phase** entwickeln sich auf psychosozialer Ebene **Initiative** und **Zielstrebigkeit**. Trotz verstärkter Schuldgefühle und Angst vor Strafe während dieser Zeit hat das Kind den Mut, für wichtig erachtete Ziele, Fähigkeiten und Verhaltensweisen anzustreben. Es identifiziert sich mit elterlichen Wert- und Idealvorstellungen.

Während der **Latenzphase** geht es um **Werksinn** und **Minderwertigkeit**. Erfahrungen von Geschicklichkeit und eigener Tüchtigkeit sind Themen dieser Zeit. Viele Situationen werden allein gemeistert, d. h. in zunehmender Unabhängigkeit von den Erwachsenen. Dadurch überwindet das Kind seine konfliktbeladenen infantilen Minderwertigkeitsgefühle.

Die **Pubertät** ist eine konfliktbehaftete Zeit. Der junge Mensch kommt in eine starke Identitätskrise, begleitet von Selbstzweifeln. Die internalisierten **Wertvorstellungen** werden kritisch überprüft. Es geht jetzt verstärkt um den Erwerb der Fähigkeit, Treue zu einem einmal gefassten Entschluss zu halten.

> *Merksatz*
> *Hoffnung, Wille, Zielstrebigkeit und Tüchtigkeit sieht Erikson als Verhaltensdispositionen, die in der Kindheit entwickelt werden. In der Jugendzeit ist es die Treue. Dies ist die Basis, auf die der Mensch Tugenden wie Liebe, Fürsorge und Weisheit aufbaut.*

3.2.4 Humanistische Theorie

Wurde in der behavioristischen Tradition das Individuum auf ein aus beobachtbarem Verhalten bestehendes System und auf die Dimension eines konditionierbaren „Reflexbündels" reduziert – Aspekte wie Ideale, Gefühle, Kreativität als zum Menschen gehörend konsequent vernachlässigt – so gilt das Hauptinteresse der humanistischen Psychologie und ihrer Vertreter, A. Maslow, Ch. Bühler, A. Mahler u. a., den lebensgeschichtlich gemachten Erfahrungen einer Person. Dieser theoretische Ansatz versucht, menschliche Qualitäten wie Kreativität, Urteilsvermögen, Selbstentwicklung hervorzuheben, und leistet damit Widerstand gegen den Versuch, übermäßige Objektivität zu schaffen. Die humanistische Theorie gesteht dem Menschen ein individuelles inneres Potenzial zur Selbstwerdung und Selbsterkenntnis zu. Dahinter steht ein optimistisches Menschenbild.

Das ursprüngliche und somit **eigentliche Wesen des Kindes** wird als frei, spontan, kreativ, liebevoll, aktiv und strebsam erkannt. Grundsätzlich suche das Kind nach konstruktiver Verwirklichung seiner inneren Anlagen. Charaktereigenschaften wie Destruktion, Grausamkeit bis hin zur Bösartigkeit sind nicht angeboren, sondern eine heftige Reaktion auf die Frustration unserer Bedürfnisse. In der Wechselwirkung zwischen körperlichen Merkmalen, inneren Potenzialen und elterlichen Erziehungsvorstellungen wird das Kind seinen persönlichen Individuationsprozess durchlaufen. Dabei ist die Befriedigung grundlegender **Bedürfnisse** wie des Strebens nach Selbstfindung, nach Realisierung seiner inneren Möglichkeiten, nach Verwirklichung dessen, woran es glaubt elementar wichtig. Neben den Grundbedürfnissen wie Hunger, Durst, Schlaf gibt es ebenso andere lebenswichtige Bedürfnisse nach Achtung, Anerkennung und Wertschätzung der eigenen Person durch andere. Sie sind verknüpft mit den Bedürfnissen nach Zugehörigkeit, dem Wunsch nach Geborgenheit und Sicherheit, deren angemessene Befriedigung Grundvoraussetzung für eine gelingende Persönlichkeitsentwicklung mit einem stabilen Selbstkonzept ist.

Ein Mensch, der sich selbst zu verwirklichen weiß, nimmt beispielsweise die Realität zunehmend aufmerksamer und differenzierter wahr. Er lernt sich selbst zu akzeptieren und verfügt über eine größere Bandbreite an emotionalen Reaktionen und Ausdrucksmöglichkeiten. Wachsendes Verständnis und zunehmende Autonomie zeichnen ihn aus. Seine zwischenmenschlichen Beziehungen kann er positiv gestalten und verändern. Zunehmend entwickelt er eine „Ich-syntone" Charakterstruktur, die sich durch ein gütiges, ruhiges, abgerundetes Wesen, einhergehend mit Tatkraft, Aufgeschlossenheit und Einheitlichkeit im Denken, Fühlen und Handeln äußert.

Hinsichtlich der Stadien und Entwicklungsrichtungen unterscheiden A. Maslow und Ch. Bühler lediglich zwei allgemeine, separate Stadien des Wachsens und Werdens eines Menschen. Es sind die der Kindheit und Adoleszenz. Die Entwicklung auf psychologischer Ebene als Streben nach Selbstverwirklichung und Selbsterfüllung korreliert mit dem biologischen Wachstum. Ein Mensch braucht Zeit und eine Menge Erfahrungen, um schließlich ein **kohärentes Selbst** zu entwickeln im Sinne eines harmonischen Zusammenspiels von Bestandteilen der Persönlichkeit, eines stimmigen Selbstkonzepts als Gesamtumfang aller psychischen Phänomene im Menschen.

Die **pädagogische Bedeutung** dieser Theorie liegt darin, dem Kind von Beginn an eine liebevolle Zuwendung und sinnvolle Stimulation zu bieten, d. h. kognitive und affektive Erfahrungsmomente zusammenfließen zu lassen. Dabei nimmt die Bezugsperson das Kind in seiner Welt emphatisch wahr und begegnet ihm mit Achtung und Akzeptanz, Respekt und Echtheit. Die Vertreter der humanistischen Psychologie sehen als den Kern der Persönlichkeit ein inneres Potenzial, woraus sich die Charakterstruktur, das Selbstkonzept eines Menschen entfaltet. Dies ist nur möglich im intersubjektiven Beziehungsgefüge und damit im Kommunikationsgeschehen, wobei dem Menschen seine eigenen Lebenserfahrungen zur Gestaltung seiner Persönlichkeit dienen.

Aufgaben

1. *Welche Grundsätze vertritt die humanistische Theorie?*

2. *Beschreiben Sie die pädagogische Bedeutung dieser Theorie.*

3. *Wie kann die Theorie praktische Anwendung im erzieherischen Alltag der Frühpädagogik finden?*

---

4 Altersgemäße Entwicklungsverläufe

Um menschliche Entwicklung in verschiedenen Lebensphasen zu verstehen und zu erklären, ist eine selektive Betrachtungsweise einzelner Entwicklungsbereiche sinnvoll. In all diesen Bereichen unterscheidet sich ein Kind grundlegend vom Erwachsenen. Wohin seine persönliche Entwicklung führt, ist letztlich offen. Entwicklungstabellen, wie sie heute in den vielfältigen ressourcenorientierten Beobachtungsinstrumenten zu finden sind, berücksichtigen die Tatsache des individuellen Entwicklungstempos jedes einzelnen Kindes. Aufgrund des **Paradigmenwechsels** im Hinblick auf das **Bild vom Kind** werden Entwicklungsvorsprünge oder -verzögerungen nicht mehr so einfach in den Bereich des Abnormen gerückt, sondern im Lichte einer **ganzheitlichen Betrachtung des kindlichen Entwicklungsgeschehens** beurteilt. Das **konstruktivistische Verständnis von Entwicklung und Lernen** gewinnt zunehmend an Bedeutung. Im Zuge der Entwicklungsaufgaben, die jedes Kind in den unterschiedlichen Phasen seines Lebens zu bewältigen hat, konstruiert es mit seinen Interaktionspartnern **Wissen** und **Verständnis**. Deshalb steht die

Disposition zur **Entwicklung** und zum **Lernen** im Fokus der professionellen Pädagogik und der Blick ist auf seine Fähigkeiten und Fertigkeiten gerichtet. Die sensible pädagogische Begleitung, hilft ihm, seine Entwicklungsaufgaben altersgemäß zu bewältigen.

In den nun folgenden Abschnitten werden vornehmlich die Entwicklung der Wahrnehmung, die körperliche und motorische, die kognitive, sprachliche, sozial-emotionale und schließlich die moralische Entwicklung betrachtet.

4.1 Die Entwicklung der Wahrnehmung

Eine alte asiatische Fabel

Vier blinde weise Männer treffen auf einen Elefanten und versuchen, ihn zu beschreiben.

Der erste Blinde befühlt den Rüssel des Elefanten und schließt, ein Elefant müsse aussehen wie eine riesige Schlange. Der Zweite tastet sich an den Füßen hoch und meint, das Tier habe eine Gestalt wie ein uralter Baum. Der Dritte ertastet die Flanke des Tieres und beschreibt sie als eine Mauer. Und der Vierte dieser blinden Weisen gerät an den Schwanz des Dickhäuters und behauptet die Ähnlichkeit mit einem Seil.

Bald streiten sich nun diese vier blinden Weisen, wobei ein jeder auf seine „Erkenntnis" besteht. Dabei hat jeder recht, was den jeweiligen Körperteil betrifft. Aber doch haben alle unrecht, weil keiner den Elefanten als ein Ganzes erfasst hat.

Aufgaben

1. *Wie und warum kommen die Männer zu derart unterschiedlichen Aussagen?*
2. *Was könnten Sie tun, um zu einer gemeinsamen Sicht der Dinge zu gelangen?*

Das vorangegangene Beispiel zeigt, dass jeder dieser vier weisen Männer seine wahrgenommenen Eindrücke subjektiv deutet. Der **Prozess der Wahrnehmung** ist dennoch **objektiv** und **subjektiv**. **Objektiv** ist der physiologische Teil: Reizaufnahme durch die Sinnesorgane und die Weiterleitung der Informationen über die Nervenbahnen zum Gehirn. Die dort stattfindende Verarbeitung der Informationen und die Bedeutung, die diese dann für das Erleben und Verhalten eines Menschen bekommt, ist der **subjektive** Teil. Hierbei spielen **individuelle** Erfahrungen wie z. B. Stimmungen und Gefühle, und **soziale** Determinanten wie z. B. Vorurteile, Werte und Normen eine wichtige Rolle. Die Information wird im Gedächtnis gespeichert. In der Regel folgt eine motorische Reaktion:

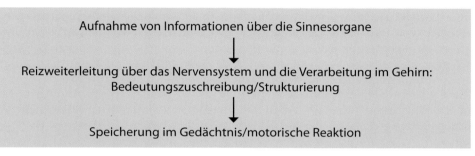

Aufnahme von Informationen über die Sinnesorgane

↓

Reizweiterleitung über das Nervensystem und die Verarbeitung im Gehirn:
Bedeutungszuschreibung/Strukturierung

↓

Speicherung im Gedächtnis/motorische Reaktion

Die Wahrnehmung des Säuglings ist von ganz besonderer Qualität. Mit all seinen Sinnen nimmt er äußerst neugierig die ihm gebotenen Reize wahr. Er kann schon bald vieles was er sieht nachahmen und sich zu eigen machen. Lange bevor das Kind sprechen kann, versteht es bereits auf seine Weise. Jean Piaget bezeichnete diese Fähigkeit als **sensomotorische Intelligenz** (vgl. hierzu 4.3). Es ist in der Lage, durch die Sinne Wahrgenommenes intuitiv zu verstehen und in eigenen Handlungen nachzuvollziehen. Sein Denken ist im Gegensatz zur Denkfähigkeit eines Erwachsenen noch ganz unmittelbar an die Sinneswahrnehmung gebunden. Voraussetzung ist, eine Situation, eine Person oder einen Gegenstand aufmerksam wahrzunehmen, d. h. ihn zu fixieren und dabei zu verweilen. So können wahrgenommene Informationen aufgenommen, gedeutet und gespeichert werden, um künftig für den alltäglichen Gebrauch als erwünschtes und notwendiges Verhalten zur Verfügung zu stehen.

4.1.1 Die Sinne als Tore zur Welt und zum Selbst

Die individuelle menschliche Entwicklung geschieht in Abhängigkeit von der Wahrnehmung innerer und äußerer Geschehnisse durch die **Sinne** und der Verarbeitung dieser Eindrücke im Gehirn. Ohne Wahrnehmungsvorgänge ist **Erleben** und **Verhalten** eines Menschen nicht möglich. Unsere **Sinnesorgane** entwickeln sich bereits im Mutterleib und sind in der Regel unmittelbar nach der Geburt funktionstüchtig. Tastend, schmeckend, hörend, sehend etc. erobern wir uns die Welt und nehmen dabei Informationen über den eigenen Körper und die Umwelt auf. Die sinnlichen Empfindungen, die dabei gewonnenen Informationen, deren Verarbeitung und die sich daraus aufbauenden Erfahrungen bedürfen noch der Ordnung, Koordination und Verknüpfung. Diesen Prozess bezeichnet Jean A. Ayres (1992) als **sensorische Integration**. Die Grundstruktur dazu wird bereits im Mutterleib gelegt und ist nach der Geburt die Basis für die Vernetzung der einzelnen Sinneseindrücke im Gehirn. Erst dadurch bekommen Empfindungen und Erlebnisse **Bedeutung** und dienen somit der weiteren Entwicklung.

Das **Sinnessystem** wird in **Nahsinne** (Tastsinn, Bewegungssinn, Gleichgewichtssinn, Geschmackssinn) und **Fernsinne** (Sehsinn, Hörsinn, Geruchssinn) differenziert. Bei den Nahsinnen wirken Reize **direkt** auf den Körper: z. B. Berührung, Schmerz, wohingegen diese bei den Fernsinnen vom Körper **entfernt** wirken: z. B. Geräusch, Licht.

Nahsinne

Der Tastsinn (taktiles System)

Die Haut ist das Wahrnehmungsorgan des Tastsinns. Unzählige kleine Nervenendungen und spezialisierte Tastkörperchen befinden sich an empfindlichen Hautpartien wie z. B. Fingerspitzen, Rücken etc. Das Kind stößt gewissermaßen an der Welt, an seiner Umwelt an, erfährt somit seine Existenz und Begrenzung. Bereits ab dem zweiten Schwangerschaftsmonat entwickelt sich im Mutterleib der **Tastsinn**. Das Kind berührt sich und stößt an der Uteruswand an. Die Tastwahrnehmung wird jedoch abgeschwächt, da im Mutterleib ein gleichmäßiges Wärmemilieu herrscht (37 °C). Das ändert sich sofort mit der Geburt. Das Kind empfindet Temperaturunterschiede, trockene Luft, Berührungen durch die Bezugsperson etc.

Wahrnehmungen von Berührungen geschehen passiv und werden als Gefühl erlebt. So können beispielsweise lieblose Berührungen (mechanischer Reiz) oder grobe Umarmungen Grenz- oder Trennungserlebnisse verstärken. Durch aktives Tasten und Berühren erfährt das Kind etwas über seine Körpergrenze, seine Körperausdehnung und sein Umfeld. Es erhält Informationen über Formen, Oberflächen, Eigenschaften und Beschaffenheit der Dinge etc., woraus sodann Vorstellungen gebildet werden. Die Erfahrungen können allerdings nur in Verbindung mit dem Bewegungssinn (kinästhetisches System) gemacht werden. Temperatur- oder Schmerzwahrnehmung erfolgen ebenfalls über den direkten Hautkontakt.

Der Bewegungssinn (kinästhetisches System)

Der Bewegungssinn entwickelt sich ab dem dritten Schwangerschaftsmonat. Das kinästhetische System gibt dem Menschen ein Gefühl für die Stellung und Lage seines Körpers, für Bewegung, Muskelkraft und Muskelspannung (Anspannung und Entspannung).

Er weiß seine Bewegungen zu steuern, zu kontrollieren und gewinnt Orientierungssicherheit in Raum und Zeit. Das Gefühlserlebnis, welches damit zusammenhängt, ist ein Freiheitsgefühl. Bewegung macht fröhlich. In Bewegung äußert sich Freude. Durch das Bewegungsspiel zeigt ein Mensch auch, was in ihm vorgeht (Körpersprache). Nicht zuletzt ermöglicht Bewegung Begegnung mit anderen Menschen. Sprache ist Bewegung auf engstem Raum, auf Mundbewegung reduziert, unter Umständen weder von Mimik noch von Gestik begleitet.

Der Gleichgewichtssinn (vestibuläres System)

Das Gleichgewichtsorgan befindet sich im Labyrinth des Innenohrs und lässt uns die Stellung des Kopfes zum Körper und zur Schwerkraft, seine Neigung und Drehung, selbst wenn es dunkel ist, erfahren. Im dritten und vierten Schwangerschaftsmonat wird das Gleichgewichtssystem angelegt und ist ungefähr im sechsten Schwangerschaftsmonat ausgereift. Dieser Sinn wird unmittelbar nach der Geburt „aktiv". Durch ihn spüren wir, ob und wie und in welche Richtung wir uns bewegen (Balance). Er ist eine wichtige Voraussetzung für die motorische Entwicklung. Die gesamte Bewegungsentwicklung, insbesondere im ersten Lebensjahr, ist eng mit der Entwicklung des Gleichgewichtssinns verbunden. Die größte Leistung die mit seiner Hilfe erbracht wird, ist das aufrechte Gehen und Stehen.

Seine Funktionen verlaufen größtenteils unbewusst. Drehen wir uns z. B. schnell und fortlaufend, so haben wir nach Kurzem den Eindruck, dass wir uns in Ruhe befinden und sich die Welt um uns dreht. Halten wir sodann plötzlich an, scheint sich die Umwelt in die entgegengesetzte Richtung zu bewegen. Es kann dabei zu Reaktionen wie Schwindel und Übelkeit kommen. Ist vom dynamischen Gleichgewicht die Rede, so sind damit alle Anstrengungen, das Gleichgewicht in der Bewegung zu halten, gemeint. Hingegen beschreibt das statische Gleichgewicht alle Anstrengungen, das Gleichgewicht im Stand zu halten.

Der Geschmackssinn (gustatorisches System)

Im dritten Schwangerschaftsmonat beginnt die Entwicklung des Geschmackssinns. Dieser ist bei der Geburt voll ausgebildet. Mit diesem Sinn kann der Mensch unmittelbar die Beschaffenheit und den Geschmack von Substanzen bzw. die Qualität der Nahrung erfahren. Durch chemische Reize (z. B. Nahrung) der Geschmacksknospen (Chemorezeptoren), die sich auf der Zunge und im gesamten Mundraum befinden, entstehen Geschmacksempfindungen, die Speichel- und Magensaftproduktion anregen. Die Mundhöhle steht in enger Verbindung zum Nasenraum, weshalb Geschmacks- und Geruchssinn auch voneinander abhängen. So kann die Nahrung beispielsweise bei Schnupfen nicht mehr in ihren Geschmacksqualitäten empfunden werden. Zu den Geschmacksqualitäten gehören **süß** und **salzig**, vorwiegend von der Zungenspitze wahrgenommen. **Sauer** wird vom Zungenrand und **bitter** in erster Linie am Zungengrund wahrgenommen.

> *Merksatz*
> *Tastsinn, Bewegungssinn und Gleichgewichtssinn werden als Basissinne bezeichnet. Sie bilden die Grundlage für die Entwicklung der anderen Wahrnehmungsbereiche.*

Fernsinne

Der Sehsinn (visuelles System)

Über diesen Sinn, dessen Organ, das Auge mit seinen Photorezeptoren ist und der sich im achten Schwangerschaftsmonat zu entwickeln beginnt, nimmt der Mensch die meisten Eindrücke auf. Formen, Helligkeit und Dunkelheit, Schatten und Licht sowie das ganze Farbenspektrum können durch ihn erfahren werden. Das Neugeborene unterscheidet bereits hell und dunkel. Im Abstand von ca. 20–40 cm kann es schon relativ scharf sehen. Nach ungefähr zwei Monaten ist die Fähigkeit, die Augen auf unterschiedliche Entfernungen einzustellen, entwickelt. Durch beidäugiges Sehen entwickelt sich sodann auch das räumliche Sehen und damit verbunden die Tiefenwahrnehmung. Die Fähigkeit der Auge-Hand-Koordination, auch visu-motorische Koordination genannt, ist Voraussetzung für gezieltes Greifen, später dann für Ballspiele, Schreiben und Handarbeiten allgemein. Ebenso ist unsere sichere Fortbewegung im Straßenverkehr an eine gut funktionierende Auge-Bewegungs-Koordination gebunden. Unser visuelles Gedächtnis ist von Vorstellungsbildern abhängig, die sich durch Gesehenes entwickeln und festigen.

Der Hörsinn (auditives System)

Der Hörsinn, dessen Organ das Ohr ist, entwickelt sich im siebten Schwangerschaftsmonat und funktioniert damit schon einige Zeit vor der Geburt. Die Stimme der Mutter wird vom Kind bereits im Mutterleib wahrgenommen. Untersuchungen von Neugeborenen zeigen, dass sie bereits deutlich die Stimme der Mutter von anderen Stimmen unterscheiden können. So saugen Neugeborene viel heftiger an ihrem Schnuller, wenn sie die Mutter sprechen hören, als wenn eine andere Frau spricht. Insgesamt ist das Gehör bereits nach der Geburt äußerst leistungsfähig. Das Kind hört bereits sehr differenziert Töne und die verschiedenen Tonhöhen. Den Klang der Stimme seiner Mutter, ihre Lautstärke vernimmt das Kind lange bevor es den Sinn der Worte versteht.

Mithilfe differenzierter Wahrnehmung von auditiven Reizen kann es bald die Richtung der Laute, Töne und Geräusche erkennen. Die Schulung dieses Systems ist deshalb auch wichtig, da für den Erwerb der Sprache ähnlich klingende Laute unterschieden, gespeichert, wiedererkannt und aus dem Gedächtnis abgerufen werden müssen. Das Kind muss die Reihenfolge von Buchstaben und Wörtern behalten können. Dies ist die Grundlage dafür, Lesen und Schreiben zu lernen. Das Gehörte muss auch inhaltlich verstanden, zugeordnet und in einen Sinnzusammenhang gebracht werden, was eine der kompliziertesten Leistungen darstellt.

Der Geruchssinn (olfaktorisches System)

Der Geruchssinn, dessen Organ die Nase ist, dient seit Urzeiten dem Menschen, in viel ausgeprägterer Form dem Tier, als Orientierungssinn. Zuordnungen und Gefahren, z. B. durch das Riechen eines Brandes oder das Riechen von verdorbenen Lebensmitteln, können über diesen Sinn erfahren und abgewendet werden. Auf emotionaler Ebene wird Geruch im übertragenen Sinn verwendet, um beispielsweise Sympathie oder Antipathie zu bekunden: „Ich kann sie nicht riechen." Ein Säugling erkennt seine Mutter u. a. an ihrem Geruch; das Schmusetuch oder der Teddy haben einen eigenen Geruch, welcher dem Kind vertraut ist und Sicherheitsgefühle vermittelt. Deshalb kann es für das Kind ein Drama sein, wenn beispielsweise diese Gegenstände gewaschen werden. Wie der Geschmackssinn reagiert auch unser Geruchssinn auf chemische Reize. Viele tausend Duftnoten können wahrgenommen werden (z. B. blumig, ätherisch, stechend, faulig). Geruchserfahrungen werden lange Zeit im Gedächtnis gespeichert. So können bestimmte Düfte/Gerüche Erlebnisse aus unserer Kindheit wachrufen.

Die Wahrnehmung des Raumes

Die Fähigkeit Tiefen wahrzunehmen ist angeboren. Ein Kind kann erstmals mit ungefähr zwei Jahren die Tiefe eines Raumes begreifen. Zuvor sind in seinem Verständnis nahe Dinge genau so groß wie sie wirklich sind, entfernte Dinge erscheinen ihm genauso klein wie sie aussehen: z. B. einen Baum aus der Nähe im Vergleich zu einem Baum in der Ferne. Erst allmählich begreift es, dass der entfernt liegende Ball genauso groß ist, wie, wenn er unmittelbar greifbar wäre. Ungefähr mit vier Jahren kann das Kind ähnlich gut Tiefen und Entfernungen sehen wie ein Erwachsener. Perspektivisches Zeichnen ist ihm jedoch erst mit ungefähr zwölf Jahren möglich.

Die Wahrnehmung der Zeit

Im ersten Lebensjahr lebt ein Kind ausnahmslos in der Gegenwart. Ungefähr mit zwei Jahren kann es dann „zukünftiges" Geschehen zumindest sprachlich fassen: z. B. Morgen gehen wir zu Oma, oder: Oma kommt morgen wieder. Die Vergangenheit begreift es schließlich mit drei Jahren: z. B. gestern waren wir im Wald. Mit ungefähr fünf Jahren kennt es die Wochentage, mit sieben Jahren die Monate und die Jahreszeiten. In der späten Kindheit, ungefähr mit zehn bis zwölf Jahren, kann es die Begriffe nahe und ferne Vergangenheit, nahe und ferne Zukunft unterscheiden und mit geschichtlichen Zeiträumen umgehen.

4.1.2 Die Bedeutung und Förderung der Wahrnehmung

- Durch Wahrnehmung ist ein Mensch fähig zu erleben, sich zu verhalten und zu lernen, d. h. sich mit seiner personalen und dinglichen Umwelt auseinanderzusetzen und dadurch seine Persönlichkeit zu gestalten.

- Bereits dem Neugeborenen sollten verschiedenartige Reize als Sinnesnahrung geboten werden: z. B. kleine Püppchen, Mobiles, Greifspielzeuge etc.

- Je kleiner das Kind ist, desto unmittelbarer macht es durch Berühren und Betasten der Dinge konkrete Erfahrungen. Die einzelnen Sinneswahrnehmungen werden dann im Gehirn durch Integrations- und Differenzierungsprozesse zu komplexen Vorstellungen zusammengefügt. Dadurch werden das Wachstum, die Strukturierung und damit die vielseitigen Vernetzungen im Gehirn möglich. Seine Eigenaktivität veranlasst ein Kind, sich selbst Reize und Situationen, die sein Nervensystem verarbeiten kann, zu suchen.

- Unerlässlich ist dabei die soziale Zuwendung einer liebevollen, konstanten Bezugsperson, die ihm körperliche Nähe in Form von Berührungsreizen gibt, es zärtlich anerkennt, liebevoll anspricht, anlächelt und Blickkontakt hält. Doch nicht nur Säuglinge und Kleinkinder wollen diese Erfahrungen machen, sondern auch Schulkinder und Jugendliche in der Pubertät. Letztere werden allerdings hinsichtlich Berührungen und Umarmung sehr wählerisch sein, was die Person des Umarmenden betrifft.

- Eine Überfütterung mit Reizen bringt psychische Verarbeitungsprobleme dergestalt mit sich, dass das Kind die Reize nicht mehr differenzieren und integrieren kann. Es ist überfordert. Dies zeigt sich unter Umständen in Reaktionen wie Verweigerung und Rückzug. Es wird in seinem Verhalten auffällig. Sollte ein Kind kaum sinnliche Erfahrungen machen können, so wird es in seiner sozialen und emotionalen Entwicklung verarmen (vgl. Abschnitt 2.3 Hospitalismus und 4.7 Die emotionale und soziale Entwicklung).

- Wahrnehmungsstörungen sollten so früh wie möglich erkannt werden, um in Kooperation mit Eltern und Fachkräften Bedingungen zu schaffen, damit dem Kind geholfen werden kann.

Merksatz

Kinder brauchen mehr als nur die Befriedigung ihrer körperlichen Bedürfnisse. Sie brauchen Sinnesnahrung in Form von verschiedenartigen Reizen, insbesondere auch die Zuwendung und Anregung durch andere Menschen, die ihnen Aufmerksamkeit, Anerkennung, das Gefühl der Zugehörigkeit und des Erwünschtseins vermitteln. All das, was in der Vorstellung eines Menschen ist, war zuvor ein Sinneseindruck. Sein Selbst- und Welterleben wird zunächst ausschließlich von den Sinnen durch eine Fülle von Wahrnehmungsprozessen geprägt. Es werden Informationen, Botschaften und Qualitäten von Licht, Farbe, Klang, Geruch, Rauigkeit, Glätte etc. aufgenommen und verarbeitet. Auf diese Weise sammelt das Kind vielfältige Erfahrungen, die seine Persönlichkeitsentwicklung entscheidend beeinflussen werden. Kommt es zu Problemen in der Wahrnehmungsentwicklung, kann dies seine körperliche und seelisch-geistige Entwicklung beeinträchtigen und zu Verhaltensauffälligkeiten führen.

Aufgaben

1. Unterscheiden Sie die einzelnen Sinne und gehen Sie auf ihre Entwicklung und Bedeutung ein.

2. Durch Wahrnehmungsprozesse ausgelöste gedankliche Prozesse werden in Bewegung und damit in Körpersprache „übersetzt". Körper und Geist befinden sich im Dialog. Der Volksmund drückt dies aus in: „Ein Auge zudrücken; Atemlos zuhören; Dafür rühre ich keinen Finger". Finden Sie weitere Aussprüche, die Sie den verschiedenen Sinneseindrücken zuordnen können.

3. Die Mutter wartet mit ihrer vierjährigen Tochter seit etwa drei Minuten auf den Zug. Das Kind sagt zu ihr: „Oh, jetzt warten wir schon lange. Wie lange dauert es noch?" Die Mutter antwortet: „Eine halbe Stunde." Hierauf das Kind: „Das ist ja nicht mehr lang." Nehmen Sie hierzu Stellung im Hinblick auf die Zeitwahrnehmung.

Projekt „Wahrnehmung"

- *Nehmen Sie Ihr Klassenzimmer wahr, versuchen Sie es auf sich wirken zu lassen und beschreiben Sie Ihre Wahrnehmung.*

- *Suchen Sie ggf. nach Möglichkeiten, diesen Raum umzugestalten.*

- *Besuchen Sie einen spielzeugfreien Kindergarten, einen Waldorfkindergarten, einen Montessorikindergarten und diskutieren Sie über deren pädagogische Konzeption hinsichtlich der Besonderheit von Raumgestaltung und der Bedeutung für die Wahrnehmung – im weitesten Sinne für die Erziehung.*

4.2 Die körperliche und motorische Entwicklung

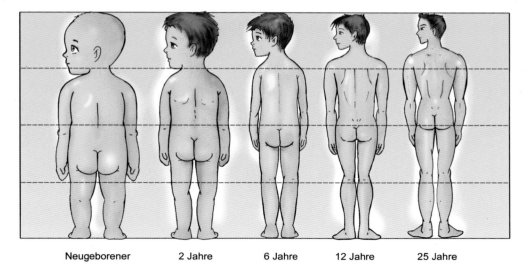

| Neugeborener | 2 Jahre | 6 Jahre | 12 Jahre | 25 Jahre |

Veränderung der Körperproportionen (Gestaltwandel) im Verlauf des Kindes- und Jugendalters.
Die Altersangaben sind relativ im Hinblick auf entwicklungspsychologische Normen.

Aufgabe

Beschreiben Sie die Veränderung der Gestalt anhand der Abbildung, wie sie im Laufe der Entwicklung sichtbar wird.

4.2.1 Ablauf der körperlichen und motorischen Entwicklung

Alle Bewegungsabläufe des menschlichen Körpers werden als **Motorik** bezeichnet. Der Begriff leitet sich vom lateinischen ab: movere = sich bewegen. Dabei wird in **Grobmotorik** und **Feinmotorik** unterschieden. Die Bewegungen von Kopf, Schultern, Rumpf, Rücken, Bauch, Becken, Armen, Beinen werden der **Grobmotorik,** hingegen die Bewegungen der Finger, Zehen sowie des Gesichts, der **Feinmotorik** zugeordnet.

Schwangerschaft

Die motorische Entwicklung beginnt bereits im Mutterleib. Ungefähr ab der 11. Schwangerschaftswoche beginnen die Muskeln zu arbeiten. Die Arme und Beine des Kindes (Embryos) sind nahezu ständig in Bewegung. Der Kopf kann auch schon gedreht werden. Es kann sich strecken, räkeln und verfügt schon über Gesichtsmimik: Es kann die Lippen öffnen und schließen, die Stirn runzeln und die Augenbrauen hochziehen. Die Finger und Zehen formen sich mit Beginn der 12. Schwangerschaftswoche aus. Die Mutter kann die Bewegungen ihres Kindes ungefähr ab dem 4. Schwangerschaftsmonat spüren. Seine Bewegungen werden immer stärker, es strampelt und schlägt hin und wieder Purzelbäume. Ab dem 7. Schwangerschaftsmonat wird es für das Kind langsam eng. Würde jetzt die

Geburt erfolgen, so hätte das Kind recht gute Überlebenschancen. Rückt Ende des 9. Schwangerschaftsmonats der Geburtstermin immer näher, so dreht sich das Kind normalerweise so, dass der Kopf in Richtung Gebärmutteröffnung zeigt. In der Regel (97 %) werden die Kinder in dieser Lage geboren.

Geburt bis drittes Lebensjahr

Die Bewegungen des neu geborenen Kindes sind zum großen Teil von Reflexen bestimmt: Atmungsreflex, Suchreflex, Saugreflex, Greifreflex, Schluckreflex. Es handelt sich dabei um angeborene, **unwillkürliche** Bewegungen, um Reaktionen des Organismus auf eine Reizung seines Nervensystems. Diese verlieren sich im Laufe der nächsten Wochen und Monate zugunsten gezielterer, **willkürlicher** Bewegungsformen. Das erste Lebensjahr eines Kindes ist von intensiven Bewegungsreifungen gekennzeichnet.

Greifen – Die Entwicklung der Hand

Mit **einem Monat** greift bzw. umfasst das Kind Dinge reflexartig. Im Lauf der nächsten Monate wird sein Griff willkürlicher. Gezielt umfasst es Gegenstände, entdeckt und begreift die eigenen Hände und kann mit ungefähr **fünf Monaten** die Füße gezielt zum Mund führen. Das Kind beginnt **sensorische** Eindrücke mit **motorischen** Leistungen, die auf Reifungsvorgängen beruhen, zu verknüpfen. Auf diese Weise können Bewegungsabläufe immer besser gesteuert und kontrolliert werden. Dieser Entwicklungsprozess wird als **Sensumotorik** bezeichnet.

Mit ungefähr **sechs Monaten** hält es Gegenstände zwischen Daumen und Finger und kann mit **acht Monaten** kleine Sachen anfassen (Pinzettengriff). Die Koordination der Bewegungsabläufe ist mit ungefähr **zwölf Monaten** so weit entwickelt, dass das Kind in der Lage ist, beispielsweise Stäbchen zu halten oder selbstständig zu essen. Die **Feinmotorik** der Hände ist mit ungefähr **achtzehn Monaten** so weit ausgereift, dass das Kind aus mehreren Bauklötzen Türme baut, gut alleine essen und Buchseiten umblättern kann. Schließlich versucht es Knöpfe zu öffnen und zu schließen. Mit **zwei Jahren** kann es Türen öffnen, von Flaschen Deckel abschrauben (Drehbewegung), Stifte halten und damit erste Bilder malen. Mit **drei Jahren** kann es sich alleine an- und ausziehen. Schuhschnallen öffnen und schließen und z. B. mit einer Schere umgehen.

Aufrechte Haltung

Mit **einem Monat** verliert sich die „Neugeborenenhaltung" des Kindes zunehmend. Es kann sich im **dritten Lebensmonat** bereits völlig strecken. Es spreizt die Beine und hält den Kopf oben. Mit ungefähr **sechs Monaten** kann das Kind für kurze Zeit ohne Unterstützung sitzen. Während des **neunten Lebensmonats** beginnt es u. U. zu krabbeln. Dieser Entwicklungsschritt wird häufig übersprungen oder tritt zu einem anderen Zeitpunkt vorübergehend auf. Während des Zeitraums **dreizehnter** bis **fünfzehnter** Monat lernt das Kind frei zu stehen, um dann bis zum **sechzehnten Monat** alleine gehen zu können. Hierbei lernt es sein Gleichgewicht zu halten.

Mit ungefähr **zwei Jahren** steigt es Treppen hoch und hinunter, kann in die Luft hüpfen und von einer Treppenstufe hinunterhüpfen. Es geht sicher in die Hocke, um Sachen aufzuheben. Das Gleichgewicht ist allerdings noch labil. Noch mit drei Jahren nimmt das Kind mit jedem Fuß eine Treppenstufe. Sekundenlang kann es jetzt schon auf einem Bein stehen. In der zweiten Hälfte des **dritten Lebensjahres** entwickelt das Kind einen starken Bewegungsdrang. Es rennt, klettert, hüpft, fällt allerdings auch oft hin.

Linkshändigkeit

Kein Naturgesetz bestimmt, welche Hand die „richtige" zu sein hat. Wenn sich Linkshändigkeit zeigt, so hängt dies von der Entwicklung des Gehirns ab. Während des Wachstums wird eine der zwei miteinander verbundenen Gehirnhälften dominant. Ist es die linke Hälfte, so wird das Kind rechtshändig, ist es die rechte Hälfte, so wird es linkshändig. Deshalb liegt es weder im Ermessen des Kindes noch dem der Eltern, ob ein Kind rechts- oder linkshändig wird. Überwiegend findet sich beim Menschen eine Dominanz der linken Hirnhälfte und damit eine Dominanz der Bewegungsfunktionen der rechten Körperhälfte. Welche Hand ein Kind letztlich bevorzugt, hat keinen Einfluss auf die intellektuelle Entwicklung. Ein Kind sollte deshalb nicht auf Rechtshändigkeit umgestellt werden. Denn dies bedeutet für das Kind eine solche Belastung, dass es infolgedessen zu psychischen Störungen führen kann, die sich beispielsweise in Stottern, Lese- und Schreibschwäche, ausdrückt. Rechtszwang macht also keinen Sinn und hat letztlich für das Kind nur Nachteile.

Vom dritten bis zum siebten Lebensjahr

Während dieser Zeit schreitet das Muskelwachstum rasch voran. Die Körperproportionen verändern sich vom Kleinkind zum Schulkind. Die **grobmotorischen** Bewegungsabläufe werden immer harmonischer und geschickter. Mit ungefähr **drei Jahren** läuft das Kind und vervollkommnet seinen aufrechten Gang. Es rennt, springt von einem Stuhl, klettert, bückt sich, anstatt sich hinzusetzen. Treppen steigt es im Wechselschritt und es ist in der Lage, Dreirad zu fahren. Den Ball kann es gezielt werfen.

Die **Feinmotorik** ist so weit differenziert, dass das Kind beispielsweise Knöpfe auf- und zumachen und Perlen einfädeln kann. Es kann Buchseiten umblättern und beginnt zu „kritzeln". Auch kann das Kind jetzt Puzzles einpassen und experimentiert mit Bausteinen. Dreh- und Schraubbewegungen werden ausprobiert.

Mit ungefähr **vier Jahren** beherrschen Kinder alle Fortbewegungsarten (laufen, rennen, klettern, hüpfen). Die Bewegungen sind flüssiger und es balanciert geschickt und gerne. Die Treppen geht es selbstständig auf und ab. Mit beiden Füßen kann es ungefähr 20–30 cm hochspringen. Seine feinmotorischen Leistungen sind so weit entwickelt, dass es Schnipsel reißen und große Formen ausschneiden kann. Es malt nun gegenständlicher und differenziert (z. B. Männchen mit Armen und Beinen).

Mit **fünf** bis **sechs Jahren** ist das Kind sehr wendig und geschickt. Sein Bewegungsdrang ist sehr ausgeprägt. Es braucht Platz und Raum, um sich ausgiebig bewegen zu können. Spielgeräte lernt es beherrschen und kann im Sitzen und Stehen schaukeln. **Feinmotorisch** ist es bereits so geschickt, dass es schnell neue Fähigkeiten dazulernt, wie z. B. hüpfen, flechten, hämmern, sägen etc. Es schneidet an der Linie entlang und malt inzwischen gegenständlich. Die Bewegungen der Hand sind allerdings noch vorwiegend von den großen Muskeln gesteuert und gehen vom Schultergelenk aus, sodass sich dabei der ganze Arm bewegt. Es entstehen vorwiegend großflächige Bilder. Ein Kind in diesem Alter spielt gerne im Freien. Es beherrscht nun den Ball und liebt Gruppenspiele.

Mit ungefähr **sieben Jahren** ist das Kind an mechanischen Zusammenhängen interessiert. Es baut einfache Modelle nach Vorlage zusammen. Seine **feinmotorischen** Möglichkeiten erlauben es ihm, **schreiben** zu lernen. Zu beachten ist, dass die Schreibbewegungen immer noch vorrangig vom Unterarm gesteuert werden, bevor sie allmählich immer mehr aus dem Handgelenk herauskommen. Deshalb braucht das Kind zunächst die Möglichkeit, großflächig und grobzeilig zu schreiben. Dabei spielt die Wahrnehmungs- und Bewegungskoordination als **sensomotorische** Leistung eine entscheidende Rolle, Buchstaben müssen erkannt und differenziert werden, um schließlich aufgeschrieben werden zu können. Der **grobmotorische** Bewegungsablauf eines 7-jährigen Kindes ist bereits sehr sicher. Es kann eine längere Strecke auf einem Bein hüpfen und beherrscht den Hampelmannsprung. Geschickt fängt es den aus verschiedenen Richtungen kommenden Ball.

4.2.2 Die Bedeutung und Förderung der körperlichen und motorischen Entwicklung

Bewegung bietet die Möglichkeit, Raum, Zeit und Kraft zu erfahren. Bewegungen ermöglichen es dem Menschen, seine dingliche Umwelt zu erkunden, zu betasten, zu begreifen und auf diese Weise Erfahrungen mit verschiedenen Materialien zu machen.

Bewegung ermöglicht eine differenzierte Wahrnehmung und dadurch Anregungen zum Denken und fördert somit die Intelligenz. Wahrnehmen und Bewegen, die Verknüpfung von sensorischen Reizen mit Bewegungsabläufen, sind Voraussetzung für die Denk- und Sprachentwicklung. Mit zunehmendem motorischen Leistungsvermögen kann sich das Kind die Welt über seine eigenen Aktivitäten erschließen: z. B. kann es zu einem Gegenstand hinkrabbeln, diesen anfassen, hochheben etc. Es erfährt auf diese Weise mehr über dessen Eigenschaften. Es kann Begriffe bilden, Erkenntnisse über Beschaffenheiten und Eigenschaften von Dingen erlangen, Zusammenhänge und Wechselwirkungen erkennen. Für eine gesunde Entwicklung ist das Zusammenspiel zwischen psychischen und motorischen Abläufen eine Grundvoraussetzung. Dieses Zusammenwirken wird als **Psychomotorik** bezeichnet.

Bewegung ermöglicht dem Menschen, auf andere Menschen zuzugehen und durch Sprache, Gestik und Mimik zu kommunizieren. Sie ermöglicht auch den Ausdruck von Emotionen.

Die motorische Entwicklung beruht im ersten Lebensjahr vor allem auf körperlichen (biologischen) Reifungs- und Wachstumsprozessen. Um gehen zu lernen, müssen die Knochen fest und die Beinmuskeln ausgereift sein. Eine Förderung ist dennoch angemessen und möglich, indem das Kind genügend Raum und Zeit zum Strampeln, Krabbeln und schließlich zum Laufen lernen bekommt. Kinder brauchen in jeder Phase ihrer Entwicklung, ob Klein-, Vorschul- oder Schulkind, Raum und Zeit, um sich bewegen zu können. Diese Räume sollten sicher sein. Dann müssen Kinder nicht ständig Einschränkungen ihrer Bewegungsfreiheit und Aktivität hinnehmen.

In sozialpädagogischen Einrichtungen gibt es neben dem alltäglichen Ablauf die Möglichkeit zur gezielten Bewegungsförderung. Dies kann durch Rhythmik oder Bewegungserziehung geschehen. Gelenkte Angebote können dann gezielt die grob- und/oder die feinmotorischen Fähigkeiten des Kindes fördern. Kinder werden zur Bewegung angeregt und ermutigt. Sie können ihren Bewegungsdrang ausleben, sollten dabei aber nicht durch einengende und/oder sauber zu haltende Kleidung/Schuhe gehindert werden. Die so erlebten Erfolgserlebnisse stärken das Selbstwertgefühl der Kinder.

Die **Grobmotorik** wird u. a. durch fangen, ballspielen, seilhüpfen, Stelzen laufen, schwimmen, Rad fahren gefördert.

Die **Feinmotorik** hingegen durch Fingerspiele, kneten, töpfern, stricken, weben, malen, schneiden, falten usw.

Immer muss allerdings der Reifungs- und damit der Entwicklungsstand der einzelnen Kinder berücksichtigt werden, um sie nicht zu überfordern.

Merksatz

Vielfältige Bewegungsmöglichkeiten und die dabei gesammelten Erfahrungen dienen dem Aufbau eines gesunden Selbstbewusstseins und somit dem Selbstwertgefühl. Bei der ganzheitlichen Betrachtungsweise ist es wesentlich, die Zusammenhänge aller Entwicklungsbereiche zu erfassen. So können beispielsweise Störungen im Bereich der Motorik zu Entwicklungsverzögerungen im kognitiven und/oder emotionalen Bereich führen und umgekehrt.

Aufgaben

1. Beschreiben Sie die körperliche und motorische Entwicklung. Erstellen Sie dazu eine Entwicklungsskala von der Geburt bis zum 7. Lebensjahr.

2. Welche Bedeutung kommt der körperlichen und motorischen Entwicklung zu?

3. Wie können Eltern und Erzieherinnen die körperliche und motorische Entwicklung fördern?

4. Beobachten Sie ein Kind und versuchen Sie dessen Entwicklungsstand hinsichtlich der Motorik zu beschreiben. Beachten Sie, ob Sie Abweichungen zur „Norm" feststellen können. (Vgl. dazu auch Abschnitt 5. Normalität und Auffälligkeit)

Als weiterführende Literatur zur Beantwortung der Fragen mit vielfältigen praktischen Anregungen: Ellneby, Y.: Die Entwicklung der Sinne. Freiburg 1997.

4.3   Die Entwicklung des Denkens

Paul (3 Jahre) und Paulina (6 Jahre), ein Geschwisterpaar, sitzen im Kindergarten am Frühstückstisch. Paul packt sein Brot aus und wundert sich, dass Paulina heute zwei Brote mitbekommen hat. Er beschwert sich bei Claudia, der Erzieherin, dass seine Schwester zwei Brote habe, er hingegen nur eines und möchte, dass ihm seine Schwester von ihrem Brot abgibt. Diese weigert sich und lässt sich auch durch Claudias Appelle nicht dazu bewegen. Die Erzieherin nimmt ein Messer und schneidet Pauls Brot in zwei Teile.

Aufgaben

1. Gibt sich Paul damit zufrieden?

2. Wenn ja, warum könnte das so sein? Wenn nein, warum nicht?

3. Wie könnte die Erzieherin das Problem dann noch lösen?

4.3.1 Jean Piagets kognitive Strukturtheorie

Denken ist wie Lernen ein Vorgang, der von außen nicht beobachtet werden kann. Das Kind wird mit der Fähigkeit dazu geboren, doch bedarf es vielfältiger, sinnlicher und motorischer Anregungen aus der Umwelt, um diese kognitive Funktion zu entwickeln.

Der schweizerische Psychologe Jean Piaget (1896–1980) hat sich die Frage gestellt, wie ein Kind zu seinem **Wissen** kommt, einem Wissen, bei dem es nicht um die bloße Anhäufung von Informationen geht, sondern um ein **Wissen im Sinne eines geistigen Lern-, Denk- und Erkenntnisprozesses.**

Er forschte über 40 Jahre, beobachtete Kinder und führte mit ihnen Experimente durch. Das Ergebnis seiner Studien ist eine **kognitive[1] Entwicklungstheorie**, eine Entwicklungstheorie, die erklärt, wie ein Mensch seine **kognitiven Strukturen** und damit seine Denkfähigkeit entwickelt. Piaget sieht den Menschen als Organismus, der seine Entwicklung aufgrund bestimmter Prinzipien **aktiv** gestaltet und **selbst steuert**. Angeborene Strebungen zur Aktivität ermöglichen es dem Kind, durch unermüdliches Tun seine dingliche und personale Umwelt zu erforschen und zu erkennen. Diese Theorie besagt, dass ein Kind mithilfe **kognitiver Schemata[2]** sein Wissen um seine Umwelt erwirbt, Umwelteindrücke verarbeitet, sich dieser anpasst. Schemata sind von Geburt an vorhanden: sensorische (greifen, sehen). Hinzu kommen dann noch begriffliche Schemata (Sprache) und organisatorische (klassifizieren, zuordnen). Grundlegend sind hierbei die Prinzipien der **Assimilation** und **Akkomodation**. Diese wirken komplementär.

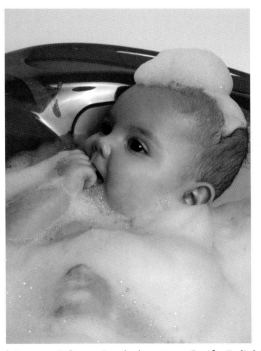

Assimilation bedeutet, dass das Kind zunächst seine Erfahrungen mit der Realität in seine bestehende kognitive Organisation, in seine Schemata, einpasst. Bei der Geburt verfügt der Säugling über ein geringes Maß solcher Schemata. Sie bestehen noch aus Reflexmustern (z. B. Saugreflex, Greifreflex etc.). Das Kind greift zunächst eine Rassel oder ein Püppchen immer auf die gleiche Art und Weise und macht damit seine ersten **sinnlichen** Erfahrungen über die Beschaffenheit und die Eigenschaften der Dinge. Nimmt es beispielsweise erstmals den Badeschaum wahr, so wird es diesen auf die gleiche Weise zu greifen suchen, wie es dies bei der Rassel oder der Puppe kennt. Es probiert zunächst seine bekannten Greifmöglichkeiten aus, um der Neuheit „Badeschaum" Sinn zu verleihen: d.h. das Kind wird fest zupacken, es wird vermutlich darauf schlagen,

1   *kognitiv = erkenntnismäßig*
2   *Schemata = Muster, Entwurf*

ihn zu schmecken versuchen. Bald jedoch erkennt es, dass seine **Greifschemata** nicht passen. Das geringe Gewicht, das Knistern des Schaumes, seine Weichheit als völlig andere Eigenschaften veranlassen das Kind, nun seine Schemata umzuorganisieren, so dass es in der Lage ist, den Badeschaum anzufassen.

Dieser Anpassungsprozess seiner bereits bekannten kognitiven Schemata (hier des Greifschemas) an die Erfordernisse der Realität (Badeschaum) bezeichnet Piaget als den Prozess der **Akkomodation**. Das Kind weiß, dass es eine Greifbewegung ausführen, aber in veränderter Art und Umwelt „Badeschaum" anpassen muss. Es **akkomodiert** dabei bereits bestehende kognitive Schemata, d. h. es verbindet geistig sein neu gefundenes Greifschema mit bereits bekannten Greifbewegungen für die Rassel oder die Puppe und passt sich dabei auch biologisch (hier manuell) an.

Von Beginn seines Lebens an ist es dem Menschen ein Bedürfnis, mit seiner Umwelt im Einklang zu stehen. Immer wieder befindet er sich in einem **geistigen** Ungleichgewicht. Was er soeben verstanden hat, deckt sich plötzlich nicht mehr mit seinen bisherigen Erfahrungen. Die Tatsache, dass das Kind den Badeschaum anders anfassen muss als die Rassel, schafft bei ihm ein inneres **Ungleichgewicht**. Es wird so lange nach „Greiflösungen" suchen, bis es eine Lösung gefunden hat. Piaget spricht von dem Bemühen nach **Äquilibration**, die durch das Zusammenwirken von Assimilation und Akkomodation entsteht und dazu dient im Verhalten über immer komplexere Möglichkeiten zu verfügen und die mentalen Strukturen in einen höheren Status zu bringen. Dieser Prozess verläuft ständig in alltäglichen Handlungen und Aktivitäten des Kindes. Nach Piaget umfasst, integriert und reguliert das menschliche Streben nach Äquilibration die Faktoren der körperlichen Reifung, der Erfahrungen mit der dinglichen und der Einflüsse der personalen Umwelt.

Entwicklungsprinzipien

- *Die kognitive Struktur wird aus sensorischen, begrifflichen und organisatorischen Schemata gebildet.*

- *Assimilation ist die Anpassung der Umwelt an den Organismus auf der Grundlage bereits bestehender kognitiver Schemata. Hierbei werden gewohnte Denk- und Handlungsweisen auf eine vertraute oder neue Situationangewendet.*

- *Akkomodation ist die Anpassung des Organismus an die Umwelt. Bisher gewohnte Denk- und Handlungsweisen werden verändert, um neue Situationen zu meistern.*

- *Äquilibration ist das Streben nach inneren Gleichgewichtszuständen und zunehmender Komplexität. Durch Experimentieren kann sich ein Mensch neue Denkmöglichkeiten erwerben und somit Ungleichgewichte beseitigen.*

Piaget hat die geistige Entwicklung, die Denkentwicklung des Menschen, in vier Stufen bzw. Perioden oder Phasen eingeteilt:

- Sensomotorische Stufe (0–2;0 Jahre)
- Stufe des prälogischen, anschaulichen Denkens (2;0–7;0 Jahre)
- Stufe des logischen Denkens (7;0–12;0 Jahre)
- Stufe des abstrakten Denkens (11;0/12;0 Jahre)

Erste Stufe: Sensomotorische Stufe (0–2. Lebensjahr)

Diese Stufe unterteilt Jean Piaget in sechs Stadien.

Erstes Stadium

0–1. Monat: Der Säugling bedient sich seines Reflexrepertoires, um sich seiner Umwelt anzupassen: Greifreflex, Saugreflex, Schluckreflex etc.

Zweites Stadium

1.–4. Monat: Der Säugling hat aufgrund seiner Erfahrung mit der Umwelt, der Aufnahme von Umweltreizen, durch Sinneseindrücke bereits erste **Schemata** gebildet und erste Anpassungshandlungen (Adaptionen) geleistet. Als Antwort auf seine Umwelt **verändert** er auch seine kognitiven Schemata: z.B. beherrscht er bereits die Koordination von Hand und Mund: Gezielt greift das Kind eine Rassel, betrachtet sie, führt sie zum Mund, beißt daran. Während dieses Stadiums führt das Kind solche Aktivitäten **wiederholt** aus.

Diese **primare Zirkulärreaktionen** deuten darauf hin, das das Kind von ihm selbst entdeckte Beziehungen bildet, die auf eigener Erkenntis beruhen. Piaget nennt diese Fähigkeit **sensumotorische Intelligenz**.

Drittes Stadium

4.–8. Monat: Das Kind beginnt, zwischen sich und Objekten zu unterscheiden: z. B. wenn es mit seiner Rassel spielt und diese dann Geräusche von sich gibt, bereitet es ihm Freude. Gezieltes Strampeln löst das Klingen eines Glöckchens aus. Es wird dann immer öfter versuchen mit der Rassel zu spielen, gezielt zu strampeln, um die erfreulichen Geräusche auszulösen. Das Kind lernt zwischen seinen Händen, seinen Beinen und der Rassel, dem Glöckchen zu unterscheiden.

Waren es im zweiten Stadium eher ich-zentrierte Handlungen, so ist dieses Verhalten (stärker) auf die Wahrnehmung der Umwelt bezogen. Piaget bezeichnet diese Handlungen deshalb als **sekundäre Zirkulärreaktionen**, durch die das Kind versucht gezielt entsprechende Ergebnisse zu erhalten.

Viertes Stadium

8.–12. Monat: Das Erwachen intelligenter Handlungen wird nun erkennbar als Anfang der **praktischen Intelligenz**: z.B. wenn ein Gegenstand vom Gesichtsfeld des Kindes verschwindet, wird es danach suchen. Das Kind beginnt in diesem Stadium zu fremdeln, da es nun seine Bezugsperson(en) von anderen Menschen sehr genau zu unterscheiden lernt. Es kann sich zunehmend Objekte vorstellen, d. h. es entstehen **Vorstellungsbilder** als innere **Repräsentanten** der Objektwelt: **Objektpermanenz**.

Fünftes Stadium

12.–18. Monat: Es ist die Zeit der experimentierenden Aktivität. Absichtlich werden Versuch-Irrtum-Untersuchungen durchgeführt, um neue Wege und Mittel zu finden. Liegt z.B. ein Gegenstand auf einer Decke außerhalb des Gitterbettchens, so wird das Kind an der Decke ziehen, bis es den Gegenstand erlangt.

Solche tertiären **Zirkulärreaktionen** dienen dem Kind dazu, herauszufinden in welche Beziehung die Gegenstände zueinander gesetzt werden können und welche **neuen** Ergebnisse möglich sind.

18.–24. Monat: Das Kind beginnt nun, ihm bekannte Mittel und Methoden auf ähnliche Situationen anzuwenden: z. B. wenn es herausgefunden hat, dass es mithilfe eines Stuhls einen begehrten Gegenstand von der Kommode herunterholen kann, wird es versuchen, auf ähnliche Weise einen Gegenstand vom Tisch herunterzuholen. Es experimentiert (Funktionslust). Es versucht zunehmend, Gegenstände oder Ereignisse zueinander in Beziehung zu setzen. Durch die Fähigkeit, Vorstellungen zu bilden, kann ein Kind jetzt zwischen realen und vorgestellten (symbolischen) Objekten und Situationen differenzieren. Diese Fähigkeit wird als **symbolisches Denken** bezeichnet. Das Kind beginnt jetzt, sich neue Verhaltensweisen geistig vorzustellen, als „Beginn inneren Probehandelns".

Zweite Stufe: Präoperationales, prälogisches, anschauliches Denken (2.–7. Lebensjahr).

Operationen sind nach Piaget die Möglichkeit, Objekte miteinander in Beziehung zu setzen: z. B. Anordnung von Objekten (z. B. Bauklötzchen) systematisieren und ordnen nach Farbe und Größe durch direktes Verschieben als konkrete Operation.

Präoperational bedeutet, dass geistige Aktivitäten noch nicht als intellektuelle Aktivität zu sehen ist, denn dazu ist Denken im Sinne von Logik und Abstraktion nötig. Auf dieser Stufe kann das Denken und damit Wissen nicht von äußeren Handlungen getrennt werden. Es ist unmittelbar an das Handeln gebunden. Das Kind denkt, indem es handelt.

Diese Stufe beginnt mit einer ersten Invarianz (Unveränderbarkeit), d. h. mit der **Objektkonstanz** oder **Objektpermanenz**. Das Kind weiß nun ganz sicher, dass ein Objekt auch nach seinem Verschwinden existiert.

Während des 2.–4. Lebensjahres ist das Denken des Kindes noch sehr an Anschauungen gebunden, obwohl es zunehmend komplexere Vorstellungen von den Dingen hat (**Prinzip der Anschauung**). Vorstellungen und Eindrücke können nun immer besser mit Sprache organisiert werden. Die Sprache versetzt das Kind in die Lage, mit anderen Menschen **verbal** zu kommunizieren, Worte als Gedanken zu verinnerlichen. Es lernt ein breites Spektrum von Wörtern. Das **Denken in Bildern** wird mit zunehmender Sprachentwicklung durch das **Denken in Worten** ergänzt und z. T. abgelöst. Denken wird demnach in erheblichem Maße von aktivem Sprechen beeinflusst. Sprache ermöglicht es, die inneren Vorstellungsbilder abzurufen und mitzuteilen. Durch Sprache wird das Organisieren, das innere Strukturieren der Welt möglich. Das Kind lernt **Sprache als symbolische Repräsentation** und damit begriffliches Denken. Denken wird zum inneren Sprechen.

Der Erwerb der Sprache ermöglicht dem Kind auch die Unterscheidung zwischen **realen** und **vorgestellten** (symbolischen) Objekten: z. B. tritt ein bestimmter Begriff an die Stelle einer Person oder eines Objekts: Der Bauklotz wird zum Hammer, dann wird er im nächsten Augenblick zum Auto. Gegenstände und Sachverhalte werden „vermenschlicht": Die Puppe weint, sie ist traurig; das Stofftier ist eine „echte Robbe". Diese Art des Denkens wird als **antropomorphisches**[1] **Denken** bezeichnet. Das Kind neigt in dieser Lebensphase dazu, alle Erscheinungen und Gegenstände zu beleben. Diese Art des Denkens wird auch als **animistisch**[2] bezeichnet. Das Denken hat **Wirklichkeitswert**, d. h. das Kind glaubt, dass

---

1 antropomorphisch = vermenschlicht
2 Anima = Lufthauch, Atem, Seele

das, was es denkt, auch so ist. **Gedanken** und **Tatsachen** werden nicht unterschieden. Das Denken hat **magische**[1] Kraft.

Prälogisches Denken bedeutet animistisches, antropomorphisches und magisches Denken.

Egozentrismus

Die geistige Haltung des Kindes auf dieser Stufe ist der **Egozentrismus**, eine Ich-bezogene Betrachtungsweise der Welt. Es ist eine Bezeichnung für das noch **In-Sich-Selbst-Sein** des Kindes, die Tendenz, die anderen, die Welt ausschließlich aus seiner Sicht wahrzunehmen, zu begreifen und entsprechend zu interpretieren. Weder **perzeptionell** noch **konzeptionell** ist es in der Lage den Blickwinkel eines anderen Menschen einzunehmen. Es kann seinen Standort geistig noch nicht verlassen und Abfolgen werden noch nicht miteinander verbunden. Das Kind erzählt Dinge aus dem Zusammenhang heraus: „Tim hat mir meine Schaufel weggenommen – er hat Tina gehauen und seine Schuhe angezogen."

In seinem Denken ist es **rigide** und recht **unflexibel.** Die kindliche Aufmerksamkeit gilt hier in der Regel einem herausragenden Merkmal bezüglich eines Objektes oder eines Geschehens. Es konzentriert sich auf Zustände und nicht auf Wandlungsprozesse. Es ist das Alter, in dem Kasperle und Zauberer besondere Faszination ausüben. So kann beispielsweise eine aufgeschnittene Orange gedanklich nicht wieder zusammengefügt werden. Erst gegen Ende der Stufe löst sich die Rigidität dieser Denkform langsam auf. Gruppierungen können nun vorgenommen werden, jedoch Mengenbegriffe sind noch nicht möglich. Das Spiel der Kinder auf dieser Denkstufe ist noch kein echtes, gemeinsames Spiel. Die Kinder spielen parallel. Jedes Kind kommentiert dabei eifrig seine eigenen Handlungen: z. B. Teresa holt die Puppe. Die Puppe hat Hunger… Teresa gibt der Puppe ein Fläschchen… Das Kind kann noch nicht den anderen zuhören, um dann auf deren Standpunkt einzugehen. Innerhalb der Gruppe sollte dies nicht als Ausdruck von Kommunikation fehlinterpretiert werden. Piaget spricht hier vom „**kollektiven Monolog**". Jeder redet von sich und keiner hört zu. Die zunehmende Sprachfähigkeit hilft dem Kind bei seiner geistigen Entwicklung. Seine Argumentationsfähigkeit bleibt jedoch weitgehend abhängig von der direkten **sinnlichen** Wahrnehmung. Der Egozentrismus sollte langsam überwunden werden. Neueren Forschungen zufolge sind **zwischenmenschliche Beziehungen** dafür verantwortlich, ob und wann ein Kind ihn überwindet, d. h. wann es die Perspektive eines anderen Menschen einnehmen, sich in die Lage eines anderen versetzen kann.

5.–6. Lebensjahr: Das Kind hat bereits komplexe Vorstellungen, kann nun mithilfe von Sprache denken, doch ist das Denken noch sehr an die **Anschauung** gebunden. Gibt man beispielsweise einem Kind 6 blaue Perlen und sagt ihm, es soll eine Reihe legen, wie sie bereits auf dem Tisch liegt (6 blaue Perlen liegen vor ihm auf dem Tisch), so wird ein 5-jähriges Kind wahrscheinlich genau 6 Perlen verwenden. Verschiebt man nun die Perlen, so wird das Kind glauben und behaupten, dass es nicht mehr nur 6 Perlen sind, sondern mehr. Es wird in seiner Wahrnehmung, dass die Kettenlänge sich geändert hat, stärker beeinflusst, als vom logischen Begriff der Quantität, d. h. aus seiner Sicht hat sich die Anzahl der Perlen geändert. Das Kind denkt in diesem Alter **intuitiv**, d. h. die Wahrnehmung steht

---

1   *magisch = zauberhaft, geheimnisvoll*

hier noch zu sehr im Vordergrund. So findet es meist **intuitiv** zu den richtigen Ergebnissen, kann aber noch nicht die dahinterstehenden Prinzipien gedanklich erfassen.

Erst mit ungefähr 7 Jahren beginnt das Kind zu erahnen oder zu erkennen, dass Objekte z.B. mehrere Eigenschaften haben können. Es ist auf dem Weg zum **logischen** Denken, im Gegensatz zum vorhergehenden **intuitiven**. Generell ist jedoch für das 7-jährige Kind immer noch das, was es **sieht**, Wirklichkeit und damit vorrangig für sein Problemlöseverhalten. Die logische Problemlösung ist noch nicht ausschlaggebend. Es herrscht immer noch das **anschauliche Denken** vor. Erst allmählich geschieht der Übergang zum **kausalen Denken** und damit zur Möglichkeit abstrakte Schlussfolgerungen zu ziehen.

Dritte Stufe: konkret-operationales Denken – logisches Denken
                  (7.–11. Lebensjahr)

Konkret heißt hier nicht, das Kind müsse unbedingt Objekte anfassen oder sehen können, um ein Problem zu lösen. Es muss sich jedoch zu Beginn dieser Stufe mit entweder **direkt wahrnehmbaren** oder **vorstellbaren** Objekten beschäftigen können: z.B. Marina hat drei Birnen und Franziska legt noch vier dazu. Wie viele Birnen sind es insgesamt? Kinder entwickeln die Fähigkeit zu **geistigen Operationen**. Damit gelingt es die Welt zu systematisieren, d.h. immer mehr zu ordnen. Allmählich gewinnt das Denken über das Wahrgenommene immer größere Bedeutung. Das konkrete-operatorische Denken zeichnet sich durch den Übergang vom perzeptiven zum logischen Urteilen aus. Die Umkehrbarkeit (Reversibilität) geistiger Operationen ist nun möglich. Durch die Bildung von thematischen **Kategorien** als Elemente die sich gleichen, z.B. Baum: Buche, Tanne, Birke, ist es möglich, die Welt immer besser zu verstehen und leichter zu kommunizieren. Piaget spricht von **konkret-operatorischen Strukturen**, wenn das Kind in der Lage ist Ober- und Unterklassen zu bilden, diese miteinander zu verknüpfen und Bedeutungen in Beziehung zu setzen.

Erst in der nächsten Stufe kann sich das Kind mit Problemen auseinander setzen, die nicht mehr ein konkretes Objekt (z.B. Birnen) betreffen, d.h. es kann erst später abstrahieren. Während der konkret-operationalen Stufe werden Kinder immer sicherer im Umgang mit **geistigen Operationen** in Bezug auf die Umwelt. Der **Egozentrismus** verliert sich erst mir zunehmendem Alter. Das Kind entwickelt eine „objektivere" Sichtweise der Dinge und Situationen sowie mehr Verständnis für seine Mitmenschen.

Vierte Stufe: formal-operationale Stufe – abstraktes Denken
                  (11.–15. Lebensjahr)

Erst jetzt ist das Kind nicht mehr darauf angewiesen, nur zu denken, was es sieht, hört oder unmittelbar erlebt. Es kann sich Bedingungen vergangener, gegenwärtiger oder zukünftiger Probleme vorstellen und Hypothesen bilden. Kinder können nun aus der Beobachtung und den Informationen zu einer Situation/einem Problem abstrahieren und erkennen unterschiedliche Variablen, die diese Situation oder das Problem beeinflussen. Dadurch können sie kombinieren, welche Einflussvariablen zusammen ein System ergeben, welches überprüft werden kann und muss, um zu einer richtigen Lösung zu kommen.

Mit den Jahren, als Jugendlicher und Erwachsener, wird der Mensch weitere Erfahrungen sammeln und damit einhergehend werden komplexere Schemata gebildet. Jugendliche mit ihren Fähigkeiten und Idealen glauben, die Welt funktioniere nach Gesetzen und

Logik. Die Auseinandersetzung mit der älteren Generation geschieht häufig in heftiger und kritischer Weise. Sie wollen sich abgrenzen, „reformieren" und die „Welt" von herrschenden Übeln befreien.

4.3.2 Die Bedeutung und Förderung der Denkentwicklung

Für ein Kind gibt es zwei Möglichkeiten, sich mit seinem Umfeld auseinanderzusetzen: Erstens macht es **ungesteuerte, direkte Erfahrungen** als körperliche Erfahrungen. Zweitens macht es **gesteuerte Erfahrungen**. Dabei werden ihm Erkenntnisse sozial in Form von Erziehung und Bildung vermittelt.

Piaget legte den Schwerpunkt seiner Forschung auf die körperliche, d. h. sinnliche Erfahrung, bei der sich das Kind mit Objekten seiner Umwelt durch anschauen, beobachten, betasten, zuhören, riechen etc. vertraut macht. Ihm zufolge wird die Denkentwicklung gefördert, wenn das Kind durch **eigene Aktivitäten** neue Geschehnisse provoziert, damit die Objekte beeinflusst und dadurch eine Anzahl neuer Schlussfolgerungen ziehen kann.

Es reicht auch nicht aus, wenn ein Kind einen Stein oder eine Vogelfeder sieht, um die Unterschiede und Beschaffenheiten zu erkennen und sprachlich wiedergeben zu können. Erst vielfache sinnliche Erfahrung durch die eigenen Entdeckungen wird die intellektuelle Entwicklung fördern.

Wie einseitig funktionaler sprachlicher Ausdruck letztlich ist, zeigt uns die Kluft zwischen dem wahrgenommenen Phänomen und der Sprache, mit der es beschrieben werden soll. So kann beispielsweise die individuelle Wahrnehmung eines Sonnenuntergangs niemals vollständig wiedergegeben werden. Intellektuelle Entwicklung und damit „kognitive Bewusstheit" kann nach Kagan an Bilder gebunden sein, beruht jedoch öfter auf Wörtern. „Sinnliche Bewusstheit" hingegen bedarf keiner Symbole. „Kognitive Bewusstheit" ist ihm zufolge ein innerer Prozess. In Gedanken kann der Mensch Vorstellungen z. B. über seine Zukunft entwickeln. „Sinnliche Bewusstheit" wird durch einen Stimulus von außen bewirkt. Dem Menschen kann kognitiv bewusst sein, d. h. er kann artikulieren, dass er sich z. B. durch Baulärm oder Zigarrenrauch im Raum belästigt fühlt. Dennoch werden beide „Belästigungsformen" unterschiedliche Formen im „sinnlichen Bewusstsein" hervorbringen (vgl. Kagan, 2000, 120 ff.).

Natürlich empfinden auch blinde Menschen den süßen Geschmack einer Orange. Doch ihre Empfindung bleibt isoliert, d.h. sie kann nicht mit der visuellen Wahrnehmung verknüpft werden.

Fazit: Die Verknüpfung der sinnlichen Wahrnehmung mit der kognitiven führt letztlich zur Entwicklung der rationalen Sprache.

Wie für den Körper die biologischen Reifungsprozesse wichtig sind, so ist die sinnliche und körperlich-motorische Erfahrung für das **geistige** Wachstum wesentlich. Jedoch genügt sie alleine nicht. Hinzukommen muss die **soziale** Vermittlung einhergehend mit positiver, emotionaler Zuwendung als einer wesentlichen Voraussetzung, um Erkenntnisse, Wissen fruchtbar weitergeben zu können.

Der Mensch strebt nach innerem Gleichgewicht und geistiger Weiterentwicklung (Äquilibration). Wenn nun ein Kind kognitive Strukturen erwirbt, so wird das bestimmt von sinnlichen Erfahrungen und der Erziehung. Ihr Zusammenwirken reguliert die Stufen der kognitiven Entwicklung. Alle sich normal entwickelnden Kinder durchlaufen diese.

Das Kind ist von Natur aus neugierig. Durch vielfältige Anregungen und geschützte Freiräume, die ihm erlauben, selbstständig Erfahrungen zu sammeln, kann sein Wissensdurst gestillt werden. Vorrangig ist die **aktive** Auseinandersetzung mit seiner Umwelt. Sie ist für seine geistige Entwicklung förderlich. Eine gute Spracherziehung fördert zusätzlich das Denkvermögen des Kindes und beeinflusst damit wesentlich die Intelligenzentwicklung.

Gezielte Bildungsangebote und die kognitive Entwicklung auf der präoperationalen Stufe

Erzieherinnen sollten im Hinblick auf die kognitive Entwicklung der Kinder bei gezielten Bildungsangeboten folgende Aspekte beachten:

- **Prinzip der Anschauung**, unbedingt zu berücksichtigen, d. h. keine abstrakten Erklärungen sondern so weit als möglich konkretes Anschauungsmaterial.
- Sie sollten die Fähigkeit der Kinder zur Verinnerlichung von **Zeichensystemen** und **Symbolen** nutzen.
- Den Kindern sollten viele Möglichkeiten zum **differenzierten Kategorisieren**, zur Bildung verschiedener Gruppen etc. geboten werden.
- Mit den Kindern über Zustände **„vorher"** und **„nachher"** sprechen, dies ggf. bildlich dokumentieren.
- Anregungen zum **Perspektivenwechsel** geben.

Aufgaben

1. *Was ist im Sinne J. Piagets kognitiver Theorie unter „Wissen" zu verstehen?*

2. *Beschreiben Sie die Entwicklung des Denkens.*

3. *Was bezeichnet Piaget als sensomotorische Intelligenz?*

4. *Was bedeutet Egozentrismus und wie wird er überwunden?*

5. *Klaus (4 Jahre) und Leo (4 Jahre) spielen ein Tischspiel. Zwischen beiden entsteht ein Streit, weil jeder behauptet, der andere habe geschummelt. Versuchen Sie die Unstimmigkeit zwischen beiden mit Piagets Theorie zu erklären.*

6. *Was ist unter antropomorphem, animistischem und symbolischem Denken zu verstehen. Finden Sie entsprechende Beispiele.*

7. *„Der Tisch ist böse, er hat mir wehgetan." (5 Jahre)*
   „Schau, die Blätter sind jetzt auch schon reif." (6 Jahre)
   Sammeln Sie ähnliche Kinderaussagen, z. B. in Ihrer Praxisstelle.

8. *Gehen Sie zu dem Eingangsbeispiel zurück und finden Sie heraus, in welcher Phase der Denkentwicklung sich Paul und Paulina befinden.*

9. *Wie können Sie als Erzieherin die kognitive Entwicklung der Kinder unter Berücksichtigung der einzelnen Stufen fördern?*

4.4 Die Sprachentwicklung in der frühen Kindheit

Die Pisa-Studie aus dem Jahr 2000 hat den schon immer bestehenden Bildungsauftrag der Förderung und Hilfe bei der Entwicklung der Sprech- und Sprachkompetenz in Tageseinrichtungen für Kinder in den Mittelpunkt der Aufmerksamkeit professioneller Pädagogen gerückt. Gelungener Spracherwerb ist eine grundlegende Voraussetzung für die Lesekompetenz als wichtige Kulturtechnik, um persönliche Ziele, schulische und berufliche Bildung und Weitentwicklung, aber auch selbstständigen Wissenserwerb, dessen Anwendung und Reflexion verwirklichen zu können.

Sprache ist das **Medium der Kommunikation**, dient somit als Träger und Vermittler von Wissen und von Emotionen. Sie ist zum Aufbau von Beziehungen und deren Gestaltung unerlässlich. Dies erfolgt vornehmlich im Alltagsgeschehen, wobei auch Sprache erst durch ihren Gebrauch erworben und gelernt wird. Mit dieser Fähigkeit zur Verständigung und zum Dialog wird das Kind in seiner sozialen und kognitiven Kompetenz gestärkt.

Sprachkompetenz ermöglicht es dem Menschen, schwierige Sachverhalte zu erklären, mit anderen in den Dialog zu treten, zu überzeugen und zu reflektieren, Ideen weiterzugeben, Probleme und Konflikte zu lösen, aber auch zu trösten, Verständnis und Mitgefühl zu bekunden, zu ermutigen, anzuerkennen und zu lieben.

Simon ist 3½ Jahre alt. Er besucht seit einigen Monaten regelmäßig den Kindergarten. „Mama wiedertommt", sagt Simon der Erzieherin, nachdem sich die Mutter verabschiedet hat. In der „Bauete" hat er einen „doossen Turm baut" und „pielt" ...

Simon hat die ersten drei Jahre nach seiner Geburt bei der Oma verbracht, die jedoch wenig Zeit für das Kind hatte und ihm auch wenig sprachliche Anregung gab. Die Mutter musste arbeiten gehen. Da es in der Nachbarschaft keine Kinder gab, hatte Simon keinen Kontakt zu Gleichaltrigen. Spät abends wurde er von der Mutter abgeholt und zu Hause auch gleich ins Bett gebracht. Simon sprach kaum. Im Freundes- und Bekanntenkreis der Mutter galt er als sprechfaul. Erst als die Mutter ein zweites Kind bekam, ging sie nicht mehr arbeiten. Simon war zu diesem Zeitpunkt drei Jahre alt und besuchte von nun an regelmäßig den Kindergarten. Innerhalb der folgenden Monate konnte die Erzieherin beobachten, dass Simon vermehrt zu sprechen begann und sich seine verbale Ausdrucksfähigkeit deutlich verbesserte.

Aufgaben

1. *Ist Simons sprachliche Ausdrucksweise altersentsprechend?*

2. *Ist es gerechtfertigt, Simon als sprechfaul zu bezeichnen?*

3. *Warum verbessert sich Simons Sprechfähigkeit mit dem Besuch des Kindergartens?*

4.4.1 Verlauf der Sprachentwicklung

Die Fähigkeit der Menschen zum Sprechen ist ein erbliches artspezifisches Merkmal. Die Grundlage für das **Sprachverständnis** und die **Sprechfähigkeit** ist von Geburt an vorhanden. Sie findet ihren Ausdruck in der Lautbildung, in Worten und deren Intonation, dem Sprech-Rhythmus und schließlich dem Ton oder der Melodie des Sprechens. Erst aber im Zusammenspiel mit **nonverbaler** Ausdrucksweise durch Blickkontakt, Gestik, Mimik, Körperhaltung als **Körpersprache** tritt sie in den Dienst der Beziehungsgestaltung von Menschen untereinander.

Wie aber entwickelt sich nun die rationale Sprache? Die **sinnliche Wahrnehmung** und ein **intaktes Nervensystem** sind die Basis und die Voraussetzung des Spracherwerbs. Gute **Hörfähigkeit** setzt auch die Fähigkeit voraus, verschiedene Laute und Töne zu unterscheiden und diese dann schließlich nachahmen zu können. So ist eine die Sinne stimulierende Umgebung, in der das Kind durch eigenes Tun und Handeln vielfältige Erfahrungen machen kann, Grundvoraussetzung. Hierbei verbindet es gedanklich Worte mit Gegenständen und bildet sich dabei **Begriffe**, d. h. es setzt sich **aktiv** mit der Welt auseinander. Wörter werden normalerweise von dem Kind wie von alleine gelernt und dann zu sinnvollen Sätzen zusammengefügt.

Der **Geburtsschrei** ist die erste Lautäußerung des Menschen. Er beruht auf einem physiologischen Vorgang: Die Lungen entfalten sich und die Atmung setzt ein. Das Schreien des Säuglings in den folgenden Tagen und Wochen ist die Bekundung von Unlust und Unbehagen. Erst im Laufe der Zeit setzt er sein Schreien ein, um etwas zu bewirken, z. B. auf den Arm genommen zu werden etc. Sein Schreien ist nun auch eine Form der Lustäußerung, gefolgt von erster Lautbildung, der Bildung von Gaumenlauten.

Es folgt die **vorsprachliche Phase**, in der das Kind dann mit ungefähr **sechs Monaten** Vokale und Konsonanten zu kombinieren beginnt: la, la, da, da ..., als sogenannte **Lallmonologe**. Die Laute werden mit der Ausatmungsluft, deren Weg durch die Luftröhre, den Rachen und die Mundhöhle, am Zäpfchen, Zunge, Kiefer und Lippen vorbeiführt, gebildet. Dabei übt es ständig seine Sprechmuskulatur. Das Kind hört sich selbst und wiederholt Gehörtes: **Echolalie**. Bis ca. zum achten Lebensmonat haben diese Silbenketten noch keine Bedeutung für das Kind. Es geht zunächst um reine **Nachahmung** seiner selbst und der Sprache seiner Umgebung. Auch blinde und taube Kinder plappern und lallen. Sie hören jedoch ab ca. dem achten Lebensmonat damit auf, wenn sie die Rückmeldung von anderen Menschen und ihre eigenen Laute und Töne nicht hören können.

Mit **ungefähr acht bis neun Monaten** beginnt das Kind Sprache zu verstehen. Indem es alle sinnlichen Eindrücke mittels neurologischer Vorgänge verknüpft, entwickelt sich allmählich ein Verständnis für sich selbst, die Dinge und Situationen. Vorher geht es einfach spielerisch mit seinen Sprechwerkzeugen (Lippen, Zunge, Gaumen, Rachen, Zäpfchen, Kiefer) um.

Mit ungefähr **einem Jahr** beginnt die Zeit des eigentlichen Spracherwerbs. Dieser folgt bei allen Kindern, gleich wo sie leben oder welches ihre Muttersprache ist, einem recht exakten zeitlichen Schema und weist somit auf die Universalität der Sprache hin. Studien haben gezeigt, dass Kinder ihren aktiven Wortschatz offenbar auf der ganzen Welt in gleicher Weise mit Substantiven beginnen. Eine plausible wissenschaftliche Erklärung gibt es dafür bislang nicht. Es ist die Zeit der **Ein-Wort-Sätze**. Ein Wort wie z. B. „Auto" hat die Bedeutung eines ganzen Satzes: „Das ist ein Auto." oder „Ist das ein Auto?". Worte werden zunächst noch allgemein angewendet. So werden zu Beginn z. B. alle Frauen mit „Mama" bezeichnet. Erst mit der Zeit differenziert das Kind zwischen den weiblichen Personen. Sprache lernt es auch in dieser Phase hauptsächlich durch Nachahmung der mit ihm gesprochenen Sprache in Wort und Tonfall und am eigenen Erfolg. Es will nun Begriffe für die Welt um sich herum lernen, will die Dinge benannt haben, weshalb dieses Alter auch das **Benennalter** oder das **erste Fragealter** genannt wird.

Mit ungefähr **eineinhalb bis zwei Jahren** verwendet das Kind nun zwei oder mehrere Wörter. Es spricht in sogenannten **Zwei- und Mehrwortsätzen**, um Fragen, Wünsche oder

Gefühle zu äußern: „Bauch aua", „Anna Keks haben" etc. Bei normalem Entwicklungsverlauf verfügt ein Kind zu diesem Zeitpunkt über ungefähr 50 Wörter aus seiner Erfahrungswelt, die es in der Regel noch nicht immer deutlich ausprechen kann. Das Sprechen sollte mit etwa achtzehn Monaten begonnen haben. Die Bezeichnung von Personen und Dingen seiner unmittelbaren Umgebung sollte das Kind verstehen, z. B.: Wo ist die Puppe?

Mit ungefähr **drei Jahren** bildet das Kind einfache Sätze. Es verwendet nun auch einfache Adjektive und bildet einfache grammatikalisch richtige Sätze. In der Lautbildung sollte das Kind nun die Vokale a, e, i, o, u (Lippen), die Umlaute ä, ö, ü und Diphthonge au, ei, eu sowie die Konsonanten m, b auszusprechen in der Lage sein.

Mit ungefähr **vier Jahren** beginnt das Kind die Wörter zu beugen und Sätze zu konstruieren. Es entstehen sogenannte **Flexionen**: „Ich bin gesitzt", „ich habe die Tür aufgeschlosst". Wortneuschöpfungen wie „Schuhstöckel" und „Mülltonner" anstatt Stöckelschuh und Müllmänner sind typisch für dieses Alter. Von jetzt an erlernt das Kind grammatische Formen der Erwachsenensprache. Es verwendet Plural und spricht in verschiedenen Zeiten. Die Artikulationsfähigkeit entwickelt sich zunehmend. Einzelne Laute können immer präziser ausgesprochen werden: d, t, f, w, n, l (Zunge, Zähne, Gaumen). Noch werden allerdings Laute wie g, k, ch (Zunge, Zäpfchen, Rachen) oft fehlerhaft ausgesprochen. Dies ändert sich jedoch bald.

Mit ungefähr **fünf Jahren** ist das Kind zu immer strukturierterem und differenzierterem Sprechen in der Lage. Lautbildungen geschehen nun fehlerfrei. Sätze werden länger, mit Nebensätzen ausgestaltet, grammatikalisch richtig gebildet und ausgesprochen. Das Kind unterscheidet einzelne Begriffe immer genauer und kann nun insgesamt differenzierter beschreiben. Einfache, kurze Geschichten kann es nacherzählen.

Um das **sechste bis siebte Lebensjahr** ist die grundlegende Sprachentwicklung geschehen. Sprache wird zunehmend zu einem Objekt, mit dem immer geschickter umgegangen wird. Sie kann gestaltet und verändert werden. Das Kind lernt Wörter in Buchstaben aufzuschlüsseln. Diese Fähigkeit ist für richtiges Lesen- und Schreibenlernen bedeutsam. Im Zentrum des ersten Schuljahres steht allerdings noch Sprache als Objekt, um damit **Inhalte** mitzuteilen. Erst in den nächsten Jahren lernt das Kind mit Sprache **Sachverhalte** darzustellen. Es gebraucht sie nun als Mittel, mit dem es absichtsvoll und überlegt agieren und gestalten kann. War die Sprache des Vorschulkindes noch ganz vom subjektiven Erleben und dem Bedürfnis der sofortigen Mitteilung des gerade Erlebten geprägt, so wird sie im Grundschulalter zunehmend sachbetonter, geplanter und kontrollierter. Der Wortschatz vergrößert sich weiterhin und der Sprachstil verfeinert sich.

4.4.2 Die Bedeutung der Sprachentwicklung

Für das Leben eines Menschen als soziales Wesen ist es eine unverzichtbare Notwendigkeit, Beziehungen zu seinen Mitmenschen pflegen zu können. Ein zentrales Medium seiner Mitteilungsmöglichkeit ist die Sprache. Sie ermöglicht ihm, verbal zu kommunizieren, d. h. Gedanken, Gefühle auszudrücken, Wünsche, Erfahrungen und Erlebnisse auszutauschen. Die Sprachentwicklung hat demnach eine zentrale Bedeutung für die Entwicklung der individuellen Persönlichkeit, insbesondere auch für die geistige Entwicklung. Denken und Sprechen bilden eine Einheit: Sprechen regt das Denken an und umgekehrt fördert der sprachliche Ausdruck eines Gedankens ein Gefühl für die Sprechfähigkeit. In ihrer Vollendung ist Sprache eine soziale Kunst, die den Menschen befähigt seinen Willen zu bekunden, den Willen der anderen zu verstehen und damit Beziehungen zu gestalten.

Im Rahmen der Kommunikationsforschung hat insbesondere Paul Watzlawik (1921–2007) durch seine Erkenntnisse darstellen können, wie wesentlich sich eine erfolgreiche oder gestörte Kommunikation auf zwischenmenschliche Beziehungsqualitäten auswirkt. Meist wird in diesem Zusammenhang der Gesprächsverlauf mit dem technischen Sender-Empfänger-Modell verglichen: Der Sender gibt eine Information, einen Code, an den Empfänger weiter, die dieser wiederum zu entschlüsseln hat. Der Empfänger seinerseits antwortet mit einem Code, den es wiederum vom Gesprächspartner zu entschlüsseln gilt. Ein solches Modell verleitet allzu leicht dazu, die lebendige Beziehung, die zwischen den Partnern während des Gesprächs herrscht, zu vernachlässigen. Denn die **Art** und **Weise** der Beziehung beider Partner, der **Ort** des Gesprächs, die **Zeit** und der **Anlass** beeinflussen ganz entscheidend, ob eine Information sinnvoll und für den anderen verständlich mitgeteilt wird oder nicht (vgl. Schulz von Thun, 2006).

Individuelles Sprachverständnis und Sprachvermögen entscheidet auch über schulischen und beruflichen Erfolg und damit über soziale Chancen. Klares, ausdrucksvolles, fließendes Sprechen, ein melodischer Klang, Redegewandtheit haben somit eine große soziale Bedeutung für das spätere Leben. Mangelndes Sprachvermögen eines Menschen wird i.d.R. als unvollkommen und unangenehm erlebt.

Entscheidend für die Sprachentwicklung eines Kindes sind im Wesentlichen die Kommunikationsmuster, die in der Familie gebräuchlich sind. Eine Verarmung im Gebrauch der Sprache zeigt sich u. a. durch eintöniges Sprechen, Sprechen in Befehlen, häufig als Einwortsätze z. B. „Ruhe!" „Iss jetzt!", und/oder unvollständige Sätze etc. Die Tendenz, in der familiären Erziehung mit wenig Sprache auszukommen, wird heute durch den Medienkonsum verstärkt. Es genügen einfachste Muster der Kommunikation, um sich während der oft kurzen gemeinsam verbrachten Zeit zu verständigen. Überlastete Eltern neigen aus Desinteresse, Müdigkeit oder Resignation dazu, Kinderfragen nicht zu beantworten, nicht wichtig zu nehmen, verweigern Erklärungen, die die Kinder Zusammenhänge erkennen ließen und befähigen sie somit nicht zu eigener Orientierung und damit Übernahme von Verantwortung. Denn nach wie vor ist die erste Instanz für die Sprachentwicklung eines Kindes, und damit auch für die Ausbildung seiner Ich-Identität, seines Selbstbewusstseins, die Familie.

4.5 Förderung der Sprachentwicklung

- Eine der grundlegenden Voraussetzungen für eine gute Sprachentwicklung ist eine vertrauensvolle, konstante, empathische Beziehung zwischen dem Kind und seiner Bezugsperson. Dies fördert beim Kind die Nachahmungslust der mit ihm gesprochenen Sprache. Auf diese Weise lernt das Kind sprechen. Es ist wichtig, dass der Erwachsene auf die „Was- und Warum-Fragen" eines Kindes antwortet. Dadurch wird der Wortschatz des Kindes gefördert und erweitert. Denkstrukturen bilden sich aus. Denken steht mit Sprache in unmittelbarem Zusammenhang, da ein Mensch beim Denkvorgang „innerlich spricht". In heutiger Zeit ist es für viele Eltern nicht zuletzt aufgrund beruflicher Überlastung schwierig geworden, immer wieder Zeit und Geduld zu finden, auf die Fragen der Kinder einzugehen. Bedingt durch veränderte Strukturen und damit veränderter Funktionstüchtigkeit bedürfen Familien verstärkter der institutionellen und damit professionellen pädagogischen Unterstützung und Begleitung, auch im Hinblick auf die sprachliche Förderung. Hierbei wird das Kind zum Sprechen ermuntert und ermutigt. Indem die Erzieherin intensiv und echt zuhört, vermittelt sie dem Kind durch ungeteilte Aufmerksamkeit ihre Wertschätzung und ihr Interesse.

- Bilderbücher, Bücher, Geschichten werden betrachtet, gelesen und erzählt. Das Kind wird in Gespräche miteinbezogen und lernt dabei, seinen Willen, seine Gedanken, seine Meinung verbal zu bekunden. Durch Fingerspiele, Reime, Verse, das Nacherzählen von Geschichten, Berichte über eigene Erlebnisse, Lieder, Spiele, insbesondere Rollenspiele, kann Sprache bzw. Sprechen optimal gefördert werden. Vom Kind falsch gesprochene Sätze sollten richtig wiederholt und auf diese Weise indirekt korrigiert werden. Dadurch wird eine Verunsicherung des Kindes vermieden.
- Werden Sprachverzögerungen oder Sprachstörungen festgestellt, so ist medizinisch-therapeutische Hilfe angezeigt.

Aufgaben

1. *Welche Bedeutung hat die Sprache für den Menschen?*

2. *Schildern Sie den Verlauf der Sprachentwicklung.*

3. *Wie können Eltern und Erzieherinnen die Sprachentwicklung fördern?*

4. *Projekt: Sprache als Tor zur Welt.*

Literaturtipps

Wahrnehmung/Sinne

Haller, Kerstin/Kumnek, Mechthild: Experiment Mensch: Sinne und Vererbung, Troisdorf: Bildungsverlag EINS, 2008.

Es handelt sich um eine anschauliche Sammlung von Anregungen, um mit Kindern vielfältige Experimente durchführen zu können. Dabei lernen sie, spielend den Menschen mit seinen Sinnen, seinem Körper zu entdecken.

Orientierungsplan für Bildung und Erziehung für die baden-württembergischen Kindergärten. Bildungs- und Entwicklungsfeld Sinne.

Fragen und Denkanstöße für die pädagogische Arbeit hinsichtlich Sinneswahrnehmung und Förderung der Wahrnehmungsentwicklung.

Zimmermann-Kogel, Katrin/Kühne, Norbert (Hrsg.): Praxisbuch Sozialpädagogik Bd. 1, Troisdorf: Bildungsverlag EINS, 2005.

Methodisch/didaktisch differenziert bearbeitetes Thema der sensorischen Integration und deshalb direkt und ohne große Vorbereitung im Unterricht umsetzbar.

Sprache

Schader, Basil: Sprachenvielfalt als Chance, Troisdorf: Bildungsverlag EINS, 2004.

Dieses Buch erläutert Hintergründe von Sprachenvielfalt in sozialpädagogischen Einrichtungen/Schulen. Es finden sich viele Anregungen zur Nutzung des Potenzials interkultureller Gruppen, um Unterricht bzw. Bildung zu gestalten.

Iven, Claudia: Sprache in der Sozialpädagogik, Troisdorf: Bildungsverlag EINS, 2009.

Kapitel 2, Grundlagen der Sprachentwicklung, gibt eine gute, an der Praxis orientierte Übersicht über die Funktionsweisen des Spracherwerbs, angefangen von vorsprachlichen Kommunikationsfähigkeiten über den Verlauf der weiteren Sprachentwicklung und deren Beobachtungsund Einschätzungsmöglichkeiten.

4.5.1 Projekt: Sprache als Tor zur Welt

Die Sprache ermöglicht die Begegnung mit der eigenen Geschichte, Tradition und Kultur. Ihre institutionalisierte Förderung ist mittlerweile zentrales Anliegen der Bildungspolitik. Das Erlernen einer fremden Sprache dient der Verständigung mit den Menschen aus dem entsprechenden Sprachraum und ermöglicht die Begegnung mit der fremden Geschichte, Kultur und Tradition. Sprache ist ein Mittel, welches Akzeptanz, Toleranz und Achtung der Völker untereinander wahrscheinlicher werden lässt. Sie überwindet Grenzen und schafft Möglichkeiten der Offenheit für Fremdes und Neues. Dadurch können Ängste abgebaut werden. In Anbetracht der Globalisierung von Märkten und Dienstleistungen, des Zusammenwachsens von Europa ist es nur eine logische Konsequenz, einem Menschen möglichst frühzeitig in seinem Leben das Erlernen von fremden Sprachen zu ermöglichen. Die Forschung zeigt, dass Kinder, je jünger sie sind, umso leichter und spielerischer fremde Sprachen erlernen können. Je älter ein Mensch wird, desto schwerer wird für ihn dieser Lernprozess. Bildungspolitisch gesehen ist das Ziel die Förderung der muttersprachlichen Kenntnisse und deren Festigung als Voraussetzung zum Erwerb einer zweiten Sprache. Die immer noch bestehende Scheu in der pädagogischen Praxis, Kinder frühzeitig mit einer weiteren Sprache zu konfrontieren, ist nach heutiger wissenschaftlicher Sicht unbegründet.

Zweisprachige Erziehung

Ein zweisprachiges Aufwachsen ihres Kindes lässt bei Eltern Zweifel aufkommen, ob denn wenigstens in einer der Sprachen, die das Kind erlernt eine vergleichbare sprachliche Sicherheit erworben wird, wie diese ein Kind erlangt, welches mit einer einzigen Sprache groß wird. Diese Zweifel hegen auch manche professionellen Pädagogen. Doch neuere Forschungen zur Bilingualität konnten zeigen, dass zweisprachiges Aufwachsen eine besonders förderliche Grundlage zum Erwerb weiterer Sprachen sein kann und gleichermaßen der kognitiven Entwicklung dienlich ist. Dabei nimmt jedoch die Vorgehensweise beim frühkindlichen Zweisprachenerwerb eine zentrale Rolle ein.

Diskussion und Einstieg in das Thema

Diskutieren Sie die folgenden Aussagen in Kleingruppen (Zeitdauer ca. 5– 10 Minuten). Anschließend tragen die Gruppen ihre Meinungen vor. Die wichtigsten Aussagen werden sichtbar an der Tafel oder Wandzeitung festgehalten, um sie später überprüfen zu können.

1. Kinder lernen Sprache wie von alleine.
2. Der wichtigste Ort für Spracherwerb ist das Elternhaus.
3. Sprachkompetenz entscheidet über schulischen und beruflichen Erfolg.
4. In Tageseinrichtungen für Kinder kann vieles für die Sprachentwicklung eines Kindes getan werden.
5. Sprache und Denken sind eng miteinander verknüpft.
6. Wenn Kinder mit zwei Sprachen aufwachsen, so lernen sie keine der beiden richtig.
7. Bei Sprachentwicklungsstörungen sollten unbedingt Fachleute hinzugezogen werden.
8. Migrantenkinder sollten in erster Linie Deutsch lernen, denn die Muttersprache ist hier zweitrangig.

Erarbeitung des Themas

Layout: Verwenden Sie verschiedene Farben. Recherchieren Sie nach passenden Bildern/ Fotos. Strukturieren Sie die Informationsfülle z. B. auf diese Weise:

Spracherziehung in Tageseinrichtungen für Kinder

- Welche Bedeutung hat Sprache für den Menschen?
- Förderungsmöglichkeiten der Sprachentwicklungen in Tageseinrichtungen.
- Strategien für den frühkindlichen Zweitspracherwerb.
- Sprachentwicklungsstörungen
- Sprachförderung von Migrantenkindern als wichtiger Schritt zur Integration.

Zur **Informationsbeschaffung** können Sie die Bibliothek der Schule nutzen sowie im Internet nachforschen. Sie können persönliche Erfahrungen miteinbeziehen, eine Meinungsumfrage starten, sich Broschüren beschaffen usw.

Sind die Recherchen und Konzeption abgeschlossen, erhält jede Arbeitsgruppe die Möglichkeit, im Plenum ihre Ergebnisse vorzutragen und zu präsentieren (z. B. Wandzeitungen, Folien etc.). Fehlende Informationen werden ggf. ergänzt.

Netz-Tipps

- www.fmks-online.de: Frühe Mehrsprachigkeit in Tageseinrichtungen für Kinder.
- Www.mehrsprachigkeit.net: Informationen über Mehrsprachigkeit.
- www.turkischweb.com: Information über Mehrsprachigkeit und Muttersprache.
- www.manfred-hut.de: Private Webseite mit umfangreicher Info über kommentierte mehrsprachige Kinder- und Jugendbücher.

Nächster Arbeitsschritt: Einzelne Ergebnisse werden strukturiert und in ein Konzept für eine Broschüre integriert.

Abschluss: Präsentation des Konzepts für eine Broschüre und Besprechung der Umsetzung, der Erstellung.

4.5.2 Das „Würzburger Programm" als Beispiel einer prophylaktischen Trainingsmaßnahme zur Vermeidung von Lese- und Rechtschreibschwächen

Beim „Würzburger Trainingsprogramm" handelt es sich um einen Ansatz, um bereits in frühpädagogischen Einrichtungen gezielt Lese- und Rechtschreibschwächen vorzubeugen. Auf spielerische Weise soll hierbei das phonologische Gedächtnis bereits bei fünf- bis sechsjährigen Kindern gefördert werden, d. h. die Fähigkeit der Kinder, den lautlichen Aufbau der Sprache zu begreifen. Sie erkennen z. B. Reimwörter, können Wörter mit über-

einstimmenden Buchstaben benennen, Silben klatschen oder diese in einzelne Lauteinheiten zerlegen.

Aufbau des Programms

- **Vorbereitungsphase**
  Psychologische Beratungsstellen unterstützen bei diesem Programm die Tageseinrichtungen für Kinder. Mit den zuständigen Mitarbeitern werden allgemeine Termi-
  nabsprachen für Tests und Elterngespräche getroffen. Die Eltern sollen Einblicke in das
  Förderprogramm erhalten und ihre Meinung äußern können.

- **Der Test**
  Ein spezieller Test wird von einer Fachkraft der psychologischen Beratungsstelle durchgeführt. Mithilfe des sogenannten „Bielefelder Screenings (BISC)" werden sprachlich
  benachteiligte Kinder erkannt. Der Test dauert zwanzig Minuten pro Kind.

- **Elterninformation**
  Nach der Auswertung des Tests werden die Eltern durch ein persönliches Gespräch
  informiert und mit ihnen das weitere Vorgehen besprochen.

- **Durchführung des Programms**
  Der Trainingsplan ist klar strukturiert und leicht nachvollziehbar. Die angegebene Reihenfolge muss eingehalten werden, um möglichst großen Nutzen zu ziehen.

  Das Programm ist nach Schwierigkeitsgraden in sechs Einheiten aufgebaut.

  Es sollte auf spielerische Weise in Kleingruppen durchgeführt werden.

  Dazu gehören:
  - Lauschspiele: z. B. flüstern, Geräusche und Worte erkennen, die gleich klingen ...
  - Wörter ergänzen: z. B. Vogelnest, -ei, -haus ...
  - Silben üben: z. B. Namen klatschen, Wörter in ihre Silben zerlegen ...
  - Anlaute trainieren: z. B. Rrr-eis, Nnn-nadel...
  - Phoneme bilden: Wörter in einzelnen Lauten sprechen und erkennen z. B. n-a-s-e...

- Am Ende des Programms werden die betroffenen Kinder nochmals getestet. Die Erzieherinnen können durch eigene Fantasie das Programm ergänzen und abwandeln. Die
  Spiele können gut in den pädagogischen Alltag integriert werden. Ansonsten lernen
  die Kinder in Kleingruppen, jeder nach seinem eigenen Tempo. Dies ist insofern nicht
  problematisch als es viele Wiederholungsübungen beinhaltet.

Literaturtipps

*Jansen, H.: Das Bielefelder Screening zur Früherkennung von Lese-und Recht-
schreibschwierigkeiten, Göttingen.*

*Küspert, P.; Schneider, W.: Hören, lauschen, lernen: Das Würzburger Trainingspro-
gramm zur Vorbereitung auf den Erwerb der Schriftsprache, Göttingen, Vandenhoeck & Ruprecht, 2000.*

Laier & Becker: Psychologie und Multimedia. CD-ROM: Multimedia-Spiele aus dem Würzburger Trainingsmodell, unter: www.psychologie-multimedia.de

Deutsches Jugendinstitut (Hrsg.): Sprachförderung im Vor- und Grundschulalter. Konzepte und Methoden im außerschulischen Bereich. Sprache und Spiel im Kindergarten mit Audio-CD.

Holtz, A.: Montessori-Pädagogik und Sprachförderung. Ulm 1999.

Looss, R.: Praxisbuch Spracherwerb. Sprachförderung im Kindergarten. München 2004.

Senatsverwaltung für Jugend und Sport (Hrsg.): Bärenstark. Berliner Sprachstandserhebung und Materialien zur Sprachförderung für Kinder in (Beuthstraße 6–8, der Vorschul- und Schuleingangsphase. 00117 Berlin-Mitte)

4.6 Die Praxis der Sprachförderung

4.6.1 Sprachförderung als ganzheitlicher kompetenzorientierter Förderansatz

Grundsätze vorschulischer Sprachförderung ausgehend vom Sprachbaum

Die ersten vier Lebensjahre, erweiterbar bis zum 6. oder 7. Lebensjahr, werden als „sensible Phase" für den Spracherwerb bezeichnet (Singer TPS 1/2002). Innerhalb dieses sogenannten Zeitfensters ist das Gehirn für bestimmte Lernerfahrungen in Bezug auf Sprache besonders empfänglich, da dann die relevanten Synapsen ausgewählt und miteinander verknüpft werden. Um die entsprechenden Regionen des Gehirns zu strukturieren, werden Reize von außen benötigt.

Welche Voraussetzungen gegeben sein müssen, damit Sprache erlernen möglich ist und dass dies das Ergebnis einer positiven Gesamtentwicklung und abhängig von einer anregenden Umwelt ist, wird mithilfe des Sprachbaumes von Wendlandt verdeutlicht (Wendlandt, 2006, S. 10). In der Natur gleicht kein Baum dem anderen, vergleichbar dazu verläuft auch die sprachliche Entwicklung einzelner Kinder unterschiedlich. Entwicklungsabläufe ähneln sich zwar, individuelle Unterschiede sind aber zu beobachten und als ein Zeichen gesunder Individualität interpretierbar. Im Kapitel 4.4 werden stärkere Abweichungen behandelt, die nicht nur als individuell, sondern auch als förderwürdig angesehen werden sollten.

Aufgabe

Bitte beraten Sie in Kleingruppen wie die folgenden Teile eines Baumes bzw. der erforderlichen Umwelt mit Begriffen der Sprachentwicklung bzw. mit sprachfördernden Aspekten der Umwelt bezeichnet werden könnten und ordnen Sie diese dann in eine leere Baumvorlage ein: Wurzelbereich? Stamm? Erde? Baumkrone? Gießkanne? Sonne? Vergleichen Sie Ihre Interpretationen nach der Aktivität mit denen von Wendlandt (siehe Seite 197).

Aspekte des Sprachbaums und ihre Bedeutung für die Sprachförderung

Der Wurzelbereich symbolisiert die für die Sprachentwicklung notwendigen Voraussetzungen

Voraussetzungen für eine angemessene Entwicklung der Sprach- und Sprechfähigkeiten sind sensomotorische Entwicklung, sozialemotionale Entwicklung, geistige Entwicklung und die Entwicklung des Schreiens und Lallens (siehe Kapitel 4 Sprachentwicklung).

Der Stamm symbolisiert Sprechfreude und Sprechverständnis

Kinder sind neugierig und motiviert, ihre Umwelt zu entdecken. Sich anderen „mitteilen" zu können und die Mitteilungen anderer zu empfangen, ist ein natürliches Bedürfnis.

Die Kommunikationsfähigkeiten entwickeln sich zunehmend, wenn sich Bezugspersonen auf „Sprechabsichten" der Kinder einlassen und diese positiv aufgreifen.

Die Erde symbolisiert die Bedeutung der Lebensumwelt

Das Kind ist in seine soziale Umgebung eingebettet. Erziehung und Bildung vermitteln dem Kind kulturelle und gesellschaftliche Aspekte. Diese sind notwendig, damit die Welt wahrgenommen werden kann und Kinder sich vermehrt in ihr zurechtfinden. Einflüsse aus der sozialen Umgebung wirken sich auf den Gebrauch der Sprache, die Teil der Kultur- und ihre Ausgestaltung ist, aus.

Die Baumkrone symbolisiert die drei Aspekte „Artikulation, Wortschatz und Grammatik"

Die drei Aspekte der Sprache „Artikulation, Wortschatz und Grammatik" entfalten sich im Wechselspiel miteinander. Gleichwohl sollte jeder Aspekt beachtet werden und eine Rolle bei der Sprachförderung spielen.

Die Gießkanne steht für das sprachfördernde Verhalten von Eltern und Erzieherinnen

Förderndes Verhalten wird weiter differenziert in:

- Blickkontakt: Ermöglicht emotionale Nähe und Zuwendung. Kinder können in „face to face"-Situationen auf Lippenbewegungen achten und bekommen dadurch Anregungen für Lautbildung.
- Nicht nachsprechen lassen: Kinder bei sprachlichen Fehlern oder Abweichungen „richtig" nachsprechen zu lassen, könnte die Sprechfreude mindern und Sprachhemmungen erzeugen.

- Zuhören: Kinder, die etwas mitteilen möchten, zuzuhören fördert das Selbstbewusstsein, das notwendig ist um sich weiter ohne Unsicherheit sprachlich mitzuteilen. Nur beim selbst Sprechen werden die Sprech- und Sprachfähigkeiten intensiv gefördert.

- Aussprechen lassen: Nicht schon Verständnis signalisieren, ehe Kinder ihre Mitteilung beendet haben. Das ‚aussprechen Lassen‘ wirkt auf der emotional-sozialen Ebene, die Ebene, die für die Sprachförderung von großer Bedeutung ist.

- Sprachanregungen: Die Sprache, mit der Kinder angesprochen werden, sollte deutlich und verständlich sein. Signalisiert werden sollte, dass Kinder als Sprechpartner ernst genommen werden.

Die Sonne symbolisiert Zuneigung und Wertschätzung als Voraussetzung

Um sich entwickeln zu können, braucht das Kind Liebe und Zuneigung. Für eine angemessene sprachliche Entwicklung gilt es zu beobachten, „welches Klima" in der Familie bzw. in der Kindertageseinrichtung vorherrscht: z.B. „verhangener Himmel", oder bei Überbehütung „zuviel Sonne".

Ganzheitliche und integrierte Sprachförderung

Sprache wird, wie im Sprachbaum dargestellt, in alltäglichen Situationen gelernt. Dies widerspricht der ausschließlichen Anwendung von Sprachtrainingsprogrammen, die von Handlung und Beziehung isoliert sind.

Kinder entwickeln sprachliche Kompetenzen, aufgrund des Interesses an ihrer Umwelt und aufgrund intrinsisch (von innen her kommend) motivierter Aktivitäten. Reichhaltige Umwelterfahrungen zu ermöglichen und Gelegenheiten für Aktivitäten zu schaffen und zu unterstützen, und so Sprache integriert im Alltag der Kindertageseinrichtung zu fördern, hat im Vergleich zu verschulten Programmen langfristigere Wirkung auf Sprachkompetenzen.

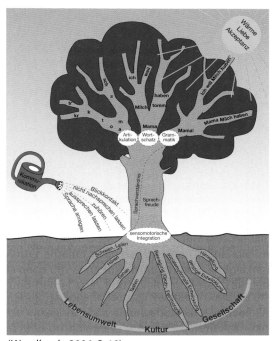

(Wendlandt, 2006, S. 10)

Die folgende Grafik verweist auf weitere Akteure im sozialen Umfeld der Kinder und der Einrichtung, die bei einer integrierten sprachlichen Förderung eine Rolle spielen. Mit dem Ziel, die Umgebung des Kindes sprachanregend und mit vielfältigen sprachspezifischen Anreizen zu gestalten, kooperieren Kindertageseinrichtungen mit unterschiedlichen Partnern. Dass sich in Bezug auf das Lebensumfeld Familie die Bedingungen von Kindern unterscheiden, legt nahe, dass Sprachförderung für jedes Kind individuelle Ansatzpunkte verlangt. Komplementiert werden die Erziehungspartnerschaften durch die Kooperation mit Personen und Institutionen, die professionelle Sprachförderung anbieten.

integrative Sprach- und Sprechförderung in vorschulpädagogischen Einrichtungen

1. Wie sieht in Ihrer Praxiseinrichtung integrative Sprachförderung aus?

2. Wie sieht in Ihrer Praxiseinrichtung sprachspezifische Förderung aus?

3. Welche Personen und Institutionen, die professionelle Sprachförderung anbieten, kennen Sie?
   Wie könnte die Partnerschaft mit diesen in Bezug auf Sprachförderung in der Kita aussehen?

4. Wie können Kitas durch Partnerschaften mit den Familien der Kinder Sprachförderung begünstigen?

Wie kann integrative Sprachförderung erfolgen?

Eine anschauliche Beantwortung der Frage, wie eine integrative Sprachförderung aussehen kann, ermöglichen die im Orientierungsplan für Bildung und Erziehung für die baden-württembergischen Kindergärten (Beltz, 2006, S. 95-98) aufgeführten Motivationsbereiche eines Kindes in Bezug auf das Entwicklungsfeld „Sprache":

● A3 Sprache soll erfahren werden als Instrument, um Anerkennung zu bekommen und Wohlbefinden zu erleben.

● B3 Sprache verhilft dazu, die Welt zu entdecken und zu verstehen.

● C3 Sprache ist ein Instrument, um sich auszudrücken.

● D3 Sprache ist notwendig, um mit anderen zu leben.

Aufgabe

Im Orientierungsplan Baden-Württemberg sind zu jedem Motivationsbereich Fragen als Denkanstöße für eine, die Sprachförderung integrierende Praxis formuliert (S. 95-98). Sehen Sie sich diese Fragen an und unterstreichen Sie, was Sie kennen bzw. schon beobachtet oder selbst durchgeführt haben mit einer Farbe und was sie noch nicht kennen in einer anderen Farbe.

Den Orientierungsplan finden Sie im Internet unter: www.km-bw.de auf den Seiten zum Kindergarten.

Drei Bedingungen für eine integrative Sprachförderung

Eigenes Erleben und Ausprobieren ermöglicht vielfältige Sinneserfahrungen. Der permanente sprachliche Austausch ermöglicht es Kindern, diese Erfahrungen zu verarbeiten und handlungsfähig zu werden.

Sprechend strukturieren und systematisieren dann Kinder ihre Alltagswelten. Um dies optimal zu unterstützen, ist Folgendes zu beachten:

1. Sinnvolle Sprechsituationen als Entwicklungsanreiz

Kinder lernen Sprache und Sprechen als Instrument kennen, mit dem etwas erreicht werden kann. Funktionale Sprechsituationen, die sinnvolle Kommunikation gestatten („Ich will etwas", „Ich weiß etwas", „Ich will etwas wissen" etc.) sind Voraussetzung für einen natürlichen Erwerb und eine konstante Erweiterung von Sprach- und Sprechkompetenzen. Die Möglichkeit, wechselseitig Ideen, Wünsche und Gedanken mitzuteilen und infolgedessen Bereicherung, Bestätigung und Wertschätzung zu erleben, vermittelt intuitiv etwas über die „Macht der Sprache" bzw. über die Sprache als „Sesam öffne dich".

2. Inhalt und Sinn von Kinderäußerungen aufnehmen als Grundlage integrierter Sprachförderung

Um eigene Kompetenzen zu entdecken und Lernvoraussetzungen zu unterstützen, benötigt das Kind Personen, die das Gesagte aufnehmen, spiegeln und weiterführen. Im Alltag des Kindergartens sollen deshalb Inhalte von Mitteilungen nicht wegen formalen Aspekten der Sprache (wie Grammatik und Artikulation) in den Hintergrund gedrängt werden. Eine Verdrängung oder Nichtentdeckung des Inhalts bzw. Sinns der kindlichen Kommunikation könnte zu einer Distanzierung von Sprache als Ausdrucksmittel führen.

Aufgabe

Lesen Sie zum Selbststudium den Artikel „Gemeinsame Verantwortung übernehmen" (aus: klein & groß, 04/2006, S. 26-27) und markieren Sie zur Vorbereitung von Austausch und Diskussion alle relevanten Textstellen zur Frage „Was sind Aspekte der dargestellten vorschulischen Sprachförderung?".

3. Die Beobachtung von Kindersprache als Voraussetzung integrierter Sprachförderung

Integriert sprachfördernd zu arbeiten, bedeutet, sich auf Handlungszusammenhänge, Lebensrealitäten, Interessen, Bedürfnisse und Sinndeutungen der Kinder einlassen zu können. Der Beobachtung von sprachlichen Kompetenzen der Kinder kommt dabei eine große Bedeutung zu (siehe Abschnitt „Material zur Entdeckung des sprachlichen Ist-Stands" Sprachstandserhebungsbögen S. 201 ff.).

Aufgrund differenzierter Beobachtung der Kindersprache kann eine Erzieherin:

- an ständige Aneignungsprozesse der Kinder anknüpfen
- vielfältige Redeanlässe miteinander und mit Erwachsenen anregen
- Sprachkompetenz sachbezogen, sozial und lernmethodisch unterstützen
- Sprachförderung für alle Kinder integriert im Tagesablauf ermöglichen

Sorgfältiges Beobachten, ist die beste Strategie, um sensible Phasen zu erkennen.

„Kinder suchen dann von sich aus ‚passende' neue Gegenstände aus und beginnen damit, sich konzentriert und ausdauernd mit diesen zu beschäftigen. Die orientierenden Hinwendungen zu neuen (und/oder vertrauten) Gegenständen sollten aufmerksam beobachtet werden. Das Kind wird von sich aus signalisieren, mit welchen Dingen es sich intensiver befassen möchte."

(Kasten, 2003, S. 64)

Anregung zum Dialog: „Welcher pädagogische Ansatz in der Vorschulpädagogik baut auf diesem Wissen auf"?

4.6.2 Differenzierungen des Begriffs Sprache als Gestaltungs- und Förderansatz

„Sprache ist eine ausschließlich dem Menschen eigene, nicht im Instinkt wurzelnde Methode zur Übermittlung von Gedanken, Gefühlen und Wünschen mittels eines Systems von frei geschaffenen Symbolen."

(Edward Sapir, 1921)

Sprache ist aus Wörtern bestehende verbale Kommunikation. Sie ist, neben andere Kommunikationsformen (Musik, Kunst, nonverbale Körpersprache, Gebärden, Handzeichen etc.) die bedeutendste Kommunikationsform des Menschen. Sprache wird auditiv mithilfe von Schallwellen übertragen.

Gedanken und Meinungen können auch durch nicht-sprachliches Verhalten vermittelt werden, sind aber nur direkt kommunizierbar durch verbale Äußerungen. Die Schriftsprache ermöglicht Verständigung mit Personen, die nicht anwesend bzw. nicht bekannt sind.

Die menschlichen Sprachen bestehen aus einfachen Einheiten, Worten oder Morphemen, die nach grammatischen Regeln kombiniert werden. Worte haben oft mehrere Bedeutungen – diese bestehen aber unabhängig von ihrem Anwender. Nach syntaktischen und logischen Regeln kann aus einfachen Einheiten eine unbestimmte Zahl verschiedener Sätze zusammengestellt werden. Sprache ist deshalb erlernbar.

Teilgebiete von „Sprache" und davon abgeleitete Möglichkeiten vorschulischer Sprachförderung

Für eine konkrete sprachspezifische Förderung ist es hilfreich, weitere Differenzierungen von „Sprache" vorzunehmen:

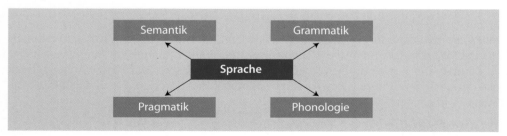

Pragmatik:	Weist auf die situationsangepasste Verwendung von Sprache und dem jeweiligen Zweck entsprechendes Ausdrücken von Absichten, Wünschen und Meinungen hin.
Semantik:	Ist die Lehre von Sinn und Bedeutung von Sprache. Weist auf die Bedeutung von Wörtern und Sätzen und einen, dem Sinn entsprechenden Sprachge-

brauch, ein korrektes Verständnis von Sprache und einen altersgemäßen passiven und aktiven Wortschatz hin.

Grammatik: Der Begriff Grammatik bezeichnet das Regelwerk einer Sprache. Durch festgelegte Veränderung von Wörtern und Sätzen werden Geschlecht, Zeiten, Fälle und Mehrzahlbildungen ausgedrückt.

Phonologie: Ist die Lehre über die Sprachlautsysteme. Weist auf die Bildung und Gebrauch von Lauten, die Artikulation und Sprachmelodie hin.

Die vier Bereiche sensibilisieren für verschiedene Bereiche der Sprachförderungen und ermöglichen differenzierte Beobachtung. Je nachdem welche Interessen, Handlungen und Aktivitäten Kinder zeigen, lassen sich aus den betroffenen Sprachbereichen entwickelte Materialien und Aktivitäten anwenden oder weiterentwickeln.

> **Literaturtipp**
>
> *Praktische Anregungen für Aktivitäten im Teilgebiet Phonologie finden Sie z. B. in: Dümler, Reinhard/Jäcklein, Margit: „Ich sag doch Lollmops!" Kösel, 2005.*

Material zur Entdeckung des sprachlichen Ist-Stands (Sprachstandserhebungsbögen)

Wie gut Kinder sprechen bzw. Teilbereiche der Sprache beherrschen, kann man zwar hören, ohne gezielte Beobachtung und Dokumentation aber nicht differenziert entdecken und festhalten. Was Kinder nicht verstehen, ist zudem nicht hörbar und kaum neben dem Alltagsgeschäft bemerkbar. Sprachkompetenzen sollten deshalb gezielt und systematisch, gleichwohl spielerisch entdeckt und dokumentiert werden.

In verschiedenen Bundesländern wurden unterschiedliche Vorgehensweisen zur Sprachstandeserhebung für Vorschuleinrichtungen entwickelt. Exemplarisch sollen einige davon hier erwähnt werden. Weitere Vorgehensweisen finden Sie auf den Websites der zuständigen Ministerien.

- In Nordrhein-Westfalen ist die Sprachstandserhebung Delfin4 Pflicht für 4-jährige Kinder.

  Internetadresse: www.schulministerium.nrw.de/BP/Eltern/Einschulung/Sprachtests-Info/ index.html

- Das Hamburger Verfahren zur Sprachstandserhebung HAVAS 5 ist das verbindliche Verfahren in allen Vorschulklassen der staatlichen Grundschulen und einigen Kitas.

  Internetadresse: www.blk-foermig.uni-hamburg.de/web/de/all/lpr/hamburg/index.html

- In Brandenburg wird der Sprachstand mit drei verschiedenen Instrumenten erhoben.

  Einmal werden die Grenzsteine der Entwicklung (Laewen, 2003) als Risikoscreening-Instrument bei allen Kindern über die gesamte Kindergartenzeit hinweg angewendet. Dann nehmen alle Kinder ein Jahr vor der Einschulung an einer Sprachstandserhebung teil.

  Der Einzeltest zur Feststellung der Sprachkompetenz bei Kindern vor der Einschulung heißt KISTE (Häuser, Kasielke/Scheidereiter, 1994). Er wird von speziell qualifizierten Erzieherinnen angewendet.

  Internetadresse: www.testzentrale.de/?mod=detail&id=7

Sprachstandserhebung und nachfolgende Sprachförderung werden in den Kindertagesstätten durchgeführt, auch für Kinder, die nicht angemeldet sind.

Das dritte Screening-Verfahren heißt WESPE (Wir Erzieherinnen schätzen den Sprachstand ein, Eichhorn/Liebe, 2006). Es wird von Gruppen-Erzieherinnen während des letzten Kindergartenjahres angewandt.

● Die Senatsverwaltung für Bildung, Jugend und Sport in Berlin bietet für Kinder im Alter ab 5,0 Jahren bis etwa 7,5 Jahre, kurz vor der Einschulung und im ersten Schuljahr „Bärenstark", ein informelles Verfahren zur Erfassung des Sprachstandes sowie zur Ermittlung des sprachlichen Förderbedarfs, an. Die Eltern sind in die diagnostischen Maßnahmen miteinbezogen (Gespräch, Interviewbogen).

Internetadresse: www.senbjs.berlin.de/schule/informationen_fuer_Lehrer/ baerenstark/baerenstark_web.de

● In Baden-Württemberg wird die Sprachstandsdiagnose in Verknüpfung mit der Einschulungsuntersuchung durchgeführt.

Schritt 1 der Einschulungsuntersuchung (15 bis 24 Monate vor der Einschulung): Der Kinder- und Jugendärztlichen Dienst der Gesundheitsämter führt bei allen Kindern eine Basisuntersuchung zur Sprachstandsfeststellung (Sprachscreening) durch. Angewandt wird das Verfahren HASE (Heidelberger Auditive Screening in der Einschulungsuntersuchung), mithilfe dessen sprachliche Leistungsfähigkeit, semantische Strukturerfassung und auditives Arbeitsgedächtnis untersucht wird.

Schritt 2: Der Kinder- und Jugendärztliche Dienst der Gesundheitsämter führt im Auftrag des Kultusministeriums bei Kindern, die bei der Basisuntersuchung (Schritt 1) auffällige Befunde aufweisen, d. h. als potenziell sprachbeeinträchtigt identifiziert wurden, eine verpflichtende, auf Sprachverstehen, Sprachproduktion und Sprachgedächtnis bezogene Sprachstandsdiagnose SETK 3-5 (SprachEntwicklungsTest für drei- bis fünfjährige Kinder) durch.

(vgl. Ministerium für Kultur, Jugend und Sport Baden-Württemberg, 2008)

Grenzsteine der Entwicklung

Die Grenzsteine sind kein Diagnoseinstrument, sondern „sie lenken die Aufmerksamkeit der Erzieherin auf wichtige Entwicklungs- und Bildungssegmente, die in ihrem Verlauf und auf den jeweiligen Altersstufen bei den allermeisten Kindern bestimmte beobachtbare Kompetenzen hervorbringen" (Laewen, 2000, S. 67–79).

> ***Beispiel:***
> ***Validierte Grenzsteine der Entwicklung: Sprachentwicklung Ende 72. Monat (ET 6.–.6)***
>
> 1. *6–8-Wort-Sätze, die wichtigsten grammatikalischen Strukturen werden weitgehend beherrscht, nur selten Fehler im Satzbau.* ☐ *ja* ☐ *nein*
>
> 2. *Kleine Erlebnisse oder Berichte können in weitgehend richtiger zeitlicher und logischer Reihenfolge erzählt werden.* ☐ *ja* ☐ *nein*

(Staatliches Schulamt Freiburg, 2002, S. 21)

4.6.3 Sprachförderung als alltäglicher, Eigenaktivität erkennender, ermutigender und unterstützender Ansatz

Sprachliches Scaffolding und korrektives Feedback

„In Historien und Behaltung geschener Dinge sollen sie auch geübet werden, sobald sich ihnen die Zunge anfängt aufzutun, und zwar mit kleinen kindischen Fragen: Wer hat dir das gegeben? Wo warst du gestern, vorgestern?"

(Johann Amos Comenius um 1630)

Für natürliche mütterliche Verhaltensweisen, die das Sprachelernen eines Säuglings fördern, wird der Begriff „Feinabstimmung" (fine tuning) verwendet. Mutter und Säugling reagieren wechselseitig so aufeinander, dass nonverbale und verbale Reaktionen aufeinander abgestimmt sind. Nahe Bezugspersonen wie z.B. Mutter und Vater stellen sich unbewusst auf Verhalten und sprachliche Äußerungen ihres Säuglings ein (auch vorsprachlicher Dialog und Affektabstimmung genannt). Blickt oder zeigt ein Kind in eine bestimmte Richtung, bewegt Gesichtsmuskeln oder gibt einen Laut von sich z.B. „a" reagieren die Eltern mit eigener Mimik und sprachlich darauf.

Durch das schnelle selbstverständliche Feedback und die Möglichkeit, dabei ein nonverbales und verbales Kommunikationsmodell zu erleben, wird das kindliche Sprachverstehen, der Wortschatz und die Sprachstruktur entwickelt, ohne dass offensichtlich geübt, unterrichtet oder gelehrt wird.

Eine ähnliche Technik, die sich zur Anwendung in der integrativen Sprachförderung mit Vorschulkindern eignet, hat Bruner[1] mit einem Gerüst verglichen, das den Bau eines Gebäudes ermöglicht. Der englische Ausdruck für diese Methode ist ‚Scaffolding' (Gerüst).

Im folgenden Beispiel eines Scaffolding-Prozesses baut eine Erzieherin für Kim, 3; 1 Jahre alt, ein Sprachgerüst:

> *Kim möchte, dass eine Puppe und Puppenkleider vom Schrank geholt werden. Diese liegen seit dem Vortag dort, weil die Puppenkleider beim Spielen zerrissen wurden.*
>
> *Kim:*   *Gibt' es bald Puppe, ob es Puppe noch gibt?*
>
> *ErzieherIn: Die Puppe gibt's noch, möchtest du die jetzt haben?*
>
> *Kim:*   *Ja.....auch die Kleiders?*
>
> *ErzieherIn: Nee, die Kleider kriegst' du nicht.*
>
> *Kim:*   *Warum?*
>
> *ErzieherIn: Die müssen erst gestopft werden.*

Weiteres Scaffolding, auch sprachliche Rückmeldung genannt, wird im vorschulpädagogischen Bereich durch verschiedene Korrektur-Dialoge integrativ praktizierbar:

- Korrektur-Dialog die Pragmatik (Anwendung) betreffend
- Korrektur-Dialog die Semantik (Sinn) betreffend

---

1   *Jérôme Seymour Bruner, New York University School of Law, ist Psychologe mit pädagogischen und juristischen Interessen. Er leistet wichtige Beiträge zur konstruktivistischen Lerntheorie (siehe Konstruktivismus/Lernpsychologie). Er stellt in seiner Theorie des Spracherwerbs (1963) die Bedeutung der Mutter-Kind-Interaktion im Spiel in der vorsprachlichen Phase für die Ausbildung logischer Strukturen im Denken wie der Subjekt-Objekt-Differenzierung als wichtig heraus.*

- Korrektur-Dialog die Grammatik (Wortbeugung, Konjugation, Satzbau) betreffend
- Korrektur-Dialog die Phonologie (Aussprache) betreffend

Aufgaben

1. *Welchen Korrektur-Dialog führt die Erzieherin mit Kim?*

2. *Konstruieren Sie Korrektur-Dialoge zu jedem der oben genannten Sprachbereiche.*

Der Selbstwert eines Kindes ist ein entscheidender Faktor für den Mut und die Motivation, die erforderlich sind für eine Entwicklung der Sprachkompetenzen. Scaffolding und die nun folgenden Feedbackformen korrelieren mit einem kompetenzorientierten Ansatz. Zuhörend wird entdeckt „Was kann das Kind?" und sprachlich wird darauf aufgebaut. Außer Inhalt und Form einer Aussage mit Scaffolding positiv zu begleiten, kann auch die Art und Weise, wie ein korrektives Feedback erfolgt, variieren. Als Beispiel dafür werden hier zwei der verschiedenen Arten des Scaffolding dargestellt:

a) Die **„korrektive Rückmeldung"**, auch **„verbale Reflexion"** genannt, greift semantische, grammatische oder artikulatorische Leistungen auf und gibt dafür, ohne es zu thematisieren, die richtige Form.

> Uwe: *„Der Tuchen fertig is?"*
>
> Erzieherin: *„Ja, der Kuchen ist fertig."*

b) Die **„erweiternde Rückmeldung"** oder **„Extension"** greift kindliche Äußerungen auf und gibt sie in korrekter Form wieder. Zusätzlich erweitert diese Form der Rückmeldung das Gesagte um neue Elemente, sodass dem Kind ein größerer Rahmen an korrekten Strukturen angeboten wird.

> Uwe: *„Der Tuchen ist nicht mehr heiß."*
>
> Erzieherin: *„Nein, der Kuchen ist nur noch warm. Er kann jetzt aufgeschnitten und verteilt werden."*

Aufgabe

Bitte entwickeln Sie angemessenes Scaffolding für folgende Kinderaussagen:

a) *Korrektive Rückmeldung/Verbale Reflexion für:*

1. *„Die Leute fahrt mit dem Bus"*
2. *„Marc ist da durch der Tür gegangen"*
3. *„Wir sind in Hauptstraße noch gewohnt"*

b) *Erweiternde Rückmeldung/Extension für:*

1. *Kim deutet auf den Teller und sagt: „Gib mal der Dings da"*
2. *Juri kommt zur Erzieherin und sagt: „Die da haue mis immer"*
3. *Sue erzählt „Is hab mit Telefon zu Papi geredet"*

Korrektive und erweiternde Rückmeldungen sind als Vorgehensweisen bei alltäglichen Sprech- und Sprachsituationen und auch bei Bilderbuchbetrachtung und anderen sprachlichen Aktivitäten angemessen.

Kinder bekommen kein negatives Feedback auf ihre Äußerungen („Das ist falsch") und die Aussagen werden nicht zurückgedrängt („Sag so etwas nicht"). Kindern wird signalisiert, dass ihr Sprechen ankommt, und geschätzt wird. Gleichzeitig wird es so erwidert, dass eine Weiterentwicklung stattfinden kann.

Literaturtipp

Iven, Claudia: Sprache in der Sozialpädagogik, Troisdorf, Bildungsverlag EINS, 2009.

Verständliche theoretische Ausführungen ermöglichen einen differenzierten Einblick in die Entwicklung und Förderung von sprachlichen Kompetenzen. Ausgehend von den Grundlagen der Sprachentwicklung wird der Weg vom Sprechen zum Schreiben beschrieben und mithilfe anwenderfreundlicher methodischer Anregungen veranschaulicht.

Die Scaffolding-Methode korreliert mit den im Folgenden beschriebenen Methoden der Sprachförderung, die zur integrativen Anwendung im Alltag der Kindertageseinrichtung geeignet sind.

Methoden beziehungsorientierter Sprachförderung und kompetenzorientierter Kommunikation

Aktives Zuhören

Der US-amerikanische Psychologe und Jugendpsychotherapeut Carl Rogers hat das aktive Zuhören erstmals bei der nondirektiven Psychotherapie angewandt und bemerkte eine Aktivierung der Menschen, denen so zugehört wurde. Grundelemente des aktiven Zuhörens nach Carl Rogers sind die folgenden, auch als pädagogische Grundhaltungen bekannten Aspekte:

1. Empathische und offene Grundhaltung
2. Authentisches und kongruentes Auftreten
3. Akzeptanz und bedingungslose positive Beachtung der anderen Person.

Das aktive Zuhören, mit dem Zuhörer Verständnis kommunizieren können, besteht aus 10 Hörer(re)aktionen:

1. Den Sprecher nicht unterbrechen, sondern ausreden lassen.
2. Sich durch Vorwürfe und Kritik nicht aus der Ruhe bringen lassen.
3. Sich mit Empathie in die Situation des Sprechers versetzen.
4. Die eigene Meinung zurückhalten und bei Unklarheiten nachfragen.
5. Zugewandte Körperhaltung und nonverbale Kommunikation durch Blickkontakt, Nicken, Augenkontakt, Hinwendung des Oberkörpers und des Kopfes. Auch Mimik und Gestik zeigen Zugewandtheit.
6. Bestätigungslaute (z.B. ah, mhm, ach) mit emotionaler Betonung und fragendem Anteil.
7. Kurze Rückfragen, nicht festlegende Aufforderungen, die keine Wertungen enthalten, wie z.B.:
   „Möchtest du darüber mehr erzählen?"
   „Möchtest du darüber sprechen?"

„Das hört sich an, als würde dich das sehr beschäftigen."

„Das ist interessant! Habe ich das richtig verstanden?"

8. Gut Zuhören heißt nicht, dass die Meinung des anderen übernommen werden muss.

9. Pausen aushalten. Pausen werden oft als Zeit zum Nachdenken oder zur Suche nach Formulierungen benötigt oder der Sprecher benötigt Zeit, weil er selbst Unklarheiten, Angst oder Ratlosigkeit empfindet.

10. Rückmeldung durch Paraphrasieren. Dabei werden keine eigenen Botschaften, wie: Urteile, Ratschläge, Ermahnungen usw. formuliert. Das Gesagte wird in eigenen Worten wiedergegeben. Die Erzieherin versucht zu verstehen, was das Kind sagt, formuliert dies in eigenen Worten und meldet es dann zurück. Dabei wird kurz die Bestätigung durch das Kind erfragt: „Du glaubst...", „Wenn ich dich richtig verstehe, denkst du…" Durch Paraphrasieren wird Verständnis, Aufmerksamkeit, Interesse und Akzeptanz mitgeteilt. Der Erzählende kann so ermutigt werden, weiterzusprechen und sich zu öffnen.

Zusätzlich zur Rückmeldung in Bezug auf das gesprochene Wort beinhaltet das Paraphrasieren noch **das Verbalisieren emotionaler Erlebnisinhalte**: Die Rückmeldung betrifft hier die Gefühle, die aus den Aussagen des Gesprächspartners interpretiert werden: Zum Beispiel: „Du fürchtest ...?", „Ärgerst du dich, wenn...?" Die Zuhörerin entschlüsselt den emotionalen Inhalt der Mitteilung (den Gefühlsinhalt und die Wünsche des Erzählenden) und meldet diese so zurück, dass das Kind diese bestätigen oder ablehnen bzw. berichtigen kann.

> Eine sprachliche Reaktion einer Erzieherin, die als Verbalisierung emotionaler Erlebnisinhalte bezeichnet werden könnte:
>
> Mädchen (5; 5 Jahre) zur Erzieherin: „Die lassen mich nicht mitspielen."
>
> Erzieherin: „Es wäre für dich viel einfacher mitzuspielen, wenn die sagen würden: ‚Komm mach mit?"
>
> Mädchen: „Ja."

Bei starker Aufregung bzw. Ärger und Beschwerden kann, nachdem die emotionalen Anteile herausgefiltert, kommuniziert und bestätigt wurden, eine emotionale Aussage (z. B. zur Lösung eines Problems) auf sachliche Anteile reduziert werden.

Aufgaben

1. Paraphrasieren Sie folgende verbale Äußerungen:

   - „Wir sind gestern in den Zoo gegangen und haben dort Giraffen gesehen. Danach haben wir die Zebras gesehen, die haben gerade Äpfel gefressen. Eines hat sich immer vorgedrängt und das andere hat nicht so viele Äpfel bekommen."

   - „Gestern sind wir auf der Autobahn gefahren und wir waren die schnellsten. Meine Mama sagt dann immer zu Papa: „Fahr doch langsamer." Wir haben dann im Möbelhaus eingekauft und ich habe eine neue Matratze bekommen, auf der kann man gut hüpfen."

2. Verbalisieren Sie die emotionalen Erlebnisinhalte folgender Aussagen:

   - „Ich kann morgen nicht mit ins Schwimmbad, weil meine Oma krank ist und wir sie besuchen."

   - „Hört auf ihr Esel, hört auf." (gebrüllt).

   - „Kann das explodieren?" (beim Experiment)

Kommunikation mithilfe von Pharaphrasen und Verbalisierungen emotionaler Erlebnisinhalte ermöglicht dem Kind:

- zu erkennen, wie eine Aussage angekommen ist,
- zu klären, falls eine Aussage missverstanden wurde,
- sich um Klarstellung von Gefühlen und Gedanken zu bemühen,
- angstfrei mit evtl. Problematiken umzugehen,
- das angenehme Gefühl zu entwicklen, Probleme evtl. selbst bearbeiten zu können oder zumindest mehr Klarheit in eigenen Angelegenheiten zu bekommen,
- Selbst eine Lösung zu finden, etwas, das bei der Stärkung des Selbstkonzeptes eine Rolle spielt.

Offene Fragestellungen benutzen

Geschlossene Fragen sind Fragen, die nur mit Ja oder Nein beantwortet werden können. Ein sich entwickelnder Dialog oder eine verbale Beteiligung des Angesprochenen ist nur möglich, wenn über die gestellte Frage hinweggesehen wird.

Offene Fragen beginnen mit den „W" Worten: woher, wie oder: wie kam es dazu, wo, wer, wann, wie viel, was oder: was konkret, wozu. Manche „W" Fragewörter sollte man eher zurückhaltend benutzen, da Kinder annehmen könnten, dass sie sich rechtfertigen müssen, z. B.: weshalb, wieso, warum.

Fragen mit „W" motivieren Kinder indirekt dazu, sich mit dem Gesprächsgegenstand zu befassen und ihre Meinung zu äußern. Es ist nur schwer möglich ist, auf eine solche Frage einsilbig zu antworten. Die spontane Reaktion darauf ist ausführlich. Monolinguale Kinder verstehen ab ca. drei Jahren die Bedeutung von W-Fragen.

Die nonverbale Kommunikation beachten

„Man kann nicht ‚nicht' kommunizieren, auch Nicht-Verhalten und Schweigen enthält Informationen."

(Watzlawick/Beavin/Jackson, 2003)

Es stellt sich nur die Frage, welche?

Definition
Nonverbale Kommunikation ist eine nicht-verbale Verhaltensform, sie
1. *wiederholt das bereits Gesagte*
2. *betont das verbale Verhalten*
3. *ergänzt das verbale Verhalten*
4. *ersetzt das verbale Verhalten*
5. *widerspricht dem verbalen Verhalten.*

Permanent widersprüchliche Botschaften zu senden (Verbal: „Komm her"; Nonverbal bzw. Denken und Fühlen, Ausdruck der Mimik: „Du schon wieder") wird als double-bind diskutiert. Die Doppelbindungstheorie beschreibt die Wirkungen von permanenten widersprüchlichen Nachrichten/Signalen auf Menschen, die im Zusammenhang mit der Entstehung schizophrener Erkrankungen diskutiert werden. Die Überprüfung, wie nonverbal kommuniziert bzw. wie diese Kommunikationsform interpretiert wird, ist deshalb für erzieherische Berufe notwendig.

Aufgabe

Bitten Sie zwei oder drei Schülerinnen, als Testpersonen vor die Tür zu gehen und rufen Sie diese nach der Reihe wieder herein. Eine andere Schülerin wird angewiesen, sich jeder Testperson so weit zu nähern, bis diese zurückweicht.

Wie groß ist die intime Distanz der Testpersonen?

Beteiligte diskutieren, wie die Kommunikation stattfindet und was sie kommunizierten bzw. interpretierten.

Raumverhalten ist ein Teil der nonverbalen Kommunikation. Menschen kommunizieren soziale Bedeutungen über räumliche Entfernungen. Eine bekannte Einteilung der Distanzen ist: Intimdistanz: bis 45 cm, Persönliche Distanz: 45 bis 120 cm, Soziale Distanz: 120 bis 360 cm, Öffentliche Distanz: ab 360 cm.

Das erweiterte Kommunikationsmodell erlaubt einen weiteren Einblick, auf welche nichtsprachlichen Art und Weisen übereinstimmend, bestätigend oder widersprüchlich kommuniziert wird.

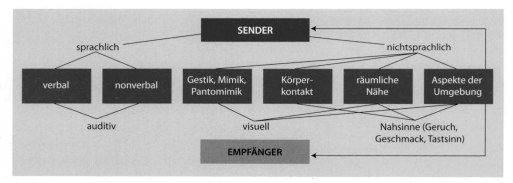

Aufgabe

Beschreiben Sie die Grafik.
Welche der Kommunikationswege sind für Sie bedeutend, welche nehmen Sie weniger wahr?

Nicht nur ErzieherInnen, auch Kinder kommunizieren nonverbal. Ihre nonverbale Kommunikation zu entschlüsseln und die eigenen Interpretationen interaktiv in Feedbackprozessen zu überprüfen, ist im vorschulpädagogischen Alltag von großer Bedeutung. Besonders im Blick auf den Stellenwert der nonverbalen Kommunikation in Bezug auf die Gesamtkommunikation ist dies von Wichtigkeit.

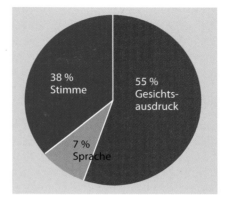

Die nebenstehende Grafik macht deutlich, wie viel Anteil Gesichtsausdruck, Stimme und gesprochene Worte bei den Verständigungen haben.

Hier sehen Sie zwei Beispiele für die Körpersprache von Kindern.

Aufgaben

1. *Entschlüsseln Sie was die Kinder nonverbal vermitteln. Was sagen sie?*
2. *Beobachten Sie Kinder in ihrem Praxisfeld und interpretieren Sie die nonverbalen Aussagen.*
3. *Experimentieren Sie mit Nachfragen (offenen Fragen), um festzustellen, ob Sie richtig interpretiert haben.*

Metakommunikation – „Nachdenken über Sprache und Sprechen"

„Meta" kommt aus dem Griechischen (μετα) und bedeutet u. a. „hinter, über". Metakommunikation ist über inhaltliche Verständigung hinausgehende Kommunikation, wie z. B. sprechen über Sprache. Die Sprache selbst wird zum Gegenstand der Kommunikation.

Metakommunikation kann in Kindertagesstätten praktiziert werden, indem z. B. nach der Länge von Wörtern gefragt wird und Kommentare über Worte abgeben werden

    „Gießen ist eine Stadt."   *(Objektsprache).*

    „Gießen hat sechs Buchstaben."   *(Metasprache)*

Namen der Buchstaben im Unterschied zur Lautierung können thematisiert, Wörter können in Silben zerlegt und aus einzelnen Silben können Wörter gebildet werden (Synthese). Unterschiedlich lange Wörter bilden Sätze, die auch wiederum unterschiedlich lang sein können.

Beim Umgang mit Reimen kann Kindern bewusst werden, dass gesprochene Sprache eine Form hat und dass Formen unterschiedliche emotionale Wirkungen erzeugen.

Auf einer weiteren Metakommunikationsebene könnte thematisiert werden, dass in bestimmten Situationen in einer bestimmten Art und Weise gesprochen wird. Methodisch geeignet sind kurze Rollenspielszenen und ad hoc-Reflexionen die „Wie sprichst du mit mir/Wie spreche ich mit dir" thematisieren.

4.6.4 Lernen am Modell

Sprachmodelle haben nicht nur Auswirkungen auf die Sprachentwicklung, sondern auch auf die Identitätsentwicklung. Kinder ahmen Modelle nicht im 1:1 Verhältnis nach. Imitation ist ein aktiver, an schon entwickelten Strukturen orientierter Lernprozess. Allerdings orientieren sich Kinder unbewusst und bewusst am Kommunikationspartner. So wird Kultur weitervermittelt und die Orientierung im Alltagsleben wird ermöglicht.

Im folgenden Rollenspiel kann die Bedeutung des Sprachmodells für die emotionale Befindlichkeit und die Motivation der Kinder entdeckt werden.

Aufgabe	
Rollenspiel:	*Die Bedeutung des Sprachmodells von ErzieherInnen entdecken*
Drei Personen:	*1 Erzieherin, 1 Kind, 1 Beobachter*
Aufgabe:	*Jeweils eine Situation aus dem Kindertagesstättenalltag wird dreimal gespielt.* *Das Kind verhält sich dabei passiv, achtet aber auf seine Reaktionen, Gefühle und Stimmungen.*
Beispiel:	*Situationen: Tischdecken, Aufräumen, Ankommphase, Abholphase*
Beim 1. Mal:	*Kommentarlos*
Beim 2. Mal:	*Erzieherin begleitet Handlungsschritte verbal, kommentiert*
Beim 3. Mal:	*Erzieherin kommentiert ihre Handlungsschritte und stellt auch offene Fragen („W-Fragen")*

Fragestellung/Austausch in der Gruppe (Bericht im Plenum)

- Tauschen Sie Unterschiede in den Empfindungen des „Kindes" (bei 1., 2. und 3.) aus. Was haben die unterschiedlichen Vorgehensweisen der ErzieherIn konkret verändert?
- Welche Auswirkungen/Chancen für den kindlichen Bildungsprozess sehen sie bei der jeder der erzieherischen Modellrollen in 1., 2. und 3.?
- Welche sprachbezogenen und identitätsbezogenen Ziele lassen sich mit der dritten Modellrolle erreichen?

Literaturtipp

Sander, Rita/Spanier, Rita: Die Rolle der Erzieher/-in, in: Sprachentwicklung und Sprachförderung – Grundlagen für die pädagogische Praxis. Sonderheft Kindergarten Heute spezial, Verlag: Herder, S. 40–46.

4.6.5 Mit Material, Raum und Umweltangebot – sensomotorische Integration ermöglichen

Unter sensomotorischer Integration versteht man das Zusammenführen, Ordnen und Strukturieren aller Informationen, die über die Wahrnehmungsorgane (Sinne) empfangen werden. Material, Raum und Umwelt sollten so gestaltet sein, dass möglichst viele Begriffe über sensomotorische Integration erfahren werden. Sensomotorische Integration kann auch planvoll bzw. als Weiterführung des Interesses von Kindern erfolgen.

> *Im Nachbargarten befindet sich ein Apfelbaum. Einige der Äpfel fallen über den Zaun in den Kindergarten. Der Nachbar erlaubt, dass die Kinder diese Äpfel einsammeln und behalten.*

Die sensomotorische Integration von „Apfel" zu unterstützen, bedeutet den Apfel mit allen Sinnen wahrzunehmen:

- auditiv/Hören: für das Wort charakteristische Sprachmelodie und Rhythmus wahrnehmen
- visuell/Sehen: Form und Farbe
- Fein- und Grobmotorik: greifen danach und bemerken, dass er wegrollen kann
- haptisch/Taktil: befühlen von Form und Konsistenz mit Finger, Lippen und Zunge
- olfaktorisch/Geruch: Äpfel riechen typisch
- gustatorisch/Geschmack: Äpfel schmeckten fruchtig, typischer Apfelgeschmack.

Durch sensomotorische Integration wird es Kindern ermöglicht, die prototypischen Merkmale von Dingen und Gegenständen zu erfassen. Bezeichnungen von Begriffen, Substantive, Adjektive und Verben werden so mit Sinn gefüllt und gewinnen an Bedeutung.

Searle beschreibt das Entdecken der prototypischen Merkmale von Gegenständen mit symbolischem Gehalt, das sich schwieriger gestaltet: „Damit wir z. B. Papierstücke als Geld erkennen, müssen wir dessen Charakteristiken sprachlich oder symbolisch repräsentieren. Dem Objekt selbst ist das nicht direkt zu entnehmen" (Searle, 1997).

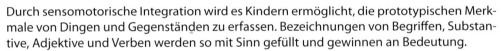

Aufgaben

1. *Versuchen Sie beispielhaft die sensomotorische Integration eines „Fünf-Euro-Scheins" zu planen:*
   - *auditiv/hören*
   - *visuell/sehen*
   - *Fein- und Grobmotorik*
   - *haptisch/taktil*
   - *olfaktorisch/riechen*
   - *gustatorisch/schmecken*

2. *Wann fördern Raumgestaltung, Umweltbegegnung und Materialangebot vielfältige sensomotorische Integration?*

3. *Entwerfen Sie einen Kindergartenraum, der sensomotorische Integration von Begriffen zum Oberbegriff Fahrzeuge fördert.*

4.6.6 Sprachliche Herausforderungen ermöglichen, gemäß der „Zone of proximal development"

Die „Zone der nächsten Entwicklung" ist nach dem russischen Psychologen Ler Wygotski definiert als: „Das Gebiet der noch nicht ausgereiften, jedoch reifenden Prozesse" (1987, S. 83). Was ein Kind momentan nur mit Anregung und Hilfestellung tun kann, wird von ihm später selbstständig ausgeführt werden. „Wenn wir also untersuchen, wozu das Kind selbstständig fähig ist, untersuchen wir den gestrigen Tag. Erkunden wir jedoch, was das Kind in Zusammenarbeit zu leisten vermag, dann ermitteln wir damit seine morgige Entwicklung" (Wygotski, 1987, S. 83).

In Bezug auf sprachfördernde Methoden kann die „Zone der nächsten Entwicklung" praktiziert werden, indem der Schwierigkeitsgrad eingeschätzt wird und Materialien verschiedener Schwierigkeitsgrade bzw. von einem Schwierigkeitsgrad, den das Kind noch nicht alleine bewältigt, zur Verfügung stehen.

„Wir zeigen einem Kind, wie die Aufgabe gelöst wird, und stellen fest, ob es imstande ist, sie durch Nachahmen des Gezeigten zu lösen. Oder wir beginnen eine Aufgabe zu lösen und überlassen es dem Kind, das Begonnene zu Ende zu führen. Oder wir fordern das Kind auf, eine Aufgabe, die über die Grenzen seiner geistigen Entwicklung hinausgeht, in Zusammenarbeit mit einem anderen, weiter entwickelten Kind zu lösen. Oder, schließlich, wir erklären dem Kind das Lösungsprinzip einer Aufgabe, stellen hinführende Fragen, gliedern die Aufgabe auf und ähnliches mehr"

(Wygotski, 1987, S. 84)

Am Beispiel „Reime" wird die mögliche Umsetzung im Folgenden illustriert.

Reime

Ein Reim ist eine Verbindung von Wörtern mit ähnlichem Klang. Der Gleichklang wird mithilfe eines betonten Vokals und der ihm folgenden Laute mit unterschiedlichen Anlauten erzeugt.

Beispiel: lauf – rauf; laufen – raufen; Laufender – Raufender.

Unterschieden werden können einsilbige, zweisilbige, dreisilbige und vielsilbige Reime, End-, Anfangs- und Binnenreime. Je nachdem, ab welcher Stelle sich die Wörter reimen, können verschiedene Formen des Reims entstehen: ein **Endreim** (Reim jeweils am Ende der Strophe), **Anfangsreim** (jeweils am Anfang der Strophe), **Binnenreim** (innerhalb verschiedener Strophen), **periodischer Reim** (kehrt nicht in jeder Strophe, sondern nur in jeder 2., 3., 4. wieder) oder **binnenstrophiger Reim** (ist auf eine einzige Strophe beschränkt).

Beim Anfangsreim (auch: Eingangsreim) reimen die ersten Wörter zweier Verse:

> „Zeilen, die sich hinten reimen,
>
> nennt man darum ein Gedicht.

Feilen muss man da nicht lange.

Kennt man eine andre Form?"

Im Sinn einer „Zone der nächsten Entwicklung" sollte der Schwierigkeitsgrad der angebotenen Reime eine Rolle spielen und die Vorgehensweise variieren. Eine Steigerung im Schwierigkeitsgrad wäre es, zuerst nach Anleitung Laute zu verbinden, dann Silben zu klatschen und zuletzt Pseudowörter nachzusprechen. Der Schwierigkeitsgrad ist auch durch steigende Anzahl der Laute bzw. Lautgruppen und Variation von Vokalen, dehnbaren und nicht dehnbaren Konsonanten in den Lauteinheiten steigerbar.

Die folgenden Reim-/Gedichtformen sind ihrem Schwierigkeitsgrad nach geordnet: Reim, Stabreim, Stufengedicht, Akrostichon, Rondell, Spiegelgedicht, ABC-Gedicht, Elfchen, „Von Sinnen", Haiku, Tanka, Vokalgedicht, „Sang- und Klang"-Gedicht, Limerick (vgl. Holzbach , 2009). Eine nächste Zone der Entwicklung wäre es, Kinder anzuregen, selbst in der Reimproduktion kreativ tätig zu werden.

Die Reimproduktion kann durch folgende Spiele vorbereitet werden:

● Den ersten Laut entdecken

„Ich sage jetzt ein Wort und ihr achtet auf den ersten Laut und versucht zu erraten, welcher es ist"

● Den letzten Laut entdecken

Die Erzieherin nennt ein Wort, z. B. Haus, und übertreibt dabei deutlich die Aussprache des letzten Lautes.

Kinder wiederholen: „Hausssssss". Wie heißt der letzte Laut?

Eigenproduktion kann mithilfe des „Elfchen" angeregt werden. Ein Elfchen besteht aus elf Wörtern, die in festgelegter Folge auf fünf Zeilen verteilt werden.

Für jede Zeile wird eine Anforderung formuliert:

Erste Zeile: 1 Wort (ein Gedanke, ein Gegenstand, eine Farbe, ein Geruch o. ä.)

Zweite Zeile: 2 Wörter (was macht das Wort aus Zeile 1)

Dritte Zeile: 3 Wörter (wo oder wie ist das Wort aus Zeile 1)

Vierte Zeile: 4 Wörter (was meinst du?)

Fünfte Zeile: 1 Wort (Fazit: was kommt dabei heraus)

> **Beispiel „Elfchen":**
>
> 1. *Sonne*
> 2. *Sie scheint*
> 3. *Es ist Sommer*
> 4. *Alle wollen Eis essen*
> 5. *Hitze*

Der Schwierigkeitsgrad kann je nach der jeweiligen Zone der nächsten Entwicklung variiert werden, indem die didaktischen Vorgaben oder auch die Zeilenanzahl variiert wird.

Bilderbücher und Vorlesepaten

Bei Bilderbüchern kann die Zone der nächsten Entwicklung entdeckt werden, indem verschiedenste Genres von Bilderbüchern, z. B. das erzählende Bilderbuch, Märchenbilderbücher, Sach- und Spielbilderbücher zur Verfügung gestellt werden. Altersangaben können vernachlässigt werden, wenn Bücher dem Entwicklungsstand der Kinder entsprechend eingesetzt werden.

Die Lust an der Sprache und die Förderung von Entwicklung kann nicht nur durch Variationen der Inhalte und künstlerischen Gestaltungsarten der Bücher (Genres) motiviert werden, sondern auch durch verschiedenste Arten der Angebotsweisen wie z. B.: Vorlesen, Nacherzählungen, Bildbetrachtung, Personencharakterisierung, Schluss erfinden, bildliche Umsetzung von sprachlichen Ideen und Bilderbücher selbst herstellen.

Zonen nächster Entwicklung im Vorschulalter können sein, hinter die Geschichte zu schauen, Sinn zu entdecken, Probleme zu lösen und zu überlegen, wie Begriffe und Vorstellungen, die über die aktuelle Situation hinausreichen, zustande kamen, wie sie sich diskursiv verhandeln lassen und wie man sie gemeinsam verändern könnte.

Vorlesepatinnen und -paten

Durch persönliche Zuwendung und Originalität ergänzen und bereichern Vorlesepatinnen das in der Einrichtung vorhandene Sprachangebot. Lesen verschiedene Menschen vor, ermöglicht dies den Kindern, unterschiedliche Sprachvorbilder kennenzulernen und die Bandbreite sprachlicher und sozial-kultureller Lernmöglichkeiten erweitet sich. VorlesepatInnen werden von (Stadt-)Bibliotheken vermittelt. Diese bieten manchmal auch Kurse zur Vorbereitung von Vorlesepatinnen an.

Literaturtipp

Tipps für Vorlesepaten: www.lesen-mit-kindern.de/tipps-fuer-vorlesepaten/index. htm und www.leseohren-aufgeklappt.de/html/paten.htm

---

Sprachförderprogramme

Würzburger Trainingsprogramm

„Im Arbeitsbuch „Hören, lauschen, lernen" (Küspert/Schneider 2002) finden sich sechs Übungseinheiten, die inhaltlich aufeinander aufbauen. Die Spiele dieser Übungseinheiten verfolgen das Ziel, den Vorschulkindern Einblick in die Lautstruktur der gesprochenen Sprache zu vermitteln. Im Vordergrund steht die akustische Diskrimination bzw. Abstraktion sprachlicher Segmente wie Wörter, Reime, Silben und Phoneme. Es geht dabei um eine Förderung der Vorläuferfertigkeit phonologische Bewusstheit und nicht um das vorgezogene Lesen- und Schreibenlernen. Das Programm ist mit vielen Bildern, Bewegungs- und Singspielen sehr spielerisch gestaltet und will den Kindern nicht nur Einblick in die Welt der Laute, sondern auch Freude im Umgang mit der Sprache vermitteln."

Überblick über Übungseinheiten:

1.	Lauschspiele	(9 Spiele)	4.	Silben	(7 Spiele)
2.	Reime	(10 Spiele)	5.	Anlaute	(8 Spiele)
3.	Sätze und Wörter	(8 Spiele)	6.	Phoneme (Laute)	(15 Spiele)

(Laier, 2009)

Literaturtipps

Küspert, Petra/Schneider Wolfgang: Hören, lauschen, lernen. Sprachspiele für Kinder im Vorschulalter (Würzburger Trainingsprogramm zur Vorbereitung auf den Erwerb der Schriftsprache), 5. Auflage, Göttingen: Vandenhoeck & Ruprecht, 2006.

Küspert, Petra/Roth, Ellen/Schneider, Wolfgang/Laier, Roland: Multimediaversion des Würzburger Trainingsprogramms Hören, lauschen, lernen, Mannheim: Laier und Becker, Psychologie & Multimedia.

Die Welt ist elefantastisch – Sprachförderung mit dem Elefanten, Staffel 1: Belebte Natur

Mit ausgewählten Beiträgen aus der „Sendung mit dem Elefanten" wurde vom Bildungsverlag Eins ein Materialpaket, bestehend aus Hörbuch, Bilderbüchern und DVD zusammengestellt, das die Sprache von Kindern im Alter zwischen vier und sechs Jahren fördert.

Die inhaltlich aufeinander abgestimmten Medien bieten abwechslungsreiches und ansprechendes Material. Die dazugehörigen Handreichungen sind fachlich fundiert und geben hilfreiche Unterstützung zur Integration und Dokumentation von Sprachförderung in den Alltag. Mit spannenden Themen, die Kinder interessieren, z. B. „Warum dreht sich ein gekochtes Ei schneller als ein rohes Ei?" oder „Wie wäscht sich eine Fliege?" gelingt die Verbindung von unterhaltenden Sequenzen, Wissensinhalten und Sprachförderung.

HALLO, HOLA, OLA – Sprachförderung in Kindertagesstätten

Im Auftrag der damaligen Beauftragten der Bundesregierung für Ausländerfragen Marie-Luise Beck haben Renate Militzer, Helga Demandewitz und Ragnhild Fuchs im Jahr 1999 ein Konzept zur Sprachförderung in Kindertagesstätten erarbeitet. Inhalte des Programms sind eine Einführung zur Sprachentwicklung und konkrete, stark umsetzungsbetonte Anleitungen zur Sprachförderung von Kindern von Migranten und deutschen Kindern. Ebenso gehören dazu Aspekte einer systematischen, am Kind, seinen Interessen und seiner Umwelt orientierten Sprachförderung und Ideen für die Elternarbeit. Das Programm ist zu beziehen unter: www.soziales.niedersachsen.de.

4.6.7 Der Zweit- und Mehrspracherwerb

Das Gehirn ist in der frühen Kindheit besonders gut darauf vorbereitet, sprachliche Strukturmuster zu erkennen und zu verarbeiten. Kinder im Alter von 3–4 Jahren können die wichtigsten Strukturen einer Zweitsprache noch weitgehend wie eine Erstsprache erwerben. Der Beginn des Zweitspracherwerbs mit ca. 3 Jahren wird als idealer Moment bezeichnet. In der Praxis der institutionalisierten Pädagogik der frühen Kindheit besteht die Möglichkeit, den Zweitspracherwerb von zwei Zielgruppen zu fördern: Kinder mit Migrationshintergrund, die Deutsch als Zweitsprache erlernen und deutschsprachige Kinder, für die ein natürlicher Zweitspracherwerb (z. B. Englisch, Französisch, Italienisch) im Hinblick auf Chancengleichheit eine Rolle spielt.

Grundsätze des Zweitspracherwerbs in der frühen Kindheit

„Eine zufriedenstellende zweisprachige Entwicklung wird gefördert durch emotional positiv besetzte Sprachkontakte, durch eine orientierende Familienerziehung, durch eine unterstützende (Kindergarten) Schulbildung und durch gesellschaftliche Wertschätzung der weniger häufig gesprochenen Sprachen."

(Reich, 2002, S.16)

Voraussetzung für einen natürlichen Zweitspracherwerb ist die Anerkennung der sogenannten Herzenssprache bzw. Erstsprache/Muttersprache. Georg Auernheimers Aspekte interkultureller Pädagogik (1995, S. 21), wie das Eintreten für die Gleichheit aller ungeachtet der Herkunft, die Haltung des Respekts für Andersheit und die Befähigung zum interkulturellen Verstehen und Dialog der pädagogischen Fachkräfte, sind auch im Blick auf den Zweitspracherwerb von solch relevanter Bedeutung, dass ihre Absenz als ein Faktor für erschwerte Aneignung der Zweitsprache bezeichnet werden kann.

Aufgaben

1. *Wie können Herkunftsfamilie, Kultur und Herkunftssprache des Kindes in der Kita wertgeschätzt werden?*

2. *Finden sie Argumente, warum Mehrsprachigkeit eine Bereicherung für die Kita darstellt.*

Ein Beispiel für das respektierende Thematisieren von Unterschieden auf der Grundlage von Gemeinsamkeiten sind „Family Corners".

Jedes Kind bringt ein Foto seiner Familie mit, wobei die Familie bestimmt, wer dazugehört. Jedes Kind findet dort „seine" Familie und stellt fest: Jede Familie ist anders!

Es gibt Familien mit dunkler und mit heller Haut, bei manchen sind Großeltern mit dabei, bei manchen ist es eine Mutter mit einem Kind. In manchen Familien hat ein Kind zwei Mütter, oder einen Bruder von einem anderen Vater, bei anderen gehört ein Hund dazu.

Charakteristiken der Zweitsprachförderung

„Eine gut entwickelte Muttersprache ist die beste Basis für eine gut entwickelte Zweitsprache. Die Muttersprache ist ‚Verbündete' nicht ‚Feindin' der Fremdsprache. Sie bahnt den Weg für alle weiteren Sprachen"

(Butzkamm, 2008, S. 309)

Ein natürlicher Zweitspracherwerb im Alter von ca. 3-4 Jahren ist keine Wiederholung des Erstspracherwerbs. Das Kind hat zu diesem Zeitpunkt bereits Erkenntnisse gewonnen über Sprache und deren syntaktische Regeln. Grundlegende grammatische Mechanismen und die für Sprache in Beschlag genommenen, Zellverbände können bei mehreren Sprachen mehrfachen Dienst tun.

Beim Zweitspracherwerb geht das Kind von der Annahme aus, dass die zweite Sprache auch über Regeln verfügt. Strukturen, die in beiden Sprachen ähnlich sind, werden eher übernommen. Zwei- und Mehrsprachigkeit ist in einer globalisierten multikulturellen Welt von Vorteil; das Sich-aneignen bleibt aber eine Herausforderung, da Regeln und Prinzipien so gut versteckt sind, dass sie nicht zufällig entdeckt werden können. Der Erwerb der Zweitsprache wird z. B. beeinflusst von der Struktur der Erstsprache. Aussagen von Kindern mit Muttersprache Türkisch, wie: „Hier Jacke ausmachen", „Teekanne die Ofen setzen" und „Eine Katze Fisch alle essen" sind mit Kenntnissen der Türkischen Grammatik als logische Anwendungen bereits erlernter Regeln zu verstehen. Die Türkische Sprache kennt z. B. keine Artikel, kein grammatikalisches Geschlecht und grammatikalische Formen werden durch Endungen angezeigt. Beispiel: ev – Haus, evim - mein Haus, evimde - aus meinem Haus. Diese Sprache hat z. B. eine von der deutschen Sprache unterschiedliche Satzstellung (einfacher Aussagesatz: Deutsch S (Subjekt)-V(Verb)-O(Objekt), Türkisch SOV). Um diese Regeln zu entdecken, ist ein systematischer Einsatz von Lernressourcen notwendig.

Tipps Lernressourcen:

- Lernsoftware für den PC: Zvi Penner „Wir lernen wie man Wörter macht". Sprachförderung für Kinder von 2 bis 6 Jahren. Troisdorf, Bildungsverlag Eins, 2007 Inhalte: Wortschatztrainer, Rhythmustrainer, Memo-/Sortierspiel zur Pluralbildung, Wortbildungspuzzle

- Spiel zur Förderung des Satzbaus: „Klappi. SPO Sätze" Trialogo, www.trialogo.de

- Bilderbücher (zweisprachig) u. a. Anregungen unter: Verein für frühe Mehrsprachigkeit an Kindertageseinrichtungen und Schulen e.V., www.fmks-online.de/index.html

Sprachförderprogramme

Sprache spielend Lernen

Unter diesem Titel bietet die Fachstelle für das öffentliche Bibliothekswesen des Regierungspräsidiums Stuttgart für Erzieher, Pädagogen und Eltern ein Medienpaket zum Thema Sprachkompetenz an. Das als „Medienkoffer" zusammengestellte Paket enthält neben Büchern, CDs und Spielen, die zum Entdecken einladen, auch Vorlesebücher und Medien zur pädagogischen Praxis. Nähere Informationen zum Medienpaket finden Sie unter: www.s.fachstelle.bib-bw.de/angebot/dokumente/Sprachfoederung_Titelliste.pdf.

Sprachförderprogramme, die den Einbezug von (Migranten) Familien erlauben

Das Rucksackprojekt ist ein Förderprogramm für Migrantenfamilien zur Stärkung der Muttersprache von Kindern (4–6 Jahren). Die Bedeutung der Muttersprache für die Iden-

 tität eines Menschen, die Zugehörigkeit zu einer Gruppe und das Selbstbild des Kindes spielt eine Rolle, deshalb ist die Förderung der Erst- und Muttersprache, neben der deutschen Sprache und der Familienbildung Ziel. Seit 2004 steht das Materialpaket in Deutsch, Türkisch, Italienisch, Griechisch, Spanisch und Russisch zur Verfügung.

Mütter werden zu Expertinnen für das Erlernen der Erstsprache. Die Orientierung erfolgt nicht an Defiziten, sondern an Stärken. Durch Anleitung und mithilfe von Arbeitsmaterialien werden sie auf die Förderung der Muttersprache vorbereitet. Info und Kontakt unter WWW.raa.de.

Hippy: HIPPY bedeutet frei übersetzt „Hausbesuchsprogramm für Eltern mit 4-5-jährigen Vorschulkindern" (Home Instructions for Parents of Preschool Youngsters).

Das HIPPY-Programm unterstützt sozial benachteiligte Eltern dabei, ihre vier- und fünfjährigen Kinder zu Hause in der Entwicklung zu fördern. 15 Minuten täglich verbringen Eltern zusammen mit ihren Kindern am Tisch, um Bücher vorzulesen, Puzzles zusammenzusetzen und ähnliche Lernspiele durchzuführen. Diese Aktivitäten zu Hause ergänzen die Arbeit des Kindergartens mit dem Ziel, die Kinder fit für die Schule zu machen. Gleichzeitig werden Eltern mit den nötigen „Werkzeugen" ausgestattet, die es ihnen ermöglichen, sich am Bildungsprozess der Kinder aktiv zu beteiligen.

Lehrmethode/Ausbildung von Hausbesucherinnen/Mütter: Mütter als Sprachhelferinnen, Hausbesuche durch Laienhelferinnen, Gruppentreffen, spezielles Spiel- und Lernmaterial und Rollenspiele.

Hausbesucherinnen werden in jeder Woche durch Rollenspiele mit den Aktivitäten des Hippy-Materials vertraut gemacht. Sie benutzen dann in ihrer Arbeit mit den Müttern die gleiche Methode.

Ziele: Förderung kognitiver Fähigkeiten, Sprachkompetenz
Ablauf: 2 Jahre lang; Wochentage 15–20 Minuten
Kontakt und Infos unter: www.hippy-deutschland.de

Griffbereit: Mehrdimensionaler Sprachförderansatz
Ziel: Mütter lernen, wie man Kinder in Sprachspiele verwickeln kann.
Zielgruppe: Mutter-Kind-Gruppen mit Kleinkindern von 1 bis max. 4 Jahren
Orte: Familienbildungs- und Kindertageseinrichtungen
Ablauf: 9 Monate, an bestimmten Wochentagen
Methode: Mütter fördern ihre Kinder in der Herkunftssprache, Anleitung durch Stadtteilmütter, zeitgleiche Förderung in Deutsch im Kindergarten
Info und Kontakt: www.raa.de/griffbereit.html

Kontaktstelle Mehrsprachigkeit/Mannheimer Förderprogramm

Zielgruppe: Kinder, deren Muttersprache altersgemäß entwickelt ist, die aber über keine oder nur geringe Deutschkenntnisse verfügen.

Methoden: Immersion („Sprachbad"), intensive Interaktion von Erwachsenen und Kindern in relevanten Kontexten systematisch strukturierter sprachlicher Input, Nutzung des intuitiven sprachlichen Wissens aller Beteiligten.

Die Kontaktstelle Mehrsprachigkeit der Universität Mannheim bietet zu folgenden Themen Infos und Fortbildungen an:

- *Sprache macht stark! Sprachbrücke Familie – Kita*
- *Weiterbildung für Erzieherinnen und Lehrerinnen*
- *Sprachliche Frühförderung von Migrantenkindern*
- *Intensive Sprachförderung an Grundschulen mit hohem Förderbedarf*
- *Sprachförderung an der Schnittstelle Primar-/Sekundarstufe*

Nähere Informationen: Kontaktstelle Mehrsprachigkeit/Universität Mannheim
kontaktstelle-mehrsprachigkeit.uni-mannheim.de/p/2.html#1
www.anglistik.uni-mannheim.de/linguistik/

Aufgaben

1. *Erklären Sie, was „Sprachbad" bedeutet. Lesen Sie dazu den Text „Sprachbad – Europas Vielfalt schon im Kindergarten", aus: klein & groß 07-08/2005, S. 12–14.*

2. *Wie könnten Sie ein „Sprachbad" für Kinder in Ihrer Praxiseinrichtung gestalten?*

4.7 Die Emotionale und soziale Entwicklung

Sara ist ein sehr begeisterungsfähiges Kind. Immer wenn sie von etwas fasziniert ist, reagiert ihre Mutter äußerst begeistert. Auf diese Weise erlebt Sara emotionale Resonanz.

Eine andere Mutter reagiert auf das freudige Verhalten ihrer 11 Monate alten Tochter mit einiger Verzögerung und einem simplen „Ja, meine Süße." Eigentlich entspricht es nicht dem Temperament der Mutter so zu reagieren. Im Gespräch wird deutlich, dass sie ihr Kind als eher passiv erlebt.

Aufgaben

1. *Was bedeutet die Reaktion der Mutter für Sara?*

2. *Warum reagiert die Mutter im zweiten Beispiel auf die Freude ihrer Tochter eher zurückhaltend?*

3. *Wie könnten sich die unterschiedlichen Verhaltensweisen der Mütter auf die emotionale Entwicklung der Kinder auswirken?*

Emotionen als Ich-Zustände bestimmen wesentlich das Sein eines Menschen. Es sind psychische Kräfte, die sich auf das Verhalten und Erleben auswirken, den Menschen zufrieden oder ärgerlich, traurig oder glücklich, einsam oder gesellig machen, ihm andere Menschen sympathisch oder unsympathisch erscheinen lassen. Durch umfassende wissenschaftliche Untersuchungen hinsichtlich der Wechselwirkung zwischen Körper und Psyche (Psychosomatik) ist die krankmachende bzw. gesunderhaltende Wirkung von negativen und positiven Gefühlen hinreichend bewiesen. In den ersten Lebensjahren erfährt das Kind mitunter mächtige, sowohl positive als auch negative emotionale Eindrücke, die ihm zeitlebens im Gedächtnis haften, ohne dass man sich ihrer als Erwachsener immer bewusst ist. Im Interaktionsgeschehen mit seiner Bezugsperson erfährt das Kind sogenannte „emotionale Lektionen" (Goleman, 1997) noch lange bevor es mittels Sprache seine Gedanken, sein Erleben einzuordnen, zuzuordnen und auszudrücken vermag, denn alle gemachten Sinneseindrücke hinterlassen ein sensorisches Muster. Zurück bleibt künftig entweder ein sich auf das Verhalten auswirkender Gefühlsreichtum oder eine Ungenauigkeit und gar Armut im Gefühlsleben.

Emotionen gelten u. a. nach Carrol E. Izard als **angeborene**, neurale Mechanismen, die von Geburt an als relativ differenzierte Erlebensweisen vorhanden sind. Angeboren sind nach ihrer Theorie beispielsweise Furcht, Angst, Freude, Scham. Für andere Forscher, beispielsweise B. Bridges gelten **Emotionen als Ergebnisse** von **Wahrnehmung, Erfahrung und Lernen.**

Mit zunehmendem Alter und zunehmender Erfahrung kann das Kind einzelne Gefühle immer genauer unterscheiden. Beispielsweise kann ein Baby bereits mit ungefähr zwei Monaten Freude, Traurigkeit, Ärger empfinden und ausdrücken. Diese Emotionen haben die Funktion, dem Kind dabei zu helfen, seine Bedürfnisse, d. h. seine psychischen und physischen Mangelzustände, durch andere befriedigen zu lassen. Bislang ist nicht geklärt, welche Gefühle angeboren und welche gelernt sind. Nach C. Izard gibt es jedoch sogenannte universelle Gefühle, die in allen Kulturen zu allen Zeiten existieren, immer zum gleichen Zeitpunkt auftreten und immer die gleichen biologischen Rückmeldungen geben: z. B. bestimmte Gesichtsausdrücke, Zusammenziehen der Augenbrauen bei Zorn, Blasswerden bei Ängsten, Erröten bei Scham etc. Jaak Panksepp (2008) spricht von einem „basalen emotionalen System". Dazu gehören Panik/Trennung, Fürsorge/Pflege, Streben/ Erwartungen, Wut/Ärger, Spiel/Freude. Die Art und Weise Gefühle auszudrücken wird jedoch bereits im Kleinkindalter kulturspezifisch variabel gelernt und geäußert. Das Werte- und Normensystem einer Gesellschaft hat darauf einen entscheidenden Einfluss.

Daniel Golemann (1997) teilt die Emotionen in „Familien" ein. Jede dieser Familien hat ihren emotionalen Kern. Verwandte Formen treten als Stimmungen, als Variationen, auf:

Zorn: Wut, Empörung, Verärgerung, Erbitterung, Verletzbarkeit, Reizbarkeit, Feindseligkeit, Hass ...

Trauer: Leid, Kummer, Freudlosigkeit, Melancholie, Selbstmitleid, Verzweiflung, Depression ...

Furcht/Angst: Nervosität, Besorgnis, Bangigkeit, Grauen, Entsetzen, Schrecken

Freude: Glück, Vergnügen, Zufriedenheit, Seligkeit, Fröhlichkeit, Stolz, Euphorie, ...

Liebe: Freundlichkeit, Güte, Hingabe, Akzeptanz, Toleranz, Altruismus

Überraschung: Verblüffung, Schock, Verwunderung ...

Ekel: Verachtung, Geringschätzung, Widerwille, Abneigung ...

Scham: Verlegenheit, Bedauern, Kränkung, Kasteiung, Zerknirschung...

Verachtung und Schuldgefühl

Weitere Emotionen, die nicht so eindeutig zuzuordnen sind, sind Golemann zufolge Glaube, Mut, Versöhnlichkeit, Festigkeit, Gelassenheit, Faulheit, Trägheit, Langeweile, Eifersucht, Zweifel. Grundsätzlich gilt, dass Emotionen unser Überleben im Zuge der Evolution gesichert haben. Angst und Ekel schützten schon unsere Vorfahren vor lebensbedrohlichen Gefahren. Freude und Zufriedenheit sind grundlegend für pro-soziales Verhalten.

Aufgaben

1. *Überlegen Sie, wie z. B. Gefühle wie Freude, Trauer, Höflichkeit in den unterschiedlichen Kulturkreisen ausgedrückt werden.*

2. *Stellen Sie sich vor, als Erzieherin mit einer multikulturell gemischten Gruppe in der offenen Jugendarbeit zu arbeiten. Was bedeutet dies im Hinblick auf emotionale Reaktionen in Konfliktsituationen?*

4.7.1 Säuglingsforschung und Bindungstheorie

Es war u. a. Heinz Kohut (1977), der mit seiner Lehre entgegen den klassischen Annahmen den schlechten Ruf des Babys vom kleinen, hilflosen, halluzinatorischen Wesen (Freud), von einem an die Allmacht seiner Gedanken glaubenden, aggressiven, gar paranoiden Wesen (Melanie Klein, 1987) relativierte. Ein Kind verfügt zu Beginn seines Lebens weder über ein vollkommenes inneres Gleichgewicht, noch über eines, das ernsthaft gestört ist. Keinesfalls ist es destruktiv-aggressiv. Nach Kohut ist es ein Wesen, das sich auf gesunde Art und Weise selbst zu behaupten wisse und mehr oder weniger verstehe, seine Bedürfnisse und Wünsche zu äußern. Seine nicht-destruktiven, aggressiven Äußerungen seien eine Ausdrucksform der Selbstbehauptung, der die Bezugsperson empathisch begegnen sollte, sodass das Kind allmählich reife Formen der Selbstbehauptung ausbilden könne. B. Brazelton, D. Stern, J. D. Lichtenberg u.v.a. haben sich als zeitgenössische Säuglingsforscher in der Tradition von D. Winnicott, John Bowlby, M. Mahler u.v.a. eingehend mit der **Entwicklung emotionaler** und **sozialer Kompetenzen** beschäftigt. Psychoanalytische Entwicklungstheorien, die bislang nur aus langjährigen klinischen Erfahrungen mit erwachsenen Patienten rekonstruiert wurden, können mithilfe moderner Technik bewiesen werden. Die aus der direkten Beobachtung von Mutter-Kind-Beziehungen gewonnenen Daten werden mit klinisch-analytischen Erkenntnissen zusammengeführt und verglichen. Demnach verfügt bereits ein Säugling über erstaunliche **emotionale** und **soziale Interaktionskompetenzen** und ist äußerst neugierig und kontaktsuchend.

Die Wissenschaftler betonen die Fähigkeiten des Säuglings zum intersubjektiven, dyadischen Erleben und weisen dieser Kompetenz einen hohen Stellenwert hinsichtlich der Persönlichkeitsentwicklung zu. Das intersubjektive Kommunikationsgeschehen zwischen Kind und Bezugsperson ist der Ort, in dem soziale Kompetenz, Empathie, Hoffnung, Handlungskompetenz als Formen „emotionaler Intelligenz" gelernt werden. Wie bereits in den Eingangsbeispielen deutlich wird, kann die Bezugsperson durch die frühe affektive Abstimmung am besten die Entwicklung der subjektiven, interpersonalen Bezogenheit des Kindes beeinflussen. Ihr Abstimmungsverhalten wirkt wie eine Schablone, die die psychischen Erfahrungen eines Kindes prägt. Auf diese Weise haben die Bezugspersonen mit ihren Wünschen und ihren Fantasien die Möglichkeit, das seelische Erleben des Kindes nachhaltig zu beeinflussen.

> *Ein Baby lutscht an einem Puppenfuß. Die Mutter möchte aus „hygienischen" Gründen nicht, dass ihr Kind diesen in den Mund nimmt. Sie drückt das aber nicht unmittelbar aus, sondern nimmt die Puppe und schmust mit ihr und vermeidet so, dass das Kind weiterhin an der Puppe lutscht. Das ursprüngliche Erleben des Kindes (Lutschen am Puppenfuß) verflacht und es wird Zuschauer des affektiven Ausdrucks der Mutter (vgl. Stern, 1986).*

Daniel Stern zufolge „raubt" die Mutter hier regelrecht die Gefühle des Kindes für die Puppe. Die Botschaft der Mutter ist zweideutig und unaufrichtig. Zwar kann sie damit bewirken, dass das Kind künftig auch „nur" mit der Puppe schmust, doch wird das Kind höchstwahrscheinlich die „Vorspiegelungen" spüren. Bei häufigerem Vorkommen solcher uneindeutigen und unechten Situationen wird das Kind im Erleben **seiner** inneren Zustände und Empfindungen und auch im Erleben der Zustände und Empfindungen des anderen verunsichert. Es lernt weder sich selbst, noch den **anderen** richtig einzuschätzen.

Im Rahmen der Erforschung von **„Affektabstimmung"** wurde beispielsweise auch das Phänomen der **„sozialen Vergewisserung"** beobachtet. Demnach versucht ein Kind, bei seiner Bezugsperson zu beobachten, wie diese eine Situation beurteilt, indem es sie anschaut und sowohl an ihrem Verhalten als auch Gesichtsausdruck erkennen kann, wie es sich selbst in einer Situation zu verhalten, zu fühlen hat. **Der emotionale Zustand der Bezugsperson determiniert oder modifiziert demnach den des Kindes** (vgl. Stern, 1986). Das bedeutet, dass die emotionale Begleitung der kindlichen Entwicklung durch die Bezugsperson elementaren Einfluss auf die Gefühlsentwicklung des Kindes hat. Die Bezugsperson hat die Aufgabe, Gefühlssignale des Kindes zu verstehen und angemessen zu reagieren, sodass dieses **selbst** ein Gefühlsverhältnis zu den Dingen und den Menschen seiner Umwelt herstellen kann. Ist die Bezugsperson selbst in ihrem empathischen Vermögen eingeschränkt, wird sie u. U. kindliche Signale nicht verstehen oder fehlinterpretieren, was sich pädagogisch kontraproduktiv auf die Persönlichkeitsentwicklung des Kindes auswirkt.

Empathie ist die Fähigkeit zur einfühlenden Wahrnehmung in das Wirklichkeitserleben eines anderen Menschen. Nach Heinz Kohut wird sie bereits im frühesten Kindesalter **erworben** und **erlernt**. Als Erwachsener ist dann ein Mensch in der Lage, vorübergehend in den Wirklichkeitsbezug eines anderen Menschen einzutauchen, ohne sein eigenes Wirklichkeitserleben zu verlieren. Der **„Glanz im Auge der Mutter"**, wie Kohut (1990) betont, **Blickkontakte** als Form des Dialoges und deren lebenslange Bedeutsamkeit für die menschliche Kommunikation, spielen eine zentrale Rolle bei der individuellen Persönlichkeitsbildung.

Die Fähigkeit zum empathischen Wahrnehmen ist in Bezug zur **Bindung** an die Bezugsperson zu verstehen. Bindungstheoretiker wie J. Bowlby und M. Ainsworth kamen mit ihren Untersuchungen zu dem Ergebnis, dass das Bedürfnis nach Bindung im Menschen **biologisch fest verwurzelt** ist.

Nach langjähriger Forschung gilt es als erwiesen, dass **psychische Sicherheit** aus menschlicher Zuneigung, aus der Bindung zu anderen, entsteht. Entscheidend ist dabei die **Qualität der Bindung**. Im engen Kontakt des Säuglings zu seiner Bezugsperson wird die Basis für psychische Sicherheit und dem Aufbau eines positiven Selbstbildes gelegt. Bowlbys Konzept zur Bedeutung der sicheren frühen Bindungserfahrungen, für die spätere psychische und physische Gesundheit scheint sich zu bestätigen (vgl. Grossmann/Grossmann, 2003).

Bindungen entwickeln sich zunächst durch unzählige verbale und non-verbale Interaktionen und Kommunikationsgeschehen zwischen dem Kind und seiner Bezugsperson. Sie können von unterschiedlicher Qualität sein. Dies ist nicht zuletzt davon abhängig, wie empathisch und bindungsfähig sich die Bezugsperson des Kindes verhält: Kann sie auf das Bindungsverhalten (anklammern, weinen, rufen, nachfolgen, protestieren) des Kindes aufmerksam und angemessen reagieren, d. h. erkennt sie empathisch seine aktuelle Gefühlssituation?

Unempathisches Verhalten drückt sich allerdings auch dahingehend aus, wenn die Bezugsperson das Kind z. B. auf den Arm nimmt, es drückt usw., obwohl das Kind gar nicht danach verlangt. Hier schränkt sie u. U. die Autonomie des Kindes ein.

Durch ihre Forschungen zur **Bindungssicherheit** von Kindern stellte Mary Ainsworth (1973) verschiedene Bindungskategorien fest:

- **sicher gebundene** Kinder nutzen ihre Eltern als Basis, nachdem sie selbstständig ihr näheres Umfeld erkunden. Hin und wieder schauen sie nach ihren Eltern, wenn sie sich von ihnen räumlich entfernen. Sie sind auch nicht sonderlich beunruhigt, wenn die Bezugsperson den Raum verlässt. Kehrt diese dann zurück, so wird sie von den Kindern freudig empfangen und die Kinder wollen hochgenommen werden. Nach kurzer Zeit erkunden sie meist erneut ihre Umgebung.
- **unsicher gebundene** Kinder hingegen haben meist eine nicht so positive Bindung zu ihren Eltern. Sie lassen sich in zwei weitere Typen einteilen:
  - **unsicher-ambivalent:**
    Diese Kinder bleiben in der Nähe ihrer Eltern und erkunden nur zögernd ihre Umgebung. Oft weinen sie heftig, wenn sie von der Bezugsperson verlassen wer-

den, laufen ihnen beim Wiedersehen weinend in die Arme und wollen getröstet werden.

– **unsicher-vermeidend**:
Diese Kinder tendieren dazu, ihre Eltern in einem fremden Umfeld zu meiden. Beim Wiedersehen ihrer Bezugspersonen beachten sie diese nicht oder entfernen sich gar von ihnen.

Main und Solomon (1990) differenzierten zusätzlich die **desorganisierte-desorientierte Bindungskategorie**. Diese Kinder zeigen sich ängstlich oder eher ruhig und zufrieden, um dann im nächsten Moment wütend, erregt und desorientiert zu reagieren (vgl. Ainsworth, in: Siegler u. a., 2005, S. 587 ff).

> *Merksatz*
> *Nach heutigem Stand der wissenschaftlichen Forschung gilt:*
> - *Die ersten drei Lebensjahre sind entscheidend für die Entwicklung einer sicheren Bindung.*
> - *Das in dieser Lebensphase entwickelte Bindungsverhalten bleibt ein Leben lang aktiv. Sicher gebundene Kinder zeigen sich in Kindergartenalter, Schulalter, Pubertät und Erwachsenenalter weniger aggressiv, sind leistungsstärker und haben ein stabiles Selbstvertrauen.*

Als „emotionale Vernachlässigung" gelten Tiber Egle zufolge, Ignoranz, Ablehnung, Überforderung, Überbehütung, Missbrauch des Kindes seitens der Bezugsperson zur Befriedigung eigener Bedürfnisse, ebenso die Verwehrung kindgerechter Erfahrungen und Förderungen.

Kommen zu frühen negativen Bindungserfahrungen noch andere belastende Faktoren wie sexueller Missbrauch, Verlust eines Elternteils, Drogenabhängigkeit der Bezugsperson usw. hinzu, so ist die spätere psychische und physische Gesundheit ernsthaft gefährdet (vgl. Nuber, 2005).

4.7.2 Das Streben des Kindes nach Autonomie und Individuation

Auf der Basis sicherer Bindungsgefüge macht das Kind gegen Ende des ersten Lebensjahres einen weiteren wichtigen Schritt in seiner emotionalen und sozialen Entwicklung. Sein Streben nach Autonomie, veranlasst es nun, sich allmählich aus der engen Mutter-Kind-Beziehung zu lösen. Es macht seine ersten „Gehversuche" in physischer und psychischer Hinsicht hinaus in die Welt. Margaret Mahler u. a. (1993) zufolge verläuft dieser Loslösungsprozess in Phasen.

Die frühe Übungsphase

Zu Beginn seines zweiten Lebensjahres ist das Kind in seiner körperlichen Entwicklung in der Regel so weit, dass es sich auf irgendeine Art von der Mutter selbstständig fortbewegen kann. Es kann jetzt Distanz und Nähe zur Mutter **selbst bestimmen** und genießt dabei augenscheinlich seine Beziehung zur „nicht-mütterlichen" Welt. Oftmals ist das Kind jetzt von seiner eigenen, neuen Form der Aktivität so in Anspruch genommen, dass es über längere Zeitspannen die Mutter zu vergessen scheint. Doch kehrt es periodisch zurück, weil es ihre körperliche Nähe von Zeit zu Zeit braucht, um dabei **„emotional aufzutanken"**.

Wiederannäherungsphase

Mitte des zweiten Lebensjahres nimmt das Kind, auch aufgrund seiner vorangeschrittenen kognitiven Entwicklung, die **Getrenntheit** immer bewusster war. Mit seiner wachsenden Erkenntnisfähigkeit und somit zunehmender Fähigkeit zur Differenzierung geht auch ein merkliches Nachlassen der Frustrationstoleranz einher. Gesteigerte **Trennungsangst** kann beobachtet werden. Es handelt sich dabei verstärkt um die Angst, die Mutter zu verlieren. Zwar erkennt das Kind, dass die Mutter „verschwinden" kann, weiß bereits auch, dass sie weiterexistiert (Objektpermanenz, vgl. Piaget), hat nun aber gleichzeitig die Befürchtung, dass sie unter Umständen nicht wiederzufinden ist. Es beginnt dann, die Mutter bewusst zu suchen, um engen Körperkontakt herzustellen. Diesen Trennungsreaktionen ist sensibel und liebevoll zu begegnen, um eine positive Persönlichkeitsentwicklung zu fördern.

Wiederannäherungskrise

Um den 18. Monat verspürt das Kind verstärkt seine wachsende Selbstständigkeit und möchte sich darin auch üben. „Alleine" ist das geflügelte Wort dieser Zeit. Bislang erfüllte die Mutter „magisch" seine Bedürfnisse und das Kind nahm dies nicht zur Kenntnis. Diese Phase ist auch von heftigen **Ambivalenzgefühlen** gekennzeichnet. Das hat zur Folge, dass es einerseits alle Dinge möglichst alleine machen will, gleichzeitig jedoch soll die Mutter helfen und da sein, damit es sich an sie klammern kann. Das Kind unterliegt jetzt starken Stimmungsschwankungen. Es neigt zu Unzufriedenheit, Unersättlichkeit und Wutausbrüchen. Im Volksmund wird dieses Alter als das „Trotzalter" bezeichnet. Der Trotz ist hier jedoch der notwendige, persönliche Kampf des Kindes um Loslösung und Individuation. Wenn diese Phase ihren Höhepunkt erreicht, reagieren Kinder oft äußerst empfindlich auf das Weggehen der Bezugsperson. Die

kognitive Fähigkeit (Piaget) ist zwar so weit ausgebildet, dass das Kind weiß, die Mutter hält sich irgendwo anders auf und kann **wiedergefunden** werden, doch ist nach Mahler (1993) die **emotionale Objektkonstanz** nicht vor dem dritten Lebensjahr ausgebildet. Es fällt dem Kind noch schwer, ihre psychische Abwesenheit durch ein „inneres Bild" zu ersetzen.

In dieser Zeit hilft dem Kind ein **Übergangsobjekt**, um die Trennungszeit auszuhalten. Es handelt sich um eine Puppe, ein Stück Stoff, den Daumen, einen Schnuller, die Flasche etc. Winnicott (1993) zufolge weist das Übergangsobjekt ganz bestimmte Merkmale auf: Es erfährt eine zärtliche, liebevolle Behandlung, wird leidenschaftlich begehrt und dient als Beruhigungsmittel. Es muss Aggressionen überstehen und das Gefühl von Wärme vermitteln. Die Beziehung zu diesem Objekt ist auch als Repräsentant einer „genügend guten" Mutter zu sehen und somit als Grundstein lebendigen inneren Wachstums. Es ist im Gegensatz zur Mutter/Bezugsperson stets verfügbar. Dabei überträgt das Kind Wärme und Sicherheit der Mutter auf ein solches Objekt, das vollständig der kindlichen Kontrolle unterliegt. Es dient dann als Ersatz für die noch nicht konstant mögliche Vorstellung der abwesenden Bezugsperson. **Das Übergangsobjekt wird in dem Maße überflüssig, indem das Kind seine Gedanken und Gefühle als beruhigende Aktivität zu gebrauchen gelernt hat.** Geschaffen werden kann das Übergangsobjekt allerdings nur, wenn das Kind bereits positive Erfahrungen mit einer Bezugsperson gemacht hat. Allmählich und mit zunehmender Individuation des Kindes wird das Objekt immer unwichtiger und verliert zunehmend an Bedeutung. Weitere Objekte kommen hinzu und die sozialen Beziehungen werden vielfältiger und ausgedehnter.

4.7.3 Die Bedeutung der emotionalen und sozialen Entwicklung

Ein Kind benötigt insbesondere in den ersten Lebensjahren **eine** verlässliche, feste und liebevolle Beziehung zu einer konstanten Bezugsperson, um sich sowohl physisch als auch psychisch gesund entwickeln zu können. Die sichere Bindung an eine liebevolle und fürsorgliche Person festigt in ihm das **Urvertrauen** und damit eine positive Lebenseinstellung. Auf dieser Basis kann es sich zu einer Persönlichkeit entwickeln, die sich selbst und andere Menschen wertschätzt, versteht und anerkennt.

Die emotionalen Bande zu seiner ersten Bezugsperson lehren das Kind die Fähigkeit zur **Empathie**. Dabei handelt es sich um eine besondere Art des Einfühlungsvermögens verbunden mit der Fähigkeit, vorübergehend die Wirklichkeit eines anderen Menschen wie die eigene erleben zu können, sich den Gegebenheiten eines anderen hingeben zu können, ohne dabei den Bezug zur eigenen Realität zu verlieren. **Es ist die Fähigkeit, aus der eigenen Perspektive herauszutreten, um die Perspektive eines anderen verstehen zu**

können, ein Einfühlen mit Herz und Verstand. In einer Atmosphäre empathischer Verbundenheit macht das Kind Alltagserfahrungen, die sein Selbstwertgefühl stärken und lernt schwierige Situationen zu meistern. Chronische Entbehrungen verletzen das Kind psychisch und führen zu einer emotionalen Entwicklungsstörung, u.a. verhindern sie, dass das Kind sich zu einer Persönlichkeit entwickelt, deren Wesen sich durch Willenskraft, Tatkraft und Aufgeschlossenheit auszeichnet, einer Persönlichkeit, bei der Einheit in Fühlen, Denken und Handeln herrscht.

Wächst das Kind hingegen in einer harmonischen, intakten Bezugspersonengruppe auf und findet es sich dort erwünscht und anerkannt, so lernt es soziale Beziehungen zu pflegen und als wertvollen, unverzichtbaren Bestandteil des Lebens schätzen.

Tageseinrichtungen für Kinder sind Orte der **sozialen Interaktionen** und damit Orte, wo Erziehung stattfindet. Erzieherin und zu erziehendes Kind reagieren aufeinander und beeinflussen sich ständig. Herrmann Nohl (1963) spricht deshalb vom **„pädagogischen Verhältnis"** als einem Verhältnis mit Wechselwirkung. Es kann nicht erzwungen werden, denn Zwang und Druck würde die Beziehung stören. Hierbei ist die **„pädagogische Liebe"** die Grundlage, welche die Erzieherin mit dem Kind verbindet. Sie ist als unsentimentale, elementare Zuneigung zu verstehen, als ein tiefes Gefühl, eine geistig-seelische Verbindung und ist damit keine erotische oder karitative. Dabei strebt Erziehung immer die **Selbstständigkeit** des Kindes an. Sie endet da, wo der Mensch **im pädagogischen Sinne mündig** wird.

Sozial kompetent wird ein Kind künftig schwierige krisenhafte Lebenssituationen meistern. Eifer und Beharrlichkeit, die Fähigkeit zur Selbstbeherrschung bilden die Grundlage von Willensstärke. Die Fähigkeit zur Empathie hingegen ermöglicht, ein Gespür für die Not des Mitmenschen zu entwickeln. Fürsorge und Altruismus können dann die Motivation zur Handlungsbereitschaft für den Menschen als soziales Wesen werden.

Aufgaben

1. Reflektieren Sie die emotionalen Bedingungen und Ereignisse/Erlebnisse ihrer Kindheit.

2. Schildern Sie die Bedeutung des ersten Lebensjahres für die emotionale und soziale Entwicklung des Kindes. Gehen Sie dabei auf die Hospitalismusforschung ein.

3. Erläutern Sie die Begriffe Emotion und Motivation.

4. Welche Beziehung besteht zwischen Emotion und Motivation und auf welche Weise beeinflussen Emotionen die Wahrnehmung, die Denkprozesse und das Lernen?

5. Was versteht man unter „universellen Gefühlen"?
   Um welche Gefühle handelt es sich dabei?

6. Schildern Sie die Erkenntnisse der Säuglingsforschung.

7. Schildern Sie den Verlauf der Entwicklung zur Autonomie und Individuation nach 9M. Mahler.

8. Erklären Sie den Begriff der Empathie.

9. Warum ist es sinnvoll, diese Entwicklungsschritte nicht als „Trotzalter" zu bezeichnen?

10. Erläutern Sie die Bedeutung des „Übergangsobjektes". Welches „Übergangsobjekt" hatten Sie als Kind?

4.8 Die moralische Entwicklung

Moral als System, das auf sittlichen Grundsätzen, Normen und Werten beruht, gehört zum Menschsein. Der Mensch bedarf aufgrund seiner Instinktungebundenheit der Gesetze und Regeln für sein Über- und Zusammenleben. Sozialwissenschaften, Philosophie und Theologie haben hier die Aufgabe, die Fragen nach sinnvollen Zielen und Wertekategorien für moralische Bildung und Erziehung zu beantworten, um dem Kind zu ermöglichen, ein moralisches Selbstverständnis zu entwickeln.

Den Urgeschmack von Moral erfährt das Kind in der allerersten Beziehung zu einem Menschen, der ihm das Gefühl vermittelt, erwünscht und geliebt zu sein. Sodann macht es als einjähriges Kind erste Erfahrungen mit „richtig" und „falsch", mit Verboten und Geboten. In seinem Kampf um Autonomie und Individuation lernt es, für sich selbst zu denken und seinen Willen zu bekunden. Mit Hilfe der Erwachsenen kann das Kind bereits als Zweijähriges verstehen, dass es Regeln gibt, an die es sich zu halten gilt. Denn schon frühzeitig ist es bestrebt, innere Ordnung herzustellen und Richtungen zu finden. Als Vorschulkind lernt es dann, sich in eine soziale Gemeinschaft einzufügen, und die dort herrschenden Regeln zu beachten. Als junger Mensch und Erwachsener kann es die soziale Ordnung unterstützen und dafür eintreten. Seine weitere geistige und emotionale Entwicklung hilft dem Menschen schließlich, sich nach universalen Prinzipien wie Gerechtigkeit, Fürsorge, Verantwortung und Achtung zu richten.

4.8.1 Lawrence Kohlbergs Theorie zur moralischen Urteilsbildung

Lawrence Kohlberg (1927–1987), amerikanischer Psychologe und Professor für Pädagogik, richtete seine Forschungsbemühungen auf die Entwicklung eines kognitiv-strukturtheoretischen Stufenmodells zur moralischen Entwicklung. Die höchste Entwicklungsstufe ist die Autonomie eines Menschen und das **Prinzip der Gerechtigkeit**. Er forschte, wie ein Mensch im Laufe seines Lebens zu seiner **moralischen Urteilsbildung** und dadurch zu einem ausgeprägten Gerechtigkeitssinn gelangt. Den Begriff „moralisch" bezieht Kohlberg nicht auf objektive Tatsachen. „Moralische Werte" spiegeln ihm zufolge persönliche Meinungen wieder, die durchaus auf Fakten beruhen können. Allgemein tendieren moralische Urteile zur Universalität und Beständigkeit. Sie beruhen dann auf unpersönlichen und ideellen Grundlagen.

Die Stufen der moralischen Entwicklung

Die moralische Entwicklung ist Bestandteil des Sozialisationsprozesses, wobei sich der Mensch an die bestehenden kulturellen Erwartungen, Normund Wertvorstellungen zunächst anpasst und diese schließlich im Laufe seines Lebens verinnerlicht. Als Forscher ging Kohlberg der Frage nach, ob ein Kind mit zunehmendem Alter einen gesteigerten Gerechtigkeitssinn entwickelt und ehrlicher urteilt. Er sah in der Fähigkeit des Kindes, des Jugendlichen zur moralischen Urteilsbildung einen grundlegenden Aspekt, um Aufschluss über dessen Entwicklung zu bekommen. Wie Piaget, so ist auch Kohlberg davon überzeugt, dass es der kindlichen Natur entspricht, die kognitive Entwicklung stufenweise zu durchlaufen. Gleiches geschieht bei der moralischen Entwicklung. Seine Entwicklungstheorie verfolgt die einzelnen Stufen, die Kinder durchleben, um schließlich moralische Urteile von anderen Urteilstypen unterscheiden zu können. Es handelt sich um insgesamt drei Stufen, die Kohlberg noch in jeweils zwei Stadien unterteilt.

I. Präkonventionelle Stufe

Was „richtig und falsch" ist, wird durch gesellschaftliche Normen geregelt. Die Normen werden befolgt, weil diese von einer Autorität auferlegt und kontrolliert werden.

1. Stadium

Richtig ist, Regeln einzuhalten, deren Übertretung mit **Strafe** bedroht ist. Was nicht bestraft wird, ist erlaubt, was bestraft wird, ist verboten. In dieser Hinsicht ist **Gehorsam** angezeigt.

Soziale Sichtweise: Die Interessen des anderen werden nicht erkannt bzw. nicht berücksichtigt. Es dominiert **Egozentrik** als geistige Haltung.

2. Stadium

Richtig ist, Regeln einzuhalten, wenn sie unmittelbar den eigenen Bedürfnissen und Interessen dienen. Hin und wieder werden auch schon die Bedürfnisse der anderen berücksichtigt, im Sinne von fairem, gleichwertigem Austausch.

Soziale Sichtweise: Es geht darum, die eigenen Bedürfnisse und Interessen zu befriedigen. Es wird teilweise schon erkannt, dass auch andere Menschen Bedürfnisse haben.

II. Konventionelle Stufe

Der Mensch orientiert sich an den familiären und staatlichen Erwartungen. Die soziale Ordnung wird anerkannt und unterstützt.

3. Stadium

Richtig ist, den Erwartungen nahestehender Menschen zu entsprechen. Beziehungen werden gepflegt. Dabei spielen Vertrauen und Wertschätzung eine große Rolle. Dahinter steht das Verlangen, von anderen als „guter Mensch" gesehen zu werden. Alles was andere Personen für gut heißen, ist erlaubt. Was sie nicht für gut heißen, ist verboten. Konflikthaft wird es dann, wenn wichtige Bezugspersonen unterschiedlicher Auffassung sind.

Soziale Sichtweise: Gemeinsame Gefühle, Interessen, Erwartungen sind bewusst und erhalten den Vorrang vor individuellen Interessen. Unterschiedliche Auffassungen wichtiger Bezugspersonen, die Konflikte heraufbeschwören können, werden durch Regeln zu klären versucht.

4. Stadium

Richtig ist es, Pflichten zu erfüllen, die übernommen wurden, um Gesetze zu befolgen.

Soziale Sichtweise: Der Einzelne übernimmt den Standpunkt des Systems, wodurch Rollen und Regeln festgelegt sind.

III. Postkonventionelle Stufe

Universell gültige Werte und Normen werden gesucht, unabhängig von bestimmten Autoritäten oder Gruppen.

5. Stadium

Richtig ist, dass es Normen gibt, denn sie regeln das Zusammenleben der Menschen. Sie werden bewusst übernommen. Ein Mensch ist sich hier der Tatsache bewusst, dass es eine Vielzahl unterschiedlicher Werte und Normen gibt. Diese wurden von den Menschen selbst festgelegt und sind somit wandelbar und relativ.

Soziale Sichtweise: Es ist die Perspektive eines Menschen, der sich rational der Werte und Rechte bewusst ist. Moralische und legale Gesichtspunkte werden bei Urteilen in Betracht gezogen.

6. Stadium

Richtig ist, selbstgewählte universale, ethische Gründe zu befolgen. Wenn Gesetze diesen, d. h. dem universalen Prinzip der Gerechtigkeit widersprechen, so verlieren sie ihre Gültigkeit. Hier herrscht die Vernunft, die an die Gültigkeit universaler moralischer Prinzipien glaubt. Der Mensch sieht sich diesen persönlich verpflichtet.

Soziale Sichtweise: Der Standpunkt des Menschen ist ein moralischer, der sich am eigenen Gewissen orientiert. Die Orientierung an Normen geschieht allein deshalb, weil der Einzelne überzeugt ist, dass es so richtig ist und er es selbst so will. Das Wesen der Moralität wird anerkannt im Hinblick auf die Wahrung und Achtung der Würde des Einzelwesens.

4.8.2 Die Bedeutung und Förderung moralischer Entwicklung

Der kognitiven Entwicklungstheorie Piagets folgend gibt sich ein Kind solange mit einfachen Erklärungen zufrieden, wie es damit ein inneres Gleichgewicht erlebt. Seine voranschreitende geistige Entwicklung lässt es mit der Zeit immer wieder an einmal geglaubten Wahrheiten zweifeln. Es empfindet dann Unzufriedenheit und ein Ungleichgewicht und sucht nach neuen Antworten auf seine Fragen, die seinen irritierten Zustand beenden können. Dem Prinzip „Streben nach Äquilibration" folgt Kohlberg, indem er es auf die moralische Entwicklung anwendet. Die Stufeneinteilung Kohlbergs erlaubt, den jeweiligen Standpunkt des **moralischen Urteils** einer Person zu erfassen. Hat ein Kind eine gewisse geistige Reife erlangt und ist es eingebunden in soziale Gruppen, in denen Gerechtigkeitsprinzipien herrschen, ist die **aktive Auseinandersetzung mit moralischen Problemen** geeignet, um seine Entwicklung in die jeweils nächsthöhere Stufe zu forcieren. Denn Kinder und Jugendliche lernen Moral nicht dadurch, dass sie sich ausschließlich theoretisch erarbeiten, was „gut" und „böse" bedeutet.

Damit ein Mensch letztendlich die moralische Dimension einer Situation nicht nur unter dem Gesichtspunkt der Gerechtigkeit, sondern auch hinsichtlich der Prinzipien von Verantwortung, Fürsorge und Achtung erfassen kann und für sich daraus Handlungsansätze bildet, muss er die Fähigkeit zur **Empathie** entwickelt haben. Er muss sodann fähig sein, moralisch handeln zu **wollen**. Deshalb ist moralische Erziehung auch **Willenserziehung**. Diese geschieht durch bewusst gepflegte Rhythmen, durch Erlernen und Üben von Durchhaltevermögen, z. B. der Treue zu einem gefassten Entschluss. So wie das Wissen über ein Instrument noch lange kein Spiel möglich werden lässt, wenn nicht gleichzeitig geübt wird und sich dabei ein Sinn, ein Gefühlsverhältnis für Musik entfaltet, so verhält es sich mit dem Erlernen moralischer Fähigkeiten. Auch hier ist die Übung des entsprechenden Handelns notwendig.

Eine vornehmlich pädagogische Aufgabe ist es, die **Wahrnehmung des Kindes** für die **moralische Dimension von Situationen** zu sensibilisieren und die Kraft des selbstständigen Urteils zu entwickeln und zu üben. Die Erzieherin hat dabei die Aufgabe, mit empathischem Interesse am Kind dessen Entwicklungsweg hin zu einem sozialen und schließlich moralischen Wesen zu begleiten. Die Vermittlung moralischer Werte und Normvorstellungen auf rein **kognitiver Ebene** ist dabei wenig effektiv, wenn nicht zuvor ein **Gefühlsverhältnis** zur Moral hergestellt werden konnte (vgl. Kap. 2 und Kap. 4.7). Indem sie sich **aktiv** um den Aufbau einer positiven Beziehung zum Kind bemüht, kann die Erzieherin zur Quelle vornehmlich freudvoller und glücklicher Erfahrungen werden. Durch sinnvolle, pädagogische Begleitung kann das Kind die heilsame Wirkung durch Identifikation mit dem ihm Vorgelebten machen. Moralische Erziehung muss von Liebe geleitet sein. Gebraucht man den Begriff Liebe in unsentimentaler Weise, so beschreibt er jene tiefgehende und kraftvolle Emotion, die die Erzieherin und das Kind verbinden sollte (vgl. Kap. 4.7.3). Auf diese Weise können moralisches Urteilen und Handeln nicht nur nach den Prinzipien der Gerechtigkeit, sondern auch nach den Prinzipien der Fürsorge, Achtung und Verantwortung schon für das Kind zu einer **affektiv durchdrungenen Erfahrungstatsache** werden. Derart errungene moralische Einstellungen können dann mit der Zeit durch entsprechendes bewusst gewolltes Handeln ihren Ausdruck finden und wirksam werden. Nur die aufrichtige Wertschätzung des Kindes als empathische, pädagogische Hülle und uneigennützige erzieherische Motive gepaart mit respektvollem Umgang seitens der Erzieherin lassen das Gespür des Kindes für die moralische Dimension einer Situation erwachsen. Janusz Korzcak hat das so ausgedrückt:

„Verlangen wir Respekt vor leuchtenden Augen, glatten Stirnen, jugendlicher Anstrengung und jugendlichem Vertrauen. Warum sollten trübe Augen, eine gefurchte Stirn, zerzaustes graues Haar oder müde Resignation mehr Respekt gebühren?"

(Janusz Korzcak)

Diese **Fürsorge- und Achtungshaltung einer Erzieherin** schon dem kleinsten Kind gegenüber ist wohl der vornehmste **Ausdruck eigener sozialer Kompetenz** und Bildung.

Aufgaben

1. Beschreiben Sie den Verlauf der Moralentwicklung nach L. Kohlberg.

2. Tilo (drei Jahre), Stefan (fünf Jahre) und Greta (sechs Jahre) haben von ihrer Erzieherin Thea jeder einen Keks bekommen. Tilos Keks fällt auf den Boden und zerbricht, sodass er ihn nicht mehr essen kann. Stefan sagt dazu: „Pech gehabt". Greta hingegen bricht von ihrem Keks ein Stück ab und gibt es Tilo.
Finden Sie heraus, auf welcher moralischen Stufe sich Stefan und Greta befinden.

3. Erläutern Sie die Bedeutung der moralischen Entwicklung und gehen Sie dabei auf die Grundlagen einer sinnvollen Moralerziehung ein.

4. Stellen Sie Kindern verschiedensten Alters folgende Frage:
Was würdest du tun, wenn du siehst wie zwei andere Kinder ein drittes Kind schlagen?
Ordnen Sie die Antworten der entsprechenden Stufe zu und werten Sie Ihre Antworten aus.

5 Das Salutogenesekonzept und die Resilienzforschung

Gesundheit erhalten und fördern, Krankheit vermindern und heilen ist seit Urzeiten ein fortwährendes menschliches Bemühen. Bereits in der Antike versuchte Hippokrates (ca. 460-380 vor Chr.) für den europäischen Kulturraum eine allgemeine Gesundheitslehre zu entwickeln, gefolgt von vielen anderen wie z. B. im Mittelalter von der Lehre des Augustinus, Hildegard von Bingen und Paracelsus (1493-1541), welcher die chemische Wirkung von Medikamenten beschrieb. Sie alle erkannten

(www.annahartmann.net)

bereits das Zusammenwirken von Körper und Geist hinsichtlich Gesundheit und einem langen Leben (vgl. Hafen, 2007, S. 15 ff.). Neuzeitliche Auffassungen definieren **Gesundheit** als ...

„... Zustand des vollständigen körperlichen, geistigen und sozialen Wohlbefindens und nicht nur des Freiseins von Krankheit und Gebrechen."
(WHO, 2009)

und als

„...das Stadium des Gleichgewichts von Risikofaktoren und Schutzfaktoren, das eintritt, wenn einem Menschen eine Bewältigung sowohl der inneren [...] als auch der äußeren [...] Anforderungen gelingt. Gesundheit ist ein Stadium, das einem Menschen Wohlbefinden und Lebensfreude vermittelt."
(Hafen, 2007, S. 26)

Mit dem Gesundheitsbegriff werden demnach immer Anzeichen von Wohlbefinden und Lebenslust auf körperlicher, geistiger und sozialer Ebene verbunden.

Der Forschungsansatz von Aaron Antonowsky (1923-1994) erlaubte als erster, Gesundheit und Krankheit neu zu betrachten. Antonowsky stellte sich die Frage, warum Menschen, trotz widriger Lebensumstände, gesund bleiben und entwickelte daraus das **Salutogene-sekonzept**. Dabei spricht er von einem Kontinuummodell, was bedeutet, dass sich Gesundheit und Krankheit gegenseitig bedingen. Ein Mensch ist demnach nicht entweder gesund oder krank, sondern mehr oder weniger gesund oder krank (vgl. Becker, 1982, S. 10). Aus dieser Sicht sind Krankheitssymptome eher Warnsignale, sodass beispielsweise der eigentliche Grund für Unwohlsein ein Übermaß an Stress sein kann. Kernstücke seiner Lehre sind das **Konzept des Kohärenzgefühls**, die Entwicklung dieses Gefühls im Laufe des Lebens und die Stressoren und Spannungen, mit denen Menschen im Alltag konfrontiert werden.

Das Kohärenzgefühl und seine Entwicklung

Das **Kohärenzgefühl** (sense of coherence/SOC) ist ein Gefühl, mit sich selbst und der Welt im Einklang zu sein, sie zu verstehen, sie realistisch zu beurteilen und außerdem Situationen aktiv beeinflussen zu können, ihnen Bedeutung und Sinn zu verleihen. Nach Antonowsky ist das Kohärenzgefühl

„...eine globale Orientierung, die ausdrückt, in welchem Ausmaß man ein durchdringendes, andauerndes und dennoch dynamisches Gefühl des Vertrauens hat...“
(Antonowsky, in: Franke, 1997, S. 36)

Demnach ist das Kohärenzgefühl ein Gefühl des inneren Gleichgewichts, ein andauerndes Gefühl des Vertrauens in sich selbst und in die Welt. Dieses wird durch Komponenten wie **Verstehbarkeit, Handhabbarkeit** und **Bedeutsamkeit** gekennzeichnet und entwickelt sich bereits in früher Kindheit:

Verstehbarkeit: Ein Kind erfährt Reize und lernt damit umzugehen und zu handeln. Diese inneren und äußeren Reize sind wichtig und müssen erklärbar, vorhersehbar und strukturierbar sein: Das Kind weiß beispielsweise, dass, wenn es schreit, die Mutter kommt und sein Hungergefühl mit der Gabe von Nahrung stillt. Regelmäßig erfährt es, dass es in immer wiederkehrenden Abständen gefüttert wird. Dies gibt dem Kind die Möglichkeit, die Struktur des Tagesablaufs z. B. in Bezug auf Essenszeiten zu verstehen und vorherzusehen.

Handhabbarkeit: Das Kind muss nun über sogenannte Ressourcen verfügen, um den Reizen angemessen begegnen zu können. Es muss über Möglichkeiten verfügen, sich entsprechend deutlich und ausdauernd bemerkbar zu machen, damit es nicht überhört wird und die Mutter seine Bedürfnisse befriedigt. Gelingt ihm dies, so kann es Situationen beeinflussen.

Bedeutsamkeit: Hierbei muss das Kind einschätzen können, ob sich das Engagement für eine Situation lohnt, um angemessen und zufriedenstellend versorgt zu werden.

In diesem Zusammenhang spricht Antonowsky von **generalisierten Widerstandsressourcen** wie z. B. Flexibilität, Ich-Identität, Weitsichtigkeit bei Problemlösungen etc. (vgl. Becker, 1982, S. 10). Diese helfen, den zahlreichen Stresssituationen, mit denen Menschen immer wieder konfrontiert werden, Sinn und Bedeutung zu verleihen. Im Gegensatz dazu spricht er von **generalisierten Widerstandsdefiziten**, wie z. B. zu wenig Flexibilität, geringes Problemlösevermögen, d. h. von Lebenserfahrungen, die das Kohärenzgefühl schwächen. Ein Kind muss demnach von Geburt an lernen, mit Reizen umzugehen, eine Struktur zu finden und dann Ressourcen zu entwickeln, diese zu erkennen und zu nutzen. Schließlich soll es einschätzen lernen, ob es lohnenswert ist, sich für eine Sache zu engagieren.

Ein Beispiel: Anna will mit einem bestimmten Spielzeug spielen, mit dem Lisa gerade spielt. Da sie Lisa kennt, weiß sie, dass diese ihr das Spielzeug nicht ohne Weiteres gibt. Anna er-kennt also die Handlungsstruktur von Lisa. Sie will aber das Spielzeug, greift auf ihre Res-sourcen (Erzieherin um Hilfe bitten oder selbst auf Lisa zugehen), um das Problem zu lösen. Diese Situation ist für Anna eine Herausforderung, in der sie entscheiden muss, ob es sich lohnt, sich zu engagieren, um das begehrte Spielzeug zu erhalten.

Nun ist es Antonowskys Forschungsergebnissen zufolge nicht in erster Linie wichtig, in welchen Lebenswelten ein Kind aufwächst, sondern vielmehr muss es **in diesen Wirklich-keiten Struktur erkennen und verstehen können, diese aufgreifen und sein Handeln danach ausrichten können**. So ist es erklärbar, dass unter Umständen ein Beduinenkind in ärmlichen Verhältnissen aufwachsend genauso entwicklungsförderliche Umstände vorfindet wie ein amerikanisches Mittelschichtskind.

Von elementarer Bedeutung ist die Erfahrung eines Kindes, erwünscht und akzeptiert zu sein, damit es lernen kann, die an es gestellten Herausforderungen anzunehmen und zu meistern. Herausforderungen bedeuten in der Regel **Stress** und somit **innere Spannung**. Verfügt ein Kind nun über angemessene Verhaltensweisen (Ressourcen), so kann es mit Stress entsprechend umgehen und fühlt sich diesem nicht ausgeliefert. Stresssituationen sind nur dann krankmachend, wenn sie nicht angemessen bewältigt werden können. Ein Kind, das über entsprechende Ressourcen verfügt, wird selbst in schwierigen Lebenssi-tuationen immer wieder Möglichkeiten finden, neue Strukturen zu entdecken, passende Handlungsmuster zu entwickeln und selbst einer unglücklichen Lage Bedeutung und Sinn zu verleihen. Diese Fähigkeit könnte man mit einer Art „Steh-auf-Männchen-Prinzip" vergleichen, die Fähigkeit, sich „nicht unterkriegen" zu lassen.

Interessant ist nun die Frage nach den **Risikofaktoren**, die für ein Kind bereits bei der Geburt die Wahrscheinlichkeit erhöhen, im Erwachsenenalter psychosoziale Probleme zu bekom-men und dadurch in seiner Gesundheit gefährdet zu werden. Tress (1986) zufolge sind dies:

- verlängerte Trennung von der primären Pflegeperson während des ersten Lebens-jahres
- die Geburt jüngerer Geschwister innerhalb von zwei Jahren nach der eigenen
- ernsthafte und wiederholte Kinderkrankheiten
- Krankheiten der Eltern (körperlich und seelisch-geistig)
- bedeutsame Entwicklungsprobleme der Geschwister
- Abwesenheit des Ernährers
- Wechsel des Wohnortes
- Scheidung der Eltern
- Wiederheirat der Eltern
- Trennung oder Tod von älteren Geschwistern oder nahen Kinderfreunden
- Auftreten von Pflegeeltern

Ist ein Kind **dauerhaft** solchen belastenden Situationen ausgesetzt und verfügt es nicht über entsprechende Ressourcen, wird seine seelische Gesundheit aller Wahrscheinlichkeit nach gefährdet sein. So stellt sich die Frage, was ein Kind dennoch schützen kann, selbst wenn es unter misslichen, gar bedrohlichen Umständen aufwächst? Eine Antwort darauf kann die Resilienzforschung geben.

5.1 Frühe Erfahrungen in der Familie und der Erwerb von psychischer Widerstandskraft

Der Begriff **Resilienz** steht für **psychische Widerstandskraft**, kommt aus dem Englischen und bedeutet Elastizität, Spannkraft und Unverwüstlichkei. **Vulnerabilität** hingegen bedeutet **Verwundbarkeit**, Verletzbarkeit oder Empfindlichkeit eines Menschen gegenüber schwierigen Lebenssituationen, mit erhöhter Bereitschaft, psychisch zu erkranken.

Resilienz ist demnach eine Art Schutz für das psychische Immunsystem. Trotz unterschiedlicher Forschungsmethoden (z. B. Mannheimer Risikostudie von Laucht u. a., 1999/2000; Bielefelder Invulnerabilitätsstudie von Lössel u. a. 1992/1999) kam man zu übereinstimmenden Ergebnissen hinsichtlich der Charakteristik von Resilienz.

Resilienz erwirbt ein Kind in der Interaktion mit seiner personellen Umwelt. Der Säugling interagiert bereits von Geburt an mit seinen Bezugspersonen und macht erste Erfahrungen. Sind diese positiv, so werden sie sein Kohärenzgefühl stärken und es damit gegen Krisensituationen resilient (widerstandsfähig) werden lassen. Resilienz ist **„…kein angeborenes Persönlichkeitsmerkmal, sondern umfasst die erworbene Kapazität…"** (Wustmann, in: Fthenakis, 2003, S. 109) belastende Lebenssituationen erfolgreich zu meistern. Dennoch haben Studien gezeigt, dass resiliente Kinder von Anfang an selbstständiger, selbstbewusster, entscheidungsfreudiger und unabhängiger im Vergleich zu nicht resilienten Kindern sind. Sie verfügen über ein positives Selbstkonzept und haben ein stabiles Gefühl für **Selbstwirksamkeit**. Ein Kind bringt somit auch eigene, sogenannte personale Ressourcen mit. Mittels der Säuglingsforschung wurde festgestellt, dass resiliente Kinder von Bezugspersonen oft als sehr aktiv, liebevoll, anpassungsfähig, sozial aufgeschlossen, fröhlich und ausgeglichen wahrgenommen werden. Diese Kinder haben sogenannte „einfache" Temperamentsmerkmale. Dem gegenüber stehen „schwierige" Temperamentsmerkmale wie Unfähigkeit zur Anpassung, Unausgeglichenheit etc. In Ihrer Entwicklung neigen diese Kinder eher zu psychischen Beeinträchtigungen (vgl. Wustmann, in: Fthenakis, 2003, S. 119).

Zum Erwerb von Resilienz gibt es schützende Faktoren, sogenannte **personale** und **soziale Ressourcen**:

Personale Ressourcen

- Empathie und Aufgeschlossenheit gegenüber anderen Menschen
- hohes Selbstwertgefühl, Fähigkeit zur Selbstregulation
- Fähigkeit, sich aktiv Hilfe zu holen und sich innerlich von schwierigen Situationen zu distanzieren
- Problemlösungskompetenz und die Fähigkeit, Konflikte gewaltfrei zu lösen
- optimistische Lebenseinstellung

Soziale Ressourcen

- Mindestens eine zuverlässige, stabile, fürsorgliche Bezugsperson, zu der eine positive Beziehung besteht
- Wertschätzendes, offenes, stützendes Erziehungsklima
- positive Rollenmodelle mit pro-sozialen Verhaltensformen, die Mut zusprechen
- positive Freundschaftsbeziehungen

(vgl. Wustmann, 2009)

Wustmann (in: Fthenakis, 2003, S. 120 ff) zufolge sind Kinder mit vorgenannten perso-nalen Ressourcen nicht intelligenter oder talentierter als Kinder, die in geringerem Maße über diese verfügen. Sie wissen einfach nur ihre personalen Ressourcen und somit ihre Fähigkeiten effektiv auszuschöpfen. Resiliente Kinder gehen stets mit einer positiven Einstellung gegenüber schwierigen Situationen ans Werk. Sie packen Dinge zielstrebig an und sind entschlossen, diese zu bewältigen. Solche Kinder sagen beispielsweise von sich, dass sie Menschen um sich haben, denen sie vertrauen, an denen sie sich orientieren können. Sie fühlen sich von ihnen bedingungslos geliebt, unterstützt und erhalten Hilfe, wenn sie krank oder in Gefahr sind. Sie sagen von sich, dass sie Personen seien, die geliebt werden, sie froh seinen, anderen helfen zu können und zuversichtlich sind, dass alles gut wird. Weiterhin sagen sie von sich, dass sie mit anderen sprechen können, wenn ihnen etwas Sorgen bereitet, dass sie Verhalten in schwierigen Situationen kontrollieren können und spüren, wann es richtig ist, eigenständig zu handeln oder jemanden zu fragen, der ih-nen hilft. Soziale Ressourcen helfen den Kindern, Gefühle der Geborgenheit, Wichtigkeit, Sicherheit und des Schutzes zu entwickeln, was wiederum die psychische Gesundheit stärkt. Resiliente Kinder verfügen über

- ein hohes Maß an **Selbstwirksamkeit.** Dinge, die sie sich zutrauen, erledigen sie selbst und erwarten dafür auch keine Hilfe. Probleme versuchen diese Kinder meist selbst-ständig zu lösen und fühlen sich einer Situation nicht willkürlich ausgeliefert.
- eine **optimistische, positive Einstellung** gegenüber dem Leben. Sie sehen dieses als Herausforderung an und können Situationen aus verschiedenen Perspektiven be-trachten. Sie sind flexibel und gewandt.
- ein **Gefühl von Verpflichtung** gegenüber den Dingen und erkennen den Sinn als be-deutsam.

(vgl. Wustmann, in: Fthenakis, 2003, S. 120)

Zu erwähnen ist, dass die Qualität der Beziehung und damit die **Bindung** an eine Bezugs-person von außerordentlicher Bedeutung ist. Hierzu sei auf Abschnitt 4.7.2 dieses Bandes hingewiesen. Bauer weist auf Voraussetzungen hin, die notwendig sind, damit Beziehung entstehen kann:

- **Sehen und Gesehen werden** heißt, dass das Kind sich wahrgenommen fühlt und sei-nerseits den anderen differenziert wahrnimmt.
- **Gemeinsame Aufmerksamkeit** als gegenseitige Zuwendung und Anteilnahme an der Situation des anderen.
- **Emotionale Resonanz** als ein sehr motivierendes Element bedeutet, dass die Bezie-hungspartner sich jeweils empathisch auf die Stimmung des anderen einschwingen können.
- **Gemeinsames Handeln** bedeutet, ganz konkrete Dinge miteinander zu machen.
- **Verstehen von Motiven und Absichten des anderen** und diese richtig einschätzen zu können, als wichtiges Element der Beziehungsgestaltung.

(vgl. Bauer, 2006, S. 21 ff.)

Wenn ein Kind solche Erfahrungen innerhalb der Familie machen kann, so sind dies be-ste Voraussetzungen, um ein gutes und vorwiegend freudvolles, seelisch ausgeglichenes Leben führen zu können. Auf diese Weise entsteht Vertrauen in sich und die Welt (siehe hierzu auch Abschnitt 4.7).

5.2 Ressourcenorientierung als Konsequenz für die professionelle Pädagogik

Ein starkes Kohärenzgefühl, d. h. ein Gefühl des inneren und äußeren Haltes, ist die Grundlage für seelische und körperliche Gesundheit. Es ist eine Tatsache, dass die Gesundheitsbelastung auf körperlicher Ebene bei kleinen Kindern und Entwicklungsverzögerungen immer häufiger zu beobachten sind. **„Gesund aufwachsen ist deshalb ein vorrangiges nationales Gesundheitsziel der Bundesrepublik."** (Klinche, T. u.a. in: Klein und groß, 01/2007, S. 36). Damit ist jedoch nicht nur das Lernen gesunden Ernährungs- und Bewegungsverhaltens gemeint, sondern auch das **Lernen von resilientem Verhalten.** Hier kommt dem pädagogischen Personal von Tageseinrichtungen für Kinder eine besondere Aufgabe zu. In erster Linie sollte den Kindern mit **pädagogischen Grundhaltungen der Wertschätzung, Empathie** und **Akzeptanz** begegnet werden. Die Kinder sollten eine **Atmosphäre der Vertrautheit, Sicherheit und Geborgenheit** vorfinden sowie einen Struktur gebenden Tagesablauf, in dem immer wiederkehrende Rhythmen zu finden sind. Kinder sollten angeleitet werden, sich erreichbare Ziele zu setzen. Dabei werden sie gelobt und ermutigt, allenfalls konstruktiv kritisiert. Die Pädagogen sind dem Kind ein **resilientes Vorbild.** Kinder werden in Entscheidungen angemessen einbezogen, damit sie dadurch erleben, Kontrolle über ihr Leben zu haben und selbstwirksam zu sein. Überträgt man einem Kind z.B. kleine Aufgaben, die es selbst meistern kann, so gewinnt es Vertrauen in sein eigenes Handeln. Wenn Kinder frühzeitig lernen, ihre Stärken zu erkennen und zu nutzen, so lassen sie sich von Problemen nicht so leicht verunsichern und erleben diese stressfreier und lösbarer. Mithilfe praktisch durchzuführender Aktionen wie Körpererfahrung, Sinneswahrnehmungen, Bewegungshandlungen etc. und sinnvollen Rückmeldungen sollen die Kinder erfahren, was sie bereits können und was sie noch üben müssen. Sie erfahren, was ihnen andere Menschen zutrauen und dies stärkt sie wiederum. An Lob und Anerkennung sollte es nicht fehlen. Allerdings müssen diese angemessen, echt und nicht übertrieben sein, sonst können sich die Kinder in ihren Fähigkeiten nicht realistisch einschätzen. Ein **hohes Maß an Bewältigungskompetenz** ist somit erklärtes Präventionsziel der Resilienzforschung (vgl. Wustmann, in: Fthenakis 2003, S. 130 und 177).

Merksatz
Um, trotz schwieriger Lebensumstände, dennoch ein psychisch und physisch gesundes und erfolgreiches Leben führen zu können, bedarf es eines starken Kohärenzgefühls. Damit ist wohl am ehesten gewährleistet, dass ein Mensch gesund bleibt und an vielleicht sogar lebensbedrohlichen Situationen nicht zerbricht. Mit Aron Antonowskys Forschungsergebnissen findet sich ein neuer Zugang zu einer anderen Sichtweise von Gesundheit und Krankheit. Das darauf aufbauende Konzept der Resilienzforschung erscheint wegen seiner Stimmigkeit als Grundlage geeignet, es auf die Erziehungspraxis anzuwenden. Die professionelle pädagogische Arbeit beachtet in erster Linie die Stärken, die ein Kind hat und/oder entwickeln kann. Die Schwächen werden nur sekundär berücksichtigt, jedoch nicht außer Acht gelassen. Die Schwerpunkte liegen auf dem Erlernen von Problemlösestrategien, der Förderung sozialer Fähigkeiten, der Erziehung zur Selbsteinschätzung, Selbstwirksamkeit und körperlichen Gesundheitsressourcen. Eine ganzheitliche Sichtweise der menschlichen Natur ist hierzu Voraussetzung.

6   Normalität und Auffälligkeit

In diesem Unterpunkt soll der Blick dafür geschärft werden, wie fließend die Grenze zwischen den Begriffen Normalität und Auffälligkeit ist. In unserer Gesellschaft war der Normbegriff noch nie so dehnbar. Damit wird es gleichzeitig immer schwieriger Auffälligkeit zu definieren, wenn Auffälligkeit als Abweichung von der Norm betrachtet wird. An dieser Stelle berührt die Pädagogik die Soziologie, die sich mit gesellschaftlichem Wandel befasst. Mit diesem Wandel verändern sich Normen und Werte.

Aufgaben

1. Diskutieren Sie die hauptsächlichen Änderungen der Gesellschaft in Bezug auf
   - gesellschaftliche Randgruppen.
   - die Migrationsfrage.
   - Folge der Globalisierung.

2. Stellen Sie gegenüber, welche Aufgaben dadurch auf die Kindergärten zukommen und welche Chancen damit einhergehen.

Wenn von der zunehmenden Heterogenität der Gesellschaft ausgegangen wird, muss deutlich werden, was in Kindergärten und Schule passiert. Hier erleben Kinder und die Elternhäuser Normen, die für alle gleichermaßen verbindlich sind. Hier kann es passieren, dass Kinder aus den in der Aufgabe erarbeiteten Hintergründen, Normen verletzen. Liegt an dieser Stelle Auffälligkeit oder Normalität vor?

Als weiterer Faktor ist die Person des erziehenden Menschen zu betrachten. Welche Sozialisation hat diese Person erfahren? In welchem Kulturkreis kennt er/sie sich aus? Daraus wird er/sie ableiten, wie Kindergartenkinder und Eltern sein sollten (siehe auch Bd. 2, Reflexion von Theorie und Praxis der Erziehung).

Bei all diesen Überlegungen ist eine vertrauensvolle Elternarbeit wichtig. Es geht darum, die Eltern dort abzuholen wo sie stehen, um einen gemeinsamen Konsens zu finden. Dieser Konsens sollte das Wohl des Kindes beinhalten und könnte das verbindende Element in der Diskussion werden, die von ganz unterschiedlichen Standpunkten aus geführt wird. Dann kann auch Toleranz- und Fehlerkultur entstehen. Denn „Umwege sind auch Wege – Kinder haben ein Recht auf Fehler" (Zimmer, 2007, S. 22) und genau an dieser Stelle bedarf es des genauen Hinschauens, -spürens und -fühlens. Ziel sollte sein herauszufinden, ob es sich eventuell um das individuelle Tempo eines Kindes handelt bzw. um eine Sozialisation, die anders verlief, als es den Vorstellungen des Kindergartens entspricht. Ebenso muss geprüft werden, ob es sich um eine Auffälligkeit handelt, die es zu beobachten gilt. Somit könnte die Einschätzung von Auffälligkeit als Zusammenspiel von persönlichen Normen und Wertvorstellungen, sozio-kulturellen Normen oder statistischen Normen (z. B. Entwicklungstabellen) angesehen werden.

> Wer kennt nicht Kinder, die bei geringem Anlass weinen, die dem Fremden zeigen, dass sie ihre Ruhe brauchen. Häufig zeigt sich das versteckt. Manche Kinder antworten mit Unruhe auf jede Änderung ihres Lebensrhythmus, z. B. auf den Wochenendbesuch bei den Großeltern. Jeder Kindergeburtstag mit ihnen ist eine Strapaze, danach können sie nicht schlafen. Kleine Ermahnungen kränken sie bis ins Mark.

Die Beispiele machen deutlich, dass Auffälligkeit erst sicht- und benennbar wird, wenn Normalität definiert ist. Gleichzeitig müsste man Näheres über die Umstände oben genannter Beispiele wissen, um tatsächlich von normalem und auffälligem Verhalten sprechen zu können. Es sollte also ein **Normbegriff** gefunden werden, mit dessen Hilfe Maßstäbe an das Verhalten angelegt werden können.

Aufgaben

1. Was stellen Sie sich unter Normalität und normalem Verhalten vor?
2. Was stellen Sie sich unter Auffälligkeit und auffälligem Verhalten vor?
3. Diskutieren Sie Ihre Beispiele im Klassenverband.
4. Stellen Sie Überschneidungen fest? In dem Sinne, dass ähnliches Verhalten einmal als normal und aus anderem Blickwinkel als auffällig betrachtet wurde?
5. Was haben Sie festgestellt, bei dem Versuch, „normal" und „auffällig" festzulegen?

Man kann sich der Norm unter verschiedenen Aspekten nähern. Da gibt es einmal die **statistische Norm**. Hier wird die Idee zugrunde gelegt, verschiedene Menschen in möglichst gleicher Situation zu beobachten. Das am häufigsten gezeigte Verhalten wird zur Norm erhoben. Nach statistischen Rechnungsformeln wird eine „Standardabweichung" ermittelt, die den Rahmen des Üblichen absteckt. Umgekehrt können Menschen mit von diesem Standard abweichenden Verhalten ermittelt werden.

Der Nachteil dieser Festlegung besteht darin, dass angepasstes Verhalten unreflektiert zum Standard erhoben wird. Dabei wird außer Acht gelassen, wie abweichendes, unübliches Verhalten durchaus der Gesellschaft zum Nutzen sein kann, indem es zu Innovationen[1] führt; Konformität[2] hätte geschadet, weil sie an dem alten Zustand festhielt.

Die **soziokulturelle Norm** ist der statistischen Norm sehr verwandt. Im Unterschied wird hier die soziale Gruppe als Einheit zugrundegelegt, die ein System von Wertvorstellungen vertritt. Damit ist nicht mehr das übliche Verhalten die Norm, sondern das für diese Gruppe gültige. Diese Gültigkeit variiert von Gruppe zu Gruppe und kann damit gesamtpolitisch zu Problemen führen. Das heißt, dass das gleiche Verhalten in unterschiedlichem Kontext einmal als normentsprechend und im anderen Fall als die Norm verfehlend angesehen werden kann. Es gibt jedoch Bereiche des öffentlichen Lebens, in denen nur eine Norm auf alle Beteiligten angewandt werden kann, so z. B. im Schulsystem oder in der Rechtsprechung. Nach diesem System kann nur eine Norm genannt werden, die mit der persönlichen Überzeugung des Individuums[3] übereinstimmt. Diese Sichtweise ist stark eingeschränkt auf den persönlichen Lebensraum, das persönliche Umfeld. **Beide**, die **statistische**, wie die **soziokulturelle Norm** sind auf den Sozialverband bezogen. (siehe auch: „Reflexion von Theorie und Praxis der Erziehung", Bd. 2). Das ist konträr[4] zur **individuellen** Seinsnorm.

---

1   Innovation = Neuerung
2   Konformität = Gleichartige Handlungsweise von Mitgliedern einer Gruppe
3   Individuum = der Einzelne
4   konträr = unterschiedlich, abweichend

Das Augenmerk ist in dem Sinne auf den Einzelnen gerichtet, dass geschaut wird, wo er Entwicklungsschritte gemacht hat und was seine vermuteten Begabungen sind. Das Zentrum der Betrachtung ist der Mensch und nicht die Gesellschaft. Die dahinterstehende Idee besagt, dass jeder Mensch die in ihm zugrunde gelegten Möglichkeiten entwickelt. Davon ausgehend ist das richtige Verhalten ein solches, das zur **Entwicklung der Persönlichkeit** führt. Diese Sichtweise findet sich im Grundgesetz verankert, wo dem Einzelnen die freie Berufswahl zugestanden wird. Oft muss ein Kompromiss gefunden werden zwischen persönlicher Zielsetzung und gesellschaftlicher Integration[1].

Nach Betrachtung der vorgenannten **drei** Sichtweisen stellt man fest, dass noch immer keine eigentliche Aussage über Normverhalten gemacht werden oder abweichendes Verhalten definiert werden kann. Jedoch enthält jeder der Ansätze wichtige Bestandteile. Es wäre also möglich, sich durch eine Zusammenschau der drei Aspekte einem allgemeingültigen Normbegriff anzunähern. Hilfreich wäre es außerdem, gute Kenntnisse von der regelgerechten Entwicklungsgeschichte zu haben (siehe auch: Die Entwicklung von Kindern bis zum Schuleintritt, Kap. 3: Die menschliche Entwicklung als Prozess). Dort sind Vorstellungen aufgezeigt, wie Entwicklungen idealtypisch ablaufen können, außerdem gibt es Hinweise, dass Abweichungen vorkommen und diese stark zunehmen.

Aufgaben

1. Diskutieren Sie die Frage, inwieweit es eine allgemeine Verhaltensnorm geben kann.

2. Finden Sie Merkmale, anhand derer Verhalten betrachtet werden könnte.

Die vierjährige Vanessa beginnt nach der Geburt eines Geschwisterchens zu stottern.

Damit ist zunächst ein abweichendes Verhalten gegeben. Entwicklungsgeschichtlich gesehen, kann es sich zwischen dem vierten und fünften Lebensjahr um altersbedingtes Stottern oder Poltern handeln. Zeitgleich taucht hier dieses Verhalten mit der Geburt des Geschwisterchens auf. Das könnte bedeuten, dass dieses Ereignis für Vanessa eine Verunsicherung ihrer bisherigen Lebenssituation darstellt. Es könnte aber auch bloß ein zeitliches Zusammmtreffen zweier Ereignisse sein, die sich nicht gegenseitig bedingt haben. In beiden Fällen wird man das Stottern im Auge behalten müssen, doch ist noch kein Handlungsbedarf angezeigt.

Schimpfwörter werden in einem bestimmten Alter von Kindern mit Begeisterung gebraucht. Reagiert man nicht verstärkend (gelassen verbietend) auf das Aussprechen der Wörter, wird man die unerwünschten Worte sicher noch einige Male hören, doch dann verschwinden sie. Die Situation hat dann nicht in einen Machtkampf geführt, in dem es immer Verlierer gibt.

Ein anderes Augenmerk ist darauf zu richten, mit welcher Härte ein Erziehungsproblem angegangen wird. Wollte man dogmatisch durchgreifen, würde man dem Kind kein „Schlupfloch" lassen. Damit wäre die Konfrontation hergestellt und ein Machtkampf unumgehbar. Es gibt aber auch die Möglichkeit, mit Duldsamkeit an ein Problem heranzugehen. Das bedeutet, eindeutig Haltung zu einer Sachlage zu beziehen und in der Situ-

---

1 Integration = Einbeziehung

ation ruhig dem Kind zu vermitteln, was man möchte, bzw. was es lassen soll. Bei dieser Handlungsweise ist davon auszugehen, dass das unerwünschte Verhalten nicht sofort eingestellt, dafür aber auf längere Sicht uninteressant wird (siehe auch: Bd. 2, Kinder und Jugendliche in ihrer Entwicklung fördern, „Erziehungsstile").

Aufgaben

1. *Stellen Sie die statistische Norm dar und überlegen Sie sich ein Beispiel, wie die statistische Norm Innovation verhindern kann.*

2. *Finden Sie eine Situation, in der das gleiche Verhalten als einmal der Norm entsprechend und einmal die Norm verfehlend gilt.*

3. *Suchen Sie ein weiteres Beispiel, in dem abweichendes Verhalten vorliegt, aber durch die Kenntnis des Umfeldes oder der altersspezifischen Entwicklung nicht sofort eingegriffen werden muss.*

6.1 Wie sich die Verhaltensstörungen im Alltag äußern

Nun müsste betrachtet werden, woran man Auffälligkeit beobachten kann. Einer der Beobachtungsschwerpunkte ist das Sozialverhalten. Daher soll es im Folgenden unter verschiedenen Gesichtspunkten angeschaut werden.

Aufgaben

1. *Überlegen Sie, was an Kindern beobachtet werden kann. Wo könnte sich auffälliges Verhalten zeigen?*

2. *Haben Sie schon auffälliges Verhalten (das nicht der herrschenden Norm entsprach) bei Kindern beobachtet? Tauschen Sie Ihre Erfahrungen und Vorstellungen aus.*

Menschliches Verhalten ist durch das Miteinander geprägt und wird immer wieder an der Reaktion des Gegenübers ausgerichtet. So entwickelt sich im Verlauf ein individuelles Verhaltensrepertoire[1], das im Zusammenklang mit den Bezugspersonen entstanden ist.

Das kindliche Verhalten stellt den Versuch dar, die Reaktion der Umwelt auf das gezeigte Verhalten zu testen. Daraus entwickeln sich zukünftige Einstellungen und Reaktionen.

Die Aufgabe des Erwachsenen besteht darin, die motorische, soziale und kognitive[2] Entwicklung des Kindes zu fördern. Das Ziel von allem ist die Selbstbestimmung des Menschen.

Das soziale Verhalten wird beispielsweise in konfliktträchtigen Situationen geschult. Das Kind hat die Möglichkeit, eine unerwünschte Konfliktlösestrategie auszuprobieren. Der Erzieher wird dann eingreifen und erlaubte Strategien zeigen. Durch Erlernen solcher erlaubter Strategien entstehen Freiräume für das einzelne Kind. Mit Zunahme der Kompetenz kann dieser Freiraum erweitert werden und damit kann das Kind an der Gestaltung

---

1   *Repertoire = verschiedene Möglichkeiten haben*
2   *kognitiv = die Erkenntnis betreffend*

der Gruppe teilnehmen. Die Ziele dieser Möglichkeiten sind der Aufbau innerer Sicherheit sowie Angstfreiheit. Ein Idealfall von außen betrachtet ist es, wenn die dem Kind eigenen Konfliktlösestrategien mit den Normen seiner Bezugspersonen und seiner Gruppe überienstimmen. Das ist ein Verhalten, das in einer Kindergartengruppe sehr angenehm ist. Provozierend könnte man sagen, dass dem Kind lediglich eine Anpassung an die Gruppe antrainiert worden ist.

Aufgabe

Diskutieren Sie die zuletzt getroffene Aussage.

Manchmal kann eine Bedürfnisbefriedigung nicht erfolgen, weil das Kind wegen der Übertretung eines Freiraumes bestraft wird. Diese Strafe lässt sich leichter annehmen, wenn das Kind sich der emotionalen Zuwendung der Bezugspersonen sicher ist. In einem solchen Fall würde das Kind nicht grundlegend verunsichert.

Betrachtet man die Erziehungssituation eines Kindes im Sozialfeld, können folgende Fragen nach Beck, der die „sozialpsychologischen Grundverhältnisse" des Erziehungsfeldes zusammengefasst hat, gestellt werden (vgl. Beck, 1954):

a) Fühlen sich Eltern und Kinder in der Familie geborgen?
   Wird gedroht, den Sozialverband zu verlassen?

b) Werden Bedingungen an die Zusammengehörigkeit gestellt?

c) Werden Handlungsstrategien des Kindes, die der allgemeinen Norm noch entsprechen, akzeptiert, auch wenn sie von der Familiennorm abweichen?

d) Hat die Familie sowohl die Fähigkeit, sich im Interesse der Gruppe anzupassen, als auch zu sehen, wie sinnvoll nicht angepasstes Verhalten sein kann?

e) Wird ein Familienmitglied zum Vorbild erhoben wegen besonderer Eigenschaften oder hat ein Mitglied spezielle Verpflichtungen?

f) Haben einzelne Familienmitglieder kein Interesse mehr am Verband oder haben sie die Kommunikation eingeschränkt bis ganz aufgegeben?

Durch Spitz (1952) ist bekannt, wie notwendig Zuwendung und Liebe für das Kind sind. In der Mangelsituation kann es zu körperlichen, seelischen oder sozialen Schäden führen. Wird die motorische Aktivität gehemmt, kann dies zu einem Aggressionsstau führen, der sich an Kleinigkeiten entlädt; sowie im anderen Extrem zur Unfähigkeit führt, eigene Wünsche durchzusetzen. Kritische Punkte, an denen gestörtes Sozialverhalten entstehen kann, sind die Art der Nahrungsaufnahme der frühen Kindheit, die Erziehung zum „Sauberwerden" und der Umgang mit kindlicher Sexualität.

Die vorgestellten Überlegungen sollen nicht bei der Suche nach Schuldigen stehenbleiben. Vielmehr muss genau geschaut werden, was die speziellen Anlagen des Kindes sind. Manches Kind bringt besondere Schwierigkeiten mit, bei welchen Erziehungsmethoden die für ein anderes Kind angemessen wären, nicht ausreichen. Umgekehrt kann auch die Familie so belastet sein, dass eine gute Erziehungsarbeit nicht geleistet werden kann. Alle in diesem Zusammenhang gemachten Erkenntnisse dürfen nicht zum Urteil werden. Damit wären der Familie und dem Kind Handlungsmöglichkeiten genommen. All die beschriebenen Vorgänge basieren auf der Grundlage der Kommunikation. Dabei handelt es sich um eine soziale Kompetenz, der man sich nicht entziehen kann. Wie Watzlawick (Watzlawick, 1982) belegt, kann man „nicht nicht kommunizieren". Auch die Verweigerung des Sprechens birgt eine Information in sich.

Kommunikation

Ein anderer Gesichtspunkt der Kommunikation ist die Betrachtung des Gesagten unter dem Inhaltsaspekt und dem Beziehungsaspekt. Der Inhaltsaspekt besagt, dass die ausgetauschte Information richtig und vollständig ist. Weiter muss beachtet werden, dass beide Partner über den gleichen Wort- und Erfahrungsschatz verfügen, um das Gesagte zu verstehen.

Hier kann es zu Doppelbotschaften kommen. Die Inhaltsebene ist deutlich. Doch stimmt sie auf der Beziehungsebene nicht überein.

Doppelbotschaft, die sich widerspricht

Schwieriger ist der Beziehungsaspekt darzustellen. Hier wird Gestik, Mimik, Tonfall und sonstige Körpersprache miteinbezogen. Es geht also über die zu vermittelnde Information hinaus. Damit es hier zu Übereinstimmung kommt, müssen übereinstimmende Voraussetzungen gegeben sein.

a) Der Beziehungsaspekt soll den Inhaltsaspekt unterstreichen. Wird das verändert, handelt es sich um Ironie oder Spott, was Kinder nicht verstehen können. Sie fühlen sich getäuscht und damit verunsichert.

b) Die Kommunikationsformen gelten für Erzieherinnen wie Kinder. Schimpfworte dürfen beim Kind nicht sanktioniert und von Eltern benutzt werden. Das wäre dann eine Frage der Wahrhaftigkeit.

c) Für Kinder ist es wichtig, dass die Kommunikationsformen von zu Hause (der Primärgruppe) mit denen des Umfeldes (Freunde) übereinstimmen (siehe auch: Die Entwicklung von Kindern bis zum Schuleintritt, „Die Bedeutung der Sprache").

Aus den gemachten Beobachtungen wurde deutlich, dass Uneinheitlichkeiten im Inhaltsaspekt leichter korrigierbar sind, während es überaus schwierig ist, den Beziehungsaspekt zu verändern.

Die Kommunikationsebene im Umfeld des Kindes, insbesondere die der Familie, muss angeschaut werden, weil viele Formen von Auffälligkeiten auf fehlerhafte Kommunikation zurückgehen. Die Palette der Auffälligkeiten kann z. B. Stottern, Einnässen oder Aggessivität umfassen.

Aufgaben

1. *Betrachten Sie die vorausgehende und die nachfolgende Skizze und diskutieren Sie, was diese Aussagen jeweils für die Kinder bedeuten.*

2. *Diskutieren Sie, inwieweit die von Beck 1954 gemachten Aussagen heute noch Bedeutung haben.*

Kommunikationsstörungen

6.2 Schulversagen kann im Kindergarten erkannt werden

In den Beratungsstellen sind Schulprobleme das am häufigsten genannte Symptom. Die betroffenen Kinder könnten durchaus den schulischen Anforderungen genügen, da sie über ausreichende Begabung verfügen. Sie kamen mit einem Defizit zur Schule, das ihre Aufmerksamkeit forderte, und damit verblieb nicht genügend Kapazität[1], sich um die von der Schule geforderten Leistungen zu kümmern. Damit beginnt der Teufelskreis. Schulisch, inhaltlich beginnen die Kinder trotz durchschnittlicher Intelligenz hinterherzuhinken und das Eingangsproblem verschlimmert sich. Wenn jetzt Hilfe bei den Hausaufgaben angeboten wird, verkürzt sich die freie Zeit und damit die Möglichkeit, das Ursprungsproblem zu korrigieren. Die Hilfe bedeutet in jedem Fall erneut einen Leistungsdruck, der seinerseits zu weiteren Blockaden führt.

Diese Situation zeigt die Wichtigkeit, beginnende Störungen bereits im Kindergarten zu erkennen, wo dem Kind frei von Leistungsdruck geholfen werden kann.

Diese Vorgehensweise klingt plausibel. Sie ist jedoch zu einfach gedacht. Deshalb müssen andere Aspekte dazugestellt werden. Jedes Kind hat sein eigenes Tempo, zu welchem Zeitpunkt es bereit ist, neue Schritte zu gehen. So könnte es sein, dass ein Kind im Kindergartenalter zurückhaltend wirkt und nach obiger Beschreibung Unterstützung bedürfte. Das gleiche Kind erledigt jedoch völlig eigenständig die Schule. Es hat eben nur etwas mehr Zeit für die eigene Entwicklung gebraucht.

Aufgabe

Was wäre mit dem Kind geschehen, hätte die Erzieherin auf Defizite aufmerksam gemacht und man hätte mit Therapien begonnen? Diskutieren Sie diese Fragestellung.

Neben die bisherige Intelligenzforschung, die sich ausschließlich mit der logisch-mathematisch und sprachlich orientierten Intelligenz befasst, sollten neue Gesichtspunkte gestellt werden. Gardner hat den Intelligenzbegriff beispielsweise von beiden erstgenannten auf insgesamt sieben erweitert (Gardner, 2002). Er spricht von der musikalischen Intelligenz. Hierunter wird eine Begabung zum Musizieren, Komponieren und der Sinn für musikalische Zusammenhänge verstanden. Weiter nennt er die körperlich-kinästhetische Intelligenz, worunter der Einsatz des Körpers zum Problemlösen genannt wird. Dann gibt es die räumliche Intelligenz, die zum Erfassen von Raumstrukturen in großer Entfernung oder in kleinster Nähe benötigt wird. Unter der interpersonellen Intelligenz versteht man die Fähigkeit, andere Menschen zu verstehen, das heißt ihre Absichten, Motive und Wünsche zu erkennen. Die intrapersonelle Intelligenz beinhaltet oben genannte Fähigkeit für den einzelnen Menschen selbst, das heißt sich selbst zu verstehen. Bislang geht man davon aus, dass die Schule und deren Inhalte in Ordnung sind, nur die auffallenden Kinder falsch sind. Unsere bisherigen Schulinhalte zielen sehr stark auf die sprachlich-mathematischen Inhalte ab. Andere Begabungen oder Intelligenzen finden kaum Förderung und gehen unter.

---

1 *Kapazität = Aufnahmefähigkeit*

Bei auffälligen Kindern ist zu beobachten, dass die angebotene Umwelt kaum Aufforderungscharakter hat. Die Materialien können sie nicht animieren. Wenn ein solches Kind sich zu einem Spiel entschließt, fehlt bald ein Gegenstand, der durch nichts ersetzt werden kann und die Tätigkeit wird aufgegeben. Auch in der Natur, bei Spaziergängen gehen sie achtlos an allem vorbei und wissen hinterher nichts zu berichten.

Von sich aus nimmt das Kind sehr wenig Notiz von seiner Umwelt. Daher muss der Erwachsene diese Kinder behutsam an die Welt heranführen. Sie müssen die elementaren Dinge im wahrsten Sinne des Wortes begreifen. Dabei gilt es, ganz geduldig vorzugehen, weil sonst Angst und damit Abwehr erzeugt werden. Möglichst unterschiedliches Material wie verschiedene Hölzer (z. B. glatt geschmirgelt; mit Rinde), Zapfen, Steine, Muscheln oder Sand sollen taktil[1] erkundet werden. Ganz bedeutsam ist das Puppenspiel, das gut ausgebaut und ausführlich angelegt werden soll. Das gilt gleichermaßen für Jungen und Mädchen. Auch der Umgang mit Tieren ist wichtig.

Man geht davon aus, dass Spielen angeboren und spontan ist. Nur von außen sieht es zwecklos und austauschbar aus. In Wirklichkeit erobert sich das Kind im Spiel seine Umwelt. Dazu ist die Bereitschaft morgens am größten. Deshalb kommt dieser Zeit im Kindergarten eine besondere Bedeutung zu. In diesem Spiel steigen Ereignisse des Vortages oder auch der Tage zuvor auf, die wiederholt und dann gestaltet werden können. Das Kind in diesem Alter liebt die Wiederholung und hat im Spiel Gelegenheit, die Ereignisse weiterzubewegen und sich so mit der Sache zu verbinden. Dieses Tun wirkt sich willensstärkend aus. Mit dem Spiel ist Freude verbunden und keinerlei Erfolgszwang oder Leistungsanforderung.

Zu diesem Themenkreis sind verschiedene Spieltheorien entstanden. Es gibt die Theorie, das Kind hole als Jäger und Sammler im Spiel die Entwicklungsgeschichte der Menschheit nach. Adler (vgl. Adler, 1907) geht davon aus, dass das Kind im Spiel die Wirklichkeit manipuliert, um Sieger zu bleiben. Sigmund und Anna Freud (vgl. Freud, 1956) sehen im Spiel die Möglichkeit, Probleme auszuagieren und zu bereinigen. Für Heckhausen (vgl. Heckhausen, 1964) bedeutet das Spiel Spannungsabfuhr und primäre Freude.

Gleich, welcher Spieltheorie man sich nun auch anschließt, gesichert ist Folgendes: Auf ein nicht spielfähiges Kind muss man ein besonderes Augenmerk haben und Anregungen bieten, da das Kind wenig Gelegenheit hat, Fähigkeiten und Fertigkeiten zu erüben. Bei manchen Kindern kann sich eine sogenannte **Spielhemmung** zeigen.

Ein nicht spielfähiges Kind kann die verschiedensten Störungen zeigen. Augenscheinlich ist der Verlust der Freude; Fertigkeiten können nicht weiter eingeübt werden.

Die Hilfestellung der Erzieherin besteht darin, das Kind zum altersgemäßen Spiel anzuleiten. Dazu gehört die Kenntnis dessen, wie der normale Verlauf der Spielentwicklung aussieht. Hierbei handelt es sich lediglich um ein Modell, das eine Grobrichtung vorgibt. Auch hier muss genau auf die Individualität des Kindes geschaut werden. Wichtig ist, darauf zu achten, und von da ausgehend das Kind an Neues heranzuführen.

Ein weiteres Erkennungsmerkmal für späteres Schulversagen ist eine auffällige **Ungeduld**. Im Grunde sind die Kinder an der Aktivität oder dem Material nicht interessiert, können dann aber nicht abwarten bis es losgeht. Das Warten erleben sie als quälenden Zustand

---

1   *taktil = das Tasten, den Tastsinn betreffend*

des Unrechtes. Zudem erwarten sie bei einem eigenen Anliegen, dass alle anderen sofort zurückstehen, bis die eigene Sache geklärt ist.

Die Hilfestellung muss hier im sozialen Bereich gesucht werden. Der Ansatz liegt darin, die Vertrauensfähigkeit auszubilden. Das stellt ganz große Anforderungen an die Erzieherin, weil sie diesem Kind gegenüber ganz verlässlich im Wort stehen muss. Verspricht sie etwas, muss es eingehalten werden. Die Zeitspanne von Versprechen bis zur Einlösung kann im Verlauf ausgedehnt werden. So ist dem Kind geholfen, sich aus der Abhängigkeit zu befreien, sein Bedürfnis müsse sofort befriedigt werden.

Die **aggressive Gehemmtheit** hat als äußeres Erscheinungsbild eine auffällige Zurückhaltung des Kindes, welche durch kurze, heftige, aggressive Entladungen unterbrochen wird. Solche Momente erschrecken das Kind zutiefst und es versucht diese als Spaß zu kaschieren. Denn das Hauptmerkmal dieser Kinder ist eine ängstliche Anpassung, die keine Konfrontation wagt. Die aggressiven Momente zeigen einen kurzfristigen Kontrollverlust, der nicht zugelassen werden kann. Die dahinterliegende Angst ist der Verlust des Bezuges zum Erzieher. Dem Kind müssen Selbstvertrauen und Konfliktlösungsstrategien gezeigt werden.

Das hier beschriebene Bild ist sehr pauschal und kann lediglich als Orientierungshilfe im Kindergartenalltag dienen.

6.3 Diagnostische Möglichkeiten im Kindergarten

Diagnostik ist die Voraussetzung aller möglichen Hilfsmaßnahmen, deshalb ist es für die Erzieherin notwendig, einige Ansätze als Möglichkeit kennenzulernen.

Das Wort Diagnose schreckt zunächst ab und man denkt an Testreihen, die nichts anderes als verkürzte Beobachtungsverfahren sind. Gleichzeitig muss ganz deutlich gesagt werden, dass die Erzieherin keine endgültige Diagnose stellen kann und soll. Ihre Aufgabe ist es, auf erste Anzeichen aufmerksam zu machen, die dann mit entsprechenden Fachleuten zusammenn zur Diagnose führen.

Die **Verhaltensbeobachtung** und **Verhaltensanalyse** zeigt die für die menschliche Wahrnehmung typischen Ungenauigkeiten. Automatisch wird eine Auswahl dessen, was gesehen wird, getroffen und die Beobachtung ist ungenau.

> *Zwei Kinder machen zusammen einen Spaziergang. Anschließend, nach dem Ausflug befragt, berichtet ein Kind von den vielen Äpfeln, die sie gesehen und zum Teil gesammelt haben. Das andere Kind kann jeden Hund aufzählen, der ihnen begegnete sowie dessen Verhalten benennen.*

Das erste Kind war frei, zu beobachten, was sein Interesse fesselte. Das zweite Kind hat Angst vor Hunden und war deshalb hier aufmerksam. Der Weg durch das Dorf war offenbar für beide Kinder nicht von Interesse.

Diese Art des Beobachtens liefert zwar eine Menge Informationen, kann aber nur zur Heranziehung vorläufiger Daten genutzt werden. Die **systematische Beobachtung** bietet eine gezielte Datenerhebung. Das Ziel ist die Erfassung operational[1] definierter Variablen

---

1   operational = anhand des Entstehungsprozesses

des Verhaltens. Damit wird nicht nur der Verlauf sondern auch der Ursprung, z. B. aggressiven Verhaltens, beobachtet.

Der vierjährige Daniel schlägt die neun Monate alte Marie, wenn die Mutter bei ihr ist.

Die operationale Beschreibung setzt früher an:

Daniel spielt mit seinen Klötzchen im gemeinsamen Kinderzimmer. Die Mutter kommt mit Marie, die auf der Kommode gewickelt wird. Daniel spielt zwar weiter, doch seine Augen hängen an der Mutter und Marie. Er ist gespannt und aufmerksam. Die Schwester ist fertig gewickelt und Daniel entspannt sich. Doch bevor die Mutter Marie auf den Teppich setzt, küsst und streichelt sie lächelnd das Mädchen, woraufhin Daniels Gesicht sich verkrampft und er zu Marie saust und sie schlägt.

Übertragen auf die Kindergartensituation kann das Material nur dann von der Kindergärtnerin erhoben werden, wenn eine Zweitkraft in der Gruppe tätig ist. Dann handelt es sich um eine **teilnehmende Beobachtung**, deren Vorteil darin liegt, dass das Kind sein alltägliches Verhalten zeigt und nicht durch Fremde abgelenkt wird. Der Nachteil besteht in der Möglichkeit der Ablenkung der Kindergärtnerin, die natürlich trotz der Beobachtungssituation nach den anderen Kindern schaut.

Als ideal könnte eine nicht sichtbare Beobachtung angesehen werden, wie z. B. durch eine Videoanlage oder eine Einwegscheibe (durch sie kann man nur in eine Richtung hindurchschauen). Jedoch kommt es zu einer Datenflut, bei der Wichtiges von Unwichtigem kaum unterschieden werden kann. Außerdem darf nicht vergessen werden, dass Kinder sehr feinfühlige Antennen für solche „Besonderheiten" haben, was sich seinerseits wieder auf deren Verhalten auswirkt.

Auf der Grundlage dieser Erfahrung wurden Beobachtungssysteme entwickelt, von denen die drei bekanntesten genannt werden sollen. Einmal das **Zeichen-System**, das am zuverlässigsten funktioniert, weil es am einfachsten ist. Das **Kategorien-System** erweitert die Zeichen um Kategorien, daher wird hier vom Beobachter Erfahrung sowie hohe Konzentration erwartet. Das **Schätz-Skalen-System** verlangt vom Beobachter zu urteilen: Zum einen muss er das Auftreten einer Eigenschaft erkennen und zum anderen den Ausprägungsgrad festlegen. Es wird ein qualitatives Urteil vom Beobachter verlangt, in das dessen Vorerfahrungen miteinfließen (siehe auch: Soziale Wahrnehmung, Kap. 3: „Methoden der Verhaltensbeobachtung").

Der Sinn der systematischen Beobachtung liegt nicht ausschließlich darin, Störungen festzulegen. Man kann damit ebenso die positiven Seiten des auffällig gewordenen Kindes dokumentieren. Diese entgehen leicht Eltern und Erziehern, weil die negativen Seiten im Vordergrund stehen und Anlass zu Sorge und/oder Ärger geben. Kein Kind hat nur negative Seiten.

Die durch Beobachtung gewonnenen Daten müssen in eine Verhaltensanalyse gebracht und ausgewertet werden. Diese Daten haben den Vorzug gegenüber der bloßen Beobachtung, dass sich Schlussfolgerungen für einen Therapieplan ergeben.

Durch die Daten einer **Anamnese** werden die oben gewonnenen Beobachtungen unterstützt. Die Anamnese beschreibt die Lebensgeschichte und damit möglicherweise die Ursprünge der Störung. Für die Erstellung einer Anamnese gibt es unterschiedliche Möglichkeiten. Die **chronologische Einteilung** stellt den Verlauf von der Geburt bis zum Zeitpunkt der Anamnese dar. Die **thematische Gliederung** schaut sich der Reihe nach verschiedene Gesichtspunkte, wie Spielverhalten, Sozialverhalten, Ängste, Neigungen, Weltanschauung etc. an. Bei der **Situationsdifferenzierung** werden die unterschiedlichen Lebenszusammenhänge wie Familie, Persönlichkeitsentwicklung, etc. untersucht. Unter genetisch-dynamischen Antriebsstrukturen werden beispielsweise Besitz-, Geltungs-, Aggressions- und Zärtlichkeitsstreben verstanden.

Aus diesen Möglichkeiten wählt die Erzieherin, die jeweils situationsgeeignetste aus. Bei Kindern wird in der Regel die Fremdanamnese erhoben, in der Vater und Mutter Auskunft über die Biografie des Kindes geben. Als Hilfe für die Fragestellung stehen Anamneseschemata zur Verfügung (siehe auch, Methoden der Verhaltensbeobachtung).

Behandlungsmethoden

- *Die zehnjährige Bettina kommt bester Laune nach Hause, weil am Nachmittag der Ausflug mit der Freizeitgruppe zum Waldgrillplatz stattfinden soll. Kurz bevor es losgeht, schlägt das Wetter um und der Ausflug wird abgesagt, soll aber später nachgeholt werden. Die normale Reaktion eines Kindes in der Situation ist Enttäuschung und Ärger. Bei Bettina nimmt es aber sehr gesteigerte Formen an. Sie wird blass vor Wut, beschimpft die Mutter, zerstört Sachen und ist untröstlich.*
  Ist diese Situation kein einzelnes Erlebnis, muss Bettina geholfen werden. Die geringe Frustrationstoleranz ist nicht tragbar.

- *Die achtjährige Lena zeigt in der Schule ein ängstliches Verhalten, das ihr die Teilnahme am Unterricht unmöglich macht. Aus Angst, etwas Falsches zu sagen, schweigt sie lieber. Hat sie die Antwort dann gewusst, ärgert sie sich.*
  Sie ist gefährdet, trotz ausreichender intellektueller Leistungsfähigkeit in der Schule zu versagen.

- *Der vierjährige Torsten kommt morgens zur Tür herein und verkündet: „Ich spiele mit euch, aber ich bin der Bestimmer !" Die anderen Kinder akzeptieren das nicht, also spielt er viel alleine. Darüber hinaus ist er darauf bedacht, dass seine Dinge die besten sein sollen. Das setzt er auch mit Aggressivität durch.*
  Mit diesem Verhalten gefährdet er seine soziale Integration.

Nach den gemachten Beobachtungen stellt sich die Frage, woher eine solche Störung des Erlebniszusammenhanges kommt. Es gibt drei Kategorien, denen man die unterschiedlichsten Ursachen zuordnen kann:

- Den zu betrachtenden Kindern gelang es nicht, eine tragfähige Persönlichkeitsstruktur zu entwickeln.
- Weil Entwicklungsreize im sozialen, emotionalen und motorischen Bereich gefehlt haben, waren sie emotional häufig überfordert.
- Ihnen fehlen Fähigkeiten, bedingt durch eine Entwicklungsstörung.

Diese Kategorien sind sehr grob, was bedeutet, dass man sehr behutsam bei der Zuordnung umgehen sollte. Denn jeder Makel, der einem Kind zugeschrieben wird, haftet wie ein Etikett an ihm. Wird es damit an die nächste Institution (hier z. B. die Schule) weitergereicht, wird der Lehrer eher den Blick auf die Defizite des Kindes richten, als auf seine Fähigkeiten. Weiter sollten Sie sich bewusst sein, dass die jeweiligen Ansichten viel mit unserer Persönlichkeit und Entwicklung zu tun haben (siehe auch in Bd. 2: Kinder und Jugendliche in ihrer Entwicklung fördern, Kap. 2 Erziehungsstil).

Die Möglichkeiten des Kindergartens werden mit den folgenden Therapien überschritten.

Es gibt zunächst die **heilpädagogische Spieltherapie** zurückgehend auf Sigmund und Anna Freud (vgl. Freud, 1956). Hierzu gehört die **nicht-direktive Spieltherapie**, die durch Axline (vgl. Axline, 1984) sowie Tausch und Tausch (vgl. Tausch/Tausch, 1977) vertreten wird. Die **heilpädagogische Übungsbehandlung** kommt aus der Arbeit mit geistig behinderten Kindern. Vertreter aus diesem Bereich ist Chateau (vgl. Chateau, 1969). Die **heilpädagogische Rhythmik** arbeitet im Kern der Methode mit der Unterscheidung von Takt und Rhythmus.

6.4 Elternarbeit

Die Zusammenarbeit zwischen Elternhaus und Erzieherin ist bedeutsam. Gegenseitig ist man auf Informationen über das Kind angewiesen, mit dem Ziel, das Kind besser verstehen zu können. Das ist grundsätzlich wichtig bei jedem Kind, auch dem nicht auffälligen. Zur elementaren Notwendigkeit wird die Zusammenarbeit bei einem auffälligen Kind.

Die Erzieherin wird zur Vertrauensperson für das Kind – ihr wird es in der Regel zumindest vormittags anvertraut. In dieser Zeitspanne hat sie großen Einblick in seine Fähigkeiten, den Entwicklungsstand, das Wesen und darüber hinaus auch in das Elternhaus, erzählen die Kinder doch ganz unbefangen über Erlebtes. In diesem Alter lernen die Kinder durch Beobachtung und Nachahmung. Damit fällt auf das, was die Erzieherin tut, ein neuer Fokus[1]. Ihr Handeln muss so sinnvoll sein, dass es dem kleinen Kind als Modell dienen kann. Neben das „Was" muss noch das „Wie" gestellt werden, da Kinder sehr feine Antennen für die Beziehungsebene haben.

> *Die Erzieherin der Sternengruppe wird als kompetente, liebevolle Kindergärtnerin geschätzt, doch am Dienstag war ihre Gruppe völlig außer Rand und Band, obwohl sie alles „wie immer" gemacht hat. Als Hintergrund konnte man erfahren, dass sie tags zuvor eine schwerwiegende Auseinandersetzung im privaten Bereich hatte. Die Kinder haben also ihr inneres Aufgewühltsein gespürt und darauf mit Chaos reagiert, obwohl äußerlich alles im Lot schien.*

Damit wird deutlich, in welcher Verantwortung eine Erzieherin steht und welche Möglichkeiten ihr gleichermaßen daraus erwachsen. Treten Schwierigkeiten mit einem Kind auf, ist es an der Erzieherin, an die Eltern heranzutreten.

Dieser Kontakt ist schwierig für beide Seiten und erfordert von der Erzieherin sehr viel Takt, Fingerspitzengefühl und Herzenswärme. Schon die äußere Situation verdeutlicht die Problematik, da die Erzieherin jünger als die Eltern sein kann, häufig nicht verheiratet ist und noch keine Kinder hat. Dieser Umstand wird nicht selbstverständlich durch ihre berufliche Kompetenz wettgemacht. Den Eltern soll von Schwierigkeiten ihres Kindes berichtet werden. In dieser Situation muss man sich vor Augen halten, wie sich die Eltern dabei fühlen. Sie können sich angegriffen, verletzt und bloßgestellt fühlen. Es geht eine Kränkung damit einher, wenn das eigene Kind Defizite, gleichgültig welcher Art, gegenüber anderen Kindern hat. An diese wunden Stellen rührt nun die Erzieherin und muss damit rechnen, dass nicht nur der Inhaltsaspekt gehört wird.

---

1 *Fokus = Brennpunkt*

Gleichzeitig muss mit dem Wort Defizit sehr behutsam und bedacht umgegangen werden. Es besteht auch die Gefahr, dass es sich nicht um das Defizit des Kindes, sondern um ein Defizit der Erzieherin handelt. Sie hat ggf. die wirklichen Motive des Kindes nicht erkannt.

Aufgabe

1. *Konstruieren Sie ein Beispiel, das oben gemachte Aussage beschreibt.*

All diese Vorsicht und Umsicht ist ebenfalls bei der Erhebung einer Anamnese geboten. Es kommt hierbei sehr darauf an, wie man vorgeht. Schreibt man beispielsweise jede Antwort ausführlich mit oder legt man einen Fragebogen so vor sich, dass man kurze prägnante Stichworte machen kann, nachdem man den Eltern erläutert: „Ich habe die Fragen vorbereitet, damit ich im Gespräch nichts vergesse."

Diese Vorgehensweisen sollten gut überlegt und geplant sein. Solch ein erstes Gespräch kann das Tor zur Hilfestellung für das Kind sein. Wird das Gesagte von den Eltern nicht angenommen, werden die Hilfsmöglichkeiten für das Kind schlechter und die Problematik auf die Schule verschoben, in deren Rahmen sich die Chancen auf Besserung für das Kind verkleinern. Deshalb liegt im Kindergartenbereich eine ganz große Chance der Heilung für alle Kinder mit Störungen. Denn diese Auffälligkeiten sind immer ein Hilferuf des Kindes und eine Herausforderung für die Kindergärtnerin, die ihrerseits in diesem Punkt jede Unterstützung bei ihrer Arbeit haben sollte.

Die Zusammenarbeit mit dem Elternhaus könnte bis dahin reichen, dass Familienstrukturen verändert werden. Häufig können Verhaltensstörungen auf den Erziehungsstil des Elternhauses zurückgehen. Wird das erkannt, muss den Eltern dieser Zusammenhang nahegebracht werden. Das kann in ein Elterntraining münden. Der wichtigste Aspekt daran ist, den Eltern nahezubringen, wie das Verhalten aller Familienmitglieder miteinander zusammenhängt und sich bedingt. Wenn ich beispielsweise ein Kind zurechtweise, hat diese Maßnahme Auswirkungen auf alle Anwesenden. Erst wenn diese Kausalkette[1] erkannt ist, können einzelne Maßnahmen ergriffen werden.

Aufgabe

2. *Erstellen Sie im Rahmen eines Rollenspieles eine Anamnese. Verabreden Sie zuvor, welches Bild eines Kindes entstehen soll.*

6.5 Konkrete Auffälligkeiten an ausgewählten Beispielen

Der theoretische Hintergrund zur Verhaltensstörung wurde in dieser Ausführlichkeit dargestellt um der Erzieherin Handlungskompetenz und Sensibilität zum Erkennen von Störungen zu vermitteln.

Wenn eine solche Störung vermutet wird, steht an erster Stelle das Elterngespräch (siehe auch Kapitel 5.4 Elternarbeit) und der interdisziplinäre Austausch. An einer solchen Helferkonferenz können Erzieher, Ärzte, therapeutische Berufsgruppen, Eltern, abgebende und aufnehmende Institutionen beteiligt sein. Auf Datenschutz und Schweigepflicht ist gut

---

1   *Kausalkette = Ursache von Zusammenhang und Wirkung*

zu achten. Das bedeutet, dass Eltern über Gespräche informiert werden und von ihnen eine Entbindung der Schweigepflicht (z. B. von Seiten des Kinderarztes) erbeten werden kann. Darüber hinaus gibt es öffentliche Einrichtungen, die Hilfe anbieten. Anlaufstellen können sein:

- **Jugendämter:** hier können z. B. örtliche Adressen erfragt werden
- **Frühförderstellen:** dort arbeiten Ergotherapeuten, Heilpädagogen und Krankengymnasten; die Behandlungen können ärztlich verordnet werden und sind dann für die Eltern kostenfrei
- **sozialpädiatrische Zentren:** hier arbeiten Neuropädiater
- **Erziehungsberatungsstellen:** hier arbeiten Psychologen und evtl. Sozialpädagogen; die Beratungsstellen sind jedermann zugänglich und kostenfrei
- **Beratungsstellen an Sonderschulen und Frühförderstellen** schreiben Gutachten über die Problemlage eines Kindes.

Je nach Trägerschaft des Kindergartens gibt es Fachberater, die zum Teil in die Kindergärten kommen. Sie sind ausgebildete Heil- und Sozialpädagogen. Sie bieten Eingliederungshilfen für behinderte Kinder. Es steht die Frage im Raum, inwieweit eine Verhaltensstörung als Behinderung anerkannt wird. Dieses wiederum ist abhängig von einem Gutachten.

Aufgabe

Teilen Sie die unter der Tabelle aufgeführten Verhaltensstörungen gemäß den Spaltenüberschriften in die von Ihnen übertragene Tabelle ein (Mehrfachzuordnungen sind möglich).

Verhaltensstörung im körperlichen Bereich	Verhaltensstörung im psychischen Bereich	Verhaltensstörung im Verhaltensbereich	Verhaltensstörung im sozialen Bereich
?	?	?	?

Depressive Verstimmung, Jaktationen (Schaukeln), Trotz, Ungehorsam, mangelnde Ausdauer und Konzentration, Lügen, Lutschen (Daumenlutschen), Kontaktgestörtheit, Clownerien, Schulschwänzen/Streunen, Sprachstörungen (Stottern), Zähneknirschen, Teilnahme an Diebstählen, Bandenzugehörigkeit, Zwangshandlungen, Zwangsvorstellungen, Streitsucht, häufiges Weinen, Magenschmerzen (Bauchschmerzen), Haare ausreißen, kurze Aufmerksamkeitsspanne, Zerstören von Gegenständen, Überempfindlichkeit, Angsterscheinungen (Prüfungs- oder Sprechangst, Angst vor bestimmten Tieren, Phobien), Nägelkauen, Einnässen, Einkoten, Verträumtheit, fehlende Initiative, Brutalität gegenüber Gleichaltrigen, Atemstörungen, Essstörungen (Gier, Verweigerung, Magersucht, Fettsucht, Bulimie), Schlafstörungen, Schulversagen trotz angemessener Intelligenz, erhöhte Ablenkbarkeit, Hyperaktivität, Überangepasstheit, Wutanfälle, Jähzorn, häufiges Schlagen, motorische Funktionsstörungen (Tic, Zittern).

Bei der Zuordnung in die Tabelle handelt es sich um eine grobe Einschätzung. In jedem Fall müssten die konkrete Situation, die Biografie des Kindes und der Standpunkt des Beobachters berücksichtigt werden.

Konkrete Auffälligkeiten können von zwei Seiten angegangen werden. Die eine wäre die Aufzählung von klassischen Störungen, wie z. B. Konzentrationsstörung, Aggression, Überangepasstheit, Ängstlichkeit oder Depression. Diese werden an verschiedenen Stellen des Buches genannt und erläutert. Die andere Möglichkeit, wäre es, Wahrnehmungsstörungen anhand der Sinne zu betrachten. Das böte die Möglichkeit aus einem unbestimmten Gefühl von Unstimmigkeit zu konkreten Einsichten und damit auch zu Handlungsmöglichkeiten zu kommen (siehe auch 4.1.1 Die Sinne als Tor zur Welt und zu sich selbst).

E Entwicklung von Schulkindern und Jugendlichen

Aufgabe

Betrachten Sie das Foto links. Was machen die Kinder? Welche Fähigkeiten brauchen sie, um das Spiel zu meistern?

Mit Eintritt in die Schule verlässt das Kind den besonders geschützten Entwicklungsraum des Kleinkindalters, der zunächst vor allem durch die Eltern und später zusätzlich durch die Erzieherinnen im Kindergarten als familienergänzende Einrichtung gewährleistet wird. Im Entwicklungsabschnitt der mittleren Kindheit, zwischen dem sechsten und zwölften Lebensjahr, tritt das Kind verstärkt aus der Familie heraus in die soziale Gemeinschaft gesellschaftlicher Institutionen (Schule, Sportvereine). Es muss mit neuen Bezugspersonen (Lehrer) zurechtkommen und einen Platz in der Klassengemeinschaft finden. Verhalten, Erleben und kognitive Prozesse des Kindes werden dadurch nachhaltig beeinflusst. Das Kind ist jetzt zwar alt genug für den Schulbesuch, jedoch noch lange nicht in der Pubertät. Die Entwicklung von Schulkindern und Jugendlichen wird deshalb getrennt voneinander betrachtet, da Jugendliche, körperlich und kognitiv weiterentwickelt, andere Entwicklungsaufgaben zu bewältigen haben und gleichzeitig immer unabhängiger von ihrem Elternhaus und dem elterlichen Erziehungsstil werden. In unserer Industriegesellschaft ist die Kindheit ein eindeutig definierter Lebensabschnitt, in dem das Kind bestimmte Aufgaben bewältigen muss. In diesem Alter ist der Erwerb der Kulturtechniken des Lesens, Schreibens und Rechnens von primärer Bedeutung. Neben diesen leistungsbezogenen Entwicklungsaufgaben spielen soziale Kooperationsfähigkeit, Spiel in Gruppen und Arbeiten im Team eine zunehmende Rolle. In aller Regel jedoch ist das Kind noch vollständig abhängig vom Erwachsenen und diese Abhängigkeit wird auch von beiden Seiten akzeptiert, jedoch später in der Pubertät hinterfragt und im jungen Erwachsenenalter überwunden.

1 Entwicklung im Schulalter

Alltagsbeobachtungen in einer ersten Klasse einer Ganztagesschule:

- *In der Nachmittagsbetreuung sitzen Kinder in einer Gruppe zusammen und malen. Julia steht auf, um am Waschbecken ihren Pinsel auszuwaschen. Da setzt sich Stefan auf ihren Platz und lässt Julia sich nicht mehr hinsetzen, als sie zurückkommt.*

- *Beim Mittagessen: Veronika kann ihr Fleisch noch nicht alleine in Stücke schneiden. Sie isst meist mit den Händen.*

- *In der Schwimmstunde: Florian ist Nichtschwimmer. Er lässt deshalb in der Schwimmstunde lediglich die Füße ins Wasser hängen.*

- *Im Gesprächskreis: Sabina hat sich über Sebastian geärgert. Sie wendet sich an die Erzieherin und beschwert sich über Sebastian.*

- *Fahrradtour mit Erstklässlern: Die Kinder der 1a fahren begeistert Rad und freuen sich auf die erste Tour. In ihrer Begeisterung sehen sie nicht auf die Umgebung und achten auch wenig auf ihre Mitfahrer. Manche Kinder sind beim Schalten noch überfordert.*

1. *Welche Fähigkeiten zeigen die Kinder, welche noch nicht?*

2. *Wie könnte sich Julia in der beschriebenen Situation verhalten?*

3. *Warum kann Veronika ihr Fleisch noch nicht selbständig schneiden?*

4. *Wie lässt sich Florian in den Schwimmspaß integrieren?*

5. *Wie lernt Sabina, Sebastian direkt auf sein Verhalten anzusprechen?*

6. *Wie erwerben Kinder Gruppenregeln, z. B. auf einer Fahrradtour?*

1.1 Vom Kindergarten zur Schule

Für die meisten Kinder ist der Übergang vom Kindergarten zur Grundschule relativ unproblematisch. Der Übergang bedeutet aber für alle eine einschneidende Veränderung und stellt sehr spezifische Anforderungen an das Kind. Karlheinz Barth beschreibt in seinem Buch „Schulfähig? Beurteilungskriterien für die Erzieherin" (Barth, 1995, S. 14), was die ABC-Schützen in der Schule an neuen Aufgaben bewältigen müssen:

1. Die Kinder verabschieden sich von den Lebensgewohnheiten des Kindergartens, den vertrauten Erzieherinnen, Kindern und Räumlichkeiten.

2. Die Kinder kommen von einer Spielwelt in eine Lernwelt. Im Vordergrund steht jetzt die Vermittlung der Kulturtechniken Lesen, Schreiben und Rechnen.

3. Die Sprache wird das wichtigste Medium, das Spiel tritt in den Hintergrund.

4. Die Kinder müssen neue Verhaltensregeln lernen. Schule erfordert Phasen des „Stillsitzens".

5. Die Kinder müssen lernen, ihre Kontaktwünsche während des Unterrichts zurückzustellen. Sie haben dadurch geringere Möglichkeiten, Wünsche und Bedürfnisse spontan zu äußern.

6. Ihre Arbeit wird bewertet. Kinder erlernen einen neuen Umgang mit Lob und Kritik.

7. Die Kinder werden zunehmend mit vorgeschriebenen Aufgaben konfrontiert.

8. Die Erwartungen der Eltern an die Lernbereitschaft steigen. Leistungsbeurteilungen verändern zum Teil auch die Beziehung der Eltern zum Kind.

9. Die Kinder kommen in eine neue Gruppe, in der sie ihre Rolle und ihre Beziehungen erst wieder neu finden müssen.

Entwicklungspsychologische Voraussetzungen der Schulfähigkeit

Nach Barth wird **Schulfähigkeit** zum einen vom Entwicklungsstand des Kindes bzw. seinen individuellen Lernvoraussetzungen bestimmt, zum anderen aber auch von der Schule, mit ihrer pädagogischen Konzeption, ihren Anforderungen und ihrer Struktur.

Erzieherinnen werden häufig von Eltern schulpflichtiger Kinder und auch von Lehrern nach der Schulfähigkeit der zukünftigen Grundschüler befragt. Wann ist ein Kind schulfähig? Grundannahme zur Beobachtung der Schulfähigkeit ist, dass die Entwicklung der Motorik, der Sprache, des Gedächtnisses, das Spielverhalten, Bewegungsempfinden, Konzentration und Ausdauer, Emotionalität und Selbstvertrauen eng mit einer intakten Wahrnehmung und Verarbeitung von Sinneseindrücken zusammenhängen. Die Grundvoraussetzung für alle Lernprozesse beim Kind, in der Schule dann vor allem für das Lesen, Schreiben und Rechnen, ist eine korrekte **Aufnahme** und **Verarbeitung** von Sinneseindrücken (**sensorische Integration**). Ohne die eindeutige Informationsverarbeitung aus den verschiedenen Sinneskanälen wäre ein Kind z. B. nicht in der Lage, ein Bild bunt auszumalen, ein Puzzle zusammenzusetzen oder etwas auszuschneiden.

Merksatz
Schulfähigkeit beschreibt einen Entwicklungsstand des Kindes, der ihm ermöglicht, die Kulturtechniken Lesen, Schreiben und Rechnen im Rahmen einer sozialen Gruppe zu erlernen. Dieser wird durch die Interaktion[1] von Reifungsprozessen und sozialen Lernvoraussetzungen erreicht. Grundvoraussetzung aller Lernprozesse ist eine intakte Wahrnehmung und Verarbeitung von Sinnes eindrücken.

Aufgaben

Beobachten Sie in einem Kindergarten-Praktikum Vorschulkinder zu verschiedenen Zeiten und in verschiedenen Situationen.

1. *Was können die Kinder bereits? Was machen sie gut?*
   - *Beim anziehen*
   - *Beim essen*
   - *Basteln*
   - *In der Gruppe*
   - *Auf dem Spielplatz*

2. *Gibt es bei Einzelnen Hinweise auf sensorische Integrationsstörungen[2]? Fällt Ihnen z. B. auf, dass ein Kind*
   - *beim Frühstück sehr häufig die Milch neben die Tasse schüttet oder die Tasse beim Einschütten umwirft*
   - *einen zugeworfenen Ball schlecht auffangen kann*
   - *bei Singspielen einen Klatschrhythmus nicht mitklatschen kann*
   - *Zeichnungen von Menschen sehr ungenau und undifferenziert ausführt (Kopffüßler, Fehlen wesentlicher Körperteile)?*

Neben der Grundvoraussetzung der körperlichen Gesundheit wird die Schulfähigkeit eines Kindes psychologisch anhand der folgenden drei Hauptkriterien beurteilt.

---

1 *Interaktion = Wechselwirkung*
2 *Sensorische Integrationsstörung = bezeichnet eine grundsätzliche Störung der Lernfähigkeit (vgl. ausführlich das Kapitel „Die Entwicklung von Kindern bis zum Schuleintritt").*

1. **Kognitive Leistungen**: Schulreifetests erfassen vor allem die kognitiven Leistungen eines Kindes zum Zeitpunkt des Tests. Die kognitiven Lernvoraussetzungen, gemessen z. B. mit dem DES-Diagnostische Einschätzskalen zur Beurteilung des Entwicklungsstandes und der Schulfähigkeit (Barth, 2005) bilden die beste Vorhersage für künftigen Schulerfolg. Die anderen beiden Variablen sind jedoch unbedingt in die Beurteilung zur Schulfähigkeit eines Kindes miteinzubeziehen.

2. **Soziale Kompetenzen**: Die egozentrische Haltung des Kleinkindes wird zugunsten eines zunehmenden Regel- und Rollenbewusstseins im Sozialen aufgegeben. Das Schulkind muss in der Lage sein, den durch eine Lehrerin vermittelten Lernstoff innerhalb einer sozialen Gruppengemeinschaft aufzunehmen und zu verarbeiten. Pädagogisch ist hier besonders zu beachten, dass das Kind weder zu sehr verwöhnt oder in seinem Selbstständigkeitsdrang eingeschränkt, noch dass es durch mangelnde Unterstützung oder fehlende Grenzen entmutigt wird. Auf den Erwerb sozialer Kompetenz wird in diesem Kapitel unter der sozial-emotionalen Entwicklung im Schulalter ausführlich eingegangen.

3. **Arbeitshaltung und Motivation**: Angeregt durch zunehmende Anforderungen in der Schule bilden sich zu Beginn der Grundschulzeit Anstrengungsbereitschaft und Ausdauer weiter aus. Das Kind geht sachlich-distanziert an neue Aufgaben heran und kann Misserfolge ohne Weiteres zugeben. Bei Misserfolg verstärkt es meist den Einsatz und erhöht die Ausdauer, um seine Leistung zu verbessern. Die eigene Leistung wird zunehmend sachlich realistisch eingeschätzt. Darüber hinaus kann das Kind nun seine Aufmerksamkeit über längere Zeit hinweg willentlich auf eine Beschäftigung richten, wodurch es zur Konzentration fähig wird. In der Schule lernt das Kind zudem, auf die Durchsetzung eigener Bedürfnisse zugunsten gemeinsamer Zielsetzungen zu verzichten. Eine der wesentlichen Aufgaben der Schule ist die Förderung der Arbeitshaltung der Kinder, da Lernversagen wesentlich häufiger auf Mängel in der Arbeitshaltung als auf fehlende Intelligenz zurückzuführen ist.

Aufgaben

1. *Woran erkennen Sie Schulfähigkeit? Welche entwicklungspsychologischen Bereiche sind relevant?*

2. *Lesen, schreiben und rechnen lernen, sind zentrale Lernaufgaben der Schüler in der Grundschule. Welche Voraussetzungen, z. B. motorische und kognitive Fähigkeiten, müssen gegeben sein, damit das Kind in diesen Lernprozessen nicht beeinträchtigt wird?*

Eine gute Entwicklungsdiagnostik sollte ganzheitlich orientiert sein und die wesentlichen Entwicklungsbereiche beinhalten. Zur Einschätzung des kindlichen Entwicklungsstandes sind folgende Bereiche relevant:

- Lateralität (Händigkeit)
- Motorik (Grob- und Feinmotorik)
- Taktil-kinästhetische, vestibuläre, visuelle und auditive Wahrnehmungsverarbeitung
- Visuelles und auditives Gedächtnis, Merkfähigkeit
- Sprechen (Lautbildung) und Sprache (Sprachverständnis)

- Körperschema
- Aufmerksamkeit, Konzentration, Ausdauer
- Affektivität, emotionale Grundstimmung
- Sozialverhalten

Literaturtipps

Barth, Karlheinz: Schulfähig? Beurteilungskriterien für Erzieherinnen Freiburg: Herder 1995

Barth, Karlheinz: Die diagnostische Einschätzskala (DES) zur Beurteilung des Entwicklungsstandes und der Schulfähigkeit München: Reinhard, 2005.

1.2 Entwicklung der Motorik und Bewegung

Vom Kindergarten in die Schule. Welche Anforderungen müssen Kind und Familie in dieser Zeit des Übergangs bewältigen? Um das sechste Lebensjahr findet der erste Gestaltwandel statt. Die Körperproportionen verändern sich. Der Rumpf des Kindes wird insgesamt schlanker und gestreckter, der kleinkindhafte Bauch verschwindet (vgl. Kapitel 3, die körperliche und motorische Entwicklung). Dieser „Schulkindform" wurde noch vor einigen Jahrzehnten besondere Aufmerksamkeit gewidmet, da man davon ausging, dass die körperliche Reife das Hauptindiz für Schulreife ist. Allerdings ist, wie oben bereits ausgeführt, der beste Prädiktor[1] für die Schulfähigkeit eines Kindes sein kognitiver Entwicklungsstand. Jedoch sollte ein körperlich auffällig unreifes Kind zu seinem eigenen Schutz um ein Jahr zurückgestellt werden. Ganz allgemein verbessern sich im Schulkindalter die motorischen[2] Leistungen, sowohl die Grob- als auch die Feinmotorik. Die Körperkraft nimmt zu. Die Kraft und die motorische Leistung als Indizien für körperliche Reife können leicht überprüft werden, z. B. anhand der Kraft beim Zusammendrücken eines Griffs und der Zielgenauigkeit beim Wurf eines Balles.

1.2.1 Bewegungsfreude und Geschlechtsunterschiede

In der Schulkindzeit gewinnen die motorischen Leistungen zunehmend an Sicherheit und an **Reaktionsgeschwindigkeit**. Die Bewegungskoordination wird verfeinert. Die Körperkraft nimmt stetig zu. Die sportlichen Leistungen z. B. im Laufen oder Schlagball werfen, nehmen kontinuierlich zu, wobei die athletischen Leistungen der Jungen im Durchschnitt besser sind als jene der Mädchen.

Während bei den Schülern der ersten und zweiten Grundschulklasse noch die **Bewegungsfreude** und das **Bewegungsbedürfnis** im Vordergrund stehen, gewinnt mit zunehmendem Alter die Freude an der Leistung und am Wettkampf stetig an Bedeutung.

Die veränderten Körperproportionen der Grundschulkinder und der Anstieg an Konzentrations- und motorischer Merkfähigkeit begünstigen die Bewegungsabläufe und die

---

1 *Prädiktor = Maß zur Vorhersage z. B. einer Leistung*
2 *Motorik = Gesamtheit aller Bewegungsabläufe eines Organismus*

Kombinationsmöglichkeiten der Einzelbewegungen. Das Training koordinativer Fähigkeiten (z. B. räumliche Orientierung, Gleichgewicht) sind entscheidende Voraussetzungen für das Erlernen sportlicher und motorischer Aktivitäten. Sportlich aktive Kinder haben in der motorischen Entwicklung einen deutlichen Vorsprung.

Das Bewegungsbedürfnis der Erstklässler führt im pädagogischen Umfeld häufig zu disziplinären Problemen, da in der Schule Stillsitzen eine wichtige Anforderung ist. Bedenkt man das Bedürfnis der jüngeren Grundschüler nach Bewegung, so wird deutlich, dass für ausreichend Ausgleich in Form von Spiel und Sport gesorgt werden muss. Stillsitzen ist für diese Altersgruppe nicht nur qualvoll, sondern geradezu gesundheitsschädlich. Haltungsfehler, schnelles Ermüden, Unruhe und Unaufmerksamkeit sind die Folgen. Ältere Schüler haben diese Bewegungsmotivation bereits deutlich besser unter Kontrolle.

Merksatz
Bewegungs- und Reaktionsgeschwindigkeit sowie die Reaktionskoordination nehmen zu. Die motorische Entwicklung im Schulalter verläuft von überwiegend funktionaler Freude an der Bewegung hin zur körperlichen Leistung. Ältere Kinder können ihr Bewegungsbedürfnis deutlich besser kontrollieren als jüngere Kinder. Sie brauchen jedoch ebenfalls Abwechslung durch körperliche Betätigungen (Sport).

Der **Geschlechtsunterschied** in Bezug auf körperliche und sportliche Leistungen ist bereits zu Beginn der Schulzeit vorhanden und nimmt im weiteren Verlauf noch zu. Während die athletischen Leistungen der Jungen im Durchschnitt besser sind als diejenigen der Mädchen, schneiden Mädchen in Aufgaben zur visuomotorischen Koordination (Auge-Hand-Koordination) besser ab. Nach Rossmann (1996, S. 113) lassen sich drei Gründe zusammenfassen:

1. Übungseffekte: Bereits im Kindergartenalter spielen Jungen deutlich häufiger Wettkampfspiele.
2. Körperliche Unterschiede: Jungen haben z. B. mehr Kraft.
3. Hemmung der Mädchen, sich einem direkten Wettkampfvergleich mit den Jungen zu stellen. Sowohl bei Kindern als auch bei Jugendlichen erwacht der Kampfgeist der Mädchen erst, wenn sie gegen Mädchen spielen. Mädchen lernen unter sich besser als im direkten Vergleich mit Jungen.

1.2.2 Schreibleistung

Eng mit der motorischen Entwicklung verknüpft ist die Schreibleistung. Der Schulanfänger muss in der Regel zuerst lernen, die Schreibbewegung aus dem Handgelenk und mit den Fingern und nicht mit dem ganzen Arm durchzuführen. Dies verlangt die Koordination von Arm-, Hand- und Fingerbewegungen. Das Kind lernt, seine Bewegungen immer genauer zu kontrollieren. Die Lehrerin schreibt zum Beispiel einen neuen Buchstaben an die Tafel, den die Kinder in ihr Heft übertragen sollen. Diese Aufgabe erfordert von den Kindern, den optischen Eindruck mit motorischen Abläufen der Hand zu koordinieren.

Je älter und geübter die Kinder sind, um so sicherer wird die **Bewegungskoordination**. Nach Schenk-Danzinger (1993) wird jede manuelle Leistung von drei Faktoren bestimmt:

1. von der Reife der Bewegungskoordination (manuelle Feinkoordination)
2. von der Fähigkeit zur Erfassung von Raum- und Formbeziehungen
3. von der zentralen Steuerung durch Aufmerksamkeit, Konzentration, Interesse und Intelligenz

Die Entwicklung der Feinmotorik ist vom Alter und den Lerneinflüssen in der Vorschulzeit abhängig. Manuelle Leistungsfähigkeit wird besonders durch Zeichnen, Malen, sowie beim Formen mit Knetmasse und Ausschneiden geschult. Die Koordination von visueller Wahrnehmung und Schreibleistung kann besonders Linkshändern und hirngeschädigten Kindern Schwierigkeiten bereiten.

10-15 % der Bevölkerung sind Linkshänder. Die große statistische Abweichung erklärt sich durch die Befragungsmethoden. Bis in die 1960er-Jahre wurden linkshändige Kinder in der Regel noch auf die „schöne rechte" Hand umgeschult. Eine Umerziehung kann gravierende negative Folgen nach sich ziehen, Rückzugstendenzen, das Gefühl nicht „normal" zu sein, aber auch psychosomatische Erkrankungen, Konzentration, Sprachstörungen oder Lese-Rechschreibschwächen. Von einer Umschulung wird seit Jahren von Experten abgeraten, denn Linkshändigkeit ist genetisch bedingt.

Literaturtipp

Sattler, Johanna: Das linkshändige Kind – seine Begabungen und seine Schwierigkeiten, Donauwörth: Auer, 2002.

1.3 Die kognitive Entwicklung

Die bedeutendste Theorie der kognitiven Entwicklung im Kindesalter stammt von Jean Piaget. Nach seinen Beobachtungen durchläuft das Kind von der Geburt an vier Stufen der kognitiven Entwicklung, die bereits im vorherigen Kapitel zur Entwicklung von Kindern bis zum Schuleintritt ausführlich dargestellt wurden (vgl. Kap. D 4.3: Die Entwicklung des Denkens). Im Schulkindalter entwickeln sich die **konkreten Operationen**, die **formalen Operationen** im Jugendlichenalter (Piaget, 1981).

Neben Piagets grundlegenden Erkenntnissen zur kognitiven Entwicklung beschäftigen sich aktuelle Forschungsarbeiten mit Ansätzen der Informationsverarbeitung, mit der Entwicklung des Problemlösens, des Gedächtnisses und metakognitiver Fähigkeiten. Darüber hinaus erwerben Schulkinder kontinuierlich neues Wissen und Fertigkeiten in sehr unterschiedlichen Bereichen.

1.3.1 Konkrete Operationen nach Piaget

Mit ca. 6-7 Jahren erreichen die Kinder die dritte Stufe der kognitiven Entwicklung. Der Fortschritt im Denken im Übergang zu den konkreten Operationen lässt sich am besten am Beispiel des Invarianzkonzepts[1] verdeutlichen. Ein Kind, das die **Mengeninvarianz** noch nicht entwickelt hat, macht noch typische Denkfehler. So antwortet ein Kind auf der prälogischen Stufe bei der inzwischen berühmt gewordenen Umschüttaufgabe, dass im höheren Glas nach dem Umschütten mehr Wasser sei.

Da der Wasserspiegel in dem schmaleren Gefäß höher steigt, schließt das Kind fälschlicherweise daraus, die Wassermenge habe sich verändert (vgl. Projekt „Prälogisches Denken", Kap. D 4.3). In diesem Fall **zentriert** das Kind auf die Höhe des Gefäßes. Ein Kind, das bereits über den Erhaltungsbegriff verfügt, ist unabhängig vom äußeren Anschein überzeugt, dass die Wassermenge gleich bleibt. Kinder im **konkret-operatorischen** Stadium sind demnach in der Lage, von der **Zentrierung** auf einen hervortretenden Aspekt abzusehen und gleichzeitig mehrere Merkmale eines Problems zu beachten (**Dezentrierung**).

Legt man Kindern zwei Reihen mit jeweils fünf Murmeln vor, wobei jede nachfolgende Reihe weiter auseinander gezogen ist als die vorhergehende, also länger wird, werden Kinder, die bereits über die **konkreten Operationen** verfügen, die Murmeln abzählen,

---

1   *Invarianz = Unveränderlichkeit oder Erhaltung der Menge nach Transformation der Form.*

um festzustellen, ob beide Reihen gleichviel Murmeln enthalten (**Murmelreihenaufgabe**). Piaget beschrieb diese Erweiterungen der kindlichen Denkoperationen als qualitative, strukturelle Veränderungen, da Kinder im konkret-operatorischen Stadium neue und wesentlich effektivere Strategien im Umgang mit physikalischen, sozialen und sonstigen Problemen entdecken und anwenden können.

Das Erkennen der Reversibilität ist für das Schulkind die wichtigste, kognitive Errungenschaft in diesem Alter. Dies ist die Fähigkeit, Handlungen nicht nur konkret, sondern auch in der Vorstellung umkehren zu können. Das Kind wird damit zunehmend unabhängiger von der Wahrnehmung und kann sich vom momentanen Geschehen distanzieren. Das egozentrische Denken tritt in den Hintergrund. Das Kind beginnt Vergangenheit, Gegenwart und Zukunft in sein Denken einzubeziehen. Anfänge des schlussfolgernden Denkens werden möglich. Beispiel: Wenn Franz der Bruder von Fritz und Fritz der Bruder von Hans, dann ist Franz auch der Bruder von Hans (Schema: Wenn A = B und B = C, dann ist A = C).

> **Aufgabe**
>
> *Prälogische Operationen jüngerer Kinder interpretierte Piaget als strukturelle, stadientypische Begrenzungen des logischen Denkens. Überlegen Sie sich alternative Möglichkeiten, warum Kinder bei typischen Piaget-Aufgaben scheitern.*

Die kritische Auseinandersetzung mit der Theorie von Jean Piaget war in den letzten Jahrzehnten Ausgangspunkt für viele neue Studien und führte zu einer theoretischen Neuorientierung in der kognitiven Entwicklungspsychologie.

1.3.2 Gedächtnis und metakognitive Fertigkeiten

Mit Gedächtnis bezeichnet man die Fähigkeit des Organismus, bestimmte Informationen zu speichern. Mit Informationen sind nicht nur Inhalte gemeint, die man beispielsweise in der Schule lernt, sondern alle möglichen Empfindungen (z. B. Druck, Schmerz, Wärme, Geruch, Bild, Ton) die auf unseren Wahrnehmungsspeicher (Sinnesorgane: Ohr, Auge, Nase, Mund, Haut) treffen.

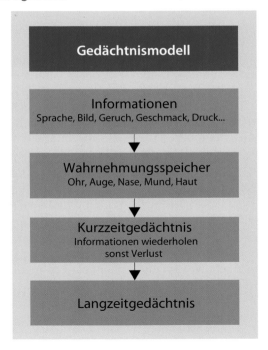

Was passiert mit den Informationen, die wir mit unseren Sinnen aufgenommen haben? Der größte Anteil dieser Sinnesreize wird nicht weitergeleitet. Sobald wir jedoch unsere Aufmerksamkeit auf etwas Bestimmtes richten, werden die unwichtigen Informationen gefiltert. Weitergeleitet werden nur diejenigen, auf die wir uns bewusst konzentrieren oder die unsere Aufmerksamkeit stark in Anspruch nehmen. Die Informationen gehen in das

Kurzzeitgedächtnis. Erst die intensive Bearbeitung der Informationen im Kurzzeitgedächtnis sichert den Übergang ins Langzeitgedächtnis. Dieser Vorgang ist der eigentliche Lern- oder Verarbeitungsprozess.

Merksatz
Gedächtnis ist die Fähigkeit des Menschen Informationen aufzunehmen, zu behalten und zu ordnen, abzuspeichern und zu gegebener Zeit wieder abzurufen.

Während sich die **Gedächtniskapazität**[1] im Schulalter nicht mehr wesentlich erhöht, unterliegt die Nutzung und die Verbesserung von **Gedächtnisstrategien** einer beträchtlichen Veränderung im Laufe der Entwicklung. Die zunehmende Verbesserung der Gedächtnisleistung mit dem Alter hängt eng mit den erworbenen Lern- und Gedächtnisstrategien zusammen. Voraussetzung dafür ist das Wissen der Kinder über ihr eigenes Gedächtnis.

Aufgabe

Erstellen Sie mehrere zufällige Zahlenreihen von 2 – 10, z. B.
4 2;   9 7 3;   5 3 8 2;   7 3 1 8 2;   3 6 1 9 3 4;   5 3 9 2 1 6 7
Lesen Sie die Reihen nacheinander einer Mitschülerin langsam vor, also „4 2" usw. und lassen Sie sie dann rückwärts nachsprechen. Die Mitschülerin muss sich die Reihenfolge merken und „2 4" antworten. Probieren Sie dies mit mehreren Personen und beobachten Sie, ab wann der Kurzzeitspeicher überläuft und keine Reproduktion der Zahlen mehr möglich ist.

Definition
Das Wissen über das eigene Gedächtnis und über die Möglichkeit, die eigenen Gedächtnisleistungen zu verbessern, nennt man Metagedächtnis.

Ein zentrales Anliegen eines neueren Teilbereichs der kognitiven Entwicklung ist die Erforschung der **Metakognition**[2]. Diese Forschungsrichtung geht der Frage nach: Wie denken Kinder über ihr Denken? Kinder erwerben im Laufe ihrer Entwicklung allmählich Wissen über ihre eigenen Lernprozesse. So erfahren sie, dass sie Dinge und Inhalte vergessen und dass bestimmte Sachverhalte wesentlich schwerer im Gedächtnis zu behalten sind als andere. Sie erfahren aber auch, dass man sich mit bestimmten Lernstrategien das Lernen erleichtern und das Vergessen verhindern kann. Solche Lern- und Gedächtnisstrategien werden als **metakognitive** Fertigkeiten bezeichnet.

Das sogenannte deklarative Metagedächtnis beinhaltet verfügbares und verbalisierbares Faktenwissen um Gedächtnisvorgänge. Z. B. erwerben Kinder die Fähigkeit, einzuordnen, was bestimmte Gedächtnisaufgaben schwerer macht als andere (aufgabenbezogenes Metagedächtnis). Das prozedurale Metagedächtnis betrifft die Fähigkeit zur Regulation und Kontrolle gedächtnisbezogener Aktivitäten. Mit zunehmendem Alter erkennen Kinder z. B. welches Ausmaß an Anstrengung für die Lösung einer Gedächtnisaufgabe aufgebracht werden muss, damit die Informationen nicht verlorengehen, sondern behalten werden (Schneider/Büttner, 2008).

1   *Kapazität = Fassungsvermögen, Leistungsfähigkeit*
2   *Metakognition = Kognitive Prozesse und Strukturen, die Kognitionen (z. B. Denkstrategien, Gedächtnis oder Problemlösen) zum Gegenstand haben, das Wissen über das eigene Denken).*

Beispiele für metakognitive Strategien im Schulalter

1. Verbale Mediation[1]: Lautes Lesen, Mitsprechen beim Lernen.

2. Einprägen durch Wiederholen (Memorieren): „Auswendiglernen"

3. Kategorisieren und Organisieren des Materials: Sortieren des Lernstoffs z. B. nach Oberbegriffen

4. Elaborieren: Verknüpfen des Lernstoffs z. B. durch eine Geschichte (Eselsbrücken).

5. Planungsverhalten: Wissen über das Ziel und die nötigen Lösungsschritte in der richtigen Reihenfolge.

6. Konzentration: Ablenkungen ausblenden.

Die ersten vier Strategien sind typische **Gedächtnisstrategien**, die das Lösen einer Aufgabe erleichtern (verbale Mediation) oder die Anzahl der gemerkten Inhalte drastisch erhören. Ein effektives Planungsverhalten ist zur Lösung von komplexen Problemen erforderlich. Dazu gehört z. B. die Fähigkeit, die Reihenfolge der Lösungsschritte einer Aufgabe festzulegen und dann auch einzuhalten. Mit zunehmendem Alter verbessern sich diese metakognitiven Fertigkeiten. Allerdings sind große individuelle Unterschiede zwischen Kindern festzustellen, die möglicherweise für die z.T. enormen Leistungsunterschiede in den Schulklassen verantwortlich sind.

Was Lehrerinnen und Erzieherinnen tun können um das Lernen positiv zu beeinflussen:

● Informationen sinnvoll gliedern und strukturieren

● Informationen gestalten, z. B. Farbdruck, Hervorhebungen im Text, an der Tafel einrahmen, unterstreichen etc.

● Informationen anschaulich machen durch Beispiele

● Immer wiederkehrende Wiederholungen

● Anknüpfen an das Vorwissen der Kinder, Zusammenhang zu bereits bekannten Dingen herstellen.

● Kinder nach ihren Interessen fragen (interessante Inhalte werden besser behalten als uninteressante)

Worin die Kinder unterstützt werden und worüber Kinder Bescheid wissen sollten:

● Bewusster Einsatz von Lern- und Gedächtnisstrategien (z. B. schwierigere Lernaufgaben in Teilschritte zerlegen)

● Für eine ruhige Arbeitsumgebung sorgen (Lärm, Geräusche, Musik)

● Für eine gute körperliche und seelische Verfassung sorgen (Probleme, Sorgen und Ängste behindern den Lernvorgang).

● Für eine starke innere Motivation sorgen

---

1   *Mediation = Vermittlung*

1. Wochenthema in der Nachmittagsbetreuung in einer 2. Klasse einer Ganztagsschule: z. B. Herbst. Erstellen Sie in Kleingruppen einen Plan, wie Sie alle Sinne der Kinder anregen, um dieses Thema zu bearbeiten und berücksichtigen Sie die oben aufgelisteten Tipps für Erzieherinnen. Mit welchen Mitteln lassen sich welche Sinne ansprechen?

2. Betrachten Sie die Beispiele für metakognitive Strategien. Überlegen Sie für die einzelnen Strategien Lernsituationen und Aufgaben. Wann ist z. B. Wiederholen sinnvoll, wann eher Organisieren?

1.4 Entwicklung der Sprache

Die sprachlichen Fähigkeiten des Schulkindes nehmen sowohl in quantitativer (z. B. drastische Zunahme des aktiven Wortschatzes, zunehmende Satzlänge) als auch in qualitativer Hinsicht zu (differenzierteres Verständnis für Wortbedeutungen, Analogien, Metaphern etc.) zu. Die fundamentale Sprachentwicklung ist bis zum sechsten oder siebten Lebensjahr abgeschlossen (ausführlich vgl. vorheriges Kapitel). Das Grundschulkind ist fähig, korrekt mit Grammatik und Syntax[1] umzugehen. Die sprachliche Ausdrucksfähigkeit wird im Verlauf der Schulzeit kontinuierlich strukturierter und differenzierter. In der Regel benutzen Schulkinder einen konkret gegenständlichen Wortschatz, der mit zunehmendem Alter durch abstrakte Begriffe ergänzt wird. Der Umfang des Wortschatzes und der Satzbau ist besonders milieu- und bildungsabhängig. Zudem wird während der Schulzeit die Sprache zunehmend als bewusstes Gestaltungsmittel eingesetzt. Die Bedeutung der **Sprache als Kommunikationsmittel** ist eindeutig. Da die Sprache erheblichen Einfluss auf das Denken hat, bestimmt der Grad und die Gewandtheit der Sprachfertigkeit entscheidend den schulischen und beruflichen Erfolg des Kindes mit. Darüber hinaus eröffnet die Sprache die Möglichkeit, eigene Gefühle, Bedürfnisse und Wünsche zu artikulieren. Nicht zuletzt werden wir über die Sprache informiert und sozialisiert, wodurch wir am kulturellen und gesellschaftlichen Leben Anteil nehmen können.

Regen Sie die Freude am Sprechen mit anderen Menschen beim Kind an, indem Sie im Berufspraktikum bewusst mit den Kindern über ein Thema der eigenen Wahl sprechen. Beachten Sie dabei folgende Kommunikationsregeln:

1. Das Kind muss erleben, dass es mit seinem Sprechen etwas erreichen kann. Halten Sie es an, seine Wünsche und Ziele deutlich zu äußern und eventuell zu begründen.

2. Hören Sie dem Kind geduldig zu.

3. Unterbrechen Sie es nicht, wenn es vom Thema abschweift. Kritisieren Sie den Erzählstil nicht.

4. Lassen Sie dem Kind genügend Zeit, seine Gedanken zu entfalten. Drängen Sie es nicht.

   Sprechen Sie mit Ihren Kolleginnen über diese Regeln!

---

1 Syntax = Wortgefüge, Satzgefüge

1.4.1 Faktoren der Sprachentwicklung

Intelligenz

Sind intelligente Kinder notwendigerweise ihren Altersgenossen in der Sprachentwicklung voraus? Ist ein redegewandtes Kind sehr intelligent und ein Kind, das sich schlechter ausdrückt nicht intelligent? Obwohl die Sprachentwicklung mit der gesamten intellektuellen Entwicklung verflochten ist, kann der sprachliche Entwicklungstand nicht als

Indikator für das Intelligenzniveau aufgefasst werden. Kinder mit geringer sprachlicher Lernerfahrung schneiden oft bei Zahlenaufgaben und beim Erfassen von Raum-Form-Beziehungen wesentlich besser ab als bei sprachlich begrifflichen Aufgaben. Sie können demnach nicht automatisch als nicht intelligent eingestuft werden. Umgekehrt gibt es Menschen, die sich überdurchschnittlich geschickt ausdrücken können ohne überdurchschnittlich intelligent zu sein. Da im schulischen Kontext die sprachlichen Leistungen außerordentlich hoch bewertet werden, sind sprachschwache Kinder in den Fächern Lesen, Rechtschreiben, Grammatik und Fremdsprachen benachteiligt.

> *Merksatz*
> - *Es besteht ein enger Zusammenhang zwischen Sprach- und Intelligenzentwicklung.*
> - *Intelligente Kinder zeigen im Durchschnitt bessere Sprachleistungen. Die Sprache ist jedoch kein Prädiktor für den Intellektuellen Leistungsstand.*
> - *Sprachliche Lernerfahrungen und Förderung der Sprache in der Familie haben positiven Einfluss auf die Intelligenz.*
> - *Ebenso begünstigen individuelle Förderprogramme die Sprachentwicklung.*

Milieu

Wie wirkt sich das soziale Milieu auf die Sprachentwicklung aus? Es wird angenommen, dass der Mensch über ein angeborenes genetisches Programm verfügt, das ihm den Spracherwerb ermöglicht. Dafür spricht, dass in unterschiedlichen Sprachgruppen der Spracherwerb nach annähernd demselben Muster abläuft.

Die weitere Sprachentwicklung im Verlauf der Kindheit ist in hohem Maße von den Lerngelegenheiten abhängig. Der gebotene Sprechstil und die Sprachgewohnheiten innerhalb der Familie dienen als Vorbild und beeinflussen maßgeblich die Sprechsicherheit des Kindes. Eine lange Forschungstradition belegt, dass Kinder aus unterschiedlichen sozioökonomischen Umwelten unterschiedliche Spracherfahrungen machen. Mütter der oberen Mittelschicht sprechen häufiger mit ihren Kindern, verwenden einen differenzierten Wortschatz, sprechen länger über ein Thema, benennen Objekte genauer, stellen mehr Fragen, reagieren eindeutiger auf kindliche Äußerungen und sind weniger direktiv als Mütter der unteren Schichten (Weinert/Grimm, 2008).

Geschlechtsunterschiede

Lernen Mädchen tatsächlich früher sprechen als Jungen? Der Hauptunterschied liegt im Entwicklungstempo. Mädchen lernen früher die ersten Worte als Jungen. Im Schulalter bearbeiten Mädchen Benennungsaufgaben besser und lesen schneller. Die meisten Fähigkeiten werden von den Jungen aufgeholt. Trotzdem scheint es einen genetisch verankerten Geschlechtsunterschied zu geben. Nach den vorliegenden Befunden wird der Sprachvorteil der Mädchen noch immer unterschätzt, denn bezieht man die Ergebnisse aus dem Störungsbereich mit ein, so zeigt sich, dass erheblich mehr Jungen als Mädchen stottern und an Artikulationsstörungen, Sprachentwicklungsstörungen und an Lese-Rechtschreibschwierigkeiten leiden.

Merksatz
- *Vom unstrukturierten, auf Handlung bezogenen Erzählstil zu strukturiertem gegenständlichen Stil (z. B. die Fähigkeit, das inhaltlich Wesentliche hervorzuheben, Aussagen über Gedanken und Gefühle anderer Personen machen und Differenzierung der Zeiten).*
- *Regeln und grammatikalische Gesetzmäßigkeiten werden erfasst. Die Sprache dient nun bewusst als Gestaltungsmittel von Handlungsabläufen, Eindrucks- und Stimmungsschilderungen.*

Aufgaben

1. *Was sind Voraussetzungen und Bedingungen für den erfolgreichen Spracherwerb?*
2. *Finden Sie Gründe für die erheblichen individuellen Unterschiede in den sprachlichen Leistungen, obwohl die Schule allen Schülern in etwa dieselben Lernangebote zur Verfügung stellt.*
3. *Die Grundlagen der Sprachentwicklung werden im Kleinkind- und Vorschulalter gelegt. Welche Fördermöglichkeiten hat die Schule?*

1.4.2 Lesen und Schreiben lernen

Lesen ist eine Grundvoraussetzung für die meisten später zu erlernenden Fertigkeiten und damit eine der wichtigsten Kulturtechniken. Während sich die Sprache zwischen dem ersten und dritten Lebensjahr entwickelt, ist dies nicht so beim Lesen. Diese Kulturtechnik wird durch Unterricht vermittelt. Dies kann frühestens bei einem Kind mit zwei Jahren und sechs Monaten stattfinden. Nach oben scheint es dagegen keine Altersgrenze zu geben. Auch Erwachsene können noch lesen lernen. Trotzdem gibt es in Europa 5 % Analphabeten, in der Bevölkerung der USA sogar 10 %. Das Störungsbild der spezifischen Lese-Rechtschreibschwäche (**Legasthenie**) ist definiert durch das erschwerte Lesenlernen und durch Probleme mit der Rechtschreibung, bei normaler Intelligenz (vgl. Kapitel 2.2.1).

Lesen befriedigt kognitive Bedürfnisse. Je besser die Kinder lesen können, umso mehr interessieren sich die Schulkinder für spannende Lektüre. In Abhängigkeit von der Lesefähigkeit sind hier die individuellen Unterschiede allerdings sehr groß. Entsprechend der konkreten und realitätsbezogenen Grundeinstellung bevorzugen Kinder realistische Erzählungen, aber auch spannende Fantasiegeschichten werden gerne gelesen.

Aufgaben

1. *Gehen Sie in die Bibliothek und suchen Sie aktuelle Bücher für Erst- und Zweitkläss-ler. Untersuchen Sie die Inhalte nach folgenden Kriterien und überlegen Sie selbst Gesichtspunkte:*
   - *Held/Heldin*
   - *Handlung*
   - *Gefühle*
   - *Spannung*
   - *Lesbarkeit*
   - *Abbildungen*

2. *Überlegen Sie sich Gründe, warum Kinder nicht lesen wollen. Wie könnten diese Kinder ans Lesen herangeführt werden?*

Schreiben

Schreibenkönnen beginnt schon früh. Im Laufe der Entwicklung kritzeln und malen Kinder, weil sie ihre älteren Geschwister oder die Eltern nachahmen. Nach und nach lernen Kinder, dass sie ihren Kritzeleien eine Bedeutung geben können, z. B. „Liebe Sara, wie geht es dir? Deine Lisa" (Brügelmann/Brinkmann, 1998, S. 79). Das Kind zeigt damit sein Verständnis an, dass Geschriebenes etwas mitteilt. Meist noch im Vorschulalter lernen die Kinder, ihren eigenen Namen zu schreiben. Bei diesen Schreibversuchen und beim Malen trainiert das Kind seine Feinmotorik. Für das Schreibenlernen spielt das genaue Hinsehen und Hören eine entscheidende Bedeutung. Das Umsetzen von Lauten aus der gesprochenen Sprache in die Schrift erfordert, aus dem gesprochenen Wort die einzelnen Laute zu unterscheiden und herauszuhören. Darüber hinaus gibt es nur wenige phonologisch einfache Wörter, wie z. B. Oma, Opa, Mama, Papa..., die sich aus dem Gehörten verschriftlichen lassen.

1.5 Die sozial-emotionale Entwicklung im Schulalter

Kinder werden zunächst durch die Eltern, später von Erzieherinnen im Kindergarten und durch Schulen, Vereine und Freunde in die soziale Gemeinschaft einer Gesellschaft eingegliedert. Diesen Prozess nennt man **Sozialisation**. Institutionen wie die Schule, Kirche und das Rechtswesen vermitteln das bestehende Wertesystem und halten dazu an, sich an bestimmten, gesellschaftlich akzeptierten Handlungsmaßstäben zu orientieren.

Sozialisation vermittelt dem Menschen Sozialverhalten, worunter jegliche zwischenmenschlichen Verhaltensweisen und Beziehungen verstanden werden. Dieses Sozialverhalten ist dem Menschen jedoch nicht angeboren, sondern er muss lernen, wie er sich person- und situationsadäquat zu verhalten hat.

- **Kontakt**: *Birgit trifft sich jeden Nachmittag nach der Schule mit ihren Freundinnen. Es werden Hausaufgaben zusammen gemacht und in kleineren Gruppen miteinander gespielt. Wenn Renate, Birgit und Annette zusammen sind, überlegen sie gemeinsam, was sie spielen könnten. In der Regel werden die Wünsche aller respektiert.*

- **Freude**: *Alexander spielt im Fußballverein Verteidiger. Er freut sich über seine eigene Leistung und darüber, dass er jetzt beim Spiel immer eingesetzt wird. Moritz, der andere Verteidiger, spornt ihn an.*

- **Trauer**: *Silvans Kater ist schwerkrank. In der Tierklinik erfährt die Familie, dass er eingeschläfert werden muss, um ihm weitere Qualen zu ersparen. Silvan weint bitterlich.*

1.5.1 Soziale Kompetenz

Im Gegensatz zu älteren sozialisationstheoretischen Ansätzen betrachtet die moderne entwicklungspsychologische Forschung das Kind von seiner Geburt an als soziales Wesen. Es lebt von Anfang an mit anderen Menschen zusammen und ist auf dieses Zusammenleben angewiesen. Im Laufe seiner Entwicklung begreift das Kind nicht nur die gegenständliche (materielle), sondern auch die soziale Welt. Die Entwicklung zu einem aktiven Interaktionspartner lässt sich durch zwei wesentliche Prozesse charakterisieren: die **Differenzierung** zwischen der materiellen und sozialen Welt einerseits und die **Strukturierung** der sozialen Welt andererseits. Belebtes wird sehr früh in der Entwicklung von Unbelebtem unterschieden. Zur Strukturierung der sozialen, belebten Welt muss das Kind im weiteren Verlauf seiner Entwicklung etwas über das **Erleben und Verhalten** der anderen Menschen lernen. Darüber hinaus beginnt es später, seine eigenen Eigenschaften, Gefühle und Verhaltensweisen zu erkennen und einzuschätzen. Diese Fähigkeit wird mit dem Begriff **soziale Kognition**[1] bezeichnet. Das Kind kann nun z. B. unterscheiden, ob der Vater etwas im Spaß oder im Ernst sagt oder es lernt, die Gefühle der Mutter (Traurigkeit, Freude) zu erkennen und darauf zu reagieren. Mit Beginn des prosozialen Verhaltens ist das Vorschulkind durchaus in der Lage, die Mutter zu trösten, wenn ihr ein Missgeschick passiert ist. Dieses Wissen über soziale Zusammenhänge ist eine wesentliche Voraussetzung, um soziale Beziehungen einzugehen und dient generell einer gesunden, psychosozialen Entwicklung.

Vom Grundschulalter an bis zur Pubertät schwankt das Kind zwischen dem Gefühl der **Kompetenz** und dem Erfahren von **Minderwertigkeit** im direkten (Leistungs-)Vergleich mit den Gleichaltrigen. Diese Spannung überwindet es im Austausch mit seiner sozialen Umwelt, indem es auf seine bereits erworbenen, grundlegenden sozialen und intellektuellen Fähigkeiten zurückgreift und darauf vertraut (Kompetenz). Ist dieses Vertrauen in die eigenen Fähigkeiten nicht vorhanden, kann es zu mangelndem Selbstvertrauen und zu dem Gefühl des Versagens kommen (Minderwertigkeit). Ein wesentliches Entwicklungsziel des Vor- und Grundschulalters ist deshalb der Aufbau **sozialer Kompetenz**. Dieser Prozess beginnt im Kleinkind- und Vorschulalter, denn bereits im Kindergarten erwerben Kinder die Fähigkeit, sich wirkungsvoll mit ihrer sozialen Umwelt auseinander zu setzen (**soziale Effizienz**). Zu dieser sozialen Wirksamkeit oder Effizienz kommt noch ein zweites Kriterium hinzu: die **soziale Akzeptanz**.

---

1   Soziale Kognition = Wissen über das Denken, Fühlen und Verhalten von Menschen in sozialen Situationen.

Unter sozialer Kompetenz versteht man die Verfügbarkeit und Anwendung kognitiver, emotionaler und motorischer Fähigkeiten, die in bestimmten Situationen zu einem langfristig günstigen Verhältnis von positiven und negativen Konsequenzen führen (vgl. Jugert u. a. 2001, S. 9).

Folgende Fertigkeiten werden als Kriterien sozialer Kompetenz genannt:

1. Kontakte initiieren und aufrechterhalten können
2. Die Aufmerksamkeit anderer gewinnen können
3. Von anderen Zuneigung, emotionale Zuwendung, Lob, Information und Hilfe erlangen können und dasselbe auch anderen geben können
4. Mit anderen bei bestimmten Aufgaben kooperieren können
5. Sich am gemeinsamen Spiel beteiligen können
6. Gespräche unterhalten und fortführen können
7. Lösungen bei Auseinandersetzungen finden können
8. Freundschaften gründen und unterhalten können

Betrachtet man diese sozialen Fähigkeiten im Einzelnen, so können vielfältige Ursachen für mögliche Defizite verantwortlich gemacht werden.

Aufgaben

1. *Erinnern Sie sich an das Eingangsbeispiel in diesem Kapitel! Birgit will am Nachmittag mit Annette und Renate spielen. Was muss sie tun? Sie ruft die beiden an (Kontakt initiieren) und fragt „Was machen wir heute?" Wie geht es weiter? Wie kann Birgit Aufmerksamkeit gewinnen, Zuneigung, Lob oder Information erlangen? Wie äußert sich sozial kompetentes Verhalten? Was tun die Freundinnen, wenn sie streiten?*

2. *Welche Fähigkeiten neben den sportlichen trainiert Alexander noch, wenn er regelmäßig im Verein kickt?*

3. *Überlegen Sie sich zu jedem einzelnen Punkt der obigen Liste Beispiele als mögliche Ursachen, die zu Defiziten im Sozialverhalten führen können. Berücksichtigen Sie dabei die Bereiche der Entwicklung: Motorik, Kognition, Sprache.*

1.5.2 Entwicklung des Sozialverhaltens durch Spiel

Das Einleben in die Gesellschaft geschieht vor allem in der Kernfamilie, die in der Regel aus zwei Generationen, Eltern und Kindern, besteht. Damit das Kind später verschiedene Rollen innerhalb der Gesellschaft übernehmen kann, müssen in ihm Werthaltungen geweckt werden. Es muss lernen, mit seinen Gefühlen und kognitiven Fähigkeiten richtig umzugehen. Die elterliche Fürsorge und Grunderziehung reicht nicht aus. Viele soziale Verhaltensweisen werden spielerisch in der Gemeinschaft mit anderen Kindern geübt. Im Spiel mit anderen sammelt das Kind grundlegende soziale Erfahrungen. Es lernt Regeln einzuhalten, sich ein- und unterzuordnen, abzuwarten, ehrlich zu spielen, zu verlieren und zu gewinnen.

- **Gesellschaftsspiele:** Steffi und Veronika spielen gerne Brettspiele wie „Mühle" oder „Dame" aber auch Kartenspiele wie z. B. „Hau Ruck". Beide achten streng auf die Regeln. Wenn eine mogelt, gilt sie als Spielverderberin.

- **Rollenspiele:** Thomas, Fabian und Lisa verkleiden sich gerne. Sie spielen deshalb leidenschaftlich z. B. Superman, Indianer, Lehrerin aber auch Familie, Vater, Mutter, Kind.

- **Gruppenspiele:** Stefan hat Geburtstag. Beim Spielenachmittag mit Freunden und Nachbarskindern spielen die Kinder z. B. „Blinde Kuh" und die „Reise nach Jerusalem". Wenn genügend Kinder da sind, geht es auf den Bolzplatz.

Aufgabe

Diskutieren Sie die verschiedenen Spielmöglichkeiten. Was lernen die Kinder? Wie können Sie als Erzieherin die Kinder unterstützen, z. B. beim Verlieren oder beim Abwarten, bis man an die Reihe kommt u. ä. Welche kritischen Situationen können auftauchen?

Die organisierten Spiele der Grundschulkinder sind nun durch feste Regeln und durch Zusammenarbeit unter den Spielkameraden charakterisiert. Der Ausgang des Spiels wird durch den eigenen, persönlichen Einsatz beeinflusst. Dies gilt vor allem für Team- oder Gruppenspiele (Völkerball, Basketball, Fußball etc.). Von der Initiative jedes Einzelnen hängt der Sieg bzw. die Niederlage der Gruppe ab. Das Kind lernt hier, sich für eine Gruppe einzusetzen und kann durch Mut, Tatkraft und Geistesgegenwärtigkeit, die es im Teamspiel beweist, seinen Rangplatz in der sozialen Gruppe verändern. Alle Werte dieser Altersstufe wie z. B. Mut, Kameradschaftlichkeit und Einsatzbereitschaft finden in diesen Teamspielen ein ideales Übungsfeld. Dies zeigt die große Bedeutung des Spiels für den Sozialisationsprozess.

Warum spielen Kinder? Spielen macht aktiv, es verhilft zu einem intensiven Austausch zwischen Person und Umwelt und es kann helfen, spezifische Probleme zu bewältigen. Spielen dient der sozial-emotionalen Entwicklung, indem z. B. im Rollenspiel Entwicklungs- und Beziehungsthematiken bearbeitet werden können. Ein **Entwicklungsthema** ist z. B. das Ausspielen von Macht und Kontrolle oder der

Wunsch nach der Entwicklung eines eigenen Selbst bzw. einer Identität. Beim Indianerspiel lernt Thomas aus dem Eingangsbeispiel z. B. als Häuptling seinen Stamm anzuführen und dabei gleichzeitig Verantwortung zu übernehmen. Unter die **Beziehungsthematik** fallen alle Probleme und Erfahrungen, die das Kind in seinen Sozialbeziehungen mit den Eltern, Geschwistern und Gleichaltrigen erlebt. Probleme in der Familie, die Kinder manchmal nicht verbalisieren können, werden oft im Spiel „verschleiert" oder versteckt dargestellt und damit bearbeitet. Derartige Spiele dienen der **Realitätsbewältigung**. Spielen ist demnach entwicklungsfördernd (vgl. Oerter, 2008).

Gelungene Erfahrungen vermitteln dem Grundschulkind das Gefühl, kompetent, geschickt und sachkundig zu sein, während Misserfolge ihm das gegenteilige Gefühl des Versagens und der Minderwertigkeit vermitteln. Die Kinder wollen Erfahrungen sammeln und sie bemühen sich, die Aufgaben, die sie übernehmen, auch gut zu machen. Sie stehen in ständigem Austausch (**Interaktion**) mit Gleichaltrigen, um sich zu messen und soziales Wissen zu erwerben.

Definitionen
„Soziale Interaktion gilt als Bezeichnung für das wechselseitig aufeinander bezogene Verhalten zwischen Menschen, für das Geschehen zwischen Personen, die wechselseitig aufeinander reagieren, sich gegenseitig beeinflussen und steuern. (...) Unter sozialer Kommunikation versteht man die Vermittlung, Aufnahme und den Austausch von Informationen zwischen zwei oder mehreren Personen" (Hobmair, Psychologie, 2008, S. 342 ff.).

Aufgaben

1. *Überlegen Sie sich Rollenspiele (1) zum Thema Ablösung und Abgrenzung als Entwicklungsthema und (2) zum Thema Gefährdung der Beziehung zur Mutter/Vater als Beziehungsthematik.*

2. *Untersuchen Sie gängige Brettspiele, z. B. Strategiespiele oder Würfelspiele. Achten Sie auf die Regelgestaltung:*
   Welche Fähigkeiten sind gefordert? Können die Kinder bereits lesen oder rechnen? Wie lange dauert das Spiel?

3. *Diskutieren Sie in Ihrer Ausbildungsgruppe das Thema: „Wenn Kinder nicht verlieren können". Überlegen Sie Gründe.*

1.5.3 Entwicklung von Freundschaften, die Gruppe der Gleichaltrigen

Schulkinder treten in Gruppen auf, versammeln sich und suchen Freundschaften unter ihresgleichen. Kleine und größere Probleme werden auch mit dem besten Freund oder der besten Freundin besprochen, nicht mehr nur mit den Eltern. Wichtig in der Freundschaftskonversation ist auch das Gespräch über andere und anderes, z. B. Klassenkameraden, Lehrerinnen, Fernsehprogramm und Ähnliches. Die Einstellungen und Werte der Gleichaltrigen werden in das eigene Denken einbezogen und damit für die soziale Entwicklung immer bedeutsamer. Das Schulkind orientiert sich zunehmend an Gruppennormen und den Regeln, die außerhalb des Elternhauses vermittelt werden. Somit gewinnen in der mittleren Kindheit die gleichaltrigen Freunde, die sogenannte **Peergroup**, eine zentrale Bedeutung für die soziale Entwicklung des Kindes.

„Man braucht doch Freunde, sonst muss man ja seinen Geburtstag alleine feiern."
(Leon, 8 Jahre)

Jüngere Grundschulkinder nennen in der Regel eine beste Freundin oder einen besten Freund, sind jedoch gleichzeitig beinahe mit der ganzen Klasse befreundet, finden die Lehrerin cool und nennen ihren Kater einen Freund. Mit zunehmendem Alter nimmt die

Anzahl der Freunde ab. Besonders die Zwölfjährigen nennen in der Regel nur noch einen Freund oder Freundin. Mädchen nur Mädchen, Jungen nur Jungs. Erst später im Jugendalter wird die Gruppe der Freunde wieder größer.

Die **Interaktion** und **Kommunikation** in der Peergroup fördert die Entwicklung des Sozialverhaltens entscheidend, baut ein Verständnis für Gleichheit und Gerechtigkeit auf und trägt wesentlich zum **Selbstkonzept** der Kinder bei. Die wichtigsten Ziele für die soziale Entwicklung in dieser Altersgruppe sind deshalb:

- die Aufnahme von Gleichaltrigen und die Zugehörigkeit zu einer erwünschten Peergroup
- Vermeidung von Ablehnung
- Gewinnen sozialer Akzeptanz
- die eigene Selbstdarstellung

Anhand soziometrischer[1] Befunde lässt sich das soziale Leben zu Beginn der Grundschulzeit nach folgenden Merkmalen charakterisieren:

1. Kleinere Gruppen von maximal fünf bis sechs Kindern organisieren selbstständig Spiele (oft Rollen- oder Konstruktionsspiele) oder andere Betätigungen.
2. Kinder zeigen ein zunehmendes Kontaktstreben, die Partner wechseln jedoch rasch. Es gibt aber auch noch viele Einzelgänger, die sich noch zu keiner Gruppe richtig zuordnen, weder „ingroup"[2] noch „outgroup" sind.
3. Bereits in den ersten Schuljahren zeigen sich erste Ansätze einer Rangordnung des sozialen Ansehens. Es zeichnen sich langsam konstante Positionen ab, der Star auf der einen Seite, der Abgelehnte auf der anderen Seite einer Skala. Die Abgelehnten sind diejenigen, die entweder gegen das bestehende Wert- und Ordnungssystem verstoßen, die Aggressiven oder Spielverderber, aber auch diejenigen, die leistungsmäßig oder milieubedingt durch das Raster der Mitschüler fallen.

Im weiteren Verlauf der Entwicklung bildet sich die **informelle Ordnung**, das Netz persönlicher Beziehungen weitet sich immer weiter aus. Diese informelle Ordnung der mittleren Kindheit bis hin zur Pubertät ist folgendermaßen gekennzeichnet:

---

1   *Soziometrie = die Messung von sozialen Beziehungen; Kinder (und Erwachsene) werden nach ihren Sympathien und Antipathien in Bezug auf die Mitglieder einer Gruppe befragt, in der sie längere Zeiten verbringen (Schulklasse, Jugendklub, Arbeitskameraden); aus diesen Befragungen ergibt sich ein Netz von Beziehungen zwischen den Gruppenmitgliedern.*

2   *Ingroup = Gruppe, zu der man gehört, der man stark verbunden ist. Outgroup = Gruppe, der man sich nicht zugehörig fühlt.*

1. Die Rangordnung der Gruppe ist festgelegt und jedes Mitglied kann sofort den sozialen Rang eines Mitschülers benennen. Zudem wird die Gruppe nach dem Grad der **sozialen Integration** gegliedert, z. B. Kernfiguren sind die Stars und Spezialisten, Außenstehende dagegen sind Schüler, die übersehen werden, keinen Kontakt zu Mitschülern haben oder von der Klasse abgelehnt werden.

2. Im Rahmen der informellen Ordnung bildet sich ein für die Gruppe verbindliches **Wertsystem** heraus, an dessen Spitze Gerechtigkeit und Kameradschaftlichkeit stehen.

3. Die öffentliche Meinung der Gruppe ist verbindlich und es kann erstmals auch zu kollektiven Aggressionen kommen (Gruppendruck, Gruppenzwang).

4. Jeder strebt nach einem möglichst guten Platz in der Rangordnung. Deshalb kommt es häufig zu Positionskämpfen.

Die Interaktion mit den Gleichaltrigen fördert insofern das **Sozialverhalten**, als es im Gegensatz zur Interaktion mit Erwachsenen stärker symmetrisch ist. Freundschaftsbeziehungen sind durch wechselseitiges Geben und Nehmen geprägt, z. B. werden Freundlichkeit und Unfreundlichkeit gleichermaßen ausgetauscht. Ähnliches gilt für die Feindseligkeit, bei der Aggressionen ausgetauscht werden. Mit zunehmendem Alter können Hilfe und Gegenleistung innerhalb einer größeren Zeitstrecke immer besser koordiniert werden. Im beginnenden Jugendlichenalter (12–14 Jahre) wird der Freund oder die Freundin zur Vertrauten. Die beste Freundin wird zu jemandem, der einen besser kennt als alle anderen, der man sich anvertraut und Geheimnisse offenbart. Gegenseitiges Verstehen wird wichtiger als aktuelle Hilfeleistung.

Die Interaktion mit Gleichaltrigen unterstützt zudem die **emotionale Entwicklung** des Schulkinds und des Jugendlichen. Während in der frühen Kindheit die Kontrolle von Erregung bei der Interaktion im Zentrum steht, erwirbt das Schulkind im Austausch mit den Kameraden eine Palette von Regeln für die unterschiedlichen Gefühle. Später werden im Idealfall Logik und Emotion vereint, so dass es zu einem tieferen Verständnis für die Bedeutung der Gefühle (**Affekte**) für die sozialen Beziehungen kommen kann. Für die Entwicklung von Freundschaften beim Schulkind spielen drei Faktoren eine entscheidende Rolle:

1. Ähnlichkeit als wahrgenommene psychische Nähe bei Interessen und Werthaltungen

2. die Altershomogenität[1], die ihren Höhepunkt mit ca. 8–10 Jahren hat

3. die räumliche Nähe, die jedoch mit zunehmender Mobilität des Kindes sukzessiv unwichtiger wird.

---

1 *Homogenität: Gleichartigkeit*

Freundschaftsbeziehungen im Grundschulalter

- *helfen den kindlichen Egozentrismus zu überwinden und fördern die kognitive Entwicklung*
- *bieten ein ideales Übungsfeld für soziale Verhaltensweisen*
- *ermöglichen dem Kind, ein realistisches Selbstbild zu entwickeln*
- *helfen dem Kind, moralische Standards zu entwickeln*

Aufgaben

1. Sprechen Sie in Ihrer Ausbildungsgruppe über verschiedene Positionen, die ein Kind in unterschiedlichen, sozialen Gruppen einnehmen kann: z. B. Nesthäkchen in der Familie, Anführer der Schwimmgruppe, Mitläufer, Außenseiter, der Beliebte und andere. Welches Verhalten und welche Erwartungen sind mit den jeweiligen Rollen verbunden? Wie fühlt sich das an?

2. Auch Kinder schlüpfen ständig in unterschiedliche Rollen. Welche Konflikte sind denkbar? Welche Auswirkungen hat dies auf Ihr Erzieherverhalten?

Literaturtipps

Elschenbroich, Donata: Weltwissen der Siebenjährigen. Wie Kinder die Welt entdecken können, München, Goldmann, 2001.

Hinsch, Rüdiger/Wittmann, Simone: Soziale Kompetenz kann man lernen, Weinheim: Beltz, 2003.

Grüßing, Meike/Peter-Koop, Andrea: Die Entwicklung des mathematischen Denkens in Kindergarten und Grundschule. Beobachten – Fördern – Dokumentieren, Offenburg: Mildenberger Verlag, 2006.

2 Entwicklungsstörungen

Ein Kind fällt auf. Studieren Sie die Beispiele und behalten Sie diese bei der weiteren Lektüre im Blick.

- **Motorik:** *Andreas ist ständig abgelenkt und unruhig. Er wird von allem und jedem in der Klasse abgelenkt und kann sich deshalb sehr schwer auf den Unterricht konzentrieren. Die Erzieherin klagt über seine ständige Unruhe, Andreas kann nicht still sitzen bleiben. Immer wieder kommt es zu spontanen „Wutausbrüchen". Er schimpft dann, läuft durch die Gruppe und greift andere Kinder ohne ersichtlichen Grund an. Mit diesen Störaktionen rückt sich Andreas immer wieder in den Mittelpunkt.*

- **Kognition:** *Maria gibt beim kleinsten Misserfolg auf. Sie ist neun Jahre alt und besucht die dritte Klasse. Ihre schriftlichen Leistungen in Mathematik und Sprache sind knapp durchschnittlich. In der mündlichen Mitarbeit verhält sich Maria ausgesprochen zurückhaltend. Nur wenn sie hundertprozentig sicher ist, die richtige Antwort zu wissen, meldet sie sich zu Wort. Wenn sie eine Aufgabe nicht sofort versteht, bittet sie nicht um*

Hilfe, sondern kapselt sich ab und versucht alleine eine Lösung zu finden. Seit einiger Zeit bricht Maria sofort ab, wenn sie eine Aufgabe nicht lösen kann oder das Ergebnis korrigieren muss.

- **Sprache:** *Mehmet ist Türke. Er ist oft isoliert, weil er die anderen nicht richtig verstehen kann. Über seine Wünsche und Bedürfnisse kann er nicht sprechen, sein Wissen kann er nicht vermitteln. Deshalb schweigt er lieber. Wenn er etwas nicht versteht, traut er sich nicht, sich zu melden und nachzufragen. Über seine Einsamkeit kann er nicht reden, obwohl er gerne einen Freund hätte. Oft geht er mit Bauchschmerzen in die Schule, sagt aber niemandem etwas davon, weil er nicht als wehleidig angesehen werden möchte.*

- **Sozialverhalten:** *Florian macht jeden an. Schon morgens, wenn er in die Schule kommt, gibt es oft Aufruhr, da er vor allem die Jungen mit Schimpfwörtern belegt, boxt oder ihnen ein Bein stellt. Er kann kaum durch die Klasse gehen, ohne irgend einen Mitschüler wie zufällig anzustoßen, ihm ein Schimpfwort zuzuwerfen oder etwas von dessen Platz mitzunehmen. Dabei lacht er oft und lästert über die Mitschüler, die sich doch nicht „so anstellen sollen". Die meisten Mädchen haben sich mittlerweile von ihm abgewendet. Nur zwei Jungen bewundern ihn und beginnen, sein Verhalten zu imitieren.*

(vgl. Bergson/Luckfiel, 1998)

Aufgaben

Betrachten Sie die Beispiele und diskutieren Sie in Kleingruppen folgende Fragen:

1. *Welche Verhaltensprobleme tauchen im Verlauf der Entwicklung auf? Wann ist ein Kind auffällig? Was ist damit gemeint?*

2. *Klagen der Lehrerinnen und Sozialpädagogen in der erzieherischen Praxis über „schwierige" Kinder legen nahe, dass damit unruhiges, aggressives, rebellisches und unkonzentriertes Verhalten, kurz störendes Verhalten gemeint ist. Hat der sprachlose Mehmet aus unserem Anfangsbeispiel kein Problem? Fällt die schüchterne und zurückgezogene Maria nicht auf, weil sie sich still verhält und sich nicht traut sich zu melden? Reagieren Lehrerinnen nur auf den unruhigen Andreas oder den aggressiven Florian?*

3. *Was ist los mit diesen Kindern? Was können Sie tun?*

2.1 Verhaltensstörungen

Im Laufe der Entwicklung erwirbt das Kind kontinuierlich kognitive, soziale und kommunikative Fähigkeiten sowie eine Grundausstattung an Arbeitstechniken und Lernstrategien. Diese Fähigkeiten bauen aufeinander auf und werden immer komplexer. Probleme in einem Bereich ziehen in aller Regel Schwierigkeiten in einem andern Bereich nach sich, sodass Verhaltensauffälligkeit als Entwicklungsverzögerung in einem oder mehreren Bereichen verstanden werden kann.

Kinder haben altersgemäße Fähigkeiten nicht entwickelt (**Kompetenzdefizit**[1]) oder zeigen sie nicht (**Performanzdefizit**[2] [vgl. Kusch & Petermann, 1995]). In dem ersten Fall

---

1 *Kompetenzdefizit = bestimmte Fähigkeiten fehlen*
2 *Performanzdefizit = vorhandene Fähigkeit wird nicht gezeigt*

müssen entwicklungsrelevante Fähigkeiten noch angebahnt werden (z.B. bei Sprach-verzögerungen durch ein Sprachtraining) im anderen Fall muss die Leistungssituation so gestaltet werden, dass das Kind seine bereits erworbenen Fähigkeiten auch zeigen kann (z.B. das ängstliche Kind motivieren, sich im Unterricht zu melden, wenn es etwas beitragen kann).

Für Pädagoginnen ist es deshalb erforderlich, Lern- und Verhaltensstörungen rechtzeitig zu erkennen, um betroffene Kinder besser zu verstehen und geeignete Maßnahmen in Zusammenarbeit mit den Eltern und eventuell mit entsprechenden Einrichtungen (z.B. Schulpsychologe, Psychotherapie) zu initiieren. Pädagoginnen sollen jedoch weder eine Diagnose stellen noch therapieren.

Merksatz
Verhaltensauffälligkeit wird als Entwicklungsverzögerung verstanden. Die Kinder haben bestimmte altersgemäße Fähigkeiten nicht entwickelt (Kompetenzdefizit) oder sie zeigen bereits erworbene Fähigkeiten in bestimmten Situationen nicht (Performanzdefizit).

Kapitel 2 beschäftigt sich mit unterschiedlichen Entwicklungsstörungen in der Kindheit. Unter dem Kapitel Verhaltensstörungen werden die Phänomene ADHS, Aggressivität und Angst behandelt Das Kapitel Lernstörungen skizziert die Lese-Rechtschreib-Schwäche, Dyskalkulie und Störungen der Motivation und Arbeitshaltung als besondere Auffälligkeiten im Schulalter.

2.1.1 ADHS

Das Aufmerksamkeitsdefizit-Hyperaktivitäts-Syndrom (ADHS) ist eine der häufigsten Kinder- und jugendpsychiatrischen Erkrankungen. Hyperkinetische Verhaltensauffälligkeiten veranlassen Eltern am häufigsten, bei Psychotherapeuten, in Erziehungsberatungsstellen, schulpsychologischen Diensten oder kinderpsychiatrischen Einrichtungen vorstellig zu werden.

Ein hyperaktives Kind ist ein anstrengendes Kind. Es ist schwer lenkbar und scheint sehr eigensinnig. Motorisch ist es ständig in Bewegung („Zappelphillip"), es kann nur schwer sitzenbleiben, wenn dies von ihm verlangt wird. Wegen Kleinigkeiten kann sich das Kind in einen Wutausbruch hineinsteigern, der durch besänftigende Worte nicht zu stoppen ist. Im Schulalter kommen oft weitere Schwierigkeiten dazu. Schreiben- und Lesenlernen scheint für die meisten dieser Kinder sehr mühsam, Hausaufgaben ordentlich zu erledigen wird zum Drama, da das Kind ständig abgelenkt ist. Es muss plötzlich den Hamster füttern oder selbst ein Glas Mich trinken. Es verliert häufig Gegenstände wie z.B. Bücher, Schulhefte aber auch Elternmitteilungen und es unternimmt häufig, ohne Rücksicht auf mögliche Folgen, riskante Unternehmungen (vgl. Neuhaus, 1996).

Nach Döpfner (2002) lassen sich die Kernsymptome dieser Störung folgendermaßen zusammenfassen:

1. **Störungen der Aufmerksamkeit**: Aufgaben und Tätigkeiten, besonders diejenigen, die einen kognitiven Einsatz erfordern, werden vorzeitig abgebrochen. Häufig ist dies bei fremdbestimmten Tätigkeiten (z.B. Hausaufgaben, Zimmer aufräumen etc.) der

Fall. Die selektive Aufmerksamkeit als Fähigkeit, die Aufmerksamkeit auf aufgabenrelevante Reize zu lenken und irrelevante Reize zu ignorieren, und die Daueraufmerksamkeit als Fähigkeit, die Aufmerksamkeit bezüglich einer Aufgabe über die Zeit aufrechtzuerhalten, sind gestört.

2. **Impulsivität**: Damit ist das plötzliche Handeln, ohne vorher zu überlegen, oder die Unfähigkeit abzuwarten, gemeint. Der Begriff Impulsivität bezeichnet die Tendenz, dem ersten Handlungsimpuls zu folgen und eine Tätigkeit zu beginnen, bevor sie hinreichend durchdacht oder vollständig erklärt worden ist.

3. **Hyperaktivität** bezeichnet eine desorganisierte, mangelhaft regulierte und motorisch überschießende Aktivität und exzessive Ruhelosigkeit, die besonders in Situationen auftritt, die relative Ruhe verlangen.

(vgl. Döpfner, 2002, S. 152)

Damit von einer Störung im Gegensatz zu einer Auffälligkeit gesprochen werden kann, müssen eine Reihe von Kriterien erfüllt sein. Es müssen mindestens acht der oben aufgeführten Verhaltensweisen beträchtlich häufiger gezeigt werden als dies bei den meisten Personen im gleichen Entwicklungsalter das Fall ist. Zusätzlich muss diese Störung mindestens sechs Monate andauern und vor Vollendung des siebten Lebensjahres begonnen haben. Da diese Symptomatik typischerweise in solchen Situationen auftritt, in denen von den Kindern eine erhöhte Aufmerksamkeit und Konzentration erwartet wird (Schule, Hausaufgaben, Essen), sind gerade die Pädagoginnen gefordert, über Interventionen und Fördermöglichkeiten Bescheid zu wissen. In der Regel treten nur einzelne der genannten Symptome auf, was dann als Auffälligkeit und nicht als Störung einzuordnen ist.

> ### Aufgabe
>
> *Statistisch sind ein bis zwei Prozent der Kinder in den Grundschulklassen hyperaktiv. Der Trend zu einer medikamentösen Behandlung nimmt zu. Eltern sind mittlerweile sehr schnell geneigt, ihren auffälligen Kindern Medikamente verschreiben zu lassen, vor allem dann, wenn das Kind im Leistungsbereich absinkt. Erzieherinnen sehen diese Entwicklung mit Sorge. Welche erzieherischen Maßnahmen müssen zumindest zusätzlich ergriffen werden? Erarbeiten Sie einen Förderplan für Andreas aus dem Anfangsbeispiel.*

Dennis bleibt nur ein Minute bei einer Aufgabe. Nun, eine Minute ist vielleicht übertrieben. So war es, als Dennis eingeschult wurde. Jetzt nach den ersten Monaten in der Schule, kann er sich zwei, drei Minuten einer Aufgabe zuwenden. Doch kaum hustet jemand in der Klasse, kaum dringt von draußen ein Geräusch herein oder die Lehrerin spricht mit einem anderen Kind, schaut Dennis sofort hoch und hört auf zu arbeiten. Manchmal braucht es anscheinend auch keinerlei äußeren Anlass: Dennis beginnt ein Gespräch mit dem Nachbarn, geht zum Papierkorb, spitzt seine Stifte oder kramt in seiner Tasche. Am liebsten hätte er, wenn die Klassenlehrerin die ganze Unterrichtsstunde neben ihm stünde, denn in ihrer unmittelbaren Gegenwart kann er sich länger konzentrieren. Dabei scheint es, als ob die jeweilige Aufgabenstellung selbst ihn gar nicht überfordert. Bei gestalterischen oder sportlichen Anforderungen oder auch bei Musik und Spiel bleibt er viel länger bei der Sache.

Literaturtipps

Neuhaus, Cordula: Das hyperaktive Kind und seine Probleme, Freiburg: Urania, 2002.

Lauth, Gerhard/Schlottke, Peter: Training mit aufmerksamkeitsgestörten Kindern, 4. Auflage, Weinheim: Beltz, 1999.

Born, Armin/Oehler, Claudia: Lernen mit ADS-Kindern, Stuttgart: Kohlhammer, 2007.

TAIL – Training von Aufmerksamkeit und Impulskontrolle als Lernspiel. www.stop-adhs.de

2.1.2 Aggressivität

„Unter dem Begriff „Aggression" werden nicht nur negative Eigenschaften wie streitsüchtig, dominant, laut und rücksichtslos verstanden, sondern auch positive wie selbstsicher, tatkräftig, bestimmt und willensstark" (Petermann/Warschburger, 1995, S. 127). Diese angemessene Selbstbehauptung im Sinne der sozialen Kompetenz muss deutlich von den beiden negativen Formen, der zielgerichteten Schädigung (**instrumentelle Aggression**) und der angstmotivierten Aggression (**expressive Aggression**) unterschieden werden. Aggression ist ein Verhalten, bei dem einer oder mehreren Personen oder einem Gegenstand in Schädigungsabsicht Schaden zugefügt wird.

Ein aggressives Kind wird leicht wütend, lässt sich sehr schnell, häufig von Kleinigkeiten, provozieren, schlägt, stößt oder tritt andere Personen. Es beschimpft andere, lästert und setzt Gerüchte über andere Personen in die Welt. Es schwänzt die Schule, zerstört vorsätzlich fremdes Eigentum oder quält Tiere. Nicht selten besitzt es unterschiedliche Waffen, die dann auch benutzt werden.

Die Bezeichnung **Störung des Sozialverhaltens** ist nur dann gerechtfertigt, wenn mindestens drei gesellschaftlich und sozial inakzeptable Verhaltensweisen wie z.B. Stehlen,

häufiges Lügen, häufiges Schule Schwänzen, über Nacht von zu Hause Weglaufen,
vorsätzliche Zerstörung fremden Eigen-
tums oder Tierquälerei auftreten. Dieses
Verhaltensmuster muss sich mindestens
sechs Monate in verschiedenen Situationen zeigen, um diese schwerwiegende
Diagnose zu stellen. In aller Regel zeigen
Kinder aggressive Verhaltensweisen ohne
schädigende Absicht. Dies wird dann als
„**oppositionelles Trotzverhalten**" bezeichnet. Diese Form des aggressiven Verhaltens
tritt vor allem bei jüngeren Kindern (Grundschule) auf und äußert sich in deutlich trot-
zigem Verhalten, wobei schwerwiegende
Verletzungen der Rechte anderer unter-
bleiben. Das betroffene Kind verliert oft die
Nerven, streitet sich mit Erwachsenen und
widersetzt sich ihren Anweisungen oder
Regeln. Er tut vorsätzlich etwas, um andere
zu ärgern, ist oft wütend, beleidigend und
nachtragend. Häufig flucht es oder benutzt
obszöne Wörter.

Symptomliste der Störung mit oppositionellem Trotzverhalten

- Wird schnell ärgerlich
- Streitet sich häufig mit Erwachsenen widersetzt sich häufig den Anweisungen und Re-
  geln von Erwachsenen
- Verärgert andere absichtlich
- Schiebt häufig die Schuld für eigene Fehler auf andere
- Ist empfindlich und lässt sich von anderen leicht verärgern
- Ist häufig wütend und beleidigt
- Ist häufig boshaft und nachtragend

(vgl. Scheithauer/Petermann, 2002, S. 189)

Aggressivität ist ein sehr stabiles Verhaltensmuster, das sich von der Kindheit bis ins Erwachsenenalter fortsetzen und in gesetzwidriges Verhalten münden kann. In Längsschnittuntersuchungen (vgl. Petermann/Scheithauer, 1998, S. 262) wurde das Schicksal
von Kindern über Jahre hinweg verfolgt, die als Achtjährige durch besondere Aggressivität und daraus resultierende Ablehnung aufgefallen waren. Viele der inzwischen 30-Jäh-
rigen fielen durch ihre Anzahl an Vorstrafen, die Anzahl der Vormerkungen in der Verkehrs-
sünderkartei, durch Fahren unter Drogen- oder Alkoholeinfluss, Aggressivität gegenüber
dem Ehepartner und außergewöhnliche Strenge bei der Bestrafung der eigenen Kinder
auf. Kinder, die also wegen ihres aggressiven Verhaltens oder mangelnden sozialen Ge-
schicks in ein soziales Abseits unter den Klassenkameraden geraten, müssen befürchten,
auch in Zukunft sozial isoliert zu bleiben. Die Folge davon ist ein Rückzug in jene Gruppen,

in denen ihr Verhalten akzeptiert oder sogar erwünscht ist, nämlich in Gruppen ebenfalls aggressiver oder straffälliger Kinder und Jugendlicher.

Zwei Lernprozesse für die Entstehung aggressiven Verhaltens sind nach Scheithauer/Petermann (2002, S. 197) entscheidend: **Verstärkungs-** und **Modelllernen**. Eltern, Lehrer und Gleichaltrige können dieses Verhalten auf drei Arten verstärken:

1. **Positive Verstärkung**: Das Kind erreicht durch sein aggressives Verhalten ein bestimmtes Ziel (z. B. Anerkennung durch die Gleichaltrigen).
2. **Negative Verstärkung**: Dem Kind gelingt es, unangenehme und bedrohliche Ereignisse zu meiden oder zu beseitigen (niemand greift es mehr an).
3. **Duldung**: Dem aggressiven Verhalten der Kinder folgt keine Konsequenz. Es wird tatenlos zugeschaut, wobei Kinder dies als stillschweigende Zustimmung auffassen können.

Dazu kommt, dass Eltern aggressiver Kinder häufig zu viele oder zu wenige soziale Regeln aufstellen und zu inkonsequent auf die Einhaltung der Vereinbarung achten. Oft sind sie selbst **Modell** für aggressives Verhalten. Einen Zugang zu der erstaunlichen Stabilität aggressiven Verhaltens bietet die Erforschung bestimmter kognitiver Prozesse. So konnte gezeigt werden, dass aggressive Kinder und straffällige Jugendliche das Verhalten anderer verzerrt und unangemessen wahrnehmen. Sie tendieren dazu, Handlungen anderer als feindselig abzuspeichern, auch wenn die Situation neutral war. Bei Fragen zu hypothetischen, mehrdeutigen Ereignissen (ein Kind wird von einem Ball getroffen, ein Kind stößt in der U-Bahn ein anderes Kind) vermuten aggressive Kinder mit höherer Wahrscheinlichkeit böse Absichten und halten es dann eher für gerechtfertigt, auf solche „Feindseligkeiten" aggressiv zu reagieren. Umgekehrt sind Aggressive tatsächlich häufiger Zielscheibe feindseligen, ablehnenden Verhaltens, sodass damit ein schwer zu durchbrechender Kreislauf von Gewalt und Gegengewalt entsteht. Aggressive Kinder geraten zunehmend ins soziale Abseits und werden von Gleichaltrigen antisozial behandelt.

Angesichts der ungünstigen Prognose bei hoher Aggressivität im Kindesalter sind rechtzeitig angeregte therapeutische Maßnahmen von besonderer Bedeutung für die betroffenen Kinder und deren Eltern, aber auch für die Schule und die Gleichaltrigen. Auffällige Kinder werden in ihrem **prosozialen Verhalten** durch direkte, positive Verstärkung gefördert und gleichzeitig wird aggressives Verhalten konsequent bestraft. Darüber hinaus ist es notwendig, unangemessene und irritierende Reaktionen von Eltern und Erzieherinnen zu verändern.

Pädagogisch-psychologische Techniken

Unterstützung der Ich-Kontrolle und Selbstbeherrschung

1. Einsatz von Signalen
2. Kontrolle durch körperliche Nähe und Berührung
3. Verstärkung des Interesses und der Anteilnahme
4. Spannungsentschärfung durch Humor
5. Bewusstes Ignorieren von Störungen
6. Ableitung von Spannungen durch Diskussionen
7. Vorbeugendes Hinausschicken zur Wiederherstellung der Selbstkontrolle
8. Vorausschauendes Besprechen von möglichen Konflikten

Situationsgerechte Hilfen

1. Individuelle Hilfestellung
2. Umstrukturierung der Situation, z. B. durch Umgruppieren
3. Unterstützung durch Routineabläufe und Vorschriften
4. Physisches Eingreifen als beschützende Handlung
5. Einschränkung der räumlichen Bewegungsfreiheit
6. Beseitigung verführerischer Gegenstände
7. Deutliches Setzen von Grenzen und Verboten
8. Umdeutung, paradoxe Aufforderungen

Appell an die Reflexion, das Gewissen und Hinweis auf mögliche Konsequenzen von Handlungen

1. Direkter Appell
2. Deutungen am Rande
3. Reflektierende Aufbereitung nach einer Problemsituation

Einsatz des Lust- und Unlustprinzips

1. Belohnungen und Versprechungen
2. Drohungen und Bestrafungen
3. Lob und Tadel

Aufgaben

1. *Überlegen Sie in Ihrer Ausbildungsgruppe für die oben aufgezählten pädagogisch-psychologischen Techniken Beispiele und üben Sie diese im Rollenspiel*

2. *Welche Formen von Aggressionen treten in Ihrer Praxisstelle auf? Wann und unter welchen Bedingungen treten aggressive Verhaltensweisen auf?*

3. *Welche Ursachen fallen Ihnen ein, die aggressives Verhalten bei Kindern hervorrufen können? Diskutieren Sie über mögliche Ursachen mit Ihren Kolleginnen.*

4. *Wie reagieren Sie auf die Aggressionen der Kinder? Unterscheiden Sie zwischen spontanen Reaktionen und einem gezielten Plan. Welche Reaktionen erscheinen Ihnen angebracht und verhaltensregulierend?*

5. *Beobachten Sie das Verhalten aggressiver Kinder in Ihrer Praxisstelle, z. B. in der Nachmittagsbetreuung einer Ganztagsschule. Diskutieren Sie folgende Fragen im Zusammenhang mit Wut und Aggression:*
   - *Werden in der Gruppe Konflikte ernst genommen?*
   - *Ist Streiten und Raufen verpönt?*
   - *Gibt es genügend Raum zum Austoben von Wut?*
   - *Gibt es in der Familie Themen, die dauernd „unter den Teppich gekehrt werden"?*
   - *Welche Themen wären wichtig, wenn das aggressive Kind plötzlich lieb wäre (in Familie und Gruppe)?*
   - *Wie viel Aufmerksamkeit bekommt das Kind, wenn es brav ist?*
   - *Gibt es unterdrückte Konflikte mit Kollegen und Kolleginnen?*
   - *Gibt es in der Institution Unklarheiten über Arbeitsverteilung und Zuständigkeit?*

(Beudels/Oertel-Goertz, 1996, S. 59, gekürzt)

2.1.3 Angst

Der häufigste Auslöser seelischer Spannungen ist Angst. Sie stellt einen Zustand dar, der als beklemmend, bedrückend und aversiv[1] empfunden wird. Es handelt sich dabei um das subjektive Erleben einer bestimmten Situation. Die wahrgenommene Bedrohung kann real oder auch vermeintlich sein. Das Erleben einer Angst ist grundsätzlich mit physiologischen Vorgängen wie z. B. Herzflattern, erhöhter Schweißabsonderung, Atembeschleunigung oder Magendrücken verbunden. Angst beeinflusst auch unser Verhalten. Sie kann Verhalten aktivieren, (z. B. Weglaufen vor einer bedrohlichen Situation) oder zu Passivität verleiten, (z. B. in der Schule nicht mitarbeiten).

Merkmale einer Angststörung

- Die Angst ist unrealistisch
- Die Angst ist unangemessen
- Die Angst ist ausdauernd
- Die Angst ist von vielfältigen körperlichen Symptomen begleitet (z. B. Herzklopfen, Schwitzen, Zittern, Atemnot etc.)
- Bei Kindern: die Angst hält über die normale Entwicklungsphase hinaus an
- Die Angst führt zu einer deutlichen Belastung oder Beeinträchtigung im Alltag, d. h. in der Schule, Familie und Freizeit.

(vgl. Junge/Neumer/Manz/Margraf, 2002, S. 8)

Angst vermindert die Entfaltungsmöglichkeiten des Kindes. Sie blockiert kreatives Denken, Leistungen in der Schule und auch die Entwicklung zur Selbstständigkeit. Angst kann dazu führen, dass Kinder sich immer mehr abkapseln und in sich zurückziehen. Dies hat häufig Konsequenzen für das Sozialverhalten (das unsichere Kind), da entsprechende Strategien des Einfühlens und Sichdurchsetzens nicht rechtzeitig in der Gruppe gelernt werden können.

Nach Petermann u. a. (2002, S. 229 ff.) sind für Kinder und Jugendliche folgende Ängste typisch:

1. **Trennungsangst**: Im Zentrum steht die Angst vor der Trennung von Bezugspersonen, in der Regel von den Eltern. Das Kind sorgt sich darüber, dass den Eltern etwas zustoßen könnte. Es weigert sich, in die Schule zu gehen, bei einer Freundin zu übernachten oder einmal alleine zu sein. Häufig wiederholen sich Alpträume mit Trennungsthemen. Das Kind reagiert mit körperlichen Beschwerden oder Wutanfällen, wenn die Trennung von der engen Bezugsperson ansteht. Es ist zu beachten, dass Trennungsangst in der Entwicklung von Kindern in einem gewissen Umfang normal ist.

2. **Störung mit sozialer Ängstlichkeit im Kindesalter**: Hier bezieht sich die Angst auf den Kontakt mit unbekannten Personen. Diese übermäßige Scheu führt zur Vermeidung von Kontakten sowohl zu Gleichaltrigen als auch zu Erwachsenen.

3. **Soziale Phobie**: Das zentrale Merkmal dieser Angststörung ist die ausgeprägte und anhaltende Angst vor Leistungssituationen oder vor Bewertungen durch andere Personen. Das Kind sorgt sich in unrealistischem Ausmaß über seine Zukunft, über die

---

1   *aversiv = widrig, unerwünscht*

Angemessenheit seines früheren Verhaltens und über die eigenen Kompetenzen (z. B. im Sport, in der Schule, unter Freunden). Es leidet häufig unter somatischen Beschwerden wie z. B. Kopf- oder Bauchschmerzen, für die kein körperlicher Befund festgestellt werden kann. Es ist ausgeprägt befangen und hat ein exzessives Bedürfnis nach Bestätigung. Oft ist es sehr angespannt.

4. **Phobische Störungen des Kindesalters und spezifische Phobie**: Bei dieser Störung handelt es sich um entwicklungsspezifische Ängste, die bei sehr vielen Kindern auftreten, z. B. die Angst vor Tieren. Ist die Angst jedoch übermäßig stark, beeinträchtigt deutlich das Sozialverhalten und hält über die alterstypische Phase hinaus an, dann kann eine phobische Störung des Kindesalters vorliegen. Darüber hinaus spricht man von spezifischen Phobien, wenn eine ausgeprägte und anhaltende Angstsymptomatik auf bestimmte Situationen oder Objekte ausgelöst wird, z. B. Angst vor Spinnen, Donner, Blitz etc.

Bei der Trennungsangst sind Mädchen überrepräsentiert, während bei der Überängstlichkeit das Geschlechterverhältnis bis zur Adoleszenz in etwa gleich verteilt ist. Als kritische Lebensereignisse, die bei Schulkindern Angstattacken hervorrufen können, werden Konflikte mit der Familie, Verluste wie Trennung oder Scheidung der Eltern, Schulleistungsprobleme und Schulstress sowie Tod eines Verwandten diskutiert. Ein wesentlicher Risikofaktor für die Ausbildung einer Angststörung ist die **soziale Unsicherheit**. Das Kind neigt dazu in neuen, fremden Situationen scheu, ängstlich und gehemmt zu reagieren.

Zwischen dem 10. und 20. Lebensjahr nehmen diese Angststörungen in der Regel kontinuierlich ab, bei Jungen deutlicher als bei Mädchen. Jugendliche mit hoher Angst erfahren i. d. R. in den vorausgegangenen Monaten mehr kritische Lebensereignisse als Jugendliche ohne Angstsymptomatik. Solche kritischen Lebensereignisse können folgende sein: Auseinandersetzungen mit den Eltern, Schwierigkeiten mit den Geschwistern, Probleme im Umgang mit den Klassenkameraden, Verlust eines Freundes, Beenden einer (gegengeschlechtlichen) Freundschaft, körperliche und/oder sexuelle Misshandlungen und chronische körperliche Erkrankungen.

Aufgaben

1. *Denken Sie zurück an die Anfangsbeispiele: Warum sind Maria oder Mehmet so ängstlich?*

2. *Beobachten Sie ängstliche Kinder in Ihrer Praxisstelle: In welcher Situation tritt die Angst des Kindes auf?*

3. *Was löst das Verhalten des Kindes in Ihnen persönlich aus?*

4. *Wie reagieren sie auf die Angst des Kindes? Wie gehen Sie mit seiner Angst um?*

5. *Wie gehen Sie mit Ihren eigenen Ängsten um?*

6. *Diskutieren Sie mit Ihren Kolleginnen den Satz „Angst macht dumm".*

> ### Literaturtipps
>
> **Literaturtipps zur Prävention und Intervention von Angststörungen im Kindes- und Jugendalter**
>
> Tigges, Ursula: Selbstvertrauen und soziale Kompetenz. Übungen, Aktivitäten und Spiele für Kinder ab 10. Mülheim: Verlag an der Ruhr, 2000.
>
> Junge, Juliane/Neumer, Simon/Manz, Rolf/Margraf, Jürgen: Gesundheit und Optimismus GO, Trainingsprogramm für Jugendliche. Weinheim: Beltz, 2002.
>
> Ahrens-Eipper, Sabine/Leplow, Bernd: Mutig werden wie Til Tiger. Ein Trainingsprogramm für sozial unsichere Kinder. Illustrator: Uwe Ahrens. Göttingen: Hogrefe, 2004.
>
> Schmid-Traub, Sigrun: Selbsthilfe bei Angst im Kindes- und Jugendalter. Ein Ratgeber für Kinder, Jugendliche, Eltern und Erzieher. Göttingen: Hogrefe, 2001.
>
> **Literaturtipps zum Weiterlesen**
>
> Neuhaus, Cora/Schmid, Corinna: Nur eine Phase? Verhaltensauffälligkeiten bei Kindern. München: dtv, 2001.
>
> Deutsch Werner/Wenglorz Markus (Hrsg.): Zentrale Entwicklungsstörungen bei Kindern und Jugendlichen. Stuttgart: Klett-Cotta, 2001.
>
> Frick, Jürg: Die Droge Verwöhnung, 2. Auflage, Bern: Huber, 2004.
>
> Winterhoff, Michael: Warum unsere Kinder Tyrannen werden Oder: die Abschaffung der Kindheit. Gütersloh: Gütersloher Verlagshaus, 2008.

2.2 Lernstörungen

Der Begriff der Lernstörung ersetzt den früher üblichen Begriff der Schulleistungsstörungen. In der Regel liegen Minderleistungen im Bereich des Lesens, des Schreibens und des Rechnens vor. Nach Hasselhorn, Mähler und Grube (2008, S. 769) muss die betreffende Schulleistung deutlich unter dem erwarteten Niveau liegen und in Bezug auf die Kriterien Alter, allgemeine Intelligenz und Beschulung. Um eine Lernstörung zu diagnostizieren werden anhand standardisierter Schulleistungstests Minderleistungen nachgewiesen. Das Kriterium eines IQ über 70 soll gewährleisten, dass die Lerndefizite nicht allein durch eine Intelligenzminderung zu erklären sind. Neben diesen Schwächen in den klassischen Kulturtechniken lassen sich Lernstörungen, Motivationsverlust in der Schule und falsche Arbeits- und Lernstrategien erklären.

2.2.1 Lese-Rechtschreib-Störung (LRS)

Manche Kinder, die sich im Vorschulalter vollkommen unauffällig entwickelt haben, erleben plötzlich nach der Einschulung erhebliche Schwierigkeiten beim Erlernen des Lesens und des Schreibens. Diese Kinder lesen sehr langsam, verwechseln Buchstaben, verdrehen Wörter oder ganze Satzteile, zögern lange beim Vorlesen und verlieren die Zeile.

Beim Schreiben lernen werden Buchstaben verdreht, z. B. d-b, p-q, die Reihenfolge der Buchstaben im Wort umgestellt oder Buchstaben eingefügt oder ausgelassen. Ein- und dasselbe Wort wird in schwereren Fällen auch nach jahrelanger Übung auf ein und derselben Seite unterschiedlich fehlerhaft geschrieben (**Fehlerinkonstanz**).

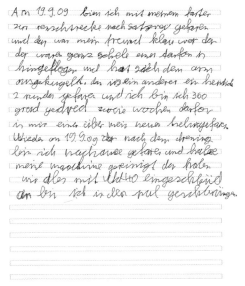

Bei diesen Symptomen handelt es sich um eine Legasthenie, die heute als eine der häufigsten Ursachen für Lernstörungen diagnostiziert wird. Legasthenie bedeutet wörtlich „Leseschwäche". Die Schwierigkeiten des Kindes beschränken sich jedoch nicht auf den Lese-Lern-Prozess allein, sondern erstrecken sich vor allem auf die Rechtschreibung. In der klinischen Psychologie spricht man deshalb mittlerweile ausschließlich von Lese-Rechtschreib-Schwäche bzw. -Störung. Eine Lese-Rechtschreib-Schwäche tritt bei etwa fünf Prozent der Schulkinder auf, wobei Jungen mindestens dreimal so häufig betroffen sind wie Mädchen.

Warnke und Roth unterscheiden zwischen dem Störungsbild des Lesens und dem Störungsbild des Schreibens.

Symptome der Lesestörung sind z. B.

- Auslassen und Verdrehen von Worten oder Wortteilen
- Niedrige Lesegeschwindigkeit
- Schwierigkeiten beim Vorlesen, langes Zögern
- Verlieren der Textzeile
- Vertauschen von Wörtern oder Buchstaben

Defizite im Leseverständnis:

- Das Kind kann Gelesenes nicht wiedergeben.
- Es kann aus dem Gelesenen keine Schlüsse ziehen oder Zusammenhänge erkennen

Symptome der Rechtschreibstörung

- Verdrehungen von Buchstaben im Wort (d-b)
- Umstellungen von Buchstaben (die-dei)
- Auslassungen oder Einfügungen

(vgl. Warnke / Roth, 2002, S. 454)

Auffallend bei dieser Lernstörung ist die Fehlerinkonstanz. Das bedeutet, die betroffenen Kinder schreiben ein- und dasselbe Wort immer wieder unterschiedlich falsch. Die meisten Kinder mit einer LRS haben infolge dieser Funktionsschwächen verschiedenartige Schwierigkeiten. Sie lernen schwer auswendig, können sich oft nur mühsam ausdrücken und verfügen über einen beschränkten Wortschatz. Diese Störung wird in der Regel relativ spät in der Entwicklung diagnostiziert, weil die Kinder über eine durchschnittliche bis überdurchschnittliche Intelligenz verfügen. Kaum ein Legastheniker kann jedoch eine unbehinderte Schullaufbahn durchlaufen, denn Lesen und Schreiben sind für den gesamten Fächerkanon in der Schule die zentralen Voraussetzungen. Die vielen Misserfolge, die das Kind auch bei bestem Willen nicht vermeiden kann, führen häufig dazu, dass es überhaupt nichts mehr mit dem Lesen und Schreiben zu tun haben will.

Oft haben die betroffenen Kinder bereits mehrere Jahre frustrierende Erfahrungen im Zusammenhang mit dem Schulbesuch hinter sich, bevor sie in den entsprechenden Beratungsstellen vorstellig werden. Daraus resultieren häufig sekundäre psychische Probleme wie z. B. Beeinträchtigung des Selbstwerts, Schulphobie oder Störungen des Sozialverhaltens, die einen breiteren psychologischen Behandlungsansatz notwendig machen.

In jüngerer Zeit wurde dieses Thema intensiv unter dem Gesichtspunkt der Prävention erforscht. Es zeigte sich, dass spezifische Fähigkeiten zum Lesen und Schreiben lernen bereits im Vorschulalter erworben werden. Diese Erkenntnisse wurden in einer breit angelegten Trainingsstudie an der Universität Würzburg gewonnen und in ein Programm zur Vorbereitung auf den Erwerb der Schriftsprache übertragen (vgl. Küspert/Schneider, 2006). Dieses Programm eignet sich hervorragend zur Durchführung im Kindergartenalltag und bietet einen verständlichen Einblick in die Problematik der Lese-Rechtschreib-Schwäche.

Aufgaben

1. *Kinder mit einer Lese-Rechtschreib-Störung werden häufig für dumm, unkonzentriert und faul gehalten. Dabei werden Ursache und Wirkung verwechselt. Diskutieren Sie, warum ein Legastheniker mit dem Lesen und Schreiben oft nichts mehr zu tun haben will.*

2. *Überlegen Sie mögliche Ursachen der LRS.*

3. *Wie kann diesen Kindern geholfen werden? Wie lassen sich die Unsicherheiten bei den betroffenen Kindern abbauen, wie das Selbstwertgefühl aufbauen?*

2.2.2 Rechenstörung (Dyskalkulie)

Die Rechenstörung gilt ale eine umschriebene Beeinträchtigung von Rechenfertigkeiten, bei allgemeiner Intelligenz. Es handelt sich um beständige Minderleistungen im Lernstoff des arithmetischen Grundlagenbereiches, wie Addition, Subtraktion, Multiplikation und Division. Ca. 6 % der Schüler sind davon betroffen. Nach Hasselhorn u. a. (2008, S. 774) tritt, anders als bei der LRS, die Dyskalkulie bei Jungen und Mädchen gleich häufig auf. Bisher lässt sich über die Ursachen für diese Störung wenig sagen. Bereits im Kindergartenalter zeigt sich, dass rechenschwache Kinder einen eingeschränkten Sinn für Zahlen haben. Diese Kinder nutzen in der Grundschule ineffektive und unreife Strategien zur Lösung einer Aufgabe. Soziokulturelle und familiäre Bedingungen könnten in einer mangelnden Leistungsmotivation, in der Arbeitshaltung des Kindes und in der Ausdauer zu finden sein.

Literaturtipps

Körndl, Max/Pathe, Klaus/Liderberg, Dorothea: Bingo: Förderspiele bei Rechenschwäche. Stuttgart: Kohlhammer, 2008.

Born, Armin: Kinder mit Rechenschwäche erfolgreich fördern, Ensslin im Arena, 2005.

Lauth, Gerhard/Grunke, Matthias/Brunstein, Joachim C. (Hrsg.): Interventionen bei Lernstörungen, Förderung, Training und Therapie in der Praxis, Göttingen: Hogrefe 2004. www.legasthenie.net

Diese Website beschäftigt sich sowohl mit Legasthenie als auch Dyskalkulie.

2.2.3 Störungen der Motivation und Arbeitshaltung

Viele durchschnittlich intelligente Kinder haben in der Schule Leistungsprobleme, weil es ihnen an Konzentration, willkürlicher Aufmerksamkeit, Ausdauer und Anstrengungsbereitschaft fehlt. Die Förderung der Intelligenz ist demnach eine wesentliche Aufgabe pädagogischer Intervention. Im Leistungsprozess steht die Tendenz „Hoffnung auf Erfolg" im Gegensatz zu der Tendenz „Angst vor Misserfolg" (Rollett, 2001, S. 9). Diese emotionalen Prozesse verändern sich mit der subjektiven Wichtigkeit des Erfolgs. Je wichtiger die Bewältigung einer Aufgabe, umso stärker kann die Hoffnung bzw. die Angst ausgeprägt sein. Der Leistungsprozess ist darüber hinaus auch von metakognitiven Prozessen begleitet. Je besser der Schüler die Schwierigkeit einer Aufgabe einschätzen kann, je genauer er über seine Fähigkeiten Bescheid weiß und je besser er seine individuelle Lage einordnen kann, umso weniger misserfolgsorientiert wird er sein. Erfolgsmotivierte Schüler gehen davon aus, dass sie die ihnen gestellten Aufgaben auch lösen können und dass diese Lösung ihr eigener Verdienst ist, zurückführbar auf ihr Können und Wissen. Der Misserfolgsorientierte dagegen erwartet, dass er die Aufgabe nicht lösen kann. Hat er einmal Erfolg, so glaubt er an Zufall oder Glück, nicht an seine eigenen Fähigkeiten. Bei ihm überwiegt die Angst. Es entsteht ein Teufelskreis der Erfolglosigkeit.

Merksatz
Erfolgreiche und erfolglose Schüler unterscheiden sich wesentlich in der Arbeitshaltung durch das Zutrauen in ihre eigene Leistungsfähigkeit, woraus sich Unterschiede im Anspruchsniveau, in der Anstrengungsbereitschaft und im Arbeitsprozess ergeben. Entscheidend ist jedoch die Bewertung von Erfolg bzw. Misserfolg. Wird Erfolg nur auf Zufall zurückgeführt, und Misserfolg auf Unzulänglichkeit, kommt es zu Leistungsversagen.

2.3 Lösungsstrategien

Hat ein Kind Schwierigkeiten in der Wahrnehmung, im motorischen, kognitiven oder sozial-emotionalen Bereich, so spielen in der Regel unterschiedliche Faktoren eine Rolle, die das auffällige Verhalten auslösen, aufrechterhalten und ihm eine Funktion verleihen. Dies hat zur Folge, dass sehr unterschiedliche Interventionsmaßnahmen in den unterschiedlichen sozialen (Lern-)Feldern angebahnt und durchgeführt werden müssen.

2.3.1 Erklärungsmuster von Erzieherinnen

- **Genetische Erklärung**: Manche Kinder sind von Natur aus aggressiv. Instinkte und Triebe sind erzieherisch wenig beeinflussbar, sodass ein solches Erklärungsmuster eher einen pädagogischen Pessimismus fördert.

- **Medizinische Erklärung**: Das Kind war schon direkt nach der Geburt „hyperaktiv". Man geht davon aus, dass in den ersten Lebenswochen und -monaten Einflüsse (z.B. Stoffwechselstörungen oder Allergien) stattgefunden haben, die nicht nur körperliche Auswirkungen auf das Kind haben, sondern auch sein Verhalten mitbestimmen (z.B. Hyperaktivität). Die medizinische Interpretation des Verhaltens schreibt dem Kind einen „Defekt" zu, den es medizinisch z.B. in Form von Psychopharmaka zu beheben gilt. Gerade bei dem in Schulen zunehmenden Phänomen der „Hyperaktivität" greifen Ärzte immer schneller zu Medikamenten. Die Eltern fühlen sich durch die Diagnose oft erleichtert und die Erzieherinnen glauben, sie müssten ihr Verhalten nicht weiter ändern. Die Einflussmöglichkeiten der Pädagogen werden dadurch unterschätzt.

- **Psychoanalytische Erklärung**: Mangelnde Liebe in den ersten Lebensjahren? Frühkindliche Erfahrungen können lebenslang wirken. Diese Sichtweise unterstreicht: Auffälliges Verhalten ist keine „Bösartigkeit" des Kindes, sondern ein Signal innerer Not.

Was vermeidet Florian mit seinem aggressiven Verhalten? Wozu dient dieses Verhalten?

- **Lerntheoretische Erklärung**: Menschliches Verhalten ist gelernt. Auffälliges Verhalten ist demnach ebenso gelernt wie unauffälliges. Es beruht auf denselben Lernprozessen. Wenn auffälliges Verhalten gelernt wurde, dann kann es auch wieder verlernt werden. Was geht dem Verhalten voraus, bzw. was löst das Verhalten des Kindes aus? Was geschieht während des Verhaltens mit dem Kind selbst und in der sozialen Gemeinschaft? Was geschieht nach dem Verhalten bzw. welche Konsequenzen folgen? Diese pädagogisch optimistische Sichtweise kann dazu dienen, Förderpläne auszuarbeiten, mit dem Ziel, entweder erwünschtes Verhalten **aufzubauen** oder unerwünschtes Verhalten **abzubauen**. Maria z. B. könnte üben, sich zu melden und nachzufragen, wenn sie etwas nicht versteht. Mit Florian müssen Alternativen zu seinem bisherigen Verhalten erarbeitet werden, nicht durch Boxen oder Schimpfen Kontakt zu seinen Mitschülern herzustellen, sondern durch Grußformeln, Fragen oder Gesten.

Merksatz
Das Nachdenken über die eigenen vorhandenen Erklärungsmuster und eventuell das Erweitern und Verändern solcher Muster ist die Voraussetzung zur Erweiterung des eigenen pädagogischen Handlungsrepertoires als Erzieherin, um besser mit „schwierigen" Kindern umgehen zu können und ihrem Förderbedarf genauer zu entsprechen (Bergsson/Luckfiel, 1998, S. 16).

2.3.2 Fördermöglichkeiten

Im pädagogischen Kontext der Schule wird davon ausgegangen, dass Kinder mit bestimmten Verhaltensfähigkeiten ausgestattet sind oder dass einzelne soziale Fähigkeiten noch erworben werden. Was ist aber zu tun, wenn Kinder auffallen, nicht warten können, Gesprächsregeln nicht beachten, keinen Kontakt zu den Mitschülern herstellen, die Mitschüler boxen, dazwischenreden oder im Gesprächskreis herumlaufen? Für alle pädagogischen Maßnahmen, die sich ableiten, braucht die Erzieherin einen Plan, der sich sowohl auf die Gruppe beziehen kann als auch auf ein einzelnes Kind. Wo steht das Kind (**Ist-Lage**)? Was soll das Kind lernen (**Ziel**)? Mit welchem pädagogischen „Handwerkszeug" ist das Ziel zu erreichen (**Mittel**)?

Für die Beschreibung der **Ausgangslage** eines Kindes sind folgende Fragen hilfreich:

1. In welcher Situation tritt ein bestimmtes Problemverhalten auf?
2. Was war der Auslöser?
3. Wie reagieren die Freunde, Mitschüler, Erzieherinnen?
4. Wann tritt das Problemverhalten nicht auf, sondern angemessenes Verhalten?
5. Was machen das Kind und sein persönliches Umfeld in dieser Situation anders. Was ist in solchen Situationen hilfreich für alle Beteiligten?
6. Welche Fähigkeiten zeigt das Kind bereits durchgängig (aufgabenbezogene, kommunikative und soziale Fähigkeiten)?
7. Welche derartigen Fähigkeiten zeigt es ansatzweise? In welchen Situationen?
8. Was tue ich als Erzieherin, um das Kind zu ermutigen?
9. Welche Verhaltensanforderungen überfordern das Kind?

Merksatz
Es gibt zwei Möglichkeiten, Förderungsmöglichkeiten bei auffälligem Verhalten zu beschreiben: störendes, inadäquates Verhalten abzubauen und erwünschtes, adäquates Verhalten aufzubauen.

Aufgabe

Diskutieren Sie die folgenden allgemeinen Anregungen für Erzieherinnen zur Betreuung auffälliger Kinder. Was bedeuten die einzelnen Punkte für Sie als Erzieherin? Wie setzen Sie diese Methoden zur Bewältigung von Konflikten mit störenden Kindern konkret um?

- *Störer brauchen Beachtung*
- *Gespräch unter vier Augen*
- *Gespräche mit der Kindergruppe*
- *Gespräche mit den Eltern*
- *Förderplan unter Berücksichtigung der Ist-Lage des Kindes, der Beschreibung der Ziele sowie der pädagogischen Maßnahmen in der Gruppe.*

3 Pubertät und Jugendalter

„Wenn der Hummer den Panzer wechselt, verliert er zunächst seinen alten Panzer und ist dann so lange, bis ihm ein neuer gewachsen ist, ganz und gar schutzlos. Während dieser Zeit schwebt er in großer Gefahr. So ungefähr geht es Jugendlichen. In der Nähe eines schutzlosen Hummers lebt fast immer ein ‚Meeraal‘, der nur darauf lauert, ihn zu verschlingen. Die Adoleszenz ist das Drama des Hummers! Der Meeraal – das ist alles, was uns bedroht, von innen und von außen, und oft ist er auch dort, wo wir ihn gar nicht vermuten."

(Dolto/Dolto-Tolitch, 1991, S. 15 ff.)

Aufgabe

Die „Schale des Kindes" wird abgelegt, körperlich, emotional, kognitiv. Welche Konsequenzen hat das für den Heranwachsenden? Diskutieren Sie den „Panzerwechsel". Was macht den Jugendlichen schutzlos? Welche Gefahren drohen ihm? Welche Aufgaben muss er bewältigen?

Das Jugendalter (**Adoleszenz**) beginnt mit dem Einsetzen der Pubertät[1], wenn die Fähigkeit zur Reproduktion[2] entsteht. Mit diesem geschlechtlichen Reifungsprozess ist der Beginn des Jugendalters klar zu definieren. Nicht ganz so eindeutig ist jedoch, wann die Adoleszenz endet und das Erwachsenenalter beginnt. Die körperlichen Veränderungen

---

1   *Pubertät = Entwicklungsabschnitt, in dem sich die sekundären Geschlechtsmerkmale und die Geschlechtsreife zeigen.*
2   *Reproduktion = körperliche Fortpflanzungsfähigkeit*

sind universell[1], dagegen hängen die sozialen und psychischen Erfahrungen des Jugendlichen sehr stark vom jeweiligen **kulturellen** und **sozialen Kontext** ab. Die Jugendlichen streben danach, die kindliche Abhängigkeit von den Eltern und anderen Erwachsenen zu überwinden und zur **Unabhängigkeit** und **Selbstbestimmung** zu gelangen. Als Markierung für das Ende des Jugendalters wird häufig der Eintritt in die Berufstätigkeit bzw. das Erreichen wirtschaftlicher Selbstständigkeit angegeben. Lediglich juristisch wird diese Entwicklungsphase klar durch das Alter definiert und zwar zwischen dem 14. und vollendeten 18. Lebensjahr.

In den westlichen Industriegesellschaften kann sich der Prozess des Erwachsenwerdens vom Teenageralter bis in die Mittzwanziger erstrecken, ehe die Erwachsenenrolle gefunden und angenommen ist. Die Jahre der Jugend sind als krisenhafte Entwicklungsphase zu beschreiben. Nicht mehr Kind und noch nicht Erwachsener steckt der Jugendliche in einer Zwischenposition, in der sich unterschiedliche Lebensgefühle wie Glück und Euphorie mit Versagens- und Zukunftsängsten abwechseln können. Dies ist begleitet von deutlichen Ablösungstendenzen von der Familie und häufig von Problemen im Bereich der Schulleistung. Die Jugendlichen verändern ihre Anpassungsbereitschaft an Verhaltensnormen, die sie zuvor fraglos akzeptiert haben. In dieser Übergangsperiode werden Verhaltensweisen und Privilegien der Kindheit aufgegeben und neue „erwachsene" Kompetenzen erworben.

3.1 Körperliche Entwicklung und Körperkonzept

Die Jugendjahre sind geprägt von der Auseinandersetzung des Jugendlichen mit seinen massiven körperlichen Veränderungen. Dieses spezifische Entwicklungsphänomen der Pubertät besteht in der biologischen Reife und dem Erwerb der vollen Fortpflanzungsfähigkeit. Das körperliche Wachstums und die biologische Reifung werden durch unterschiedliche Hormone endogen[2] gesteuert. Die körperlichen Voraussetzungen dafür entfalten sich bereits in der Vorpubertät, die durch den **pubertären Wachstumsschub** gekennzeichnet ist. Dieser Wachstumsschub setzt in der Regel bei Mädchen (ca. mit 12 Jahren) zwei Jahre früher ein als bei Jungen (ca. mit 14 Jahren). Nach diesem Wachstumsschub setzt die Pubertät ein. Bei Mädchen beginnt die Pubertät mit der Menarche[3] (Durchschnittsalter 12,6–13 Jahre) und bei Jungen mit der Produktion lebender Samenzellen, verbunden mit der Fähigkeit zur Ejakulation (Durchschnittsalter 14, 6 Jahre).

Darüber hinaus bestätigt die neuere Hirnforschung, dass mit der Pubertät eine „tiefgreifende Umgestaltung des Gehirns und zwar in allen Bereichen stattfindet" (Strauch, 2003 S. 26). Diese fundamentale Umstrukturierung beeinflusst fast alle psychischen Bereiche, wie die motorische Entwicklung, aber auch Logik, Sprache und die Welt der Gefühle ist davon betroffen. Dies erklärt auch, warum die Jugendlichen sich in dieser Phase z. T. so wesensverändert verhalten.

---

1 *universell = allgemein, für alle gültig*
2 *Endogen = von innen*
3 *Menarche = erste Menstruation*

Merksatz
Die körperlichen Veränderungen in der Adoleszenz, die sich als Ergebnis der bio-
logischen Reifung vom Kind zum Erwachsenen vollziehen, werden durch verschie-
dene Hormone bewirkt. Der Übergang von der Kindheit zum Jugendalter wird als
Vorpubertät bezeichnet. Es ist die Zeitspanne zwischen dem ersten Auftreten der
sekundären Geschlechtsmerkmale und dem ersten Funktionieren der Geschlechts-
organe. Von da ab verläuft die Entwicklung der Mädchen mit einem zeitlichen Vor-
sprung von etwa zwei Jahren.

Die Unterschiede im Entwicklungstempo, die individuellen Abweichungen von oben genannten Durchschnittswerten sind im Jugendalter sehr groß und deshalb häufig für die
Betroffenen Anlass zur Beunruhigung. Das Körperwachstum ist unharmonisch. Es beginnt mit den unteren Extremitäten[1] und endet mit dem Rumpf. Daher machen Jugendliche in dieser Entwicklungsphase häufig einen schlaksigen Eindruck, weil sie ihre Bewegungskoordination erst den veränderten Körpermaßen anpassen müssen. Parallel zum
Wachstumsschub entwickelt sich die geschlechtliche Reife. Veränderungen betreffen die
sekundären Geschlechtsmerkmale wie Behaarung, Stimmwechsel und Entwicklung der
Brust. Beim Jungen nehmen Muskulatur, Kraft und Grobmotorik zu, beim Mädchen die
Fettpolsterung und die Feinmotorik.

Die zeitliche Vorverschiebung der körperlichen Reife bezeichnet man als **Akzeleration**.
Dies bedeutet eine Verkürzung der Kindheit und führt nicht selten zu Orientierungs-
problemen, da die körperliche und seelische Enzwicklung nicht mehr übereinstimmen.
Eltern und Lehrer sehen häufig nur das körperliche Erscheinungsbild, einen ausgewach-
senen jungen Mann, ein vollentwickeltes Mädchen. Damit werden die Heranwachsenden
häufig überfordert, denn es werden Verhaltensweisen erwartet, denen die Jugendlichen
noch nicht gewachsenen sind (Faix, Teenager, 2004, S. 2).

Zusammenzufassen sind die fünf bedeutsamsten körperlichen Veränderungen während
der Pubertät (Grob/Jaschinski, 2003, S. 33 f.):

- „Veränderungen der Statur (insbesondere das Verhältnis Köperfett und Muskelmasse)
- Wachstumsschub mit Zunahme an Größe und Gewicht
- Veränderungen im Herz-Kreislauf- sowie Atmungssystem, die einen Anstieg von Kraft und
  physischer Ausdauer ermöglichen
- Entwicklung primärer Geschlechtsorgane (Hoden, Ovarien)
- Entwicklung sekundärer Geschlechtsorgane (Veränderungen der Genitalien, Brust, Scham-
  behaarung, Gesichts- und Körperbehaarung)“.

---

1   *Extremitäten = Gliedmaßen (Arme und Beine)*

Aufgaben

1. Woran können Sie die Unterschiede im Entwicklungsstand der Jugendlichen erkennen? Diskutieren Sie die möglichen Folgen einer akzelerierten Entwicklung für das betroffene Kind.

2. Wie reagieren Sie, wenn in Ihrer Jugendgruppe, 12-jährige Jungen und Mädchen, sehr große Unterschiede in der körperlichen Reifung zu beobachten sind und damit verbunden ständig Interessenskonflikte zwischen den Kindern entstehen?

3. Tragen Sie zusammen, was die Kraftsteigerung des Jungen in der Pubertät an Verhaltensweisen hervorbringen kann (Erscheinungen der so genannten „Flegeljahre")? Wie kann sie sinnvoll und konstruktiv genutzt und gebündelt werden?

4. Welche Veränderungen der Grundstimmung ist bei den Mädchen zu erwarten? Wie reagieren Sie?

Körperkonzept

- Maxi (14 Jahre) steht dauernd vor dem Spiegel. Ihre Haare färbt sie mal blond, mal dunkel, doch richtig zufrieden ist sie mit dem Ergebnis nicht. Die Nase ist zu lang, einige Pickel zeigen sich im Gesicht, außerdem fühlt sie sich viel zu dick.

- Felix (15 Jahre) rasiert sich eifrig. Er hofft, dass dadurch wenigstens der Bartwuchs angeregt werden kann, denn für sein Alter ist er viel zu klein.

Die einschneidenden körperlichen Veränderungen und die erhöhte Bedeutung, von Gleichaltrigen, besonders aber vom anderen Geschlecht akzeptiert zu werden, können während der Adoleszenz zu einer gesteigerten, wenn nicht übertriebenen Beschäftigung mit dem eigenen **Körperkonzept** führen. Gerade der Pubertierende ist sich seines Aussehens überaus bewusst. Es gilt für ihn, die eigene körperliche Erscheinung zu akzeptieren und die Veränderungen des Körpers und die damit verbundene Veränderung des eigenen Aussehens anzunehmen. Besonders hoch im Kurs bei den Jugendlichen stehen Schlankheit, Fitness, Schönheit usw. Dies ist durchaus ein Ausdruck kultureller Norm, die in den industriellen Ländern Jugend, Fitness u. Ä. als erstrebenswerte Ideale propagiert. Nur 45 % der Mädchen sind mit ihrem Aussehen zufrieden. Bei der Ästhetik des weiblichen Körpers dominiert das kulturelle Schönheitsideal der Schlankheit, was bei manchen Mädchen zu fatalen Essproblemen führen kann.

Wie eine EU-Studie an „rund 4000 Schülerinnen in Westeuropa zeigt, haben fast 50 % der befragten Mädchen zwischen 11 und 13 Jahren bereits eine Diät gemacht" (Krumpholz-Reichel, 2004, S. 62). Häufige Folgen der Pubertät sind daher eine Reduzierung des Selbstwertes und der Körperzufriedenheit sowie gravierende Stimmungsschwankungen.

3.2 Kognitive Entwicklung

Raphael (15 Jahre) und Martin (18 Jahre) sind Leiter einer Pfadfindergruppe. Jeden Dienstag und Donnerstag abends ist Gruppenstunde. Um die 12–14-jährigen Jungen und Mädchen jeweils unter einen Hut zu bringen, müssen sie immer wieder unterschiedliche Angebote und Aktivitäten planen, organisieren und schließlich auch durchführen. Da sie gemeinsam die Verantwortung für die Gruppe tragen, müssen sie sich über ihr Vorgehen einigen.

Aufgabe

Welche kognitiven und sozialen Fähigkeiten brauchen die beiden, um ihrer Aufgabe gerecht zu werden? Überlegen Sie sich mögliche Konflikte in der Gruppe. Wie können diese gelöst werden? An wen sollen sich die beiden wenden, wenn es „brennt"?

Die Entwicklung der geistigen Leistungsfähigkeit drückt sich in unterschiedlichen, rasch zunehmenden Fähigkeiten aus. Die Jugendlichen sind z. B. in der Lage, auf längere Sicht zu planen und eigene Vorhaben selbstständig zu organisieren. Sie lernen, Verantwortung zu tragen, in bestimmten Situationen zügig und verantwortungsvoll zu reagieren und Pläne mit Ausdauer zu verfolgen. Darüber hinaus beginnen Jugendliche, aus Fehlern zu lernen und mögliche Schwierigkeiten bei der Lösung eines Problems oder Aufgabe vorherzusehen, einzuplanen und zu überwinden.

3.2.1 Formale Operationen

Im Stadium der Formalen Operationen wird die Fähigkeit zum **abstrakten, logischen Denken** erworben, mit dem Ergebnis, dass die Person sowohl induktiv[1] als auch deduktiv[2] schlussfolgern kann. Die Jugendlichen konzentrieren sich jetzt nicht mehr nur auf den konkreten Inhalt, sondern auch auf die Form und den Wahrheitswert der Aussage. Daraus lässt sich die wachsende kritische Weltsicht der Heranwachsenden ableiten. Kulturkritik, Hinterfragen und Zweifel entstehen als Folge der Erkenntnis, dass das tatsächlich Vorhandene lediglich eine beschränkte Teilmenge des Möglichen und Denkbaren darstellt.

Merksatz
Die letzte Stufe nach Piaget ist die Stufe der formalen Operationen. Dieses abstrakte Denken ist nicht mehr an die konkrete Anschauung gebunden.

---

1 *induktives Denken = theoretische Regeln aus anschaulichen Gegebenheiten ableiten.*
2 *deduktives Denken = aus einer allgemeinen Regel auf einen konkreten Sachverhalt schließen.*

Den Jugendlichen interessieren jetzt auch zunehmend **hypothetische** Fragen (z. B. „Was wäre, wenn jemand nur ein Auge auf der Stirn hätte?") und er kann sich logische Beweise für abstrakte Probleme ausdenken.

In dem Gesellschaftsspiel „Cluedo" z. B. müssen aus einer Menge von Möglichkeiten drei Informationen gewonnen werden: Wer war der Mörder? Was war die Tatwaffe? In welchem Zimmer geschah der Mord? Dieses Strategiespiel erfordert die Fähigkeit, systematisch **Variablen zu isolieren**. Um eine neue Information zu gewinnen, müssen die Informationen, die man schon sicher hat, konstant gehalten werden.

Die Fähigkeit der Jugendlichen, über abstrakte Vorstellungen, die Zukunft und verschiedene Alternativen nachzudenken, zeigt sich auch deutlich in ihrer sozialen Welt. Die Heranwachsenden träumen von ihrer Zukunft, stellen sich verschiedene soziale und berufliche Rollen vor, in die sie schlüpfen könnten und experimentieren damit in der Fantasie und in der realen Umwelt. Mit Freunden diskutieren sie über Ideen, Utopien, Politik und Moral. Heranwachsende können nun Themen aus unterschiedlichen Perspektiven betrachten und in größere soziale und politische Zusammenhänge einordnen. Darüber hinaus sind sie in der Lage, über ihr eigenes Denken nachzudenken (**Metadenken**). Diese Fähigkeit zur **Selbstreflexion** ist eine Grundvoraussetzung für die Selbstfindung, die wiederum eines der wichtigsten Entwicklungsziele der Pubertät ist.

Folgende kognitive Fähigkeiten werden Jugendlichen zugeschrieben (Keating, 1990, vgl. Grob/Jaschinski, 2003, S. 89):

1. **Nachdenken über den Denkprozess** (Metakognition). Wenn jüngere Kinder bemerken, dass sie sich in einer Frage getäuscht haben, ändern sie einfach ihre Überzeugung. Jugendliche hingegen sind darüber hinaus in der Lage, über ihre Denkprozesse nachzudenken. Sie beobachten, kontrollieren und regulieren ihr Denken und Handeln.

2. **Mehrdimensionales Denken.** Jugendliche können nun mehrere Aspekte gleichzeitig in ihre Überlegungen mit einbeziehen und abwägen.

3. **Erkennen von Relativität.** Indem Jugendliche mehrere Dimensionen gleichzeitig berücksichtigen können, sind sie nun auch in der Lage, Beziehungen und die Relativität von Situationen, Ereignissen und Regeln zu erkennen (z. B. eine Außentemperatur von 10 °C ist im Sommer relativ kalt, im Winter relativ warm).

Aufgabe

Erkundigen Sie sich nach Strategiespielen, Denksportaufgaben und Rätseln speziell für Jugendliche, die kognitive Fähigkeiten fordern und fördern. Spielen und rätseln Sie selbst.

3.2.2 Kognitive Funktionen der Informationsverarbeitung

Der Ansatz der Informationsverarbeitung stellt wichtige Teilfunktionen der kognitiven Entwicklung in den Vordergrund, die Einfluss auf die schulischen Leistungen haben. Oerter und Dreher (2008, S. 288) fassen die folgende Funktionen zusammen:

● Aufmerksamkeit: der Jugendliche ist nun in der Lage, aufgabenirrelevante Informationen auszuschalten und die Aufmerksamkeit auf das Wesentliche zu richten.

- Gedächtnis: Die Entwicklung z. B. der Lesefertigkeit im Jugendalter liegt an der Fähigkeit, Informationen in einem Zwischenspeicher zu halten. Auch im Langzeitgedächtnis erhöht sich die Speicherkapazität.
- Verarbeitungsgeschwindigkeit: Es ist ein Anstieg im Tempo der Informationsverarbeitung zu beobachten.
- Organisation: Jugendliche nutzen nun gezielt Problemlöse- und effektive Lernstrategien.
- Metakognition: Durch die Fähigkeit, über das eigene Handeln nachzudenken, können die eigenen Lernprozesse besser geplant und kontrolliert werden.

3.3 Entwicklungsaufgaben als Konfliktbereiche

Entwicklungsaufgaben sind Lernaufgaben. Somit wird Entwicklung als Lernprozess aufgefasst, der sich über die gesamte Lebensspanne erstreckt. Im Kontext realer Anforderungen an das Individuum führt dieser Lernprozess zum Erwerb von Fertigkeiten, die zur konstruktiven und zufriedenstellenden Bewältigung des Lebens in einer Gesellschaft notwendig sind (Oerter/Dreher, 2008, S. 279). Im Übergang von der Kindheit zum Erwachsenenleben muss der Jugendliche eine Reihe von **Entwicklungsaufgaben** bewältigen:

- Selbstfindung, Identität
- Ablösung vom Elternhaus
- Aufbau gesellschaftlicher Normen und die Neubestimmung sozialer Rollen
- Festlegung von Berufszielen und Skizzierung der Lebenspläne

Die Bewältigung der oben aufgelisteten Aufgaben ist schwierig und mit unterschiedlichen Konflikten und Krisen verbunden.

3.3.1 Selbstfindung (Identitätsbildung)

- *Thomas (16 Jahre) engagiert sich im Bund Naturschutz. Er verbringt viel Zeit an der frischen Luft, um z. B. Krötenzäune zu bauen, Nistkästen aufzuhängen und bei Waldsäuberungsaktionen dabeizusein. Umweltschutz ist für ihn Lebensinhalt.*
- *Severine (16 Jahre): „Sich etwas trauen, das heißt für mich, etwas tun, das aus dem Rahmen fällt und das auch nicht zu meiner Persönlichkeit passt. In der Schule z. B., da zeigt man sich in einer bestimmten Art und Weise, man zwingt sich, etwas Bestimmtes darzustellen, man spielt Theater. Und dann wird man eingeengt von strengen Regeln, von der Denkweise, die gerade ‚in' ist. Sich etwas trauen, das heißt, diese Regeln zu durchbrechen, sich von den anderen, von der Herde zu unterscheiden" (Dolto/Dolto-Tolitch, 1991, S. 37).*

Aufgaben

1. *Betrachten Sie die beiden Beispiele. Sind Thomas und Severine mit ihren Rollen zufrieden? Was erwarten die beiden von sich selbst? Woran orientieren sie sich bei der Selbstfindung?*

2. Spielen Sie mit Jugendlichen einer 7./8. Klasse „Wenn ich ein Vogel wäre, dann wäre ich am liebsten ein …, weil …", weiter mit Tier, Farbe, Pflanze, Auto, Musikinstrument …! Fragen Sie nach der Lieblingsverwandlung und welchen Vorteil sie dem Jugendlichen bringt. Auswertungsfragen:
   - Gibt es Situationen, in denen ihr euch vorstellt, dass ihr euch in etwas verwandelt?
   - Habt ihr etwas Neues über euch erfahren?
   - Habt ihr etwas Neues über einen Mitschüler oder eine Mitschülerin erfahren?
   - Welche Verwandlung sagt am meisten über euch aus?

Identität bezieht sich auf das Bewusstsein, das eine Person von sich selbst hat. Man spricht deshalb auch von Selbstbild oder **Selbstkonzept**. Zum Identitätserleben gehören das Erleben der Integrität (Ganzheit) und Kontinuität der eigenen Person. Das Jugendalter ist bestimmt von der Entwicklungsaufgabe der Identitätsbildung, die in der Regel mit einer Identitätskrise verbunden ist. Nach Erikson (1998) schwankt der Jugendliche zwischen dem Erleben der eigenen Identität und einer Rollendiffusion, einer Art „Rollenverwirrung". Die Gedanken des Jugendlichen kreisen häufig um die Fragen „Wer bin ich?" bzw. „Wie bin ich?" (**subjektive Identität**), „Wie möchte ich sein" (**erwünschte Identität**) und nach dem eigenen Ich in der Gemeinschaft, „Für wen hält man mich?" (**zugeschriebene Identität**). Häufig führen Unterschiede zwischen subjektiver, erwünschter und zugeschriebener Identität zu Spannungen und Konflikten.

Nach Grob und Jaschinski (2003, S. 42) ist das Konzept der Identität eng mit dem Begriff des „Selbst" verbunden. Dem Jugendlichen werden seine wesentlichen Eigenschaften durch Selbstwahrnehmung und Selbsterkenntnis bewusst. Dieses Selbstkonzept (Fähigkeit zur Selbstwahrnehmung) setzt sich aus zwei Komponenten zusammen:

1. Kognitive Komponente: Diese beinhaltet die Selbstwahrnehmung und das Wissen einer Person über sich selbst. Von besonderer Bedeutung ist das Fähigkeitsselbstkonzept, also die Einschätzung der eigenen Kompetenz in verschiedenen Bereichen (z. B. im schulischen, sportlichen oder sozialen Bereich).

2. Affektive Komponente: Diese umfasst das Selbstwertgefühl und das Selbstvertrauen.

Die Adoleszenz ist für die Identitätssuche und Identitätsfindung insofern herausfordernd, als in relativ kurzer Zeit massive Veränderungen auf den Heranwachsenden einstürmen. Die Geschlechtsreife bringt einen neuen Körper hervor, der kennengelernt und akzeptiert werden muss. Aufkeimende sexuelle Impulse sind nicht vertraut. Der Jugendliche sieht sich mit unterschiedlichen Herausforderungen konfrontiert, z. B. der Beziehung zum anderen Geschlecht, Berufswahl, mit der Reflexion verschiedener Rollenmodelle und mit der Auseinandersetzung mit der eigenen Zukunft. Im Wechsel vom Kindes- zum Erwachsenenalter steht der Jugendliche einem noch unbekannten Lebensbereich gegenüber.

Die Selbstfindung setzt die Bereitschaft voraus, über sich selbst nachzudenken. Mit der **Selbstreflexion** wird das Verständnis für psychische Vorgänge bei anderen Menschen, für Kunst und Natur sowie für komplexere Persönlichkeitsdarstellungen z. B. in der Literatur möglich. Diese zusätzliche kognitive Flexibilität zeigt das Schulkind noch nicht. Die Selbsteinschätzung des Kindes richtet sich vornehmlich nach der Beurteilung durch Erwachsene und Gleichaltrige.

Der **Selbstfindungsprozess** verläuft nach Schenk-Danziger (1993) von außen nach innen. Der Jugendliche beschäftigt sich zunächst mit seinem Äußeren (Frisur, Kleidung). In seiner Unsicherheit identifiziert er sich im Aussehen mit den Gepflogenheiten spezifischer Gruppen und Personen, die Ansehen genießen oder das Gefühl von Zugehörigkeit geben. Dies dient vor allem der Abhebung von der Welt der Erwachsenen. Später verlagert der Jugendliche seine Ich-Suche auf Eigenschaften und Fähigkeiten in sozialen Gruppen, wobei die Selbststeuerung mit dem Ziel der **Ich-Findung** und **Selbstwerdung** als Lebensaufgabe zunehmend an Bedeutung gewinnt. Der Jugendliche entwickelt sich im Spannungsfeld verschiedener Umwelten. Besonders hervorzuheben ist die Bedeutung der Eltern bzw. der Familie, von Schule, Peergroup und Beruf.

Merksatz
Voraussetzung der Selbstfindung (Identität) ist die Fähigkeit, über sich selbst nachzudenken und sich selbst zu beurteilen. Der Jugendliche will sich selbst erkennen, setzt sich eigene Ziele zur Persönlichkeitsentwicklung und denkt auch über seine Wirkung auf andere nach.

Aufgaben

1. *Diskutieren Sie über das Zitat von Lotte Schenk-Danziger (1993, S. 196): „Die Selbsteinschätzung des Kindes richtet sich ausschließlich nach der Beurteilung durch Erwachsene und Gleichaltrige". Was bedeutet dies für die erzieherische Praxis?*

2. *Regen Sie Jugendliche dazu an, zehn Begriffe zu notieren, die ihrem jeweiligen Wunschbild von sich selbst entsprechen: In einem ersten Schritt geht es nur um Äußerlichkeiten. Die Kärtchen werden dann an die Wand gehängt. Jede Person überprüft zunächst, inwieweit das dort festgehaltene Bild mit der Realität übereinstimmt. Die anderen Gruppenmitglieder können sich ebenfalls äußern. Folgende Fragen können bei der Auswertung des Selbstbildes behilflich sein:*
   - *„Was verbindet die Person mit den dargestellten Begriffen (Typen)?*
   - *Wie wesentlich sind die verschiedenen Wünsche?*
   - *Warum wurden veränderbare Dinge noch nicht verändert?*
   - *Inwieweit sind die Begriffe durch die Gesellschaft (Werbung, Film, Freunde, Eltern usw.) fremdbestimmt?" (Böttger/Reich, 1998, S. 60)*

3.3.2 Ablösung vom Elternhaus

Typische Meinungsverschiedenheiten zwischen Eltern und Jugendlichen entstehen vor allem aus gängigen Situationen, z. B. lange auf Partys ausbleiben, im Elternhaus Partys feiern, vor allem wenn die Eltern außer Haus sind, unterschiedliche Vorstellungen über modische Kleidung und Trends (z. B. Piercing), rüder Ton und mangelnde Umgangsformen, Unordentlichkeit, Schulleistungen, Rauchen, mit dem Freund oder der Freundin alleine in Urlaub fahren, das Auto der Eltern benutzen.

Aufgabe

Beobachten Sie Eltern oder Lehrer in einer konkreten Erziehungssituation. Sind die Erwachsenen stets ein Modell für angemessenes soziales und emotionales Verhalten sowie für Leistungsverhalten?

Die Persönlichkeitsentwicklung von Jugendlichen basiert auf dem Zusammenspiel zwischen der Person selbst, ihren familiären Beziehungen und den gleichaltrigen Freunden und Bekannten. Der Ablösung vom Elternhaus fällt in dieser Zeit eine besondere Rolle zu. Dabei ist häufig die Familie ein Ort der Konfrontation, an dem Konflikte, in denen Jugendliche stecken, ausgetragen werden.

Das Leben im Elternhaus ist jetzt einerseits von Verhaltensforderungen der Eltern und andererseits dem zunehmenden Streben der Jugendlichen nach Unabhängigkeit und Selbstbestimmung gekennzeichnet. Im Prozess der Loslösung vom Elternhaus legt sich der Jugendliche häufig mit seinen Eltern an, um für sich persönlich mehr Rechte und Freiheiten zu erkämpfen. Situationen dafür gibt es zu Genüge, sei es, wie lange der Heranwachsende ausgehen darf, welche Kleidung oder Frisur er trägt, wie er Schulprobleme löst und Ähnliches. Der Jugendliche möchte sich möglichst nicht mehr kontrollieren lassen. Die Eltern sind in all diesen Situationen ständig gefordert, Kompromisse auszuhandeln, die dem Heranwachsenden noch genügend Rückhalt bieten, bei gleichzeitig zunehmender Selbstbestimmung. Der Jugendliche ist nun in einem Alter, in dem er viel selbst entscheiden will und das tut, was er für richtig hält, auch wenn ihm dabei Fehler unterlaufen. Das ist legitim und der Jugendliche wird dann logischerweise die Konsequenzen für sein Handeln selbst tragen müssen.

„Auffällig in dieser Phase der Ablösung ist die Reduzierung der Zeit, die Jugendliche zwischen dem 11. und 18. Lebensjahr mit ihren Eltern verbringen. 11-Jährige verbringen durchschnittlich 35 % ihrer Wachzeit, 18-Jährige nur noch 14 % mit ihren Eltern" (Grob/Jaschinski, 2003, S. 55).

Wichtig für das Verständnis Jugendlicher in dieser kritischen Übergangsphase ist darüber hinaus die Einsicht in die **ambivalente**[1] **Gefühlswelt**: Einerseits streben sie nach Bewährung und Behauptung gegenüber den Aufgaben, die das Erwachsenenleben bereitet, andererseits empfinden sie Angst vor der unbekannten Lebensform und ihren Anforderungen. Die Gefühlszustände der Jugendlichen sind gemischt und widersprüchlich. Sie schwanken zwischen Panik und Zuversicht, Einsamkeit und Geborgenheit, Witz und Weltschmerz, Autoritätsgläubigkeit und Revolte. Den Eltern gegenüber benehmen sie sich oft grob und rücksichtslos und dabei gleichzeitig aber äußerst empfindlich bei Kränkungen, die die eigene Person betreffen. Oftmals lehnen sie sich trotzig gegen jegliche Autorität auf. Obwohl die Familie im Zuge der Ablösung oft abgelehnt wird, kommt ihr die wichtige Aufgabe zu, den Jugendlichen für dessen eigenes Leben freizugeben ohne ihm den emotionalen Rückhalt des Elternhauses zu entziehen.

Die eigentliche Konfliktphase der Ablösung ist das Alter zwischen fünfzehn und siebzehn Jahren. Die (noch nötigen) Kontrollen der Eltern veranlassen die Jugendlichen zu mehr oder weniger heftigen Rebellionen, beweisen ihm aber gleichzeitig, dass man um ihn besorgt ist und man ihn in der Familie nicht missen will.

---

1   *ambivalent = doppelwertig. Affektive Ambivalenz bedeutet das gleichzeitige Bestehen entgegengesetzter Gefühle (Abneigung – Zuneigung) und Willensrichtungen in Bezug auf denselben Gegenstand.*

Merksatz
Aus entwicklungspsychologischer Perspektive gilt die Lösung vom Elternhaus als gelungen, wenn die Jugendlichen
- *die Werte und Normen der Eltern kritisch hinterfragt haben*
- *ein selbstständiges Leben führen können*
- *sich ihren Eltern dennoch verbunden fühlen.*

Es muss sowohl für die Jugendlichen als auch für deren Eltern eine neue Balance zwischen Autonomie und Verwurzelung entstehen (vgl. Pinquart/Srugies, 1999).

Aufgaben

1. *Denken Sie an die Eingangsbeispiele und überlegen Sie sich einige typische Streit-themen zwischen Eltern und Jugendlichen. Wie sollen Eltern diese bearbeiten? Wie können sie ihren Teenager zu gewünschten Verhaltensweisen positiv motivieren, statt mit ihm zu streiten?*

2. *Beobachten Sie sich selbst einige Tage in Ihrer Praxisstelle. Welche Form der Motiva-tion nutzen Sie häufiger bei den Jugendlichen – die positive oder die negative?*

3. *Spielen Sie die beiden Alternativen gedanklich durch und achten Sie auf Ihre eige-nen Gefühle und Reaktionen.*

3.3.3 Aufbau gesellschaftlicher Normen und Wertvorstellungen

„Die Jugend liebt heutzutage den Luxus. Sie hat schlechte Manieren, verachtet die Autorität, hat keinen Respekt vor den älteren Leuten und schwatzt, wo sie arbeiten sollte. Die jungen Leute stehen nicht mehr auf, wenn Ältere das Zimmer betreten. Sie widersprechen ihren Eltern, schwa-dronieren in der Gesellschaft, verschlingen bei Tisch die Süßigkeiten, legen die Beine übereinan-der und tyrannisieren ihre Lehrer."

Sokrates, 470–399 v.Chr. (frei zusammengefasst nach Platons 8. Buch vom Staat)

Aufgaben

1. *Die heutige Jugend ist besser als ihr Ruf? Diskutieren Sie in der Gruppe die Äuße-rungen von Sokrates, die älter als 2000 Jahre sind und doch so modern erscheinen.*

2. *Diskutieren Sie in Ihrer Ausbildungsgruppe Fragen an Jugendliche, zu denen diese Stellung beziehen müssen, z. B.*
   - *Darf man seinen Eltern sagen, wenn man auf sie wütend ist?*
   - *Haben Eure Väter für Euch genügend Zeit?*
   - *Verdirbt Politik den Charakter?*
   - *Lügt Ihr gelegentlich?*

3. *Überlegen Sie sich weitere Fragen, die Jugendliche mit ihrem eigenen Wertesystem konfrontieren.*

Normen und Wertvorstellungen werden während der ganzen Kindheit in erster Linie von den Eltern übernommen. Dieser Prozess ist ein wesentlicher Bestandteil der Sozialisati-on. In der Regel werden diese durch bestimmte Verhaltensweisen durch die Erwachsenen vorgelebt und ausdrücklich eingefordert. Der Jugendliche sieht sich bald einer Vielzahl von Normen und Werten gegenüber, die über das Wertesystem der Eltern hinausgehen und diesem vielleicht sogar entgegenstehen. Er muss sich demnach seiner erweiternden Umwelt anpassen.

Der Jugendliche muss lernen, Verantwortung zu übernehmen, das Recht des anderen als das eines gleichberechtigten Partners zu akzeptieren und seine Verhaltensnormen denen seiner Bezugsgruppen anzupassen. Mit drei **Problemen** müssen Jugendliche bei der Normen- und Wertebildung fertigwerden:

1. Verschiedene erwachsene Personen (Eltern, Lehrer, Vorgesetzte, Jugendführer) können unterschiedliche Normen und Werte vertreten. Der Jugendliche muss sich entscheiden und gerät dabei oft in Konflikt.

2. Das Verhalten von Erwachsenen dem Jugendlichen gegenüber wird oft von Wertvorstellungen bestimmt, die er nicht akzeptieren kann oder will, gegen die er rebelliert.

3. In vielen Situationen kann es zu Konflikten kommen zwischen den Geboten des verantwortlichen Handelns und den Bedürfnissen, die für dieses Alter charakteristisch sind.

Aufgaben

1. *Überlegen Sie sich Beispiele zu den drei aufgezeigten Problemen des Jugendlichen bei der Wertebildung.*

2. *Erarbeiten Sie Strategien, wie Sie als Erzieherin den Jugendlichen bei der Konfliktlösung unterstützen können.*

3. *Was sind ethische und moralische Werte? Diskutieren Sie die folgenden Definitionen von Wertvorstellungen. Welche sind für Sie gültig und wie können Sie diese vermitteln? Wertvorstellungen sind*

   - *Kriterien, anhand derer wir entscheiden, ob etwas gut oder schlecht ist, richtig oder falsch, wichtig oder unbedeutend.*

   - *Glaubensvorstellungen, anhand derer wir festlegen, wie wir zu bestimmten Dingen stehen.*

   - *Überzeugungen, die auf Religion, Gesetz oder Konvention zurückgehen.*

   - *Ideale, Normen oder Traditionen, die unser Verhalten formen.*

   - *Dinge, die unserem Leben eine Richtung geben und die Auswirkungen auf unsere Lebensführung haben.*

   - *Eigenschaften wie Unabhängigkeit, Fleiß, Optimismus, Toleranz, Gerechtigkeit, Glaube, Freundschaft, Großzügigkeit... Überlegen Sie weitere Eigenschaften. Wie wichtig sind sie für Sie?*

Normen und Wertvorstellungen sind die Überzeugungen, die von unserer Gesellschaft übereinstimmend akzeptiert werden und in der Schule, in den Medien, religiösen Einrichtungen und kulturellen Vereinigungen weitergegeben werden. Das Jugendalter ist gekennzeichnet durch die Auseinandersetzung mit den gesellschaftlichen Normen, den Institutionen und religiösen Wertvorstellungen. Je nach soziokulturellem Kontext haben sie unterschiedliche Bedeutung. Bewohner einer Großstadt bewerten Unabhängigkeit und Toleranz vielleicht höher als Dorfbewohner, für die Freundschaft oder Glaube mehr bedeuten.

Nach der 16. deutschen Shell-Studie (2006) werden Jugendliche auf der Basis ihrer Werte und ihrer Zukunftsperspektive nach wie vor in vier verschiedene Typen aufgeteilt: (1) den selbstbewussten Macher, (2) den pragmatischen Idealisten, (3) den zögerlichen Unauffälligen und den (4) robusten Materialisten. Die Werte der selbstbewussten Macher konzentrieren sich insbesondere auf den Beruf – sie sind ehrgeizig und streben nach Verantwortung, Einfluss und Ansehen. Die selbstbewussten Macher legen ählich wie die pragmatischen Idealisten nach dieser neuen Studie auch Wert auf die sogenannten Sekundärtugenden, wie Ordnung, Leistung und Sicherheit. Die pragmatischen Idealisten verknüpfen häufig persönliches Engagement, soziales Denken und Leistungsbewusstsein. Beide Typen sind den gesellschaftlichen Anforderungen gewachsen. Bei den pragmatischen Idealisten überwiegen die Mädchen. Zögerliche unauffällige und robuste Materialisten sehen ihre Zukunft eher skeptisch und können Anforderungen in Schule und Beruf nur schwer bewältigen. Während die Zögerlichen eher mit Resignation reagieren, äußern sich die Robusten eher mit Stärke und Rücksichtslosigkeit.

3.3.4 Berufswahl und Lebenspläne

Die Entscheidung für einen bestimmten Berufsweg ist ein weiteres, wichtiges Kennzeichen der jugendlichen Identitätsbildung. Die Berufswahl schließt Aufgaben ein, die grundsätzlich für die Identitätsbildung wichtig sind. Diese sind die

1. Einschätzung der eigenen Fähigkeiten und Interessen,
2. Kenntnis realistischer Alternativen,
3. Fähigkeit, eine Entscheidung zu treffen und ihr zu folgen.

Durch die Berufswahl kann sich der Jugendliche sowohl von den Werten der Eltern und der Gesellschaft unabhängig machen, als auch deren Übernahme bestätigen. Der Jugendliche sieht sich der Aufgabe gegenüber, sich an der zukünftigen Gestaltung seiner eigenen Lebenspläne zu orientieren. Einige der oben bereits skizzierten kognitiven Fähigkeiten sind dafür notwendig und an diesem Prozess beteiligt. Neben bestimmten Vorlieben, Vorbildern und Wünschen muss der Jugendliche seine tatsächlichen Fähigkeiten und seine Erwartungen in sein Kalkül miteinbeziehen.

Die Berufswahl ist darüber hinaus von großer Bedeutung für die Persönlichkeitsentwicklung. Das Selbstwertgefühl des Jugendlichen ist deutlich bestimmt vom Erfolg in der Berufsausbildung, vom Interesse an der Arbeit und dem Gefühl, diese auch zu bewältigen. Ein positives Selbstwertgefühl, verbunden mit der Hoffnung auf eine befriedigende Zukunft, ist eine wichtige Voraussetzung für die **soziale Integration** in die Erwachsenenwelt. Die soziale Integration ist unmittelbar mit dem Eintritt in die Berufswelt verknüpft.

Für die Jugendlichen ist die **subjektive** und **abstrakte Valenz**[1] stärker betont als die **objektive**. Subjektive Wertigkeit erhält der Beruf durch die eigenen Interessen und Fähigkeiten, die den Beruf erstrebenswert und attraktiv machen. Wenn sich z. B. ein Jugendlicher besonders für Kunst und Handwerk interessiert, könnte eine Lehre zum Goldschmied für ihn das Richtige sein. Objektive Valenz besitzt ein Beruf insofern, als er eine konkrete, inhaltlich bestimmbare Funktion in der Gesellschaft innehat und innerhalb des ökonomischen Gesamtsystems bestimmte Aufgaben erfüllt. Die abstrakte Valenz sieht von beidem ab. Sie verknüpft den Beruf unmittelbar mit der Identität, denn, nur wer arbeitet bzw. einen Beruf ausübt, ist ein vollwertiges Mitglied in der Gesellschaft.

---

1   *Valenz = Wertigkeit, Gewichtigkeit*

Rollen- und Statusprobleme machen dem Jugendlichen zu schaffen und treten oft erst im dritten Lebensjahrzehnt in den Hintergrund, wenn eine erste berufliche und gesellschaftliche Konsolidierung stattgefunden hat. Rollenkonflikte bzw. Anpassungs- und Orientierungsschwierigkeiten entstehen, wenn vom Jugendlichen erwachsenes Verhalten erwartet wird, zu dem er psychisch noch nicht in der Lage ist oder umgekehrt, wenn ein Jugendlicher wie ein Kind behandelt wird. Probleme von Jugendlichen entstehen oft dadurch, dass ihre Ansprüche nicht mit ihren Möglichkeiten übereinstimmen oder noch häufiger, weil diese nicht mit den Erwartungen ihrer Umwelt übereinstimmen.

Zusammenfassend lässt sich festhalten, dass bei Jugendlichen, die frühzeitig ins Berufsleben eintreten, die Diskrepanz zwischen Berufswunsch und Wirklichkeit am größten ist. Dies betrifft häufig die Abgänger der Hauptschule (9. Klasse), die noch nicht hinreichend für die Bewältigung dieser Entwicklungsaufgabe gerüstet sind, zumal zu diesem Entwicklungszeitpunkt auch alle anderen Identitätsfragen (körperliche Reifung, Sexualität, Ablösung vom Elternhaus) eine bedeutende Rolle spielen. Realschüler und gerade Gymnasiasten verweilen länger im „Schonraum" Schule und damit verbunden auch häufig länger in der Familie, sodass hier der Übergang oft sanfter vonstatten geht.

> **Aufgabe**
>
> *Männer und Frauen sind gleichberechtigt. Diskutieren Sie die geschlechtsspezifische Berufswahl.*

3.4 Soziale Verhaltensweisen

Die Familienbande lockern sich während der Jugendzeit, da mehr Zeit mit den Freunden außerhalb des Elternhauses verbracht wird. Das hat Folgen:

- Es werden weniger Anweisungen und Anleitungen durch die Erwachsenen vorgegeben. Der Jugendliche plant und organisiert zunehmend selbstständig.
- Neue, möglicherweise widersprüchliche Wertvorstellungen werden entdeckt. Jugendliche bilden sich ihre eigene Sicht der Welt.
- Es entsteht ein starkes Bedürfnis nach Unterstützung und Anerkennung durch Gleichaltrige.

3.4.1 Gruppe der Gleichaltrigen (Peergroup)

Die Gruppe der Gleichaltrigen, die sogenannte Peergroup nimmt im Jugendalter eine noch wichtigere Funktion ein als im Schulkindalter. Der Jugendliche, der sich allmählich von den Eltern ablöst, findet in der Peergroup neue Bezugspersonen, die den Ablösungsprozess unterstützen. Neue Formen der Beziehungen untereinander werden ausprobiert. Somit wird die Zugehörigkeit zu einer Peergroup zum sozialen Übungsfeld. Die Gleichaltrigen gewährleisten Gleichheit und Souveränität, aber auch Toleranz und Akzeptanz von Unterschieden in der Gruppe. Der Jugendliche erfährt die Möglichkeit zur Selbstdarstellung als Verwirklichung persönlicher Ziele, die oft zugleich auch Ziele der Gruppe sind. Diese Möglichkeiten erleichtern den Schritt zur Autonomie, ohne dass dabei Sozialbeziehungen aufgegeben werden müssen. Die Peergroup hat somit wichtige Entwicklungs-funktionen im Jugendalter:

- Sie kann zur Orientierung und Stabilisierung beitragen und gewährt emotionale Geborgenheit.
- Sie bietet sozialen Freiraum für die Erprobung neuer Möglichkeiten im Sozialverhalten und lässt Formen von sozialen Aktivitäten zu, die außerhalb der Gruppe zu riskant wären.
- Sie hat eine wichtige Funktion in der Ablösung von den Eltern und bietet eine normierende Wirkung einer Mehrheit (z. B. „Die anderen dürfen auch so lange weg bleiben.").
- Sie kann zur Identitätsfindung beitragen, indem sie Identifikationsmöglichkeiten, Lebensstile und Bestätigung der Selbstdarstellung bietet.

Die Gleichaltrigengruppe ist keine Gruppe mit starrem Normgefüge, strenger Mitgliedschaft und festen Rollen. Dies ist eher der Ausnahmefall. Die Peergroup ist eine Clique mit einer großen Vielfalt von jugendlichen Lebensstilen. Der Jugendliche kann verschiedenen Gruppen gleichzeitig angehören.

Manche Jugendgruppen kommunizieren stark verbal, z. B. politisch motivierte oder gesellschaftskritische Gruppen, andere bevorzugen mehr die nonverbale Kommunikation. Diese sind häufig durch Vorlieben verbunden wie z. B. Motorrad, Computer oder Musik. Zusammengehörigkeit wird von vielen Gruppen durch Äußerlichkeiten wie Kleidung, Frisur oder Accessoires demonstriert und dient auch der Abgrenzung von anderen Gruppen.

3.4.2 Kommunikation

- *Wenn etwas angenehm, positiv oder gut ist, sagen Jugendliche: cool, geil, fett, hart, krass …*
- *Über „Mongies", „Pfeifen", „Spasten" und „Bauern" regt man sich auf. Das sind „Vollidioten" und das können Lehrer, Väter oder Mütter, Erzieherinnen, aber auch Jugendliche aus anderen Gruppen sein.*
- *„Alter, was geht denn?" Freundlicher fragt man nicht danach, wie es geht oder was man gemeinsam machen will.*

Aufgaben

1. *Sammeln Sie Jugendausdrücke. Wie sprechen die Jugendlichen miteinander? Was drücken sie damit aus?*

2. *Jugendliche wollen sich abgrenzen, aber wollen sie nicht auch verstanden werden? Diskutieren Sie in Ihrer Ausbildungsgruppe über die Jugendsprache.*

3. *Welche Kommunikationsformen kennen Sie, um in Kontakt zu treten? Was können Sie tun, wenn der Jugendliche „dicht macht"?*

Die verbale Kommunikation der Jugend ist durch einen eigenen Sprachstil gekennzeichnet, der in jeder Generation einen neuen Jargon hervorbringt. Dieser Jargon erfüllt mindestens drei Funktionen:

1. Er drückt Dinge kurz und knapp aus und dient der Abgrenzung von den Sprachgepflogenheiten der Erwachsenen.

2. Er drückt Erlebniszustände aus, die nach Meinung der Jugendlichen nicht mit der herkömmlichen Sprache beschrieben werden können, da die Erwachsenensprache diese Zustände nicht kennt.

3. Er ermöglicht eine abgrenzende Verständigung und bewirkt das Gefühl der Zusammengehörigkeit.

Mit ihrem eigenen Kommunikations- und Sprachstil schwören Jugendliche aber auch häufig Konflikte z. B. mit den Eltern oder Lehrern herauf, weil die „Mundfaulheit" einerseits und die z. T. eigenwilligen Begriffe andererseits manchmal falsch oder nicht verstanden werden.

Aufgaben

1. *Diskutieren Sie in Ihrer Ausbildungsgruppe folgende Fragen und überlegen Sie Lösungsstrategien. Warum sprechen unsere Jugendlichen nicht mit uns? Reden wir selbst zu viel? Wie oft kommt nur die Antwort: „Laber mich nicht zu."? Wie ernst ist das gemeint?*

2. *Wie können Eltern und Erzieherinnen den Kontakt zum Jugendlichen herstellen und halten?*

Partnerschaftliche Konfliktlösung erfordert die Bereitschaft, sowohl von den Jugendlichen als auch den Erzieherinnen, gleichermaßen eine Lösung zu erarbeiten. Jugendliche und Erzieherinnen sollten alle Einwände offen aussprechen können.

Jeder Kompromiss ist eine **soziale Interaktion**. In dem Moment, in welchem Menschen miteinander in Beziehung treten, beeinflussen und steuern sie sich gegenseitig. Erziehung ist soziale Interaktion, d.h. Erzieherinnen und Jugendliche reagieren ständig aufeinander und steuern sich gegenseitig. Wer den anderen beeinflusst und steuert, teilt ihm auch gleichzeitig etwas mit. Dadurch werden bei jeder sozialen Interaktion auch Informationen ausgetauscht. Diesen Informationsaustausch bezeichnet man als **soziale Kommunikation**. Erziehung ist demnach stets auch Kommunikation. Alles Verhalten in einer sozialen Beziehung hat Mitteilungscharakter. In jedem Erziehungsprozess werden Informationen ausgetauscht. Kommunikation ist ohne Interaktion nicht denkbar und umgekehrt. Darüber hinaus spielt in der Erziehung die Beziehung zwischen Erzieherinnen und Jugendlichen eine wesentliche Rolle.

Aufgaben

3. *Erziehung ist immer soziale Interaktion und Kommunikation. Was bedeutet das? Überlegen Sie Beispiele. Worauf müssen Sie besonders achten, wenn Sie mit Jugendlichen in Konfliktsituationen sprechen?*

4. *„Wo die Beziehung nicht stimmt, hat die Sache wenig Chance." Wie bauen Sie Beziehung auf?*

---

5. Diskutieren Sie in Ihrer Ausbildungsgruppe folgende Hinweise für konfliktlösendes Verhalten (Kosubek, 1988, S. 49) und berücksichtigen Sie dabei die gängigen Verhaltensweisen Jugendlicher, die typischerweise zu Konflikten zwischen Eltern und Heranwachsenden führen:
   – nicht auf ein sofortiges Ergebnis drängen
   – zurückstellen, wenn man sich nicht in der Lage sieht, ein Problem zu lösen
   – mehr zuhören als reden
   – mehr nachdenken als sich aufregen
   – an Entscheidungen festhalten
   – für Ideen eintreten, aber nicht darauf bestehen

4 Lebenswelten von Kindern und Jugendlichen

Aufgaben

1. Wie sollte Ihrer Meinung nach ein Jugendzentrum aussehen? Entwerfen Sie ein Konzept für einen „Milchladen" als alkoholfreien Jugendtreff in Ihrem Ort.

2. Damit Kinder und Jugendliche lernen, ihre Handlungen eigenständig zu regulieren, benötigen sie Freiräume und Möglichkeiten, eigenverantwortliches Handeln zu üben. Wie kann dies in Familie, Schule und Freizeit realisiert werden?

3. *Welche Institutionen der Jugendhilfe (z. B. Jugendzentrum, Erziehungsberatungs-*
   stellen, Heim) gibt es in Ihrer Stadt? Besuchen Sie eine Einrichtung und fragen Sie
   nach, wie dort gearbeitet wird.

4.1   Soziale Räume

Neben der Sozialisation in der Familie, Schule und/oder Berufswelt fällt den Jugendver-
bänden eine besondere Verantwortung zu, im Rahmen der **Freizeitgestaltung** und des
Freizeitangebotes für Kinder und Jugendliche deren soziales und gesellschaftliches Ver-
antwortungsbewusstsein zu fördern. Kinder und Jugendliche sollen den Anforderungen,
die sich aus den unterschiedlichen Lebenssituationen ergeben, gewachsen sein. Die Familie ist zunächst der Ort, der die Grundvoraussetzungen dafür liefern kann, wird aber
gesamtgesellschaftlich nach wie vor zu wenig unterstützt. Kinder und Jugendliche gelten
häufig als Störenfriede.

Eltern und Erzieherinnen müssen wirkungsvoll unterstützt werden, damit sie den auf die
Jugendlichen einwirkenden Gefährdungen (wie z. B. Drogen, Nikotin, Alkohol, Computerspiel, Verherrlichung von Gewalt u. a.) begegnen können. Erzieherinnen haben es mit
Jugendlichen zu tun, die sich einerseits vom Elternhaus ablösen wollen (siehe Kap. 3.3.2),
andererseits in persönlichen Krisen stecken, die eigene Identität suchen und selbstbe-
stimmt leben wollen. Jede Jugendkohorte ist anderen Gefahren ausgesetzt, die auf gene-
rationstypischen Lebensstilen basieren.

Jugendliche brauchen **Lebensräume**, die sie ansprechen, wo sie sich betätigen und engagieren, wo sie praktisch arbeiten und kreativ sein können. Ihre Fantasie sollte gefragt sein und
ihre Person respektiert werden. Derartige Lern- und Sozialisationshilfen bietet die **Jugendarbeit**. Die Aufgaben der Jugendarbeit lassen sich folgendermaßen zusammenfassen:

1. **Ort sinnvoller Freizeitgestaltung:**
   Der Jugendliche soll dazu angeregt werden, selbst aktiv zu werden und seine Freizeit
   kreativ und selbstständig zu gestalten, um passiven Verhaltensweisen und Konsum-
   orientierung vorzubeugen bzw. entgegenzuwirken.

2. **Ort des sozialen Lernens:**
   Kontakt- und Gemeinschaftsfähigkeit sollen gefördert werden mit dem Ziel der Übernahme von Verantwortung für die Gemeinschaft.

3. **Ort des politischen Lernens:**
   Durch die Förderung von Selbstständigkeit, Kritikfähigkeit und Toleranz erbringt die
   Jugendarbeit einen entscheidenden Beitrag zur Aneignung von gesellschaftlicher
   Mitverantwortung und zum Verständnis von Demokratie.

(vgl. Hobmair, Pädagogik, 2008 S. 316 f.)

Aufgaben

1. *Überlegen Sie Möglichkeiten, wie Sie Jugendliche zu Selbstaktivität und schöpfe-*
   rischer Freizeitgestaltung anregen können. Welche Bücher, Zeitschriften, Filme
   u. Ä. empfehlen Sie?

2. *Spielen, Sport treiben, Musik machen sind typische Jugendaktivitäten. Überlegen Sie Projekte für ein Jugendzentrum: z. B. ein Laientheater, einen Sportwettbewerb oder Ähnliches.*

3. *Die Jugendarbeit als Ort des sozialen Lernens: Diskutieren Sie mit einer Gruppe Jugendlicher über deren Probleme z. B. in der Schule, Beruf und Elternhaus.*

4. *Mit 14 Jahren haben Jugendliche folgende Rechte und Pflichten:*
   - *Besuch von Veranstaltungen (z. B. Film) bis 22h, volle Religionsmündigkeit, Strafmündigkeit als Jugendlicher, Mitbestimmungsrechte, z. B. bei einer bevorstehenden Operation, Berufswahl, im Scheidungsfall Zugehörigkeit zu einem Elternteil.*

   Mit 16 Jahren haben Jugendliche folgende Rechte und Pflichten:
   - *Bedingte Ehemündigkeit, Eidesfähigkeit, Fahrerlaubnis der Klasse A1, M und L, Pflicht zum Besitz eines Personalausweises, Aufenthalt in Gaststätte ohne Erziehungsberechtigten, Film- und Tanzveranstaltungen bis 24h, Rauchen in der Öffentlichkeit.*

   Diskutieren Sie mit Jugendlichen über ihre Rechte und Pflichten.

Die Angebote der Jugendarbeit sollen an den Interessen und Bedürfnissen junger Menschen anknüpfen und diese zu Selbstbestimmung, gesellschaftlicher Mitverantwortung und zu sozialem Engagement anregen. Die Jugendlichen nehmen freiwillig an diesen Angeboten in ihrer Freizeit teil. Sie können die Angebote und Veranstaltungen mitplanen und mitgestalten.

Merksatz
Jugendarbeit wird von Trägern der öffentlichen bzw. der freien Jugendhilfe organisiert. Sie orientiert sich an den Interessen und den Bedürfnissen der Jugendlichen. Die Jugendlichen nehmen in ihrer Freizeit freiwillig an den unterschiedlichen Angeboten und Veranstaltungen teil, die sie mit planen und mitgestalten können.

Cliquen

Die Mutter eines 15-Jährigen findet morgens um 6:30 h beim Wecken anstelle ihres Sohnes folgenden Brief:

Stopp!

Geht zurück und wärmt eure Füße unter euren warmen Bettdecken. Ich bin nämlich, da ich nicht gut schlafen konnte und deswegen frühzeitig aufgewacht bin, mit dem Bus über U. gefahren, der ca. 20 Minuten früher fährt. Macht euch keine Sorgen, ich bin ganz normal in der Schule. Da ich heute Nachmittagsunterricht habe, habe ich mir erlaubt, 5 EUR aus Mutters Geldbeutel zu nehmen für was zu essen. Bin um 16 h wieder zu Hause. Schlaft schön weiter!
Leon

Der Wecker des Jungen steht auf 4:30 h. Die Mutter wird misstrauisch. Ihr fällt ein, dass ihr Sohn am Abend vorher lange mit seinen Freunden aus der Clique Verabredungen getroffen und ausgerechnet an diesem Abend einen Wecker verlangt hat. Die Mutter geht davon aus, dass sich Leon mit seiner Clique verabredet hat.

Aufgaben

1. Diskutieren Sie diesen Brief und die Informationen, die die Mutter zusätzlich erschließt.

2. Was kann die Mutter glauben, da die Ausrede „nicht schlafen können" offensichtlich geschwindelt ist? Welchen Einfluss und welche Bedeutung hat die Gruppe?

In der Zeit der Ablösung und des Übergangs von der Familie zur Selbstständigkeit spielt für den Jugendlichen die Gesellschaft Gleichaltriger eine besondere Rolle. Er baut soziale Netzwerke auf und sucht Geselligkeit. Ca. 83-% der 11-24-Jährigen verbringen ihre Freizeit mit Freunden. Die eigentliche Ablösung von der gemeinsamen Freizeit mit den Eltern findet zwischen 12 und 16 Jahren statt.

In der Regel bevorzugen Jugendliche, ihre Freizeit mit den Freunden ungebunden und unorganisiert zu verbringen. Unter den Schülern einer Klasse oder den Jugendlichen einer Straße oder eines Ortsteil bilden sich **Cliquen**. Dabei handelt es sich um kleinere Gruppen, die durch gemeinsame Interessen, persönliche Freundschaften und Zuneigung, gleichen Geschmack und häufig auch gleiche Schichtzugehörigkeit verbunden sind. In der Ablösungsphase, in der die Normen und Werte der Eltern zum Teil zurückgewiesen werden, gibt die jugendliche Subkultur, mit ihren spezifischen Modeschöpfungen, eigenen Sprach- und Verhaltensformen ein neues Bezugssystem.

Cliquen haben bei den Jugendlichen einen sehr hohen Stellenwert, denn noch nie haben Jugendliche so viel Zeit mit Gleichaltrigen verbracht. Lange Zeit wurde den Cliquen eher ein negativer Einfluss auf die Entwicklung der Jugendlichen nachgesagt, da sie zu kriminellen Verhalten, (z.B. stehlen), Alkohol- oder Drogenkonsum verführen. Neue Untersuchungen bescheinigen der Zugehörigkeit zu einer Clique wesentlich positiveren Einfluss auf die Entwicklung des Jugendlichen, als noch vor einigen Jahren (vgl. Kasten, 1999). Eine Gruppe bietet Geborgenheit und ein Zusammengehörigkeitsgefühl kann entstehen. Der Umgang mit anderen Jugendlichen innerhalb einer Gruppe bietet ein wichtiges Lernfeld für das Sozialverhalten. Aufgrund eines ähnlichen Lebensstils fühlen sich Jugendliche von Freunden oft besser verstanden als z.B. von den Eltern oder Lehrern.

Sie bewegen sich in Jugendszenen und wollen eindeutig zu bestimmten Gruppen dazugehören bzw. nicht dazugehören. Unterschiedliche Gruppen grenzen sich deutlich voneinander ab, je nachdem welche Interessen sie verfolgen. Am häufigsten organisieren sich Kinder und Jugendliche in Sportvereinen, gefolgt von kirchlichen Organisationen. Jugendzentren werden zwar gewünscht, aber möglichst selbstverwaltete.

Da „alle das tun", z.B. nachts aus dem Fenster klettern und sich mit den Freunden treffen (siehe Anfangsbeispiel), fühlt sich der einzelne Jugendliche in seiner Clique sicher, auch wenn er Schuldgefühle den Eltern gegenüber empfindet. Durch die **Identifikation mit der Gruppe** geht der Jugendliche auf Distanz zur Welt der Erwachsenen und dokumentiert seine Selbstständigkeit.

Cliquen treffen sich zu Partys, Ausflügen, zum Besuch sportlicher Veranstaltungen, Discotheken, zu Café- und Kneipenbesuchen. Häufig trifft man sich privat in den Wohnungen der einzelnen Mitglieder. Die Cliquenbildung hat ihren Höhepunkt zwischen vierzehn und achtzehn Jahren. Diese Form der Geselligkeit wird mit zunehmendem Alter vom festen Freund oder Freundin abgelöst.

4.2 Jugendkulturen

Jugend in den 1990ern

- Hip-Hop entstand in den späten 70ern aus Funk (Jazz) in den schwarzen Armenvierteln New Yorks. Die Hip-Hop-Nation will aus dem grauen Alltag der Armut ausbrechen und macht Straßenpolitik. Problematisch sind ihre Gewaltbereitschaft durch „Gangster", Hang zum Alkohol und illegales Graffitisprühen.

- Techno: Die Entstehung ist schwer nachzuvollziehen. Die Ausweitung auf die breite Masse hat Ende der 80er, Anfang der 90er-Jahre begonnen. Techno-Anhänger suchen Einigkeit, Frieden und Spaß, wobei der Absturz durch Drogen (Ecstasy) und Realitätsverlust hier das Problem werden können.

- Skinheads: Ursprung in den 60ern in England. In den 70ern entwickelten sich rechtsradikale Strömungen. Häufige Probleme in dieser Subkultur sind Arbeitslosigkeit und hohe Gewaltbereitschaft.

- Punk entstand in den 70ern durch englische Arbeiterkinder. Punk als Lebensstil ist der Gegenpol zur Gesellschaft, geprägt durch anarchistisches Gedankengut und Straßenpolitik. Punker sind häufig obdach- und arbeitslos, Neigung zu No-Future-Denken, Chaos und Gewalt.

- Reggae entstand in den 60ern in den Ghettos Jamaikas. Die Philosophie seiner Anhänger ist Antirassismus, Religion, Straßenpolitik und Naturbezogenheit. Mögliches Problem ist der Kommerz.

- Grunge entwickelte sich in der Mitte der 70er-Jahre aus dem amerikanischen Rock in Seattle. Grunge ist problembezogen und ein Gegenpol zur Kommerzgesellschaft. No-Future-Denken kann zum Absturz aus der Gesellschaft führen.

- Skatepunk entstand aus dem ursprünglichen Punk Mitte der 80er an der Westküste Amerikas. Skatepunks haben Spaß und befassen sich mit Jugendproblemen. Mögliche Gewaltbereitschaft und Oberflächlichkeit sind ihre Probleme.

(vgl. Baier, 1997)

Die Ausprägung einer eigenen **Jugendkultur** ist der Versuch der Selbstfindung und Identitätsbildung. In jeder neuen, jungen Generation entstehen eigene Formen von Subkulturen, die vor allem der Abgrenzung von dem bestehenden Normen- und Wertesystem dienen. Gab es z. B. in den 50er-Jahren in der BRD das Phänomen der „Halbstarken", die z. B. dadurch auffielen, dass sie bei Rockkonzerten das Mobiliar zertrümmerten, so war dagegen der Jugendaufstand der 50er-Jahre nach Baacke eher harmlos und hatte freizeitorientierte Motive (vgl. Baacke, 1994). Der Jugendprotest der 60er-Jahre wiederum war politisch motiviert z. B. durch den Vietnamkrieg und die Bürgerrechtsbewegung in den USA. Die Hippiebewegung, die Flower-Power-Generation formierte sich in den 60er-Jahren. Sie verband unterschiedliche Rassen und Stile und setzte sich über bestehende Grenzen mit friedlichen Mitteln hinweg. Es ging um ein neues Jugendbewusstsein, den Generationskonflikt, das Konsumverhalten und um ein neues Freizeitverhalten, das höchstmögliche individuelle Befriedigung gewährleisten sollte.

Jugendliche versuchen z.B., sich durch schockierende, auffällige Kleidung oder durch die Identifikation mit Stars oder Popgruppen entschieden von bestehenden Normensystemen abzuheben und sich damit deutlich von den Erwachsenen abzugrenzen. Besonders durch den Modestil und die bevorzugten Musikrichtungen unterscheiden sich die verschiedenen Jugendkulturen. Der Reggae (Mischung aus amerikanischen Soulelementen und afrikanischen Rhythmen) spricht z.B. die Arbeiterjugend in den USA an, die keine Aufstiegschancen sieht. Er enthält stark religiöse Elemente und drückt die Sehnsucht nach einer besseren Welt aus. Gegen den Reggae und seine Philosophie entstand als Gegenbewegung der Punk-Protest, der seinen Höhepunkt Mitte der 70er-Jahre in England hatte. Der Punk fällt auf durch bunte, schrille Frisuren, Springerstiefel, schwarze, alte Klamotten, vielleicht schwarze Lippen und Piercing. In den 80er-Jahren kam die sogenannte Popperwelle, gesteuert von einer extravaganten Verbrauchsgüterindustrie. „Sehen und gesehen werden" in den teuersten Markenklamotten ist die Devise der Popper.

Der größte Anteil der Jugendlichen zählt sich nicht zu den zitierten Extrem-Kulturen. Nach Ansicht von Jugendlichen aus der Shell-Studie sind die Popper zu eingebildet und die Punks zu primitiv und aggressiv. Trotzdem bieten vor allem die Jugendsprache, ihre Kleidung und die unterschiedlich schrillen Musikgruppen für die Jugendlichen herausragende Möglichkeiten, sich selbst darzustellen und zu inszenieren. Um einen eigenen Lebensstil aus den unzähligen Angeboten herauszufinden, wird mit allen Ausdrucksmitteln experimentiert. Dazu zählen sowohl gestalterische Ausdrucksweisen, z.B. die Comics Kultur, als auch der Bewegungsausdruck, z.B. Modetänze.

Merksatz
Die Kennzeichen einer Jugendkultur als Subkultur lassen sich folgendermaßen zusammenfassen:
1. *das Vorhandensein eines von der Gesamtkultur sich abhebenden Orientierungs- und Normensystems*
2. *ein von der Gesamtkultur deutlich abweichender Lebensstil*
3. *das Vorhandensein eines Sozialsystems (Peergroup) als Träger eines Normensystems und eines spezifischen Lebensstils.*

Aufgabe

Diskutieren Sie folgende Aussagen:

– *Jugendkulturen pendeln zwischen Protest und Anpassung.*

– *Wer jung ist, hat mehr vom Leben.*

– *Trau keinem über Dreißig!*

– *Ihr wollt nur unser Bestes, doch das bekommt ihr nicht!*

3.3 Medien

- **Sonntags, 11 Uhr ist TV-Zeit**. *Malena (7 Jahre) sieht mit ihrem Bruder die Sendung mit der Maus. Käpt'n Blaubär gefällt ihr besonders gut. Aber auch Ernie und Bert von der Sesamstraße stehen hoch im Kurs.*

- **Milan (10 Jahre)** *hat ein neues Computerspiel zum Geburtstag bekommen. Er hat mittlerweile eine schöne Sammlung. Zur Zeit reizt ihn besonders die Fußballweltmeisterschaft. Da kann sein Freund mitspielen.*

- **Daniel (15 Jahre)** *bewohnt eine kleine Mediothek. In seinem Zimmer stehen ein Fernseher, ein Videogerät, ein Computer, ein Radiowecker und ein DVD-Player. Ein paar Bücher und Comics liegen auch herum.*

Aufgaben

1. *Schauen Sie sich typische Kindersendungen auf verschiedenen Sendern an. Überlegen Sie sich, wie Sie als Erzieherin diese Sendungen mit Kindern besprechen würden. Welche Lern- und Denkvorgänge werden bei den Kindern angeregt?*

2. *Lassen Sie sich in einem Computerfachgeschäft unterschiedliche Computer- und Videospiele zeigen. Was fesselt besonders die Grundschulkinder, was die Jugendlichen an diesen Spielen?*

3. *Setzen Sie sich mit dem umfangreichen Medienangebot auseinander: Fernsehen, DVD, Hörfunk, CD, Kino, Presse, Bücher, Computerspiele, Internet etc. Diskutieren Sie in Ihrer Ausbildungsgruppe Vor- und Nachteile der jeweiligen Medien für Kinder und Jugendliche.*

4. *Sammeln Sie Argumente und Beispiele, die für den Einsatz elektronischer Medien im erzieherischen Kontext sprechen.*

5. *Überlegen Sie, wie z.B. in einem Jugendzentrum effektive Medienerziehung gemacht werden könnte. Wie vermitteln Sie einen kreativen, eigenverantwortlichen Umgang mit den Medien?*

Medien sind Instrumente, welche Informationen an andere Personen übertragen. So handelt es sich z.B. bei einem Tageslichtprojektor in einer Schulklasse um ein Medium, das Informationen an eine Schulklasse weitergibt. Wird mit einem Medium oder Mittel ein großes Publikum erreicht, spricht man von Massenmedien. Zu den Massenmedien zählen vor allem Fernsehen, Hörfunk und Presse, aber auch CD, Video, DVD, Bücher und Filme. Zunehmende Bedeutung gewinnen die Nutzung von privaten PCs für Spiele und Internet sowie die Kommunikation per Handy (SMS).

Medienpädagogik beschäftigt sich mit erzieherischen Fragen, Problemen und Themen, die mit den verschiedenen Medien verbunden sind. Die Erziehung zum kritischen Umgang mit den Medien wird in der Fachwelt als Medienerziehung bezeichnet. Im erzieherischen Kontext sollte die Medienpädagogik von einer grundsätzlichen Offenheit gegenüber der Medienwelt ausgehen. Dies setzt die Bereitschaft der Erzieherinnen voraus, sich mit den individuellen Erfahrungen der Heranwachsenden mit unterschiedlichen Medien auseinander zu setzen.

Hauptaufgaben der Medienpädagogik sind Folgende:

1. Sachkenntnisse über Massenmedien vermitteln. Die Jugendlichen sollen sich in der Medienwelt zurechtfinden können, d.h. die Angebotsvielfalt kennen lernen, Handhabung einüben und Auswahl und Nutzung sinnvoll gestalten.
2. Möglichkeiten schaffen, um die durch die Medien vermittelten Informationen, Erfahrungen und Handlungsmuster zu verstehen und kritisch zu betrachten.
3. Ein Bewusstsein schaffen, wie Massenmedien auf den einzelnen wirken können.

> *Merksatz*
> *Medienpädagogik ist eine Teildisziplin der Pädagogik. Sie beschäftigt sich mit allen erzieherischen Fragen, Problemen und Themen, die mit den verschiedenen Medien zusammenhängen. Die Erziehung zum kritischen Umgang mit Medien bezeichnet man als Medienerziehung.*

Medienkompetenz umfasst die vier Bereiche

1. Medienkunde: Kenntnisse über die unterschiedlichen Medien, Wissen über Vielfalt und Bedienung der Geräte
2. Mediennutzung: rezeptiv durch TV- oder PC-Konsum oder interaktiv, z. B. durch Computerspiele oder Internet-Chat
3. Medienkritik: Fähigkeit, komplexe Zusammenhänge zu analysieren, zu bewerten und zu hinterfragen
4. Kreative Mediengestaltung: Verschiedene Medien für sich selbst als Ausdrucksformen nutzen, z. B. fotografieren, Videofilm, eigene Homepage

Aufgabe

Wie lässt sich Medienkompetenz fördern?

Literaturtipp

Böcher, Hartmut/Koch, Roland: Medienkompetenz in sozialpädagogischen Lernfeldern, 2. Auflage, Troisdorf: Bildungsverlag EINS, 2005.

4.3.1 Medienkonsum

Elektronische Medien spielen im Alltag heutiger Kleinkinder, Schulkinder und Jugendlicher eine große Bedeutung. Ulrike Six (2008, S. 886 ff) erläutert zahlreiche Indikatoren für den hohen quantitativen Stellenwert von Medien:

● Medien in den Familien: Eltern schätzen die Wichtigkeit besonders elektronischer Medien (TV, Computer, Internet) für sich selbst hoch und lassen ihre Kinder daran teilhaben.

● Medienbesitz von Kindern und Jugendlichen: siehe folgende Tabelle

Besitz ausgewählter Mediengeräte 6–13-Jähriger 2003. (Angaben in Prozent)

	6–7-Jährige	8–9-Jährige	10–11-Jährige	12–13-Jährige
Fernsehgerät	20	31	41	55
Handy	7	14	24	49
PC mit Internet	2	3	6	12
Spielkonsole	18	24	30	39

(vgl. Schumacher, 2006, S. 27)

Für 2005 liegen bereits zum Handybesitz weitaus höhere Prozentzahlen vor: 6–7-Jährige: 16 %, 8–9-Jährige: 30 %, 10–11-Jährige: 58 %, 12–13-Jährige: 71 % (KIM, 2006, S. 46)

● Umfang der Mediennutzung: Kinder zwischen zwei und fünf Jahren verbringen z. B. täglich insgesamt mehr als zweieinhalb Stunden mit verschiedenen Medien. Dabei liegt Fernsehen an erster Stelle.

● Computerspielen: Neben Fernsehen nimmt der Computer einen breiten Raum ein. Er wird vor allem zum Spielen und Surfen im Internet benutzt. Mehr als zwei Drittel der 12–13-Jährigen spielen regelmäßig Computerspiele, dabei die Jungen deutlich länger als die Mädchen (vgl. KIM, 2006).

● Medienbezogene Freizeitaktivitäten: Spitzenplatz bei Eltern und Kindern ist das Fernsehen.

Kinder und Jugendliche verbringen einen Großteil ihrer Freizeit vor dem Bildschirm. Manche Kinder bezeichnen ihren Fernseher als ihren „besten Freund". Bereits 34 % der 9–10-Jährigen haben ein eigenes Fernsehgerät, wobei es sich dabei entweder um ein eigens für sie angeschafftes Gerät handelt oder um eines, das zuvor von den Eltern benutzt wurde, also ein Zweit- oder Drittgerät.

Kinder und Jugendliche entscheiden heute weitgehend allein über die Nutzung der Geräte, dies nicht nur bei der Auswahl der Sendungen, sondern auch bei der Auswahl der Software. Heutzutage sind Kinderzimmer oft vergleichbar mit einer kleinen Mediothek: elektronische Geräte (Computer, Spielkonsole, TV, Handy, MP3-Player), Medienspielzeug usw. Die Kinder sind in der Lage, ohne Probleme das Medium zu wechseln und nicht selten wird ihr Tagesrhythmus von den Medien bestimmt.

Der tägliche Fernsehkonsum ist oft die einzige Freizeitbeschäftigung und dient als Ersatz für fehlende Kontakte zu Gleichaltrigen. Fernsehen und Video stellen somit für Kinder und Jugendliche einen Lebensbereich dar, der vergleichbar ist mit der Bedeutung der Familie und der Schule. Ein Großteil der Lebenserfahrungen wird deshalb nicht mehr selbst gemacht und erlebt, sondern stellvertretend durch die Massenmedien vermittelt.

Neben dem Fernsehkonsum beschäftigen sich Grundschüler und Jugendliche zunehmend mit Computer- und Videospielen. In der Stadt geben knapp 31 % der Kinder zwischen neun und zehn Jahren an, oft Computer- und Videospiele zu spielen. Nach Fritz/Henkel (1992, und Glogauer, 1998, S.67) können fünf Hauptgruppen dieser Spiele unterschieden werden:

1. Abstrakte Denk- und Geschicklichkeitsspiele (z.B. Bau- und Drehspiele, interaktive Denkspiele)
2. Kampfspiele (z.B. Abschussspiele)
3. Funny Games (z.B. einfache Labyrinthe)
4. Simulation (Sportspiele, Gesellschaftsspiele, Wirtschaftssimulationen)
5. Spielgeschichten (z.B. Historienspiele, Abenteuergeschichten, Rollenspiele, action-adventure)

Bei Kindern und Jugendlichen sind die herkömmlichen Gesellschaftsspiele, Sportsimulationsspiele, Actionspiele, Horror- und Gruselspiele, Adventurespiele und Strategiespiele besonders beliebt.

In den letzten Jahren sind zahlreiche neue Medien in der Familie dazugekommen. Während die Anschaffung von PCs erst neuerdings so rasant zunimmt, sind viele Familien – besonders in der Unterschicht – im Besitz von Videokonsolen, die besonders von Jugendlichen benutzt werden. Nach der KIM-Studie 2006 ziehen Kinder zwischen 6 und 13 Jahren mittlerweile das Fernsehen einem Treffen mit Freunden vor. Darauf folgen Beschäftigungen mit dem Computer.

Es gibt Empfehlungen zum Fernsehkonsum: für Vorschulkinder ca. 30 Minuten, 6-8-Jährige weniger als 1 Stunde und für Kinder mit 9–10 Jahren weniger als 1½ Stunden täglich. Wozu dient das Fernsehen? Lassen Sie sich folgende Fragen durch den Kopf gehen:

1. Warum will das Kind fernsehen? Will es sich entspannen? Will es etwas dazulernen? Will es Langeweile vertreiben? Hat es keine Freunde, mit denen es spielen kann? Ist es in einer schwierigen Situation?
2. Hat sich das Kind eine Sendung gezielt ausgesucht?
3. Spricht das Kind über das Gesehene? Weiß ich als Erzieherin über die Fernsehgewohnheiten Bescheid? Habe ich genügend Kontakt zu dem Kind?
4. Schaut es alleine oder mit Freunden fern? Gibt es Alternativen, z.B. im Freien mit Freunden spielen?
5. Wie verhält es sich vor dem Fernseher? Schaut es gebannt zu oder langweilt es sich? Ist das Kind unkonzentriert, unruhig oder ängstlich? Wirkt es bedrückt?
6. Sollte sich das Kind die Sendung bis zum Ende ansehen?
7. Wie ist mein eigenes Fernsehverhalten?

4.3.2 Medienwirkung

Jedes Medium hat seine Licht- und Schattenseiten. Die Nutzung der unterschiedlichen Medien kann nachweislich positive Wirkungen erzielen. Diese hervorzurufen, ist Aufgabe einer verantwortungsvollen Medienerziehung. Bei Dauergebrauch und unkritischem Konsum schädlicher Inhalte können auch sehr negative Folgen auftreten. Diese werden im nächsten Abschnitt ausführlicher dargestellt.

Allgemein machen sich nach Spanhel (1998) die Wirkungen der Massenmedien auf folgenden Ebenen bemerkbar:

1. **Kognitive Ebene**: Medien können Lernprozesse initiieren und die Entwicklung von Kindern und Jugendlichen fördern. Jedoch kann dieses Lernen auch oberflächlich, unpersönlich und wenig kontinuierlich sein.

2. **Emotionale Ebene**: Charakteristisch z. B. für das Fernsehen sind emotionale Wirkungen. Emotionale Beziehungen an einen Handlungsträger (Filmheld) einer Sendung bleiben erhalten, obwohl der Inhalt der Sendung vergessen sein kann.

3. **Soziale Ebene**: Durch ständige Wiederholungen verstärken und bestätigen Medien Verhaltensweisen von Kindern und Jugendlichen. Häufiger Medienkonsum in der Familie vermindert die Interaktionsfähigkeit und die Bereitschaft zu einer differenzierten Kommunikation nimmt ab.

Die Auswirkungen von Darstellungen in den Medien hängen ab von:

- inhaltlichen Faktoren
- Persönlichkeitsmerkmalen des Darstellers (Modell)
- Persönlichkeitsmerkmalen des Beobachters
- Situationen, in denen man die Medien nutzt
- Art der Beziehung, die der Beobachter zum Darsteller aufbaut.

Für einen entwicklungsfördernden Umgang mit dem Medium Fernsehen muss das Kind frühzeitig lernen, zwischen Realität und Fiktion zu unterscheiden. Dafür empfiehlt es sich für Eltern und Erzieherinnen, besonders bei den jüngeren Kindern ausgewählte Sendungen mitanzusehen und mit den Kindern zu besprechen. „TV-Lesefähigkeit", als die Fähigkeit, Fernsehen besser zu verstehen, steigt mit zunehmendem Alter (vgl. Greenfield, 1987). Didaktische Sendungen wie z. B. die Sesamstraße oder die Sendung mit der Maus fördern nachweislich das Lernen von spezifischem Wissen.

Da Kinder jedoch häufig unkontrolliert alle möglichen Unterhaltungsprogramme anschauen, sollte die allgemeine Maxime sein, anspruchsvolle Sendungen zu fördern, schädliche Inhalte zu vermeiden und mäßigen Konsum zu beachten. Schädigende Wirkungen des Fernsehens wie z. B. die Passivität des Zuschauers und die mangelnden Gelegenheiten, die eigene Fantasie spielen zu lassen, sind Stärken anderer Medien.

Computer- oder Videospiele z. B. verbinden die Dynamik des Fernsehens mit der aktiven Teilnehmerrolle des Kindes. Dadurch wird die Passivität des bloßen Zusehens im Fernsehen bei altersgerechten und inhaltlich ansprechenden Spielen aufgegeben. Dies ist ein wichtiger Faktor für die Beliebtheit von Computerspielen. Kinder werden sehr stark von Aktivitäten angezogen, bei denen sie selbst mitmachen können (z. B. Simulation eines Zoobesuchs, Fußballspiel etc.). Der Computer ist dynamisch, interaktiv und programmierbar (Brown, 1982, zitiert nach Greenfield, 1987). Im Computerspiel kann der Spieler interaktiv das Spielgeschehen beeinflussen. Die Programmierbarkeit geht noch darüber hinaus und fesselt durch die Möglichkeit, z. B. Melodien zu erfinden, optische Bildfolgen zu entwickeln oder Farbeffekte zu steuern. Der Computer ist somit zu einem bedeutsamen Medium im Leben der Kinder geworden.

4.3.3 Chancen und Gefahren durch Medien

Mit dieser rasanten Entwicklung und Nutzung der neuen Medien stehen den Erzieherinnen neue, schwierige Aufgaben bevor. Petzold (2000) nennt vier Punkte, wie Probleme und Gefahren bewältigt werden können:

1. Medien sollten nicht als „Kinderbetreuungsersatz" benutzt werden. Oft haben Betreuungspersonen selbst zu wenige Kenntnisse über das Medium. Entscheidend im erzieherischen Kontext sind jedoch die Interaktion und der Austausch.

2. Das Handy bietet einerseits eine gute Chance, dass der Kontakt zwischen Eltern und Jugendlichen wieder enger wird (Absprachen, Termine). Es sollte jedoch nicht als Mittel zur Kontrolle missbraucht werden. Gerade Jugendliche brauchen ihren persönlichen Freiraum. Wichtig ist auch hier die direkte personale Kommunikation, denn sie ermöglicht mehr emotionale Unterstützung.

3. Durch die neuen Medien werden Kindern und Jugendlichen neue Erfahrungsräume, ein riesiger Informationskosmos zugänglich. Die Kindheit nähert sich damit immer mehr der Erwachsenenwelt an. Dies kann unter der Voraussetzung der gemeinsamen Nutzung der Medien innerhalb der Familie als Chance begriffen werden.

4. Kinder haben naturgemäß ein höheres Lerntempo als Erwachsene, zudem haben sie den Vorteil, mit den Medien aufzuwachsen. Dies ist eine Herausforderung für Eltern und Erwachsene, auch von den Kindern und Jugendlichen etwas zu lernen.

Ein großes Problem mit entsprechenden Folgen ist vor allem der ständige „visuelle Input", die Dauerberieselung mit visuellen Reizen, selbst wenn von morgens bis abends z. B. im Fernsehen nur friedliche Sendungen laufen. Ständiger Kontakt mit Medien macht aggressiv und dumpf. Vor allem Kinder, die von Kanal zu Kanal springen, werden aggressiv, unruhig, hastig und nervös. In vielen Familien wird der Tagesablauf vom Fernsehprogramm geregelt. Das soziale Miteinander, Kommunikation und gemeinsame Beschäftigungen werden vernachlässigt. Das Medium Fernsehen z. B. verhindert durch seine permanente Gegenwart familiäre Aktivitäten und den gegenseitigen Austausch. Die Gefahren lassen sich folgendermaßen zusammenfassen:

- **Isolation**: Werden innerhalb der Familie mehr als drei Stunden am Tag vor dem Fernseher verbracht, dann kann die Qualität der persönlichen Kontakte abnehmen. Eltern und Kinder unternehmen weniger gemeinsam. Sie sitzen vor dem Fernsehgerät zwar beisammen, haben aber im Grunde nichts miteinander zu tun. Sie isolieren sich mehr und mehr und die Familienmitglieder vereinsamen innerlich.

- **Lernen von Gewalt**: Durch Beobachtung eines Modells (Vorbild) kann ein Verhalten gelernt werden (sozial-kognitive Lerntheorie). Dieser Lernvorgang wird begünstigt, wenn das Modell in seinem Verhalten Erfolg hatte. Beobachtet ein Kind z. B. im Fernsehen ein Modell, das mit Gewalt Erfolg hat, dann kann dies aggressive Verhaltensweisen und Einstellungen des Kindes erklären. Auf Dauer ist zu erwarten, dass das Kind gegenüber Gewalttätigkeiten emotional auch im Alltagsleben abstumpft und sich an Gewalt gewöhnt.

- **Körperliche Schäden durch Fernsehen**: Sitzen Kinder stundenlang vor dem Fernseher, so kann dies Nervosität, Kreislaufprobleme, Haltungsfehler, Schlafstörungen, Kopfschmerzen und anderes hervorrufen.

- **Angst durch bestimmte Sendungen**: Je jünger ein Kind ist, desto mehr ängstigen ihn Darstellungen mit z. B. dramatischer Musik und Kameraführung, dramatische und in ihren Zusammenhängen nicht durchschaubaren Handlungen, Handlungen über gefährdete, verletzte oder getötete Tiere oder Kinder, Darstellung von Feuer und Dunkelheit und anderes.

Medien dienen den Menschen und bergen auch große Chancen für die Entwicklung und das Lernen, deshalb ist eine sachliche Auseinandersetzung unumgänglich. Pädagogisch intendierte Angebote, z. B. im Fernsehen für Vorschulkinder, belegen positive Effekte im Hinblick auf hilfreiches Verhalten, kooperative Konfliktlösung, Empathie und Toleranz (Six, 2008, S. 906). Der Nutzung von Internetangeboten und Lernsoftware werden Chancen für Wissenserwerb, Lernmotivation, Sprachentwicklung und die Entwicklung kognitiver Fähigkeiten zugeschrieben.

Aufgaben

1. *Diskutieren Sie in Ihrer Ausbildungsgruppe die Wirkung der unterschiedlichen Medien.*

2. *Welche Chancen für die kognitive Entwicklung, den Erwerb von Wissen und Fähigkeiten birgt der Einsatz von Medien in der Erziehung?*

3. *Welche Risiken sehen Sie?*

4. *Welche Probleme könnten Kinder bei der Aufnahme und Verarbeitung von Medieninhalten haben?*

4.4 Gefährdungen

„Erinnert euch, so erinnert euch doch der unsäglichen, unverständlichen und panischen Leiden, als ihr 16 Jahre alt wart, an die schmerzliche Suche nach einem Ausweg, nach festem Boden unter den Füßen, wie ihr mit dem Kopf gegen Wände und innere Konflikte anranntet, erinnert euch an die frenetische Suche nach etwas Unbestimmten, Unbestimmbaren, welche euch so manche schlaflose Nacht bereitete."

(Milena Jesenská (1896–1944))

4.4.1 Süchte

Jean-François (16 Jahre)

„Indem man diese Drogen nimmt, schafft man sich eine Welt, die aus unwirklichen Plänen besteht, aus einem Berufsleben, das man sich erträumt. Man hat das Gefühl, erwachsener zu sein. Man macht Pläne, als wäre man erwachsen. Aber man ist es ja nicht und das vergisst man. Ab und zu wird einem dann klar, dass das alles nicht stimmt, dann ist man deprimiert und nimmt immer mehr, weil sich der Körper daran gewöhnt. Man wird abhängig. Ohne geht gar nichts mehr. Man geht nicht mehr aus, weil man sich langweilt. Mit dem Dope dagegen hat man das Gefühl, einen Superabend mit super interessanten Leuten zu verbringen. Wenn man damit aufhört, merkt man, dass alles nichts gebracht hat, dass man eigentlich nichts gemacht hat. Null plus null war schon immer null."

(Dolto/Dolto-Tolitch, 1991, S. 131)

Der Gebrauch von Alkohol, Nikotin, Tabletten und auch anderen Drogen gehört in unserem Kulturkreis zu den alltäglichen und weit verbreiteten Erfahrungen. Entspannung bei einer Zigarette, das Bier nach einem stressreichen Arbeitstag sind üblich. Die Werbung verbindet Alkohol mit Begriffen wie „wohlverdient", „entspannend", „Genuss" und „Lebensqualität" als unverzichtbaren Bestandteil des Lebens. Dabei wird der Konsum aller Genussmittel gesellschaftlich verharmlost. Der oftmals leichtfertige Umgang mit Nikotin, Alkohol, Tabletten und anderen Drogen durch die Erwachsenen hat eine maßgebliche **Vorbildwirkung** auf Kinder und Jugendliche. Einerseits wird den Jugendlichen gepredigt, wie gefährlich es ist, zu viel Alkohol zu trinken, zu rauchen oder Medikamente zu nehmen, andererseits halten sich auch die Erwachsenen oft nicht an dieses Gebot.

Der Konsum von Drogen und Alkohol ist nach Angaben von Jugendlichen (46 % der Nennungen) nach der Arbeitslosigkeit das zweitgrößte Problem. Durchschnittlich jeder Vierte der 11–15-Jährigen hat erste Erfahrungen mit dem Alkohol vor dem 11. Lebensjahr.

Experimente mit Alkohol und Drogen sind ein fast unvermeidlicher Bestandteil der Pubertät, zumal in unserer Gesellschaft der Konsum unterschiedlicher Drogen die Art ist, mit

Depressionen, Unruhe, Einsamkeit und Furcht, Eifersucht oder Leere umzugehen. Im Sinne dieser Problembewältigung erfüllt die Droge nach Spallek (2004) eine wichtige Aufgabe: Sie führt zur Verminderung der bestehenden Angst, wirkt beruhigend, verbessert die Stimmungslage und dient außerdem dazu, dem Jugendlichen das Solidaritätsgefühl mit der Gruppe zu geben. Dies ist für den Aufbau der eigenen Identität oft von besonderer Bedeutung. Selten gibt es für den Gebrauch illegaler Drogen ein Vorbild im Elternhaus. Deshalb sind besonders die Einflüsse und die Unterstützung der Gruppe der Gleichaltrigen in diesem Bereich besonders wirksam. Der Übergang vom Gebrauch zu Missbrauch ist fließend.

Merksatz
Findet ein Individuum den Genuss einer Droge so begehrenswert und angenehm, dass sich ein Verlangen mit oder ohne körperlicher Abhängigkeit entwickelt, so nennt man das psychologische Abhängigkeit. Dies kann bei jeder Droge (auch bei Kaffee und Nikotin) auftreten. Das Ergebnis psychischer und körperlicher Abhängigkeit ist die vollständige Anpassung des Lebensstils der abhängigen Person an den Drogengenuss.

Es werden stoffliche (z. B. Alkohol, Nikotin, Cannabis) von nicht stofflichen Süchten (z. B. Spiel- oder Kaufsucht) unterschieden. Der Gebrauch von Suchtmitteln lässt sich einteilen in den Genuss, den Missbrauch und die Sucht. 10 % der Personen, die bereits im Kindes- und Jugendalter Erfahrungen mit legalen und/oder illegalen Drogen hatten, entwickeln einen verfestigten Konsum bis hin zur Abhängigkeit (Wey, 2007, S. 2). Nach Farke und Grass (2003, zit. nach Wey, 2007) sind 21 % der Jugendlichen zwischen 12 und 25 Jahren stark suchtgefährdet, 55 % gefährdet und 24 % nicht gefährdet. Je niedriger das Einstiegsalter in den Suchtmittelgenuss, umso höher die Gefährdung.

Aufgaben

1. *Diskutieren Sie in Ihrer Ausbildungsgruppe über die Bedingungen, die Drogenmotivation und die darauf folgende mögliche Drogenbindung.*

2. *Stellen Sie einen Zusammenhang zwischen dem Drogenmissbrauch und den oben beschriebenen Jugendkulturen her. Wie hängt z. B. das Streben nach Kontakt eines Jugendlichen mit dem Gruppendruck und der Bindung an eine Subkultur zusammen. Suchen Sie andere Zusammenhänge.*

3. *Beobachten Sie Jugendliche in einer Einrichtung. Achten Sie auf Warnsignale wie Schulprobleme, plötzlicher Wechsel der Peergroup, Stehlen, Lügen oder ausweichendes Verhalten, körperliche Veränderungen (rote, entzündete Augen, trockener Husten, nuschelnde Sprache), heftige Stimmungsschwankungen, abweisendes oder ausfallendes Verhalten u. Ä.*

3.4.2 Essstörungen

Magersucht (Anorexia nervosa) und **Bulimie**[1] sind entwicklungspsychopathologisch weniger gut untersucht als Alkohol- und Drogenkonsum. Nach Habermas (2002) gibt es keine Studien, die in der Kindheit beginnen und Risikofaktoren untersuchen. Es überwiegen klinische Untersuchungen an bereits erkrankten Jugendlichen. Magersucht und Bulimie treten erstmals und besonders häufig in der Adoleszenz auf. Überwiegend betroffen sind junge Mädchen vor und in der Pubertät. Diese Krankheiten treten besonders in der westlichen Welt und vermehrt in den letzten Jahrzehnten auf. Die **Magersucht** beginnt typischerweise zwischen dem 12.–18. Lebensjahr, frühestens mit neun Jahren, die **Bulimie** einige Jahre später (ca. 17–18 Jahre).

Die **Anorexie** (Magersucht) ist charakterisiert durch **absichtlichen Gewichtsverlust**, der durch Fasten, Diät, Missbrauch von Abführmitteln und übertriebene körperliche Aktivitäten erreicht werden soll. Es liegt ein substanzielles Untergewicht von mindestens 15–25 % vor. Die Gedanken der Betroffenen kreisen ständig um ihr Körpergewicht und ihre Figur. Sie definieren ihren Selbstwert über die Waage und nehmen sich selbst als zu fett wahr (**Störung der Körperwahrnehmung** und des Körperkonzepts). Wesentliches psychisches Symptom ist die panische Angst vor der Gewichtszunahme. Einschneidende Folge der reduzierten Nahrungszufuhr ist die Verzögerung der sexuellen Reife, bei Mädchen gekennzeichnet durch das Ausbleiben der Menarche bzw. durch Amenorrhoe (Aussetzen von mindestens drei Menstruationszyklen). Anorektikerinnen haben keine Krankheitseinsicht, die Bedrohlichkeit der Krankheit wird geleugnet. Der untergewichtige Zustand wird verteidigt (Fichter/Warschburger, 2002, S. 562 ff.).

Die Magersucht wird als Versuch gedeutet, die eigene **Identität** und das Selbstwertgefühl zu stabilisieren. Häufig werden die Patientinnen als besonders brave und angepasste Kinder beschrieben, die kaum gelernt haben, aktiv gestaltend auf die Umwelt einzuwirken. Mit Eintritt in die Pubertät stellen sich neue Entwicklungsaufgaben (Ablösung vom Elternhaus, Übernahme von Verantwortung dem eigenen Körper gegenüber), deren Bewältigung konträr zu der bisherigen Unselbstständigkeit der Patientinnen steht. Demge-

---

1   *Bulimie = Fress- und Brechsucht*

genüber erleben betroffene Mädchen die sexuelle Reifung als Überwältigung, der sie sich hilflos ausgeliefert sehen. Demzufolge kann die Anorexie als fundamentale Störung der Entwicklung der Geschlechtsidentität aufgefasst werden.

Mögliche erste Anzeichen einer Essstörung

- deutliche Gewichtabnahme
- ständiges Wiegen
- Ausbleiben der Menstruation
- Sozialer Rückzug
- Vermeiden gemeinsamer Mahlzeiten
- Wiederholte Diätversuche
- Übermäßige Beschäftigung mit Gewicht und Ernährung

(vgl. Zeeck, 2008, S. 24)

Das Symptombild der **Bulimie** ist gekennzeichnet durch das häufige Auftreten von **Heißhungeranfällen**. Bei diesen Attacken wird jegliche Mengengrenze überschritten, sodass ein Kontrollverlust erlebt wird, der dann zum Weiteressen führt („Jetzt ist es ohnehin egal"). Das Körpergewicht wird durch Fasten, provoziertes Sich-Übergeben (nach Heißhungeranfällen) und Verwendung von Abführmitteln kontrolliert. Von Bulimie spricht man nur bei Normalgewicht. Die betroffene Person strebt nach dem sozialen Ideal eines attraktiven, schlanken Körpers. Bulimie tritt im Gegensatz zur Magersucht meist auf, wenn bereits erste sexuelle Erfahrungen gemacht wurden. Der weibliche Körper wird hier nicht radikal negiert. Die Patientinnen identifizieren sich durchaus mit dem weiblichen Geschlecht. Ihr Selbstwertgefühl ist jedoch sehr stark von sozialen Normen und Idealen abhängig.

Essstörungen bleiben im Durchschnitt bis zu zwei Jahren ohne Behandlung stabil. Nachuntersuchungen an Magersüchtigen belegen jedoch die Schwere der Krankheit. 10–15 % der Patientinnen sterben, anfangs an Untergewicht, später meist durch Suizid, Unfälle oder Krankheiten. Auch nach zehn Jahren leidet ein knappes Drittel noch an Magersucht, ein gutes Drittel ist symptomfrei und das verbleibende Drittel weist (oft bulime) Restsymptomatik auf.

1. „Da sieh mal einer her, warum kannst du denn nicht anders?" „Weil ich keine Speise finden konnte, die mir schmeckt. Hätte ich sie gefunden, glaube mir, ich hätte kein Aufsehen gemacht und mich vollgegessen wie du und alle." (aus Franz Kafka, Der Hungerkünstler).
   Diskutieren Sie in Ihrer Ausbildungsgruppe dieses Zitat.
2. Anorexie und Bulimie sind tatsächlich Erkrankungen, die hauptsächlich Mädchen und Frauen betreffen. 10 % der Betroffenen sind Jungen und Männer. Überlegen Sie Gründe für diese Verteilung.
3. Gefahren aus dem Internet: „Pro-Ana" und „Pro-Mia" Seiten verharmlosen Essstörungen und propagieren, sich einem extremen Schlankheitsideal zu unterwerfen sei Lifestyle. Wo liegt die Grenze zwischen „Krankheit" und „Lifestyle"?
4. Reflektieren Sie das gestörte Körperkonzept von Magersüchtigen: Was tun Sie? Warum tun sie das. Welche Folgen hat das?
5. Wie kann es zu dieser ausgeprägten Körper-Schema-Störung kommen?
6. Woran orientiert sich das Selbstwertgefühl der Betroffenen?

Literaturtipps

Raabe, Karin: Mädchenspezifische Prävention von Essstörungen. Handlungsansätze für die Praxis, Hohengehren, Schneider Verlag 2004.

Johnston, Anita: Die Frau, die im Mondlicht aß. Essstörungen überwinden durch die Weisheit uralter Märchen und Mythen, Minden: Droemer Knaur. 2007.

Jordan, Andreas: Das Eismeer in mir. Gedanken von Kindern und Jugendlichen mit Essstörungen, Depressionen und Psychosen, Hamburger Kinderbuch Verlag, 2007.

Junker, Marina: Nimmersatt und Hungermatt. Essstörungen bewältigen, Minden: Verlag Frauenoffensive.

4.4.3 Suizidalität

Suizid[1] ist bei deutschen Jugendlichen die zweithäufigste Todesursache. Das Verhältnis von männlichen zu weiblichen Personen liegt beim Suizid bei 3 : 1, beim Suizidversuch ist es nahezu umgekehrt (1,5 : 3). Ca. 80–90 % aller suizidalen Akte werden vorher angekündigt und etwa 25 % der Suizidenten wiederholen ihren Selbsttötungsversuch innerhalb von zwei Jahren (vgl. Oerter/Dreher, 2002, S. 303).

Viele Jugendliche denken über Selbstmord nach, denn Depression und Niedergeschlagenheit, Unsicherheit und Zweifel gehören zur Jugend und führen nicht selten in ernst zu nehmende Krisen. Einige Jugendliche rutschen unmerklich ab in eine dunkle Welt. Sie beginnen zu grübeln, malen sich ihre eigene Beerdigung aus und begreifen dabei nicht, dass Suizid eine endgültige Entscheidung für ein temporäres Problem ist.

Jugendliche selbst äußern als Hauptmotive für Suizidversuche soziale Konflikte, vor allem mit den Eltern. 51 % der suizidalen Jugendlichen bezeichnen die Beziehungen in der Familie als disharmonisch, gespannt oder feindselig. Liebeskummer und Partnerprobleme sind die zweithäufigste Ursache für suizidale Akte. Viele selbstmordgefährdete Jugendliche haben soziale oder emotionale Probleme. Nicht selten ist Alkohol im Spiel. Es besteht zudem ein Zusammenhang zwischen Selbstmordversuchen von Jugendlichen und denen anderer Familienmitglieder. Selbstmord eines biologischen Verwandten erhöht die Wahrscheinlichkeit eines Suizids in der nächsten Generation. Manche Jugendliche sind gefährdet, weil sie in ihrer eigenen Familie mit ungelösten Problemen wie Depression, Alkoholismus, Gewalt oder sexuellem Missbrauch konfrontiert werden.

Warnsignale für Suizidalität

- Depressionen
- Eine traumatische Reaktion auf einen nicht lange zurückliegenden Verlust
- Unmäßiger Zorn und Selbsthass
- Schlafstörungen – zu viel oder zu wenig Schlaf
- Häufige Witze oder Bemerkungen über Tod und/oder Selbstmord

---

1 „Suizid" oder „Selbsttötung" werden anstelle von „Selbstmord" verwendet, da „Selbstmord" wertend ist.

- Veränderte Ess- und Körperpflegegewohnheiten
- Drogen- und/oder Alkoholmissbrauch
- Verschenken von geliebten Gegenständen
- Konzentrationsstörungen
- Häufiges Klagen über Krankheiten
- Deutliches Absinken der schulischen Leistungen, häufiges Schuleschwänzen
- Häufige Ängste vor normalen Schwierigkeiten des Lebens und Unfähigkeit, damit umzugehen.

Adressen, wenn die Situation sofortiges Eingreifen erfordert:
- Krisenberatungsstelle
- Krankenhaus
- Notruf 110

Aufgabe

Diskutieren Sie mit Ihrer Ausbildungsgruppe die oben beschriebenen Warnsignale für Suizidalität. Überlegen Sie für jeden einzelnen Punkt, an welchem konkreten, offenen Verhalten oder auch an welchen verdeckten Reaktionen von Kindern und Jugendlichen Sie eine latente Suizidalität erkennen können?

Literaturtipp

Dorrmann, Wolfram: Suizid. Therapeutische Interventionen bei Selbsttötungsabsichten, 3. Auflage, München: Pfeiffer, 1998.

5 Eigene Entwicklungskonflikte reflektieren

Jeder Mensch hat seine eigene Geschichte, sein „Webmuster", wie Françoise Dolto dies bezeichnet. Sie ist wertfrei, die Summe von glücklichen und unglücklichen Umständen, angenehmen und unangenehmen Ereignissen, Freuden und Leiden.

Aufgaben

1. *Setzen Sie sich mit Ihrer eigenen Kindheit auseinander. Erforschen Sie Ihre Geschichte, fragen Sie Ihre Eltern und Großeltern. Lassen Sie sich erzählen z.B., wie Ihre Geburt war, was Sie am liebsten gegessen haben, wie der Babysitter war, Ihre Schullaufbahn, die Lieblingsfarbe, Sonntagsausflüge, die Beziehung zu den Geschwistern. Sammeln Sie die Themen, die Sie besonders interessieren, fragen Sie behutsam und akzeptieren Sie Ihre Geschichte.*

2. *Erwachsene, die mit Jugendlichen arbeiten, sollten sich für die psychische Situation und die Probleme der Jugend sensibilieren. Wie haben Sie sich selbst als Jugendliche gefühlt und erlebt? Folgende Fragen können Ihnen dabei helfen:*

   – *Für welchen Sänger, welche Sängerin haben Sie geschwärmt, welchen Komponisten, welche Musikrichtung oder Popgruppe?*
   – *Welche Kleidung haben Sie bevorzugt? Was haben Ihre Eltern dazu gesagt?*
   – *Gab es typische Streitpunkte zwischen Ihnen und Ihren Eltern? Welche?*
   – *Welche Filme haben Sie gesehen? Welche Bücher haben Sie beeindruckt?*
   – *Was haben Sie mit Ihrer besten Freundin am liebsten unternommen?*
   – *Wann und in wen waren Sie zum ersten Mal verliebt?*
   – *Von wem wurden Sie aufgeklärt?*
   – *Konnten Sie mit Ihren Eltern über Sexualität sprechen?*
   – *Welchem Erwachsenen haben Sie vertraut? Haben Sie sich als Jugendliche verstanden gefühlt?*
   – *Was würden Sie am liebsten vergessen?*
   – *Was werden Sie nie vergessen?*

5.1 Eltern

- Tobias (7-Jahre) malt einen Clown mit Wasserfarben. Das kleine Karomuster möchte er ganz bunt malen. Die Farben verlaufen etwas über die Ränder.

- Larissa (12 Jahre) sieht einen teuren Ledermantel in der Auslage und bedrängt die Mutter, ihn zu kaufen.

- Stefan (15 Jahre) stürzt bei Schneewetter mit nassen Stiefeln ins Wohnzimmer, um ganz dringend einen Freund anzurufen. Es bilden sich schnell schmutzige Flecken auf dem Teppich.

- Marianne (17 Jahre) will Tierärztin werden. Ihr Vater sieht sie als erfolgreiche Familienrichterin. Immer wieder kommt es zu Streitereien.

Aufgaben

1. *Überlegen Sie sich zu jedem Beispiel passende Reaktionen der Mutter bzw. des Vaters. Die Leistungen, Wünsche, Bedürfnisse oder Meinungen des Kindes und der Jugendlichen sollten nicht abgewertet, sondern ernst genommen werden. Die Person des Jugendlichen, seine Eigenschaften und sein Charakter sollten nicht abwertend kritisiert werden. Was sollte die Mutter/der Vater nicht sagen?*

2. *Wie war Ihr Verhältnis zu Ihren Eltern? Sprechen Sie über Erfahrungen Ihrer eigenen Kindheit und Jugend und diskutieren Sie. Folgende Fragen sollen als Anregung dienen:*

- *Wie verlief die Entwicklung Ihres Selbstwertgefühls? Haben Ihre Eltern Sie vornehmlich unterstützt oder öfters abgewertet? Denken Sie an den siebenjährigen Tobias im Beispiel. Mutter unterstützend: „Wenn du die Farbe immer trocknen lässt, dann verläuft sie dir nicht. Schade, beim nächsten Bild kannst du das ja mal ausprobieren." oder „Du bist ein ungeschickter Schmierfink. Alles was du anrührst, geht kaputt."*
- *In welchem Stil lief die Kommunikation zwischen Ihnen und Ihren Eltern? Denken Sie an Larissa im Beispiel. Hätte Ihre Mutter z.B. geantwortet: „Du bist ganz schön eitel und unbescheiden. Das ist doch nichts für Mädchen in deinem Alter, das wirkt doch lächerlich!", wie wirkt eine solche Antwort auf Sie?*
- *In welchen Situationen haben Sie sich von Ihren Eltern besonders unverstanden gefühlt? Denken Sie an Stefan im Beispiel: Vater: „Du wirst es nie lernen. Wie oft habe ich dir schon gesagt, dass du die Stiefel ausziehen sollst, aber bei dir ist ja Hopfen und Malz verloren." Haben Sie sich von Ihren Eltern im Allgemeinen verstanden gefühlt?*
- *Entsprechen Sie dem Bild, das Ihre Eltern von Ihnen hatten, bzw. wie hätten Sie als Kind und Jugendlicher nach den Vorstellungen Ihrer Eltern sein sollen? Wie haben sich diese Konflikte aufgelöst? Wie sollen Marianne und ihr Vater den Konflikt lösen?*

5.2 Schule

- *Auf Skikurs (8. Klasse): Elisabeth steht zum ersten Mal auf Skiern. Sie ist in der Anfängergruppe und soll am ersten Kurstag am „Idiotenhügel" Pflug fahren üben. Sie fällt immer wieder hin und rutscht mehr liegend als stehend den Hang hinunter. Ihre Mitschüler amüsieren sich köstlich.*
- *Marlene (9. Klasse) ist eine Einserschülerin. Sie will immer alles richtig machen und bereitet sich auf jede Stunde sehr sorgfältig vor. Nachmittags geht sie nur selten mit Freundinnen aus.*
- *Im Physikunterricht (9. Klasse): Wolfgang versteht physikalische Zusammenhänge sehr schnell und arbeitet gerne bei den physikalischen Übungen mit. Herr Schmitt holt ihn oft vor die Klasse, um bei Versuchen mitzuhelfen.*
- *Christian (8. Klasse) hat das Klassenziel nicht erreicht. Er ist unschlüssig, ob er die Klasse auf dem Gymnasium wiederholen oder in die Realschule wechseln soll.*

Aufgaben

1. *Überlegen Sie weitere Beispiele aus dem Schulalltag. Welche Gefühle entstehen bei Ihnen, wenn Sie über typische Schulsituationen nachdenken? Was waren die jeweiligen Auslöser für Ihre positiven bzw. negativen Gefühle? Welche Rolle spielten das Lehrerverhalten, Ihre Mitschüler oder Ihr eigenes Leistungsverhalten?*

2. *Reflektieren Sie Ihr eigenes Verhältnis zur Schule:*

   – *Waren Sie eine gute oder schlechte Schülerin? Was konnten Sie tun, um Leistungsprobleme aufzufangen?*

   – *Welches Verhältnis hatten Sie früher zu Ihren Mitschülern? Gab es öfters Konflikte?*

   – *Sind Sie gerne zur Schule gegangen? Wenn ja, warum? Wenn nein, warum nicht?*

   – *Welches Schulfach war Ihnen besonders verhasst? Warum? Was war Ihr Lieblingsfach?*

   – *Was war Ihr angenehmstes und was war Ihr unangenehmstes Schulerlebnis?*

   – *Welches Erlebnis mit einem Lehrer war während Ihrer Schulzeit für Sie das angenehmste/unangenehmste?*

5.3 Gesellschaft

Susanne ist Erzieherin. Sie lebt mit ihrem Freund zusammen und bewirbt sich in einem katholischen Kindergarten. Sie bekommt die Stelle, aber es wird erwartet, dass sie in absehbarer Zeit heiratet.

Aufgabe

1. *Diskutieren Sie mögliche Konflikte zwischen Ihren eigenen Vorstellungen und gesellschaftlichen Normen, Institutionen und Wertvorstellungen.*

Der Beruf der Erzieherin hat auch „objektive Valenz". Das bedeutet, er hat eine konkrete, inhaltlich bestimmte Funktion in der Gesellschaft. Gesellschaftliche Erwartungen an die Erziehung von Menschen sind:

1. Erlernen der Wert- und Normvorstellungen
2. Übernahme von sozialen Rollen
3. Ausbildung von Einstellungen und Haltungen
4. Ausbildung des Gewissens

Aufgaben

2. *Reflektieren Sie Ihre eigenen Motive für den Erzieherinnenberuf.*

3. *Diskutieren Sie die Aufgaben der Erziehung nach Hobmair (Pädagogik, 2008, S. 91):*

   – *„Hilfen zur Entfaltung der Handlungsfähigkeit des Menschen und zur Bewältigung des sozialen Lebens in der Gesellschaft bzw. in einer ihrer Gruppen zu geben,*

   – *den Menschen zur kreativen und engagierten Gestaltung der Zukunft sowie zur Neuerung und Veränderung von gesellschaftlichen Verhältnissen zu befähigen,*

- *Die Entfaltung des individuellen Selbst zu unterstützen,*

- *den Menschen gegenüber ungerechtfertigten Abhängigkeiten und Zwängen, persönlichem Machtstreben und Willkür sowie Unterdrückung im sozialen Leben zu sensibilisieren, um gegebenenfalls auch Widerstand leisten zu können."*

4. *Überlegen Sie sich Anforderungen, die Gesellschaft und Individuum an die Erziehung stellen. Dies sind Anforderungen an Sie als Erzieherin! Diskutieren Sie darüber in Ihrer Ausbildungsgruppe, wie Sie persönlich zu diesen Aufgaben stehen.*

5. *Erkennen Sie Ihre eigenen Werte (aus: Blickhan, 1997). Benennen Sie wichtige Kontexte in Ihrem Leben (z. B. Partnerschaft, Familie, Beruf, etc.).*

   - *Was ist Ihnen das wichtigste im ersten Kontext? Welche Werte möchten Sie verwirklichen? (Beispiele für Werte sind Freiheit, Zufriedenheit, Toleranz, Verantwortlichkeit, Sicherheit u. Ä.). Schreiben Sie Ihre eigenen Werte auf.*

   - *Bringen Sie Ihre Werte in eine Rangreihe der Wichtigkeit (1 = am wichtigsten). Schreiben Sie die Listen dann noch einmal in der neuen Reihenfolge ab.*

   - *Gehen Sie ebenso vor für Ihre anderen Lebenskontexte. Vergleichen Sie dann die Werte und ihre Rangfolge in den verschiedenen Kontexten. Welche Werte sind Ihnen generell für Ihr Leben wichtig? Wo liegen die Unterschiede in den Werten für die verschiedenen Kontexte?*

   - *Diskutieren Sie Ihre Werte in Ihrer Ausbildungsgruppe.*

Literaturverzeichnis

Adler, Alfred: Studie über Minderwertigkeit von Organen, Berlin: Urban und Schwarzenberg, 1907.

Ahlheim, Karl-Heinz (Hrsg.): Wie funktioniert das?, Mannheim: Bibliographisches Institut, 1972.

Ahnert, Lieselotte: Frühe Bindung, München: Reinhardt, 2004.

Amthauer, Karl Hermann/Eul, Werner (Hrsg.): Herausforderung Erziehung in sozialpädagogischen Berufen, Band 1, Troisdorf: Bildungsverlag EINS, 2006.

Armstrong, Thomas: Das Märchen vom ADHS-Kind, Paderborn: Junfermann, 2002.

Auernheimer, Georg: Einführung in die Interkulturelle Pädagogik, 2. Auflage, Wissenschaftliche Buchgesellschaft, 1995.

Axline, Virginia Mae: Kinder-Spieltherapie im nicht-direktiven Verfahren, 6. Auflage, übers. v. Ruth Bang, München: Reinhardt, 1984.

Ayres, Anna Jean: Lernstörungen – sensorisch integrative Dysfunktionen, Berlin: Springer, 1979.

Ayres, Anna Jean: Bausteine der kindlichen Entwicklung, Berlin: Springer, 1992.

Baacke, Dieter: Jugend und Jugendkulturen, Weinheim: Juventa, 1994.

Baacke, Dieter: Die 0–5 Jährigen, Einführung in die Probleme der frühen Kindheit, Weinheim: Beltz, 1999.

Baier, Thomas: Puberterror. Ratgeber für alle, die mit Jugendlichen zu tun haben, Stamsried: Care-Line Verlag, 1997.

Bandura, Albert: Sozial-kognitive Lerntheorie, Stuttgart: Klett-Cotta, 1996.

Barth, Karlheinz: Die diagnostischen Einschätzskalen zur Beurteilung des Entwicklungsstandes und der Schulfähigkeit DES, Göttingen: Hogrefe, 2005.

Barth, Karlheinz: Schulfähig? Beurteilungskriterien für die Erzieherin, 3. Auflage, Freiburg: Herder, 1995.

Bauer, Joachim: Das Gedächtnis des Körpers, 2. Auflage, München: Piper, 2004.

Bauer, Joachim: Beziehungen – Der Motor unseres Lebens, in: Psychologie Heute, Heft 10/2006, S. 20–25.

Beaumont, J.G./Dimond, S. J. (Hrsg.): Hemisphere Function in the Human Brain, Wiley, 1974.

Beck, Walter: Grundzüge der Sozialpsychologie, München: Barth, 1954.

Becker, Peter: Psychologie der seelischen Gesundheit, Band 1, Göttingen: Hogrefe, 1982.

Behnke, Burghard: Psychoanalyse in der Erziehung, München: Kindler, 1978.

Beins, Hans-Jürgen (Hrsg.): Wenn Kinder durchdrehen…: Vom Wert des „Fehlers" in der Psychomotorik, 2. Auflage, Dortmund: Borgmann, 1997.

Bergsson, Marita/Luckfiel, Heide: Umgang mit „schwierigen" Kindern. Auffälliges Verhalten, Förderpläne, Handlungskonzepte, Berlin: Cornelsen, 1998.

Bettelheim, Bruno: The empty fortress: infantile autism and the birth of the self, New York/London: The Free Press, 1967.

Beudels, Wolfgang/Oertel-Goetz, Iris: Wut im Bauch – vom psychomotorischen Umgang mit Aggressivität, in: Wenn Kinder durchdrehen. Vom Wert des „Fehlers" in der Psychomotorik, hrsg. v. Hans J. Beins, Dortmund: Borgmann, 1997.

Bittner, Gunther/Ertle, Christoph: Pädagogik und Psychoanalyse, Würzburg: Königshausen und Neumann, 1985.

Blickhan, Daniela: Nerv nicht so, Mama!, Freiburg: Herder, 1997

Böcher, Hartmut/Koch, Roland: Medienkompetenz in sozialpädagogischen Lernfeldern. Troisdorf: Bildungsverlag EINS, 2005.

Bohle, Arnold/Themel, Jobst D.: Jugendhilfe – Jugendrecht, Troisdorf: Bildungsverlag EINS, 7. Auflage 2009.

Bohnensack, Fritz/Leber, Stefan (Hrsg.): Sozial-Erziehung im Sozialverfall, Weinheim: Beltz, 1996.

Bonath, Thomas: Homöopathie bei ADS, München: Urban und Fischer, 2004.

Böttger, Gudrun/Reich, Angelika: Soziale Kompetenz und Kreativität fördern. Spiele und Übungen für die Sekundarstufe I, Berlin: Cornelsen, 1998.

Brack, Udo Bernd: Elektiver Mutismus, in: Frühdiagnostik und Frühtherapie, hrsg. v. Udo B. Brack, München: Urban und Schwarzenberg, 1986.

Braun, Walter: Früher Stress bremst das Gehirnwachstum, in: Psychologie heute, Heft 11/2004, S. 12.

Breggin, Peter Roger: Giftige Psychiatrie: Was Sie über Psychopharmaka und Biologie bei „Angst", „Panik", „Zwang", „Essstörungen", „Sucht" und kindlichen „Verhaltensauffälligkeiten" wissen sollten, Bd. 2, Heidelberg: Carl-Auer-System Verlag, 1997.

Brown, Lyn/Gilligan, Carol: Die verlorene Stimme. Wendepunkt in der Entwicklung von Mädchen, München: dtv, 1997.

Brügelmann, Hans/Brinkmann, Erika: Die Schrift erfinden, 2. Auflage, Lengewil Oberhofen: Libelle Verlag AG, 2005.

Brüggebors, Gela: So spricht mein Kind richtig, Reinbek: Rowohlt, 1991.

Brumlik, Micha: C. G. Jung zur Einführung, Hamburg: Junius Verlag, 1993.

Bründel, Heidrun/Hurrelmann Klaus: Gewalt macht Schule. Wie gehen wir mit aggressiven Kindern um?, München: Droemer Knaur, 1995.

Büchin-Wilhelm, Irmgard/Jaszus, Rainer: Fachbegriffe für Erzieher und Erzieherinnen, 2. Auflage, Stuttgart: Holland und Josenhans, 2003.

Bundesministerium für Familie, Senioren, Frauen und Jugend (Hrsg.): Nachhaltige Familienpolitik im Interesse einer aktiven Bevölkerungsentwicklung: Stand Nov. 2003

Bundesministerium für Jugend, Familien, Frauen und Gesundheit Potenziale erschließen – Familienatlas 2008, Bestellungen über publikationen@bundesregierung.de

Bundesministerium für Jugend, Familien, Frauen und Gesundheit (Hrsg.): Kinderbetreuung in Tagespflege. Tagesmütter-Handbuch, Stuttgart: Kohlhammer, 1996.

Bundesministerium für Jugend, Familien, Frauen und Gesundheit (Hrsg.): OECD-Studie zur frühkindlichen Bildung in Deutschland, Broschüre des Bundesministeriums für Familie, Senioren,
Frauen und Jugend, erhältlich bei: broschuerenstelle@bmfsfj.bund.de.

Buttler, Günter/Stroh, Reinhold: Einführung in die Statistik, Reinbek: Rowohlt, 1988.

Büttner, Christian/Finger-Trescher, Ute/Scherpner, Martin (Hrsg.): Psychoanalyse und soziale Arbeit,
Mainz: Matthias-Grünewald-Verlag, 1991.

Büttner, Christian: Gruppenarbeit, Mainz: Matthias-Grünewald-Verlag, 1996.

Butzkamm, Wolfgang: Wie Kinder sprechen lernen, 3. Auflage, Tübingen: Francke, 2008.

Chateau, Jean: Das Spiel des Kindes: Natur und Disziplin des Spielens nach dem dritten Lebensjahr,
übers. v. Ludwig Schmidts, Paderborn: Schöningh, 1969.

Cohn, Ruth C.: Von der Psychoanalyse zur themenzentrierten Interaktion: Von der Behandlung
einzelner zu einer Pädagogik für alle, 11. Auflage, Stuttgart: Klett-Cotta, 1992.

Cohn, Ruth: Von der Psychoanalyse zur themenzentrierten Interaktion, Stuttgart: Klett-Cotta, 2004.

Colberg-Schrader, Hedi: Die Rolle des Erziehers und sein Selbstverständnis, in: Der Kindergarten,
Bd. 1, hrsg. v. Heribert Mörsberger u. a., Freiburg: Herder, 1988.

Cornell, Joseph: Mit Kindern die Natur erleben, Mülheim a. d. Ruhr: Verlag an der Ruhr, 1979.

Cube, Felix von: Fordern statt Verwöhnen, München: Piper, 1999.

Damon, William: Die soziale Entwicklung des Kindes, Stuttgart: Klett Cotta, 1989.

Davison, Gerald C./Neale, John M.: Klinische Psychologie, 3. Auflage, übers. v. Jutta Schust,
Weinheim: Psychologische Verlagsunion, 1988.

Derschau, Dietrich von: Die Ausbildung der Erzieher für Kindergarten, Heimerziehung und Jugendarbeit an den Fachschulen/Fachakademien für Sozialpädagogik, Gersthofen: Maro-Verlag,
1976.

Deutsche Shell (Hrsg.): Jugend 2002. 14. Shell Jugendstudie, Opladen: Leske & Budrich, 2002.

Dietz, Martin K.: Gesund denken und handeln – Zur geistigen Dimension der Salutogenese,
Heidelberg: Menon, 2004.

Dolto, Francoise/Dolto-Tolitch, Catherine: Von den Schwierigkeiten, erwachsen zu werden,
2. Auflage, Stuttgart: Ernst Klett Verlag, 1991.

Döpfner, Manfred.: Hyperkinetische Störungen, in: Lehrbuch der Klinischen Kinderpsychologie.
Modelle psychischer Störungen im Kindes- und Jugendalter, hrsg. v. Franz Petermann,
S. 165–218, Göttingen: Hogrefe, 2002.

Dorrmann, Wolfram: Suizid. Therapeutische Interventionen bei Selbsttötungsabsichten, München:
Pfeiffer, 1998.

Du Bois, Reinmar: Kinderängste, München: Beck, 4. Auflage, 2007.

Eagle, Morris N.: Neuere Entwicklungen in der Psychoanalyse: eine kritische Würdigung, Stuttgart:
Verlag Internationale Psychoanalyse, 1998.

Ebert, Sigrid: Zur beruflichen Situation der Erzieherinnen in Deutschland: Bestandaufnahme und
Perspektiven, München: Profil, 1994.

Eccles, John C.: Die Evolution des Gehirns – Die Erschaffung des Selbst, München: Piper, 1989.

Ehmke, Irene/Schaller, Heidrun: Kinder stark machen gegen die Sucht. Der praktische Ratgeber für Eltern und Erziehende, Freiburg: Herder, 1997.

Eirich, Hans: Wie viel Fernsehen ist erlaubt?, Familienhandbuch des Staatsinstituts für Frühpädagogik, Online-Handbuch, 2004.

Eliot, Lise: Was geht da drinnen vor? Gehirnentwicklung in den ersten fünf Lebensjahren, Berlin: Berlin Verlag, 2003.

Ellermann, Walter: Bildungsarbeit im Kindergarten erfolgreich planen, Weinheim: Beltz, 2004.

Ellneby, Ylva: Die Entwicklung der Sinne, übers. v. Ursi Aeschbacher, Freiburg: Lambertus, 1997.

Elschenbroich, Donata: Weltwissen der Siebenjährigen. Wie Kinder die Welt entdecken können, München: Kunstmann, 2002.

Erikson, Erik H.: Kindheit und Gesellschaft, Stuttgart: Klett-Cotta, 1987.

Erikson, Erik H.: Jugend und Krise, 4. Auflage, Stuttgart: Klett-Cotta, 1999.

Erikson, Erik H.: Jugend und Krise. Die Psychodynamik im sozialen Wandel, Stuttgart: Klett-Cotta, 1998.

Essau, Cecilia A./Petermann, Franz: Angststörungen, in: Lehrbuch der Klinischen Kinderpsychologie. Modelle psychischer Störungen im Kindes- und Jugendalter, hrsg. v. Franz Petermann, Göttingen: Hogrefe, 1995.

Faix, Wilhelm: Baustelle Pubertät. Holzgerlingen: Hänssler, 2004.

Faix, Wilhelm: Teenager – Umbruch, Krisen und Suche nach Sinn, Familienhandbuch des Staatsinstituts für Frühpädagogik, Online-Handbuch, 2004.

Familienwissenschaftliche Forschungsstelle im Statistischen Landesamt Baden-Württemberg: Familien in unterschiedlichen Familienphasen, verfasst von Erich Stutzer, in: Familie heute - ausgewählte Aufsätze zur Situation der Familien in Baden-Württemberg, hrsg. v. Ministerium für Familie, Frauen, Weiterbildung und Kunst Baden-Württemberg, 1994, S. 23–41.

Feierabend, Sabine/Klingler, Walter: Kinder und Medien 2002, in: Media Perspektiven, 6/2003

Fend, Helmut: Entwicklungspsychologie des Jugendalters. Ein Lehrbuch für pädagogische und psychologische Berufe, Opladen: Leske & Budrich, 2000.

Fichter, Manfred/Warschburger, Petra: Essstörungen, in: Lehrbuch der Klinischen Kinderpsychologie und –psychotherapie, hrsg. v. Franz Petermann, 5. Auflage, Göttingen: Hogrefe, 2002, S. 561–586.

Franke, Alexa (Hrsg.): Aaron Antonowsky. Salutogenese - Zur Entmystifizierung der Gesundheit, Tübingen: Dvgt-Verlag, 1997.

Freud, Anna: Einführung in die Psychoanalyse für Pädagogen, 3. Auflage, Bern: Huber, 1956.

Freud, Sigmund: Gesammelte Werke, Frankfurt am Main: Fischer Verlag, 1969.

Fried, Lilian u. a.: Einführung in die Pädagogik der frühen Kindheit, Weinheim: Beltz, 2003.

Frith, Uta: Autismus. Ein kognitionspsychologisches Puzzle, Heidelberg: Spektrum, 1992.

Fröhlich, Werner D.: Wörterbuch Psychologie, 25. Auflage, München: dtv, 2005.

Fromm, Erich: Sigmund Freuds Psychoanalyse – Größe und Grenzen, Gießen: Psychosozialer Verlag, 2006.

Fthenakis, Wassilios E. (Hrsg.): Elementarpädagogik nach PISA, Freiburg: Herder Verlag, 2003.

Gardner, Howard: Der ungeschulte Kopf. Wie Kinder denken, Stuttgart: Klett Cotta, 1994.

Gardner, Howard: Intelligenzen. Die Vielfalt des menschlichen Geistes, Stuttgart: Klett Cotta, 2002.

Glogauer, Werner: Die neuen Medien verändern die Kindheit. Nutzung und Auswirkungen des Fernsehens, der Videofilme, Computer- und Videospiele, der Werbung und Musikclips, 4. Auflage, Weinheim: Deutscher Studienverlag, 1998.

Goethe, Johann W./John, Johannes: Goethe Brevier, Ditzingen: Reclam, 1999.

Goldstein, Bruce: Wahrnehmungspsychologie. Eine Einführung. Heidelberg: Spektrum, 2007.

Goodall, Jane: Wilde Schimpansen, übers. v. Mark W. Rien, Reinbek bei Hamburg: Rowohlt, 1971.

Grimm, Hannelore: SETK2 und SETK3–5 – Sprachentwicklungstest für 3- bis 5-jährige Kinder. Diagnose von Sprachverarbeitungsfähigkeiten und auditiven Gedächtnisleistungen, Göttingen: Hogrefe, 2000/2001.

Goddar, Jeanette: Ohrenbetäubend: Hoher Lärmpegel in Schulen und Kitas beeinträchtigt Lernerfolg und erhöht Stress, in: Erziehung & Wissenschaft 7–8, 2007, S. 6–9.

Goebel, Wolfgang/Glöckler, Michaela: Kindersprechstunde, Stuttgart: Urachhaus, 2008.

Goleman, Daniel: Emotionale Intelligenz, 2. Auflage, München: Carl Hanser Verlag, 1997.

Gordon, Thomas: Familienkonferenz, Hamburg: Hoffmann und Campe, 1985.

Grandin, Temple/Johnson, Catherine: Ich sehe die Welt wie ein frohes Tier: Wie ich als Autistin Menschen und Tiere einander näher bringen kann, übersetzt von Christiane Burkhardt, Berlin: Ullstein, 2005.

Grant, Wandy: Was wisst ihr schon vom Erwachsenwerden! Das Elternhandbuch für die Teenagerzeit, Frankfurt am Main: Fischer, 2000.

Greenfield, Patricia M.: Kinder und die neuen Medien, München: Juventa, 1987.

Grimm, Hannelore: Sprachentwicklung, in: Entwicklungspsychologie, hrsg. v. Rolf Oerter und Leo Montada: Weinheim: Beltz, 1995.

Grob, Alexander/Jaschinski, Uta: Erwachsen werden. Entwicklungspsychologie des Jugendalters. Weinheim: Psychologische Verlagsunion, 2003.

Gross, Werner: Hinter jeder Sucht steckt eine Sehnsucht, Freiburg: Herder, 1995.

Grossmann, Karin und Grossmann, Klaus E.: Bindung und menschliche Entwicklung, Stuttgart: Klett-Cotta, 2003.

Gunkel, Stefan/Kruse, Gunther (Hrsg.): Salutogenese, Resilienz und Psychotherapie, Hannover: Hannoversche Ärzte-Verlagsunion, 2004.

Habermas, Tilman: Substanzmissbrauch und Essstörungen, in: Entwicklungspsychologie, hrsg. v. Rolf Oerter und Leo Montada, Weinheim: Psychologische Verlagsunion, 2002, S. 847–858.

Hafen, Martin: Mythologie der Gesundheit – Zur Integration von Salutogenese und Pathogenese, Heidelberg: Carl Auer Verlag, 2007.

Haller, Kerstin/Kumnek, Mechtild: Experiment Mensch: Sinne und Vererbung, Troisdorf, Bildungsverlag EINS, 2008.

Hasselhorn, Markus/Mähler, Claudia/Grube, Dietmar: Lernstörungen in Teilleistungsbereichen, in: Entwicklungspsychologie, hrsg. v. Rolf Oerter und Leo Montada, 6. Auflage, S. 769–777. Weinheim: Psychologie Verlags Union, 2008.

Haury, Walter: Das evangelische Diakonissenhaus Nonnenweier, ohne Jahresangabe.

Heiliger, Anita: Angst. Ursachen und Folgen kindlicher Ängste, Stuttgart: Klett, 1972.

Heckhausen, Heinz: Entwurf einer Psychologie des Spielens, in: Psychologische Forschung 27, 1964.

Heckhausen, Heinz: Motivation und Handeln. Lehrbuch der Motivationspsychologie, Berlin: Springer, 1980.

Hehenkamp, Carolina: Das Indigo-Phänomen, Darmstadt: Schirner, 2001.

Heidbrink, Horst: Stufen der Moral. Zur Gültigkeit der kognitiven Entwicklungstheorie, München: Quintessenz, 1991.

Helbig, Elke/Köhler, Winfried/Lümkemann, Andre: Medienpädagogik. Grundlagen und Projekte für Ausbildung und Beruf. Troisdorf: Bildungsverlag EINS, 2001.

Hentig, Hartmut von: Der glimmende Docht, in: Neue Sammlung 4/1987.

Herbert, Martin: Den Umgang mit anderen üben, in: Soziale Kompetenz, übers. v. Esther Camenzind, Bern: Huber, 1999.

Hobmair, Hermann (Hrsg.): Psychologie, 4. Auflage, Troisdorf, Bildungsverlag EINS, 2008.

Hobmair, Hermann (Hrsg.): Pädagogik, 4. Auflage, Troisdorf, Bildungsverlag EINS, 2008.

Holler-Zittlau, Inge/Dux, Winfried/Berger, Roswitha: MSS – Marburger Sprach-Screening für 4- bis 6-jährige Kinder. Ein Sprachprüfverfahren für Kindergarten und Schule, Horneburg/Niederelbe: Persen, 2003.

Holmes, Jeremy: John Bowlby und die Bindungstheorie, München: Reinhardt, 2002.

Holstein, Hermann (Hrsg.): Immanuel Kant – Über Pädagogik, 3. Auflage, Bochum: Kamp Verlag, 1968.

Hoppe, Jörg Reiner/Hespos, Michael/Stapelfeld, Hans: Alltag im Jugendclub: Vom Umgang mit den Jugendlichen, von Freizeitaktivitäten und Starthilfen für den Beruf, München: Juventa, 1979.

Hurrelmann, Klaus/Bründel, Heidrun: Einführung in die Kindheitsforschung, Weinheim: Beltz, 2003.

Hurrelmann, Klaus: Einführung in die Sozialisationstheorie, 7. Auflage, Weinheim: Beltz, 2001.

Hurrelmann, Klaus/Ulrich, Dieter. (Hrsg.): Handbuch der Sozialisationsforschung, Weinheim: Beltz, 1980.

Hüther, Gerald/Bonney, Helmut: Neues vom Zappelphilipp: ADS/ADHS verstehen, vorbeugen und behandeln, Düsseldorf: Walter, 2002.

Iven, Claudia: Sprache in der Sozialpädagogik, Troisdorf: Bildungsverlag EINS, 2006.

Izard, Carrol E.: Die Emotionen des Menschen – Eine Einführung in die Grundlagen der Emotionspsychologie, 2. Auflage, Weinheim: Beltz, 1999.

Janosch: Janosch erzählt Grimms Märchen, 4. Auflage, Weinheim: Beltz, 1976.

Jugert, Gert/Rehder, Anke/Notz, Peter/Petermann, Franz: Soziale Kompetenz für Jugendliche. Grundlagen, Training und Fortbildung, Weinheim: Juventa, 2001.

Junge, Juliane/Neumer, Simon/Manz Rolf/Margraf Jürgen: Gesundheit und Optimismus. GO. Trainingsprogramm für Jugendliche. Weinheim: Beltz, 2002.

Kagan, Jerome: Die Natur des Kindes, München: Piper, 1987.

Kagan, Jerome: Die drei Grundirrtümer der Psychologie, übers. v. Andreas Nohl, Weinheim: Beltz, 2000.

Kanner, Leo: Autistic Disturbances of Affective Contact, in: Nervous Child 2, 1943, S. 217–250.

Kant, Immanuel: Über Pädagogik, 5. Auflage, hrsg. v. Hermann Holstein, Bochum: Kamp, 1984.

Kardiner, Abraham: Wegbereiter der modernen Anthropologie, Frankfurt am Main: Suhrkamp, 1974.

Käsler-Heide, Helga: Bitte hört, was ich nicht sage. Signale von Kindern und Jugendlichen verstehen, die nicht mehr leben wollen, München: Kösel, 2001.

Kasten, Hartmut. Pubertät und Adoleszenz. Wie Kinder heute erwachsen werden, München: Reinhardt, 1999.

Kasten, Hartmut (Hrsg.): Handbuch für Kleinkindforschung, Bern: Huber, 2000.

Kasten, Hartmut: Die Bedeutung der ersten Lebensjahre. Ein Blick über den entwicklungspsychologischen Tellerrand hinaus, in: Elementarpädagogik nach PISA. Wie aus Kindertagesstätten Bildungseinrichtungen werden können, hrsg. v. Wassilos Fthenakis, Freiburg: Herder, S. 57–66, 2003.

Kazemi-Veisari, Erika: Schule lernt um – Notwendige Veränderungen in der Erzieherinnenausbildung, in: Kindergarten heute, 7–8, 1997, S. 7–13.

Keller, Heidi. (Hrsg.): Lehrbuch der Entwicklungspsychologie, Bern: Huber, 1998.

Kegan, Robert: Die Entwicklungsstufen des Selbst, München: Kindt Verlag, 1986.

Kellmer Pringle, Mia: Was Kinder brauchen, Stuttgart: Klett-Cotta, 1979.

Keyserlingk, Linde von: Stief und halb und adoptiv: neue Familie – neue Chancen, Düsseldorf: Patmos, 1994.

Kietz, Gertraud: Die Kindergärtnerin – Soziale Herkunft und Berufswahl, München: Kösel, 1966.

KIM-Studie 2006. Kinder und Medien. Computer und Internet. Basisuntersuchung zum Medienumgang 6–13-Jähriger, in: Deutscher Medienpädagogischer Forschungsverbund Südwest. (Hrsg.). Stuttgart, 2007.

Klein, Melanie: Die Psychoanalyse des Kindes, Frankfurt a. M: Fischer, 1987.

Kloehn, Ekkehard: Die neue Familie, Hamburg: Hoffmann und Campe, 1982.

Knodel, Hans/Bayrhuber, Horst (Hrsg.): Linder Biologie, 19. Auflage, Stuttgart: Metzlersche Verlagsbuchhandlung und Cal Ernst Poeschel Verlag, 1987.

Knura, Gerd/Neumann, Berthold: Pädagogik der Sprachbehinderten, Berlin: Marhold, 1982.

Kohut, Heinz: Die Heilung des Selbst, Frankfurt a. M.: Suhrkamp, 1977.

Kohut, Heinz: Narzissmus, Frankfurt a. M.: Suhrkamp, 1990.

Kolb, Bryan/Whishaw, Ian: Neuropsychologie, Heidelberg: Spektrum, 1993.

Kosubek, Siegfried: Konfliktlösungen für Eltern und Jugendliche, 2. Auflage, Dortmund: Verlag Modernes Lernen, 1988.

Kramer, Rita: Maria Montessori: Leben und Werk einer großen Frau, übers. v. Gudrun Theusner-Stampa, Berlin: Kindler, 1996.

Krapp, Andreas: Bedingungen des Schulerfolgs, München: Oldenbourg, 1973.

Krenz, Armin: Erhebung zur Berufs(un)zufriedenheit bei ErzieherInnen in der Kindergarten- und Hortarbeit, Kiel, unveröffentlichte Studie, 2005.

Krenz, Armin: Psychologie für Erzieherinnen und Erzieher: Grundlagen für die Praxis, Berlin: Cornelsen 2007

Kron, Friedrich Wilhelm: Grundwissen Pädagogik, München: UTB, 1991.

Krumpholz-Reichel, Anja: „Du hungerst dich noch zu Tode, Kind!", in: Psychologie heute, 31. Jg., Heft 7/2004, S. 62–69.

Kultusministerkonferenz (Hrsg.): Rahmenvereinbarung – Zur Ausbildung und Prüfung von Erzie-hern/Erzieherinnen, Bonn, 2000.

Kupffer, Heinrich: Pädagogik der Postmoderne, Weinheim: Beltz, 1990.

Kusch, Michael/Petermann, Franz: Konzepte und Ergebnisse der Entwicklungspsychopathologie, in: Lehrbuch der Klinischen Kinderpsychologie. Modelle psychischer Störungen im Kindes- und Jugendalter, hrsg. v. Franz Petermann, Göttingen: Hogrefe, 1995, S. 53–94.

Küspert, Petra/Schneider, Wolfgang: Hören, Lauschen, Lernen. Sprachspiele für Kinder im Vorschul-alter, Göttingen: Hogrefe, 2002.

Küspert, Petra/Schneider Wolfgang: Hören, lauschen, lernen. Sprachspiele für Kinder im Vorschul-alter (Würzburger Trainingsprogramm zur Vorbereitung auf den Erwerb der Schriftsprache), 5. überarb. Auflage, Göttingen: Vandenhoeck & Ruprecht, 2006.

Küspert, Petra/Roth, Ellen/Schneider, Wolfgang/Laier, Roland: Multimediaversion des Würzburger Trainingsprogramms Hören, lauschen, lernen, Mannheim: Laier und Becker, Psychologie & Multimedia.

Laewen, Hans-Joachim: Grenzsteine der Entwicklung als Instrument der Früherkennung von Auf-fälligkeiten von Kindern in Kindertagesstätten, in: Frühförderung im Vorschulbereich, hrsg. v. Gerda Siepmann, Frankfurt: Peter Lang Verlag, 2000.

Laewen, Hans-Joachim/Andres, Beate: Bildung und Erziehung in der frühen Kindheit, Weinheim: Beltz, 2002.

Laier, Roland: Trainingsprogramme, Roland Laier, Markgrafenstr. 5, D-69234 Dielheim, abgerufen unter: www.phonologische-bewusstheit.de/programm.htm (28.07.2009).

Largo, Remo H.: Babyjahre: Die frühkindliche Entwicklung aus biologischer Sicht, 5. Auflage, München: Piper, 2003.

Largo, Remo H.: Kinderjahre: Die Individualität des Kindes als erzieherische Herausforderung, 3. Auflage, München: Piper Verlag, 2000.

Legewie, Heiner/Ehlers, Wolfram: Knaurers moderne Psychologie, München: Droemer Knaur, 1994.

Lenzen, Dieter (Hrsg.): Pädagogische Grundbegriffe, Bd. 1 und 2, Reinbek: Rowohlt, 1996.

Levy, Jerre: Psychological Implications of Bilateral Asymetry, in: Hemisphere Function in the Human Brain, hrsg. von Stuart J. Diamond, New York: Wiley, 1974, S. 121–183.

Lichtenberg, Joseph D.: Psychoanalyse und Säuglingsforschung, Heidelberg: Springer, 1991.

Liegle, Ludwig/Treptow, Rainer (Hrsg.): Welten der Bildung in der Pädagogik der frühen Kindheit und in der Sozialpädagogik, Freiburg: Lambertus, 2002.

Lifton, Betty Jean: König der Kinder: Das Leben von Janusz Korczak, übers. v. Annegrete Lösch, Stuttgart: Klett-Cotta, 1993.

Lindenberg, Christoph: Waldorfschulen: angstfrei lernen, selbstbewusst handeln, Reinbek: Rowohlt, 1997.

Lohmann, Hans-Martin: Freud zur Einführung, 2. Auflage, Hamburg: Junius Verlag, 1987.

Löscher, Wolfgang: Vom Sinn der Sinne, München: Don Bosco, 1994.

Lyons, John: Die Sprache [Aus dem Engl. übertr. von Christoph Gutknecht, in Zusammenarbeit mit Heinz-Peter Menz, unter Mitarb. von Ingrid v. Rosenberg], 4., durchges. Aufl., München: Beck, 1992.

Mahler, Margaret/Pine, Fred/Bergman, Anni: Die psychische Geburt des Menschen, übers. v. Hilde Weller, Frankfurt am Main: Fischer, 1993.

Maier, Julia: Die Erzieherin als Bezugsperson – Von der Bedeutung der frühkindlichen Bindung, in: Klein & Groß, Heft 5/2007, S. 24–26.

Marmet, Otto: Ich und du und so weiter – Kleine Einführung in die Sozialpsychologie. 3. Auflage, Weinheim: Beltz, 1999.

Medienpädagogischer Forschungsverbund Südwest (2001). JIM 2001: Jugend, Information und (Multi-) Media, unter: www.mpfs.de/projekte/jimpm.pdf.

Meise, Sylvia: Was das Baby braucht, in: Psychologie Heute, Heft 4/2007, S. 44–47.

Metzinger, Adalbert: Berufswahlmotive bei angehenden Erzieherinnen, in: Gewerkschaftliche Bildungspolitik 4/1986, S. 103–105.

Metzinger, Adalbert: Zur Geschichte der Erzieherausbildung, Quellen – Konzeptionen– Impulse – Innovationen, Frankfurt am Main, Peter Lang: 1993.

Metzinger, Adalbert: Die Erzieherin heute: Zwischen wachsenden Anforderungen und Problemen, in: KiTa aktuell, 7–8, 16. Jg., 2007, S. 148–151.

Mietzel, Gerhard: Wege in die Entwicklungspsychologie – Kindheit und Jugend, 4. Auflage, Weinheim: Beltz, 2002.

Miller, Patricia: Theorien der Entwicklungspsychologie, Heidelberg: Spektrum 1993.

Ministerium für Kultus, Jugend und Sport Baden-Württemberg: Orientierungsplan für Bildung und Erziehung für die baden-württembergischen Kindergärten, Pilotphase, Weinheim: Beltz, 2006.

Ministerium für Kultus, Jugend und Sport Baden-Württemberg, Stuttgart: Durchführung einer Sprachstandsdiagnose in Verknüpfung mit der Einschulungsuntersuchung, abgerufen unter: www.kultusportal-bw.de/servlet/PB/-s/wugif31kvo9garg18vp18t63z111c9c7b/menu/1182956/index.html (11.01.2010).

Molcho, Samy: Körpersprache der Kinder, Kreuzlingen/München: Heinrich Hugendubel Verlag, 2005.

Montessori, Maria: Kinder lernen schöpferisch, Freiburg: Herder, 1997.

Moser, Heinz: Einführung in die Medienpädagogik: Aufwachsen im Medienzeitalter, Wiesbaden: VS Verlag, 1990.

Müller, Wolfgang: Menschen zu Menschen bilden, Berlin: Cornelsen, 2007.

Nagera, Humberto (Hrsg.): Psychoanalytische Grundbegriffe. Eine Einführung in Sigmunds Freuds Terminologie und Theoriebildung, Frankfurt am Main: Fischer, 1989.

Netz, Tilman: ErzieherInnen auf dem Weg zur Professionalisierung. Studien zur Genese der beruflichen Identität, Frankfurt am Main: Peter Lang, 1997.

Neuhaus, Cordula: Das hyperaktive Kind und seine Probleme, Ravensburg: Ravensburger, 1996.

Neuhäuser, Gerhard: Neuropsychologische Störungen, in: Lehrbuch der klinischen Kinderpsychologie, hrsg. v. Franz Petermann, Göttingen: Hogrefe, 1995, S. 381–402.

Nickel, H.: Sozialisation im Vorschulalter. Trend und Ergebnisse institutioneller Erziehung, Weinheim: Edition Psychologie VCH, 1985.

Nickel, Horst/Schmidt-Denter, Ulrich: Vom Kleinkind zum Schulkind, München: Ernst Reinhardt Verlag, 1995.

Nohl, Hermann: Erziehergestalten, 3. Auflage, Göttingen: Vandenhoeck & Ruprecht, 1963.

Nuber, Ursula: Der lange Schatten der Kindheit, in: Psychologie Heute 1, 2005.

Oerter, Rolf/Dreher, Eva: Jugendalter, in: Entwicklungspsychologie, Ein Lehrbuch, hrsg. v. Rolf Oerter und Leo Montada, 6. Auflage, S. 271–332. Weinheim: Psychologie Verlags Union, 2008.

Oerter, Rolf/Montada, Leo (Hrsg.): Entwicklungspsychologie. Ein Lehrbuch, Weinheim: Beltz, 2008.

Oerter, Rolf: Kindheit, in: Entwicklungspsychologie, hrsg. v. Rolf Oerter und Leo Montada, Weinheim: Beltz, 2008, S. 225–270.

Panksepp, Jaak, in: GEO kompakt: Die Grundlagen des Wissens, Nr. 15, 21.08.2008.

Papastefanou, Christiane: Jugendliche und ihre Eltern – Freund oder Feind? Vom Mythos der Generationenkluft, unter: www.familienhandbuch.de.

Petermann, Ulrike/Essau, Cecile Ahmoi/Petermann, Franz. Angststörungen, in: Lehrbuch der Klinischen Kinderpsychologie und –psychotherapie, hrsg. v. Franz Petermann, 5. Auflage, Göttingen: Hogrefe, 2002, S. 227–270.

Petermann, Franz/Scheithauer, Herbert: Aggressives und antisoziales Verhalten im Kindes- und Jugendalter, in: Entwicklungspsychopathologie. Ein Lehrbuch, hrsg. v. Franz Petermann u. a., Weinheim: Beltz, 1998, S. 243–295.

Petermann, Franz/Scheithauer, Herbert: Aggression, in: Lehrbuch der Klinischen Kinderpsychologie und –psychotherapie, hrsg. v. Franz Petermann, 5. korrigierte Auflage, Göttingen: Hogrefe, 2002.

Petermann, Franz/Warschburger, Petra: Aggression, in: Lehrbuch der Klinischen Kinderpsychologie. Modelle psychischer Störungen im Kindes- und Jugendalter, hrsg. v. Franz Petermann, Göttingen: Hogrefe, 1995.

Petzold, M.: Die Multimedia-Familie, Opladen: Leske & Budrich, 2000.

Petzold, M.: Verändern die Neuen Medien unsere Kinder und Jugendlichen? unter: www.familienhandbuch.de, 2004.

Pfaffenberger, Hans: Bildungspolitische Aspekte der sozialpädagogisch/sozialen Berufsbildung, in: Politische Psychologie, Bd. 7, Frankfurt am Main, 1967.

Piaget, Jean: Das Erwachen der Intelligenz beim Kinde, 3. Auflage, Stuttgart: Klett-Cotta, 2003.

Piaget, Jean: Gesammelte Werke, Stuttgart: Klett Cotta, 1975–91.

Piaget, Jean: Meine Theorie der geistigen Entwicklung, München: Kindler, 1981.

Piaget, Jean: Über Pädagogik, Weinheim: Beltz, 1999.

Piaget, Jean/Inhelder, B.: Die Psychologie des Kindes, Olten: Walter, 1973.

Pikler, E.: Friedliche Babys – zufriedene Mütter, Freiburg: Herder, 2009.

Pinquart, Martin/Srugies, Dagmar: Konflikte zwischen Heranwachsenden und ihren Eltern, in: Entwicklung im sozialen Wandel, hrsg. v. Rainer K. Silbereisen und Jürgen Zinnecker, Weinheim: Beltz, 1999, S. 393–412.

Pommerau, Xavier: Was ist eigentlich los mit dir? Jugendliche und ihre Krisen verstehen, Zürich: Walter Verlag, 1998.

Popp, Manfred: Bedeutung des Erziehungsverhaltens von Eltern, Kindergärtnerinnen, Lehrern, Bad Salzdetfurth: Franzbecker/Didaktischer Dienst, 1983.

Postmann, Neil: Das Verschwinden der Kindheit, Frankfurt am Main: Fischer, 1993.

Preiser, Siegfried: Pädagogische Psychologie, Weinheim: Juventa, 2003.

Prekop, Jirina: Der kleine Tyrann, München: Kösel, 1988.

Pschyrembel, Willibald: Pschyrembel. Klinisches Wörterbuch, 255. Auflage, Berlin: de Gruyter, 1986.

Raser, Jamie: Erziehung ist Beziehung. 6 einfache Schritte, Erziehungsprobleme mit Jugendlichen zu lösen, Weinheim: Beltz, 1999.

Rauchfleisch, Udo: Dissozial: Entwicklung, Struktur und Psychodynamik dissozialer Persönlichkeiten, Göttingen: Vandenhoeck & Ruprecht, 1981.

Rauchfleisch, Udo: Alternative Familienformen: Eineltern, gleichgeschlechtliche Paare, Hausmänner, Göttingen, Vandenhoeck & Ruprecht, 1997.

Reich, Hans, H.: Spracherwerb zweisprachig aufwachsender Kinder und Jugendlicher. Ein Überblick über den Stand der nationalen und internationalen Forschung, hrsg. v. Freie und Hansestadt Hamburg, Behörde für Bildung und Sport, Amt für Schule, 2002.

Reinders, Heinz: Freundschaften im Jugendalter, unter: www.familienhandbuch.de.

Reinders, Heinz: Wege zum Erwachsenenstatus. Jugend als Bildungszeit oder Freizeit?, unter: www.familienhandbuch.de.

Remschmidt, Helmut: Kinder- und Jugendpsychiatrie in Klinik und Praxis, Bd. 3, Alterstypische, reaktives und neurotische Störungen, Stuttgart: Thieme, 2005.

Remschmidt, Helmut (Hrsg.): Kinder und Jugendpsychiatrie in Klinik und Praxis, Stuttgart: Thieme, 1985.

Renges, Annemarie: Mobbing in der Schule, unter: www.familienhandbuch.de.

Richter, Erwin: So lernen Kinder sprechen, München: Reinhardt, 2001.

Riehmann, Fritz: Grundformen der Angst, München: Reinhardt, 1997.

Rogge, Jan-Uwe: Kinder können fernsehen, Reinbek: Rowohlt, 1990.

Rollett, Brigitta: Anstrengungsvermeidung, in: Handwörterbuch Pädagogische Psychologie, 2. Auflage, hrsg. v. Detlef H. Rost, Weinheim: Beltz, 2001, S. 7–11.

Rossmann, Peter: Einführung in die Entwicklungspsychologie des Kindes- und Jugendalters, Bern: Huber, 1996.

Rost, Detlef (Hrsg.): Handwörterbuch pädagogischer Psychologie, Weinheim: Beltz, 2006.

Rudow, Bernd: Arbeitsbedingungen für Erzieher/innen, in: bildung & wissenschaft, 6. 58. Jg., 2004, S. 6–11.

Rudow, Bernd: Belastungen und der Arbeits- und Gesundheitsschutz bei Erzieher/innen, in: Der Arbeitsschutz für Erzieher/innen in Kindertagesstätten, hrsg. v. GEW Baden-Württemberg, Stuttgart: 2005, S. 5–14

Rusch, Regina: Gewalt. Kinder schreiben über Erlebnisse, Ängste, Auswege, München: dtv, 1994.

Sauerborn, Jutta: Fächerübergreifende Fortbildungsangebote: Fortbildungsinstitut für die pädagogische Praxis – FIPP, Berlin, in: Identität und Professionalität im Erzieherberuf, hrsg. v. Pestalozzi-Fröbel-Verband, München: 1988.

Schader, Basil: Sprachenvielfalt als Chance. Troisdorf: Bildungsverlag EINS, 2004.

Schäfer, Gerd E.: Bildungsprozesse im Kindesalter, 2. Auflage, Weinheim: Juventa, 2001.

Schäfer, Gerd E. (Hrsg.): Bildung beginnt mit der Geburt, Weinheim: Juventa, 2003.

Schenk-Danziger, Lotte: Entwicklung, Sozialisation, Erziehung. Schul- und Jugendalter, Stuttgart: Klett, 1993.

Schmidbauer, Wolfgang: Helfen als Beruf. Die Ware Nächstenliebe, Reinbek: Rowohlt, 1983.

Schmidt-Denter, Ulrich: Soziale Entwicklung, 2. Auflage, Weinheim: Beltz, 1994.

Schnack, Dieter/Neutzling, Rainer: Der Alte kann mich mal gern haben! Über männliche Sehnsüchte, Gewalt und Liebe, Reinbek: Rowohlt, 1997.

Schneider, Wolfgang: Zur Entwicklung des Meta-Gedächtnisses bei Kindern, Bern: Huber, 1989.

Schneider, Wolfgang/Büttner, Gerhard: Entwicklung des Gedächtnisses bei Kindern und Jugendlichen, in: Entwicklungspsychologie, hrsg. v. Rolf Oerter und Leo Montada, 6. Auflage, S. 480–501, Weinheim: Beltz, 2008.

Schraml, W. J.: Entwicklungspsychologie für Pädagogen und Sozialpädagogen, Stuttgart: Klett-Cotta, 1992.

Schulz von Thun, Friedemann: Miteinander reden, Reinbek: Rowohlt, 2006.

Schwäbisch, Lutz/Siems, Martin: Anleitung zum sozialen Lernen für Paare, Gruppen und Erzieher, Reinbek: Rowohlt, 1974.

Schwab, Gustav (Hrsg.): Sagen des klassischen Altertums, Wiesbaden: Verlag Vollmer, 1974.

Schwarz, Karl: Living Arrangements of Children after the Divorce of their Parents, 1971.

Schwarzer, Rolf: Schulangst und Lernerfolg, Düsseldorf: Pädagogischer Verlag Schwann, 1975.

Searle, John R.: Die Konstruktion der gesellschaftlichen Wirklichkeit – Zur Ontologie sozialer Tatsachen, übers. v. Martin Suhr, Reinbek: Rowohlt, 1997.

Seitz, Rudolf: Erzieherin zwischen Lust und Frust. München, Don Bosco Verlag, 1998

Shell Deutschland. Holding (Hrsg.): Jugend 2006. Eine pragmatische Generation unter Druck. Konzeption: Klaus Hurrelmann/Mathias Albert & TNS Infratest Sozialforschung. Hamburg: Fischer Verlag, 2006.

Siegler, Robert/DeLoache, Judy/Eisenberg, Nancy: Entwicklungspsychologie im Kindes- und Jugendalter, deutsche Auflage hrsg. v. Sabina Pauen, übers. v. Joachim Grabowski, München: Spektrum. 2005.

Silbereisen, Rainer: Entwicklungspsychologische Aspekte von Alkohol- und Drogengebrauch, in: Entwicklungspsychologie, hrsg. v. Rolf Oerter und Leo Montada, Weinheim: Beltz 1995.

Simmel, M.: Einstellungen und Motivationen des Sozialarbeiter-/Sozialpädagogen-Nachwuchses, in: Soziale Arbeit 2/1980.

Singer, Wolf: Was kann ein Mensch wann lernen?, in: Kinder können Bildung, TPS 1/2002.

Singly, Francois de: Die Familie der Moderne, übers. v. Mechtild Rahner, Konstanz: Universitätsverlag, 1994.

Six, Ulrike, Medien und Entwicklung, in: Entwicklungspsychologie, hrsg. v. Rolf Oerter und Leo Montada, 6.Auflage, S. 885–908. Weinheim: Beltz, 2008.

Sörensen, B. (Hrsg.): Bevor Kinder zu „Fällen" werden. Kooperationspartner für die Grundschule, Informationen, Fallbeispiele, Seelze-Velber: Friedrich Verlag, 1997.

Spallek, Roswitha: Suchtprobleme in der Pubertät, unter: www.familienhandbuch.de.

Spanhel, Dieter: Jugendliche vor dem Bildschirm, 2. Auflage, Weinheim: Deutscher Studien-Verlag, 1998.

Spitz, Rene: Hospitalism, in: Principles of Sociology, hrsg. v. Ronald Friedemann, New York: Holt, 1952.

Spitzer, Manfred: Erfolgreich Lernen in Kindergarten und Schule (DVD), Müllheim/Baden: Auditorium-Netzwerk, 2006.

Spitzer, Manfred: Lernen – Gehirnforschung und die Schule des Lebens, Heidelberg: Spektrum, 2006.

Spitzer, Manfred: Lernen – Gehirnforschung und die Schule des Lebens, Darmstadt: Wissenschaftliche Buchgesellschaft, 2002.

Staatliches Schulamt Freibug: Konzeption zur Kooperation Kindertageseinrichtungen und Grundschulen, abgerufen unter: ssa-freiburg.thehop.de/Inhalt/downloads/archiv/2005–11%20Kooperation%20Kita%20-%20GS.pdf, hrsg. von der Initiative der Vereinigung Freiburger Sozialarbeit e. V. und dem Staatlichen Schulamt für die Stadt Freiburg, Eschholzstraße 86 D-79115 Freiburg, 2002.

Stadler, Michael/Seeger Falk/Raeithel, Arne: Psychologie der Wahrnehmung, München: Juventa, 1975.

Stärtz, Rainer: Die Kindergruppe, Soziales Verhalten drei- bis fünfjähriger Kinder, Stuttgart: Kohlhammer, 1986.

Steinhausen, Hans Christoph: Psychische Störungen bei Kindern und Jugendlichen. Lehrbuch der Kinder- und Jugendpsychiatrie, München: Urban und Fischer, 2004.

Stern, Daniel N.: Die Lebenserfahrung des Säuglings, Stuttgart: Klett Cotta, 1986.

Strauch, Barbara. Warum sie so seltsam sind. Gehirnentwicklung bei Teenagern. Berlin: Berlin Verlag, 2003.

Tausch, Reinhard/Tausch, Anne-Marie: Erziehungspsychologie, 11. Auflage, Göttingen: Hogrefe, 1998.

Thiesen, Peter: Mit allen Sinnen spielen, Weinheim: Beltz, 1997.

Tietze-Fritz, Paula: Integrative Förderung in der Früherziehung, Dortmund: Borgmann, 1997.

Tossmann, H. Peter: Haschisch. Lebensprobleme und Drogenabhängigkeit. Ein Ratgeber für Eltern und Jugendliche, Weinheim: Beltz, 1998.

Trapmann, Hilde, u.a.: Auffälliges Verhalten im Kindesalter, Dortmund: Verlag und Lernen, 1990.

Trescher, Hans-Georg: Theorie und Praxis der Psychoanalytischen Pädagogik, Mainz: M. Grünewald, 1992.

Tress, Wolfgang: Das Rätsel der seelischen Gesundheit, Göttingen: Vandenhoeck & Ruprecht, 1986.

Ulich, Dieter: Das Gefühl: eine Einführung in die Emotionspsychologie, 2. Auflage, München: Psychologische Verlagsunion, 1989.

Voss, Reinhart/Wirtz, Roswitha: Keine Pillen für den Zappelphillip, Reinbek: Rowohlt, 1990.

Roth, Ellen/ Warnke, Andreas: Umschriebene Lese- und Rechtschreibstörung, in: Lehrbuch der Klinischen Kinderpsychologie und –psychotherapie, hrsg. v. Franz Petermann, 5. korrigierte Auflage, Göttingen: Hogrefe, 2002.

Warnke, Andreas/Roth, Ellen: Umschriebene Lese- und Rechtschrebstörung, in: Lehrbuch der Klinischen Kinderpsychologie und –psychotherapie, 5. Auflage, Göttingen: Hogrefe, 2002.

Warum steigen Erzieherinnen aus ihrem Beruf aus?, in: Kindergarten heute, 1/1990.

Watzlawick, Paul/Beavin, Janet H./Jackson, Don D.: Menschliche Kommunikation: Formen, Störungen und Paradoxien, Mental Research Institute Palo Alto/Kalifornien, 10., unveränd. Aufl., Nachdruck, Bern: Huber, 2003.

Weinert, Sabine/Grimm, Hannelore: Sprachentwicklung, in: Entwicklungspsychologie, Ein Lehrbuch. hrsg. v. Rolf Oerter und Leo Montada, 6. Auflage, S. 502–534. Weinheim: Beltz, 2008.

Weisfeld, C. C./Weisfeld, G./Callaghan, J. M.: Female inhibition in mixed-sex competition among young adolescent. Ethology and Sociobiology, 3, 1982.

Wendlandt, Wolfgang: Sprachstörungen im Kindesalter. Materialien zur Früherkennung und Beratung, 4. Auflage, Stuttgart: Thieme Verlag, 2000.

Wendlandt, Wolfgang: Sprachstörungen im Kindesalter. Materialien zur Früherkennung und Beratung, 5. vollst. überarb. Auflage, Stuttgart: Thieme Verlag, 2006.

Wey, Michael: Jugendliche und Drogen – Prävention und Therapie, in: Familienhandbuch des Staatsinstituts für Frühpädagogik, Online Handbuch, 2007

Wilson, Frank R.: Die Hand – Geniestreich der Evolution. Ihr Einfluss auf Gehirn, Sprache und Kultur des Menschen, Reinbek: Rowohlt, 2000.

Winnicott, Donald W.: Reifungsprozesse und fördernde Umwelt, Frankfurt a. M.: Fischer, 1993.

Wurstmann, Cornelia: Die Blickrichtung der neuen Resilienzforschung, abgerufen unter: www.bildungsserver.de/innovationsportal/bildungplus.html?artid=459, Bildungsserver des Deutschen Instituts für Internationale Pädagogische Forschung (DIPF), Schlossstraße 29, 60486 Frankfurt/Main, (28.07.2009).

Wustmann, Cornelia: Resilienz: Risikokinder fördern, in: Welt des Kindes, Heft 4/ 2003, S. 8 ff.

Wustmann, Cornelia: Was Kinder stärkt – Ergebnisse der Resilienzforschung und ihre Bedeutung für die pädagogische Praxis, in: Elementarpädagogik nach PISA, hrsg. v. Wassilos E. Fthenakis, Freiburg: Herder, 2003, S. 106–136.

Wygotski, Lew: Ausgewählte Schriften, Bd. 2. Arbeiten zur psychischen Entwicklung der Persönlichkeit, Köln: Pahl-Rugenstein, 1987 (Orig. Moskau 1956).

Zeeck, Almut, Essstörungen. Wissen was stimmt. Freiburg: Herder, 2008.

Zeller, Wilfried: Konstitution und Entwicklung, Göttingen: Verlag Psychologische Rundschau, 1952.

Zimbardo, Philip G.: Psychologie, 6. Auflage, dt. Bearb. von Siegfried Hoppe-Graff, Barbara Keller und Irma Engel, übers. v. Barbara Keller, Heidelberg: Springer, 1995.

Zimbardo, Philip G.: Psychologie, 8. Auflage, Heidelberg: Springer, 2002.

Zimbardo, Philip G./Gerrig, Richard J.: Psychologie. München: Pearson Studium, 2008.

Zimmer, Renate: Handbuch der Sinneswahrnehmung, Freiburg: Herder, 1995.

Zimmer, Renate: Toben macht schlau! 3. Auflage, Freiburg: Herder, 2004.

Zimmermann-Kogel, Katrin/Kühne, Norbert (Hrsg.): Praxisbuch Sozialpädagogik, Band 1, Troisdorf: Bildungsverlag EINS, 2007.

Zulliger, Hans: Schwierige Kinder, Bern: Huber,1977.

Internetquellen

Bärenstark: www.senbjs.berlin.de/schule/informationen_fuer_Lehrer/baerenstark/ (Stand: 14.11.2008)

Bildungsserver: www.bildungsserver.de (Stand: 22.04.2009)

Bundesfamilienministerium: Familienatlas und andere Veröffentlichungen zur Situation von Kindern und ihren Familien: publikationen@bundesregierung.de oder broschuerenstelle@bmfsfj.bund.de

Bundesvereinigung für Gesundheit e.V.: www.bvgesundheit.de (Stand: 22.04.2009)

Griffbereit: www.raa.de/griffbereit.html (Stand: 22.04.2009)

Hermann, Corinna: Resilienz – Gedeihen trotz widriger Umstände, www.systemagazin.de/berichte/hermann_resilienzkongress.php (Stand: 22.04.2009)

Hippy Sprachförderprogramm für Migranteneltern: www.hippy-deutschland.de (Stand: 14.11.2008)

Holzbach, Renate: Regenbogen-Gedichts-Kartei. Modelle machen Mut zum Dichten, abgerufen unter: www.vpmonline.de (22.04.2009).

Informationen zu „HAVAS 5 im Kooperationsprojekt Kita und Schule" und „Family Literacy": www.blk-foermig.uni-hamburg.de/web/de/all/lpr/hamburg/index.html (Stand: 22.04.2009)

Integrationsbeauftragte: www.integrationsbeauftragte.de/gra/publikationen/publikationen.php (Stand: 14.11.2008)

Jugendliteratur: www.jugendliteratur.org (Stand: 22.04.2009)

Kontaktstelle Mehrsprachigkeit Uni Mannheim: http://kontaktstelle-mehrsprachigkeit.uni-mannheim.de/p/2.html#1 (Stand: 22.04.2009)

Leseohren aufgeklappt: www.leseohren-aufgeklappt.de/html/paten.htm (Stand: 22.04.2009)

Orientierungsplan Baden-Württemberg: www.km-bw.de/servlet/PB/-s/bo3r7b16u7g5z16flxy1kbh7f6c5mtwx/show/1182991/ OrientierungsplanBawue_NoPrintversion.pdf (Stand: 22.04.2009)

Perras, Barbara: Kindergartenpädagogik, in: Online Handbuch, hrsg. v. Martin R. Textor, www.kindergartenpaedagogik.de/1473.html (Stand: 22.04.2009)

Programm Phonologisches Bewusstsein: www.phonologische-bewusstheit.de/programm.htm (Stand: 22.04.2009)

„Sag Mal was": www.sagmalwas-bw.de (Stand: 22.04.2009)

"Sag Mal Was – Ergebnisse": www.sagmalwas-bw.de/projekt01/media/pdf/Theoretische_ Grundlagen_und_erste_Ergebnisse.pdf (Stand: 14.11.2008)

Schlaumäuse: www.schlaumaeuse.de/bildungsinitiative/index.html (Stand:14.11.2008)

Seminar für Anglistik, Uni-Mannheim: www.anglistik.uni-mannheim.de/linguistik/ (Stand: 22.04.2009)

Sprachtest Einschulung: www.schulministerium.nrw.de/BP/Eltern/Einschulung/Sprachtests-Info/ index.html (Stand: 22.04.2009)

Statistisches Bundesamt (Familiensituationen): www.destatis.de

Testzentrale: www.testzentrale.de (Stand: 22.04.2009)

Tipps-Vorlesepaten: www.lesen-mit-kindern.de/tipps-fuer-vorlesepaten/index.htm (Stand: 22.04.2009)

Wurstmann, Cornelia: Der Blick der neuen Resilienzforschung, abgerufen unter: www.forumbildung.de/templates/imfokus-inhalt.php?arid=459bstart... (29.12.2006).

Bildquellenverzeichnis

© MEV Verlag, Augsburg: Umschlagfotos, 36, 106 (oben), 141 (Nr. 9), 274, 313
© Bildungsverlag EINS, Troisdorf: S. 13, 19
© picture-alliance/akg-images: S. 14, 18, 56
© iofoto/Fotolia.com: S. 38
© Anja Roesnick/Fotolia.com: S. 41
© Zakharov Vitaly/Fotolia.com: S. 42
© Monkey Buisness/Fotolia.com: S. 50
© Victoria P./Fotolia.com: S. 67
© Olga Solovei/Fotolia.com: S. 69
© Lilia Beck/Fotolia.com: S. 71
© dpa Infografik, Hamburg: S. 89 (2x)
© Patrice Boucher/Fotolia.com: S. 91
© picture-alliance: S. 102
© miklav/Fotolia.com: S. 105 (oben links)
© fauxware/Fotolia.com: S. 105 (oben rechts)
© Luminus/Fotolia.com: S. 105 (unten links)
© slavapolo/Fotolia.com: S. 105 (unten rechts)
© Alexeij von Jawlensky/akg-images/VG-Bildkunst, Bonn, 2010: S. 106 (unten)
© Evelyn Neuss, Hannover/Bildungsverlag Eins, Troisdorf: S. 107 (oben), 133, 173, 243 (2x), 244
© Silke Wolff/Fotolia.com: S. 107 (unten)
© René Magritte/akg-images/VG-Bildkunst, Bonn, 2010: S. 110
© Uschi Hering/Fotolia.com: S. 115
© Christian Schlüter, Essen/Bildungsverlag Eins, Troisdorf: S. 126, 216, 218, 267
© Yang MingQi/Fotolia.com: S. 131
© NL Shop/Fotolia.com: S. 132 (oben)
© weim/Fotolia.com: S. 132 (unten)
© Renee Jansoa/Fotolia.com: S. 141 (Nr. 1)
© Michael Kempf/Fotolia.com: S. 141 (Nr. 2)
© pressmaster/Fotolia.com: S. 141 (Nr. 3)
© Galina Barskaya/Fotolia.com: S. 141 (Nr. 4)
© Martin Schmid/Fotolia.com: S. 141 (Nr. 5)
© Torsten Schon/Fotolia.com: S. 141 (Nr. 6)
© endostock/Fotolia.com: S. 141 (Nr. 7)
© Patrizia Tilly/Fotolia.com: S. 141 (Nr. 8)
© picture-alliance/dpa: S. 148, 179 (oben), 254, 260
© picture-alliance/KPA/TopFoto: S. 150, 163
© Bilderbox, Thening: S. 151
© picture-alliance/akg-images/Erich Lessing: S. 154
© Adja Schwietring, Köln/Bildungsverlag Eins, Troisdorf: S. 166
© Jonny McCullagh/Fotolia.com: S. 174 (oben)
© stoneman/Fotolia.com: S. 174 (unten)
© Norman Pogson/Fotolia.com: S. 175
© arthurdent/Fotolia.com: S. 176
© Michaela Brandl/Fotolia.com: S. 179 (unten)
© Elisabeth Galas, Bad Neuenahr/Bildungsverlag Eins, Troisdorf: S. 195, 197
© Balin/Fotolia.de: S. 207

Sachwortverzeichnis